Die schönsten
FLÜSSE UND SEEN IN DEUTSCHLAND

GROSSER REISE- UND ERLEBNISFÜHRER

Die schönsten

FLÜSSE UND SEEN IN DEUTSCHLAND

GROSSER REISE- UND ERLEBNISFÜHRER

Die schönsten Flüsse und Seen in Deutschland

Inhaltsverzeichnis

Bilder:
Seite 2–3 oben: Sonnenaufgang am See ; unten: Dresden mit Elbe; diese Seite v. o. n. u.: Sonnenuntergang über Flusslandschaft, Heidelberg am Neckar, Frankfurt am Main, Moselschleife bei Bremm, Chiemsee; Seite 6–7: Hintersee im Berchtesgadener Land; Seite 8–9: Schloss Johannisburg in Aschaffenburg am Main; Seite 208–209: Chiemsee mit Fraueninsel.

Zum Gebrauch

Einführung

Von den weltberühmten Strömen bis zu den oft naturbelassenen Nebenflüssen, von den großen Seen bis zu verträumten kleinen Gewässern – dieses Buch präsentiert die ganze Vielfalt der Fluss- und Seenlandschaften Deutschlands. In Bild und Text werden ausführlich alle landschaftlichen und kulturellen Höhepunkte entlang der Flussläufe und rund um die Seen erläutert.

Eine Übersichtskarte auf Seite 4 gibt eine grobe Orientierung über die Lage und Länge der Flüsse, die Größe der Seen und verzeichnet die wichtigsten Städte. Detaillierte Kartenausschnitte zu jedem Kapitel zeigen die interessantesten Flussabschnitte und Seen und ermöglichen eine Übersicht und Planung für Touren in die Region. Die Nummern der im Text erwähnten wichtigsten Orte und Sehenswürdigkeiten sind auch in den jeweiligen Karten zu finden – Ausnahmen sind längere Flussabschnitte, da hier ein vollständiges Kartenbild den Charakter des Buches verändert hätte.

Die Rubrik »Freizeit & Sport« gibt Informationen und Tipps zu Flusstouren, Schiffsreisen, Wassersport, Wandern und Radwandern und anderen Freizeitmöglichkeiten rund um unsere Flüsse und Seen.

In den Randspalten wird zudem auf kulinarische Spezialitäten der Region, auf Ausflugslokale, Gasthöfe und Restaurants hingewiesen.

Zeichenerklärung

Symbol	Bedeutung
	Autobahn
	Autobahn (in Bau)
	Mehrspurige Schnellstraße
	Mehrspurige Schnellstraße (in Bau)
	Fernstraße
	Fernstraße (in Bau)
	Wichtige Hauptstraße
	Wichtige Hauptstraße (in Bau)
	Hauptstraße
	Hauptstraße (im Bau)
	Nebenstraße
X X X	Straße gesperrt
44	Autobahn-Nummer
217	Bundesstraßen-Nummer
E 54	Europastraßen-Nummer
24	Autobahnanschlussstelle mit Nummer
	Autobahntankstelle
⊗	Autobahnraststätte

Zum Gebrauch

Autobahnraststätte mit Motel
Pass mit Sperrzeiten
Für Wohnanhänger nicht empfehlenswert
Für Wohnanhänger gesperrt
Grenzübergang
Grenzübergang nur für Autos
Grenzübergang nur für Fußgänger
Staatsgrenze
Regionalgrenze
Militärisches Sperrgebiet
Nationalparkgrenze
Bahnlinie mit Schnellzugverkehr
Sonstige Bahnlinie
IC/EC ICE THA TGV Schnellzug-Bahnhöfe
Autoverladebahnhof
Flughafen von internationaler Bedeutung
Flughafen von nationaler Bedeutung
Flughafen von regionaler Bedeutung

Fährhafen
Hafen
Autofähre
Kirche
Kirchenruine
Kloster
Klosterruine
Kapelle
Burg/Schloss
Ruine
Sonstige Sehenswürdigkeit
Badestrand
Leuchtturm
Skigebiet
Ski Alpin; Ski-Langlauf

Maßstab 0 5 10 km
1 cm = 3 km

Die schönsten Flüsse

Auf einem steilen Felsen gelegen: das Breisacher Münster St. Stephan

Der Rhein

Mit 1320 km Länge ist der Rhein, der 865 km durch Deutschland fließt, ein echter Europäer. Seine Ufer waren über Jahrtausende Schauplätze großer Ereignisse europäischer Geschichte.

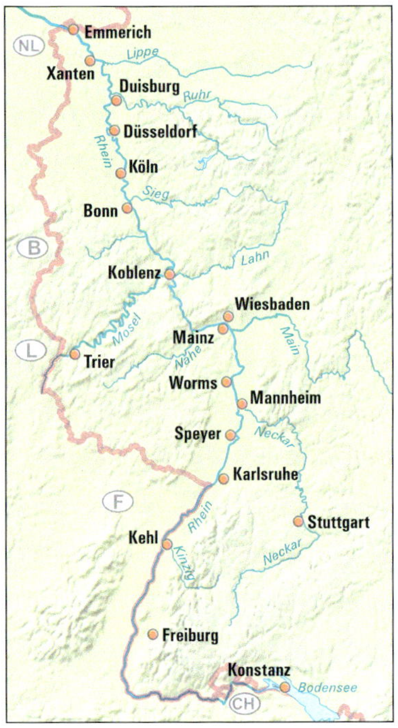

Wie viele Ströme hat auch der Rhein mehrere Quellen: In jeweils über 2000 m Höhe entspringen der Hinterrhein, der Valser Rhein und der Vorderrhein im Schweizer Kanton Graubünden und vereinen sich westlich von Chur zum Alpenrhein. Dieser durchströmt hinter hohen Deichen das breite Tal des eiszeitlichen Rheingletschers, bevor er sich in einem breiten Delta in den Bodensee ergießt.

Loreley-Denkmal in St. Goarshausen

Als Hochrhein verlässt der Fluss unter der Konstanzer Rheinbrücke das Schwäbische Meer, stürzt sich bei Schaffhausen als größter europäischer Wasserfall über eine Barriere aus Jurakalk und schlängelt sich schließlich mit starkem Gefälle durch die Ausläufer des Schwarzwaldes. Entscheidende Verstärkung bekommt der Hochrhein auf der Höhe von Waldshut durch die schweizerische Aare.

Bei Basel markiert das Rheinknie den Wechsel der Fließrichtung gen Norden. Nun durchströmt der Rhein das bis zu 40 km breite Oberrheinische Tiefland zwischen Vogesen und Schwarzwald sowie zwischen Pfälzer Wald und Odenwald. Bei Mannheim nimmt er den Neckar auf, bei Mainz den Main und trifft schließlich bei Wiesbaden auf den Taunus als undurchdringliches Hindernis. Bei Bingen fand der Rhein verstärkt durch die Nahe die Lücke zwischen Hunsrück und Taunus. Hier beginnt das Durchbruchstal des Mittelrheins, hier erlebt der auf dem Rhein Reisende Deutschlands größte Burgendichte. Sie waren u. a. der Grund für die UNESCO, das Mittelrheintal zum Weltkulturerbe zu erklären. In Koblenz schließlich liefert die Mosel noch einmal eine entscheidende Verstärkung.

Bei Bonn treten die Berge endgültig zurück, der Strom darf nun in weiten Windungen die Niederrheinische Bucht erobern, meist jedoch hinter hohen Deichen. Schon bald nach Überschreiten der niederländischen Grenze spaltet sich der Rhein in zahlreiche Mündungsarme auf.

Als wilder Fluss suchte sich der Rhein sein Bett über weite Strecken immer neu, begleitet von einer urwaldähnlichen Auenlandschaft. Nach rigorosen Korrektur- und Eindeichungsmaßnahmen blieben davon im Oberrheinischen Tiefland nur noch karg-

Hoch über Bacharach und dem Strom thront die im 12 Jh. errichtete Burg Stahleck.

Nördlich von Boppard bietet sich der schönste Blick auf die Rheinschleife.

liche Reste erhalten. Der größte Auenwald ist das Taubergießen nordwestlich von Freiburg. Am Mittelrhein finden sich Deutschlands romantischste Weinberge. Auf steilen, nicht selten von Burgen bewachten Terrassenanlagen wächst hier zur Freude der Weintrinker der spritzige Riesling. Am Niederrhein dominieren dagegen die Viehweiden, doch blieben auch noch mehrere große Altrheinarme mit Auenwäldern und Feuchtwiesen wie bei Rees und Xanten erhalten. Vor allem im Winter überwintern hier zahlreiche Wasservögel.

Seit grauer Vorzeit war der Rhein auf seiner gesamten Länge besiedelt. Die Römer richteten an ihm ihre Eroberungsstrategien aus, auf weiten Strecken nutzten sie ihn als Grenzlinie gegen die Germanen, Koblenz, Köln oder Xanten waren ihre großen Stützpunkte am Rhein. Im Mittelalter blühten die großen Städte am Rhein erneut auf, in der Neuzeit geriet »Vater Rhein« immer wieder zum »Schicksalsstrom« zwischen Deutschen und Franzosen. Mit der Aussöhnung zwischen den einstigen Erbfeinden wurde er schließlich zum Geburtshelfer des vereinten Europas – die Kehler Europabrücke ist das Symbol der Europäischen Einheit. Nichts zeigt die europäische Bedeutung des Rheins so gut wie die Schifffahrt. Natürlich befuhren ihn bereits die Römer, im Mittelalter war er der wichtigste Verkehrsweg im Herzen Europas. Seit dem frühen 19. Jh. wurde der Strom systematisch zur Großschifffahrtsstraße ausgebaut. Heute ist der Rhein von Basel bis Rotterdam schiffbar, über den Main-Donau-Kanal ist er sogar mit der Donau und damit mit dem Schwarzen Meer verbunden.

Großes Bild oben: Burg Gutenfels und die Flussfestung Pfalzgrafenstein bei Kaub am Mittelrhein

Inbegriff der »Rheinromantik«: Burg Rheinstein bei Trechtingshausen

Der Hochrhein Konstanz

Diessenhofen: Die gedeckte Holzbrücke aus dem Jahre 1816 ist nur einer von zahlreichen bedeutenden Bauten in dem zwischen Schaffhausen und Stein am Rhein gelegenen Städtchen.

Zwischen der Konstanzer Rheinbrücke und der Alten Brücke beim Baseler Rheinknie, wo der Rhein nach Norden in den Oberrheingraben einschwenkt, schlängelt sich der Hochrhein durch die Nahtstelle zwischen Schwarzwald und Schweizer Jura. Der junge Fluss ist hier in ein festes Bett gefesselt, bekommt dafür aber von beiden Seiten reichlich Verstärkung von Nebenflüssen.

1 Konstanz Im Bereich der Niederburg und des Münsters blieb der mittelalterliche Charakter der Stadt erhalten. Das Münster geht auf die erste Bischofskirche aus dem 8. Jh. zurück, die Säulenarkadenreihe des Mittelschiffes stammt noch von 1089. Glanzstücke der Innenausstattung sind die vier vergoldeten Kupferplatten aus dem 11. bis 13. Jh., die so genannten Konstanzer Goldscheiben, die Kanzel, das Chorgestühl, der steinerne Treppenturm Schnegg von 1438 sowie die frühromanische Krypta aus dem 10. Jh. In der Augustinerkirche gibt es einen Freskenzyklus von 1417 mit der Geschichte des Augustinerordens zu entdecken. Im Haus »Zur Kunkel« am Münsterplatz sind die bereits um 1306 entstandenen Weberfresken zu bewundern. Zwischen dem Münster und dem Rhein erstreckt sich mit der Niederburg der älteste Stadtteil. Ein Bummel durch das ursprünglich von Fischern und Handwerkern bewohnte Gassengewirr ist ein Ausflug in die Vergangenheit.

Typische Fassadenmalerei am Marktplatz von Stein am Rhein (Schweiz)

Stein am Rhein ist berühmt für seine zahlreichen gut erhaltenen Fachwerkbauten.

Das schweizerische Schaffhausen: Über der Altstadt erhebt sich das mächtige Kastell Munot.

Gegen den Hafen hin steht das Konzilgebäude. Der wuchtige Baukörper von 1388 diente einst dem Leinwandhandel. Während des Konzils von Konstanz (1414–1418) fand hier 1417 das Kardinalsenklave zur Papstwahl statt, wurde Martin V. zum Papst gewählt, der tschechische Reformator Jan Hus zum Tode verurteilt.

2 Steckborn Das Städtchen entwickelte sich aus einem Fronhof des Klosters Reichenau und erhielt bereits 1313 das Stadtrecht. Damals entstanden die noch weitgehend erhaltenen Stadtmauern, die in einem stumpfwinkligen Dreieck von der Pfarrkirche zum See führen. Die heutige Pfarrkirche ist ein Neubau von 1767, ihr klassizistischer Frontturm stammt von 1835. Im Turmhof am Seeufer zeigt das Heimatmuseum urgeschichtliche, römische und alemannische Funde.

3 Stein am Rhein Beim »Rothenburg des Hochrheins«, wie Stein wegen seines mittelalterlichen, von Fachwerkgiebeln und Erkern geprägten Stadtbildes gerne genannt wird, verlässt der Rhein endgültig den Untersee. Der Aufstieg Steins begann 1005 mit der Verlegung des Benediktinerklosters St. Georg vom Hohentwiel an die Rheinbrücke. Innerhalb von drei Jahrhunderten wuchs um das Kloster eine Freie Reichsstadt, die 1459 der Eidgenossenschaft beitrat.

Zentrales Prachtstück der »Perle am Rhein« ist das 1539 erbaute Rathaus, das mit historischen Szenen aus der Landes- und Stadtgeschichte bemalt ist. Der augenfällige Reiz von Stein aber beruht auf seinen zahlreichen, liebevoll gepflegten Bürgerhäusern. Gegenüber dem Rathaus etwa steht der spätgotische »Weiße Adler« mit seiner Fassadenbemalung aus der Renaissance, die Häuser »Hirsch« und »Krone« präsentieren prächtige, fünfseitige Holzerker. Der »Rote Ochsen« (1446) wurde 1615 bemalt.

Eine Sehenswürdigkeit für sich ist das ehemalige Benediktinerkloster St. Georg. Seine Gebäude aus dem 14. bis 16. Jh. sind heute als Museum zugänglich und vermitteln ein lebendiges Bild vom spätmittelalterlichen Mönchsleben. Das eigentliche Prunkstück ist der 1516 fertig gestellte Bildersaal des Abtes David von Winkelsheim. Er enthält großartige Historienbilder mit Szenen aus der römischen und karthagischen Geschichte.

Im Steiner Stadtteil Burg stand einst das Römerkastell Tasgetium. Innerhalb der Reste des Kastells steht die Pfarrkirche mit Fresken aus der Zeit um 1400.

Gasthöfe mit schöner Atmosphäre

Der traditionsbewusste Gasthof **Rößle** in Konstanz (*Radolfzeller Str. 19, Tel. 07531/9 26 00*) bietet gepflegte heimische Küche.

Wer bei Kerzenlicht dinieren möchte, findet im Hotel-Gasthof **Kronenhof** im schweizerischen Schaffhausen (*Kirchplatz 7, Tel. 0041/52/6 35 75 75; www.kronenhof.ch*) eine erlesene Küche, die je nach Saison marktfrische Produkte verwendet – und das alles zu einem guten Preis-Leistungs-Verhältnis.

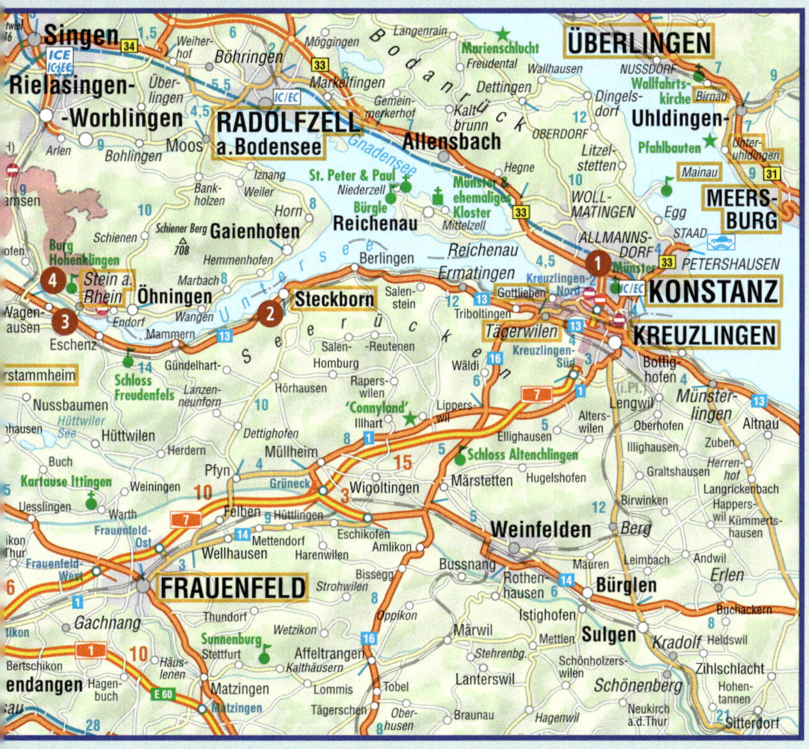

Freizeit & Sport

Den **Rheinfall** kann man von beiden Uferseiten zu Fuß oder per Boot erleben. Informationen über: Touristservice in Neuhausen am Rheinfall (*Industriestr. 39, Tel. 0041/52/6 72 74 55*).

Personenschifffahrt am Bodensee Fahrten über den Untersee, nach Schaffhausen und zum Rheinfall bietet die »Schweizerische Schifffahrtsgesellschaft Untersee und Rhein« in Schaffhausen (*www.urh.ch*) sowie »Seebus« in Konstanz-Allmannsdorf (*www.seebus.de*). Informationen finden Sie bei den Bodensee-Schiffsbetrieben unter *www.bsb-online.com*.

Personenschifffahrt auf dem Hochrhein Veranstalter sind in Basel die Basler Personenschifffahrt (*Hochbergerstrasse 160, Tel. 0041/61/6 39 95 00; www bpg.ch*), in Kaiserstuhl die Rheinschifffahrt Kaiserstuhl (*Hauptgasse 73, Tel. 0041/01/8 58 42 70 ; www.rheinschifffahrt.ch*), in Waldshut-Tiengen die Rhein-Schiffahrt Waldshut-Tiengen (*www.rhein-schiffahrt.de*).

Kanuverleih Ein Netz an Kanuverleihstationen am Bodensee sowie geführte Touren in der Bodensee- und Hochrheinregion unterhält LaCanoa in Konstanz (*Robert-Bosch-Str. 4, Tel. 07531/95 95 95; www.lacanoa.de*).

Unterwegs mit der Basler Personenschifffahrt

Fahrten entlang des Hochrheins und in der Region Thur vermittelt auch Sportegge Hans Alder in Eglisau (*Tel./Fax 0041/01/ 8 67 21 41; www.eglisau.ch*).

Die beiden Türme des Fridolinsmünsters und die längste Holzbrücke Europas, die auf die Schweizer Rheinseite führt, sind die Wahrzeichen von Bad Säckingen.

Schloss Schönau in Bad Säckingen beherbergt umfangreiche Trompeten- und Uhrensammlungen.

Malerischer Blick auf Laufenberg vom Schweizer Rheinufer aus

4 Burg Hohenklingen Die aus dem 12. Jh. stammende und wohl erhaltene Burg thront hoch über Stein am Rhein. Die Burg war bis 1286 die Heimat des Minnesängers Walther von Klingen. Die heutige Burg präsentiert sich dem Besucher mit einem schönen Waffensaal, mit wunderschönen Glasfenstern aus dem 16. Jh. und einer Burgschänke zum Einkehren.

5 Diessenhofen Das mittelalterliche Brückenstädtchen am Rhein geht auf eine Burg der Grafen von Kyburg zurück. Sein Ortsbild ist geprägt von zahlreichen spätgotischen Profanbauten aus dem 15. und 16. Jh. Der Siegelturm wurde 1546 errichtet. Diessenhofen und das gegenüber liegende Gailingen werden durch eine alte gedeckte Holzbrücke verbunden. In beiden Orten stehen sehenswerte romanische Kirchen: St. Dionysios und St. Nikolaus.

6 Schaffhausen Die einzige rechts des Rheins liegende eidgenössische Stadt wird von der 1585 fertig gestellten Feste Munot bewacht. Die Stadt selbst war als Stapelplatz für den durch den Rheinfall unterbrochenen Schiffsverkehr entstanden. Bereits 1045 hatte man hier das Münzrecht, 1501 schloss man sich dem Bündnis der Eidgenossen an. Zentrum der malerischen Altstadt ist der Fronwagplatz, geziert vom Mohrenbrunnen (1520) und dem Metzgerbrunnen (1524). Wahrzeichen des Fronwagturms ist die 1564 entstandene Astronomische Uhr. Das Rathaus von 1624 oder das Haus »Zum Ritter« von 1566 mit seinen Spätrenaissancefresken sind Schmuckstücke der Stadt. Das Münster geht auf 1087 zurück und gilt als der am reinsten erhaltene romanische Sakralbau der Schweiz. Beinahe Synonym für Schaffhausen aber ist der Rheinfall, der immerhin größte und imposanteste Wassersturz Europas.

7 Rheinau Schon kurz hinter dem spektakulären Rheinfall präsentiert der Hochrhein eine weitere landschaftliche Überraschung: die Doppelschleife bei Rheinau mit einer Insel im Zentrum des Flussmäanders. Hier zeigt sich der Rhein nicht tosend und schäumend, sondern weitläufig, still und malerisch. Aus einer Klostergründung auf der Flussinsel entwickelte sich die Benediktinerabtei Rheinau mit einer einzigartigen hochbarocken Kirche und das mittelalterliche Schweizer Klosterstädtchen.

8 Waldshut-Tiengen Wenig oberhalb der deutschen Doppelstadt münden von Norden die aus dem Schwarzwald kommende Wutach und von Süden die aus den Schweizer Zentralalpen kommende Aare. Dank ihres riesigen Einzugsgebietes führt sie an der Mündung mehr Wasser als der Rhein selber. Die malerische Waldshuter Altstadt wurde von den Habsburgern als »Waldstadt« konzipiert, wird von zwei mittelalterlichen Stadttoren geschützt und präsentiert sich mit behäbigen Bürgerhäusern aus dem 16. und 17. Jh., die teilweise mit prächtiger Fassadenmalerei geschmückt sind. Die schönsten von ihnen stehen an der Kaiserstraße zwischen den beiden Stadttoren.

Das alte Städtchen Tiengen schmiegt sich in einen Talkessel der Wutach und glänzt mit einem recht gut erhaltenen, mittelalterlichen Stadtkern. Das über der Altstadt thronende Schloss der Fürsten von Schwarzenberg beherbergt das sehenswerte Heimatmuseum.

9 Laufenburg Die schweizerische Brückensiedlung an der Stromschnelle Laufen wurde von den Habsburgern um 1207 gegründet. An der Stelle eines römischen Wachturms bauten sie auf dem linksrheinischen Hügel eine mächtige Festung, von der allerdings nur der Bergfried aus dem 12. Jh. erhalten blieb. An die ursprüngliche Ringmauer erinnern heute auf der schweizerischen Seite der Schwertlis- und der Wasenturm. Die dreischiffige Pfarrkirche ist ein Barockbau mit reicher Rokokoausstattung. Die schönsten Bürgerhäuser reihen sich um die Herren- und die Marktgasse. Auf der rechtsrheinischen – deutschen – Seite präsentiert sich Laufenburg als mittelalterliches Städtchen mit einem malerischen Ortsbild. Zwischen Türmen und Toren zwängen sich enge Gässchen und Stiegen, traufständige Bürgerhäuser künden von behäbigem Wohlstand. Der Name geht auf »Laufen« – die einstigen Stromschnellen zurück, die inzwischen durch das Kraftwerk bei Rhina gebändigt wurden.

10 Bad Säckingen Die mittelalterliche Stadtanlage liegt auf einer ehemaligen Rheininsel, die bereits in der Bronzezeit besiedelt war. So richtig bekannt gemacht hat das Städtchen Joseph Victor von Schef-

Reich verzierte Bürgerhäuser säumen Waldshuts Kaiserstraße.

Am Rheinufer in Basel: Der rötliche Sandsteinbau des Münsters überragt die Häuser der Altstadt.

Das Vitra Design Museum in Weil am Rhein, ein frühes Werk Frank O. Gehrys

fel mit seinem Versepos *Der Trompeter von Säckingen*. Säckingens weithin sichtbares Wahrzeichen ist das doppeltürmige Fridolinsmünster aus dem 13. Jh. Es wurde im 17. und 18. Jh. barockisiert und von Franz Joseph Spiegler mit Deckengemälden ausgestattet. Neben dem Münster beeindruckt das 1825 als Palais Landenberg errichtete Rathaus. Die alte Rheinbrücke ist mit rund 200 m die längste gedeckte Holzbrücke Europas, gebaut wurde sie bereits 1571. Mittelpunkt des Schlossparks ist das aus dem 16. Jh. stammende Schloss Schönau mit Europas größter Trompetensammlung, einer bedeutenden Schwarzwälder Uhrensammlung und dem Hochrheinmuseum mit zahlreichen Funden aus vor- und frühgeschichtlicher Zeit.

11 Rheinfelden Die badische Stadt auf der rechten Seite des Rheins entstand erst Ende des 19. Jh. mit dem Bau des damals größten Flusskraftwerks Europas, das 1898 in Betrieb genommen wurde. Das gegenüber liegende schweizerische Rheinfelden ist dagegen ein mittelalterlich anmutendes Städtchen mit malerischen Gassenbildern. Die von den Zähringer Grafen um 1130 befestigte Stadt stieg bereits 1218 zur Freien Reichsstadt auf. Von der mittelalterlichen Befestigung sind noch Teile zwischen dem Obertorturm, dem Storchennest- und dem Kupferturm erhalten. Die Pfarrkirche ist eine spätgotische Pfeilerbasilika, die Mitte des 18. Jh. barockisiert wurde und sich heute in festlichem Rokokorahmen präsentiert.

12 Kaiseraugst Munatius Plancus gründete im Jahre 44 v. Chr. Augusta Raurica als befestigten Handelsplatz. In rascher Folge entstanden drei Tempelbezirke, ein Amphitheater, das Forum mit Basilika, Thermenanlagen und Wohn- und Gewerbebauten. Um 300 n. Chr. schließlich entstand unter Kaiser Diocletian als Nachfolgesiedlung das Castrum Rauracense. Die reichen Bodenfunde beider Römersiedlungen werden im Römermuseum gezeigt. Unter der Pfarrkirche St. Gallus fand sich eine frühchristliche Bischofskirche mit mächtiger, halbrunder Apsis und Baptisterium. In der heutigen barocken Pfarrkirche ziert ein spätgotischer Freskenzyklus mit Szenen aus dem Marienleben und der Galluslegende den Chor.

13 Basel Die Lage am Dreiländereck machte Basel schon früh zu einem wichtigen Handelszentrum. Dreh- und Angelpunkte sind die beiden Rheinhäfen Birsfelden und Hüningen. Zwischen beiden verändert der Rhein seine Fließrichtung. Er biegt hier nach Norden um und bildet vor der Kulisse der Baseler Altstadt mit dem Münster auf dem Hohen Ufer das so genannte »Baseler Knie«. Vom Reichtum der Stadt im Mittelalter zeugen das Münster (12./15. Jh.), die romanische Leonhardskirche, das Rathaus (1503) und zahlreiche Adelshöfe.

14 Weil am Rhein Von der Winzergemeinde am Rheinknie bietet sich ein herrlicher Blick über das Basler Rheinknie. Das Museum am Lindenplatz, dem Zentrum des malerischen Weindorfes, zeigt Ausgrabungen aus der Römerzeit und Exponate zum historischen Weinbau. Ein Mekka für alle Freunde moderner Architektur ist das Vitra Design Museum, das sich auf dem Gelände der Firma Vitra der Geschichte und Entwicklung des industriellen Möbeldesigns widmet. Die Firmeninhaber haben für ihre Firmengebäude namhafte Architekten verpflichtet: So stammt das Museum von Frank O. Gehry, das Feuerwehrhaus mit einer großen Ausstellung an Designerstühlen von Zaha Hadid und der Konferenzpavillon von Tadao Ando.

15 Lörrach Auf der deutschen Seite des Baseler Rheinknies liegt etwas vom Rhein abgerückt das »ordentli Städtli«, wie Johann Peter Hebel das badische Lörrach nannte. Der Dichter hatte hier von 1783 bis 1791 als Präzeptor im Pädagogium gewirkt. Sehenswert ist die 1822 errichtete St. Fridolinskirche, ihre Portalwand zieren zwei stattliche Türme, ihr Inneres präsentiert sich mit klassizistischen Linien und ihr Stuck kann den Nachklang des Barock nicht verleugnen. Wenig nördlich thront auf breitem Fels die mächtige Ruine Rötteln. Ihr Bergfried ist romanisch, der Rest gotisch, Ende des 14. Jh. war die Burg vollendet. Seit ihrer Zerstörung im Jahre 1678 ist die Burg Ruine.

Traditionsreiche Restaurants

Das Hotel-Restaurant Brauerei **Walter** in Waldshut-Tiengen (*Hauptstr. 23, Tel. 07741/8 30 20*) bietet leichte, marktfrische Küche mit Tages- und Saisonspezialitäten in sehr gediegenem Ambiente. Der Gast hat die Wahl zwischen dem Bräustübchen oder dem geheizten Wintergarten des Traditionshauses.

Der Fischliebhaber findet im Restaurant **Bellerive** im schweizerischen Rheinfelden (*Roberstenstr. 31, Tel. 0041/61/8 36 66 33*) exquisite Fischgerichte neben vielfältigen Gourmet-Menüs. Das gediegene Ambiente wird im Sommer durch Terrassenbetrieb ergänzt.

Im Lörracher Restaurant **Kranz** (*Baseler Str. 90, Tel. 07621/8 90 83*) gibt es Gutbürgerliches auf schöner Terrasse zu einem guten Preis-Leistungs-Verhältnis.

Restaurant Safran Zunft in Basel

Ein historisches Restaurant mit mittelalterlichen Ambiente ist das Restaurant **Safran Zunft** in Basel *(Gerbergasse 11, Tel. 0041/61/2 69 94 94; www.safran-zunft.ch)*, im 700 Jahre alten Zunfthaus der E. E. Zunft zu Safran. Neben einer Reihe schöner Räume gilt der Zunftsaal als einer der schönsten Säle Basels. Das Fondue Bacchus ist die Hausspezialität seit 40 Jahren.

Der Rheinfall bei Schaffhausen

Der Rheinfall ist der größte und imposanteste Wasserfall Europas und bietet seinen Besuchern ein grandioses Schauspiel: Bei mittlerer Wasserführung stürzen pro Sekunde 700 m3 Wasser auf 150 m Breite 23 m tief zu Tal. Die geringste Menge wurde 1921 mit nur 95 m3/s gemessen, bei Hochwasser können mehr als 1200 m3 pro Sekunde über den Rheinfall in die Tiefe donnern. Einzelne Kalkfelsen teilen die beeindruckende Flut in zwei größere und drei kleinere Ströme.

Vom Rheinfallbecken aus kann man die ganze Wucht der Wassermassen auf sich wirken lassen. Boote steuern vom rechtsrheinischen Schlösschen Wörth aus den großen Mittelfelsen an.

Vom Park des Schlosses Laufen am linken Rheinufer führen gut ausgebaute Fußwege zu den Aussichtsplattformen Känzeli und Fischetz.

Grandiose Kulisse: das Rheinfallbecken mit seinen wasserumtosten Felsen, im Hintergrund Schloss Laufen auf der Schweizer Seite des Rheinfalls.

Ein faszinierendes und feuchtes Erlebnis ist eine Fahrt zum mittleren Felsen, der auch bestiegen werden kann.

»Rastlos donnernde Massen auf donnernde Massen ...« schrieb der Dichter Eduard Mörike beeindruckt von der Wucht der Wassermassen.

Den besten Blick auf den Thermalkurort Badenweiler hat man von Burg Baden aus. Sie stammt aus dem 11. Jh.

Auf einem Felsen im Südwesten des Kaiserstuhls

Der breite und auf weiten Strecken beinahe topfebene Oberrheingraben präsentierte sich bis zur Kanalisierung des Rheins als riesige Auenlandschaft. Sie ist inzwischen einer intensiven Landwirtschaft gewichen, geblieben aber sind die Burgen und Schlösser an den Rändern und die alten Städte direkt am Strom, der über weite Strecken auch Grenzfluss zwischen Frankreich und Deutschland ist.

1 **Bad Bellingen** Das Städtchen auf dem Hochufer des Rheins war Jahrhunderte lang eine kleine Wein- und Obstbaugemeinde. Bereits im 12. Jh. wurde hier eine der ersten Rebordnungen erlassen, und 1740 holte Markgraf Karl Friedrich von Baden die Gutedelrebe vom Genfer See ins Markgräfler Land. 1956 schließlich suchte man hier nach Erdöl, fand aber zur Überraschung aller eine von später insgesamt drei Thermalquellen. Über Nacht entstand daraufhin ein Thermalbad mit allen dazugehörigen Kureinrichtungen.

2 **Ottmarsheim** Im linksrheinischen Städtchen steht der einzige Zentralbau des Elsass aus ottonischer Zeit. Errichtet wurde er ab 1130, geweiht wurde die Kirche 1150 von Papst Leo IX. Vorbild für den achteckigen Zentralbau mit zweigeschossigem Umgang war die Aachener Pfalzkapelle.

3 **Rhein-Seitenkanal** Deutsche und Franzosen versuchten jahrhundertelang – teils alleine, teils gemeinsam – den Boden im südlichen Oberrheintal nutzbar und den Fluss schiffbar zu machen. Erst der Versailler Vertrag von 1918 sorgte jedoch für die nötige Rechtsgrundlage. Damals wurde Frankreich das Recht zugesprochen, den Rhein zur Energiegewinnung zu nutzen und acht Staustufen zu bauen. Dafür musste sich Frankreich verpflichten, die Baukosten zu übernehmen sowie abgabenfreie Schifffahrt zu garantieren. Im Ergebnis gelang es, den Strom als Schleusen- und Kraftwerkstreppe zu betonieren, Frankreich erreichte sogar durch den Bau des Grand Canal d'Alsace, den Strom auf sein Gebiet zu verlegen.

4 **Breisach** Ein steiler Basaltfelsen diente schon den Kelten als sicherer Siedlungsplatz, da der Fels als Insel vom Rhein umströmt wurde. Zur Zeit der Römer lag er am linken Rheinufer, und erst seit dem 14. Jh. bildet er die rechte Flussseite. Das Juwel von Breisach ist sein auf das 12. Jh. zurückgehendes Münster St. Stephan. Kostbarstes Stück der Innenausstattung ist der 1526 fertig gestellte berühmte Breisacher Schnitzaltar des Meisters Hans Loy. Das gewaltige Werk zählt zum Schönsten, was am gesamten Rhein zu finden ist.

Ein lohnenswerter Abstecher führt in die französische »Schwesterstadt« Neuf-Brisach, die »Sternenstadt«. Der Festungsbauer Vauban schuf hier ab 1699 eine achteckige, von Festungsmauern umgebene Stadt, die in ihrer Anlage weltweit einzigartig ist.

5 **Freiburg** Die Hauptstadt des Breisgaus liegt malerisch zwischen Kaiserstuhl und Schwarzwald. Gegründet wurde die spätere Freie Reichsstadt von den Herzögen von Zähringen planmäßig an der Dreisam, die noch heute durch manche Straße als »Bächle« rinnt. Das Herz der Stadt pulsiert am Münsterplatz, wo die Bauern der Umgebung werktags ihre Produkte anbieten. Stolzestes Bauwerk ist das aus rotem Sandstein errichtete Münster, eines der größten Meisterwerke der gotischen Baukunst. Errichtet wurde es zwischen 1200 und 1513 und birgt in seinem Inneren wunderschöne Buntglasfenster aus dem 16. Jh. Den Chor ziert das berühmte Hochaltarbild von Hans Baldung Grien. Die Universitätskapelle birgt ein Altarbild von Hans Holbein d. J. Der um 1330 vollendete, feingliedrige, 116 m hohe Turm bietet die schönste Sicht auf die Stadt und die Umgebung.

Blick vom Kaiserstuhl auf die Rheinebene und die Vogesen

Genießen in historischem Ambiente

Der Traditionsgasthof Hotel-Landgasthof **Adler** in Breisach (*Hochstetter Str. 11, Tel. 07667/9 39 30*) bietet in angenehmem Ambiente regionale Küche und ausgezeichnete Fischspezialitäten.

Da das Restaurant **Jakobs Holzöfele** in Ihringen am Kaiserstuhl (*Tel. 07668/2 07*) früher eine Bäckerei war, gibt es noch heute einen alten Holzbackofen. Die Küche liefert neben Gutbürgerlichem auch Fonduespezialitäten, Fischklößchen und Schnecken auf badische Art.

Das Inzlinger Wasserschloss

Deutschlands ältester Gasthof **Zum Roten Bären** in Freiburg (*Oberlinden 12, Tel. 0761/3 69 13*) kann mit einer gastronomischen Tradition seit 1311 aufwarten. Das behagliche Restaurant hat eine renommierte Küche.

Im Restaurtant und Gästehaus **Inzlinger Wasserschloss** in Inzlingen bei Lörrach (*Tel. 07621/4 70 57, www.inzlinger-wasserschloss.de*) wird edle Kochkunst in einem wunderschönen Wasserschloss aus dem frühen 16. Jh. zelebriert.

thront Breisachs Münster St. Stephan

6 Kaiserstuhl Östlich von Breisach erhebt sich mitten in der Rheinebene ein kleines, bis 557 m hohes vulkanisches Gebirge. In den Zwischeneiszeiten wurde es von einer bis zu 30 cm dicken Lössschicht überdeckt. Vor allem diese Lössschicht ist der Garant für das Gedeihen und den besonders charakteristischen Geschmack des Weins am Kaiserstuhl. Eine hohe Durchschnittstemperatur, geringe Niederschlagsmengen, reichlich Sonne und relativ hohe Temperaturen im Spätsommer und Frühherbst besorgen den Rest.

7 Burkheim Der Weinort am Westfuß des Kaiserstuhls lag bis zur Rheinkorrektur unmittelbar am Hochufer des Stroms und diente lange als Zoll- und Fährplatz. Heute zieren das romantische Fachwerkstädtchen schöne alte Bürgerhäuser aus dem 16. bis zum 18. Jh. Sein Renaissance-Rathaus wurde 1604 fertig gestellt, ein gemütlich wirkendes Stadttor erinnert an die mittelalterliche Vergangenheit.

8 Taubergießen Der etwa 10 km lange und bis zu 2 km breite Rheinauenwald zwischen Rheinhausen und Kappel ist ein kleiner, aber sehr bedeutender Rest der einst riesigen Auenlandschaft. Nicht weniger als 54 verschiedene Holzgewächse gibt es hier. Zusammen mit vielerlei Wildpflanzen bieten sie einen idealen Lebensraum für seltene Insekten, Wassertiere und Vögel. Seidenreiher, Fischadler und Kormorane fühlen sich hier wohl.

9 Straßburg Bevor die Ill in den Rhein mündet, verzweigt sie sich vielfach und bildet zahlreiche Inseln. Auf der am besten geschützten siedelten schon die Kelten, gründeten die Römer ihr Kastell Argentoratum und bauten die Alemannen ihr Stratisburgo. Als Freie Reichsstadt rangierte Straßburg ab dem 13. Jh. noch vor Köln, Augsburg, Nürnberg und Frankfurt. Heute

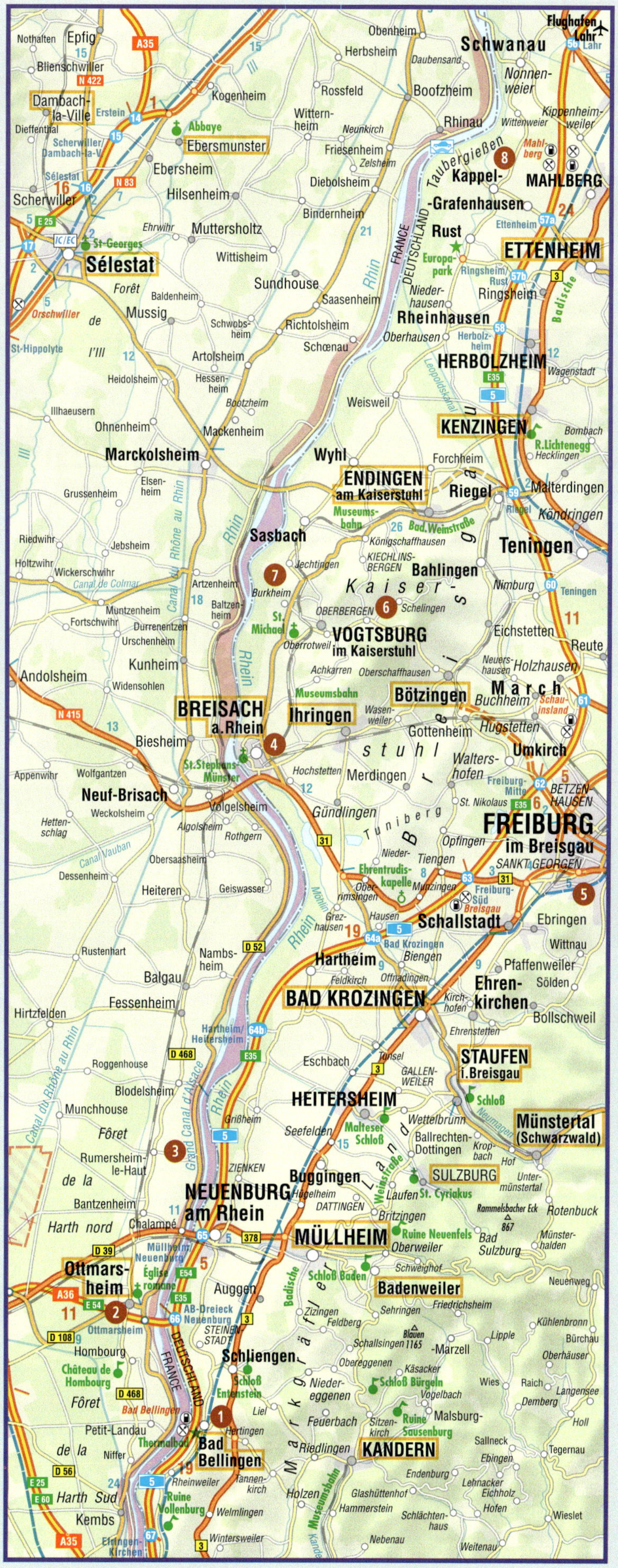

Freizeit & Sport

Wasservergnügen auf dem Rhein Wasserskifreunde und Motorbootfans werden im Breisacher Yachthafen fündig. Informationen erteilt der Yachthafen Breisach (*Josef-Bueb-Str., Tel. 07667/71 22*); Auskunft für Wasserskifahrer über *Tel. 07631/79 94 10.*

Personenschiffahrt auf dem Rhein
Eine **Fahrt von Ludwigshafen in Richtung Speyer,** vorbei an Hafenanlagen und malerischen Rheinufern zum Otterstädter Altrhein, bietet die Kurpfalz Personenschiffahrt in Ludwigshafen (*Rheinuferstr. 20, Tel. 0621/7 99 26 40; kurpfalz-personenschiffahrt.de*). Ab Speyer verkehrt das Fahrgastschiff »Sea Life« (*Tel. 06232/62 21 95; www.fgs-speyer.de*).

Altrhein-Rundfahrten rund um Speyer veranstaltet auch Pfälzerland in Speyer (*Fritz-Ober-Straße 17; Tel. 06232/7 13 66; www.personenschifffahrt-streib.de*).

Wandern Die Dimensionen des riesigen Rheingrabens kann man nur aus der Höhe erfassen, etwa vom 1284 m hohen Schauinsland, dem Hausberg der Freiburger. Ihn kann man per Straße oder Seilbahn errei-

Oben: Rheinaue bei Lampertheim nahe Worms
Unten: Kanutour im Taubergießen

chen. Bei klarer Sicht überblickt man nicht nur den Rheingraben bis zu den Vogesen, sondern bei Föhn zum Greifen nahe im Süden die Schweizer Zentralalpen mit vergletscherten Eisgipfeln. Info: Schauinslandbahn in Freiburg (*Im Bohrer 63, Tel. 0761/29 29 30; www.bergwelt-schauinsland.de*).

Kellereibesuch Der Badische Winzerkeller in Breisach veranstaltet täglich außer Sonntag Kellerführungen und Weinproben. Informationen über Badischer Winzerkeller in Breisach (*Zum Kaiserstuhl 16, Tel. 07667/90 00*).

Das Karlsruher Schloss ist das Zentrum der fächerförmig angelegten Stadt.

Schwarzachs Säulenbasilika (Bauzeit 1220–1225) ist der Rest einer ehemaligen Benediktinerabtei.

Weinstuben & Restaurants

Im Landgasthof **Zum Lamm** in Bahlingen am Kaiserstuhl (*Tel. 07661/13 11*) speist man gediegen und gutbürgerlich. Die Fleischgerichte kommen aus der eigenen Metzgerei, und der gepflegte Weinkeller kann alles bieten, was der Kaiserstuhl an Schätzen produziert.

Wer Wein und badische Küche schätzt, ist in den Winzerorten am Kaiserstuhl richtig.

Die behagliche **Oberländer Weinstube** in Karlsruhe (*Akademiestr. 7, Tel. 0721/ 2 50 66*) bietet leichte badische Küche, der Keller offeriert über 500 Weine aus Baden, dem Elsass, Burgund und Bordeaux.

In der **Backmulde** in Speyer (*Karmeliterstr. 11–13, Tel. 06232/7 15 77*) werden in intimem Rahmen Pfälzer Spezialitäten angeboten. Das verwendete Gemüse stammt aus eigenem Anbau, die verschiedenen Obstwässerle sind selbst gebrannt.

ist Straßburg Kultur- und Handelszentrum mit großem Binnenhafen und als Sitz des Europarates und des Europäischen Parlaments von großer politischer Bedeutung.

Weltberühmt ist die prächtige Altstadt mit dem großartigen Münster. An ihm wurde von 1015 bis 1439 gebaut, der zweite Turm blieb unvollendet. Die überaus eindrucksvolle Westfassade glänzt mit einer 15 m großen, in Maßwerkrahmen gefassten Farbglasrose über dem Hauptportal. Das Innere beeindruckt mit seinen selten schönen, farbenprächtigen Glasmalereien aus dem 13. und 14. Jh. Beliebteste Sehenswürdigkeit aber ist die 1574 fertig gestellte Astronomische Uhr. Sie ist nach dem örtlichen Meridian reguliert, Mittag ist deshalb um 12.30 Uhr.

Das Altstadtviertel »La Petite France« repräsentiert mit seinen alten Fachwerkhäusern an den Ufern der Ill hervorragend das alte Elsaß. Schönste Gasse ist hier die Rue du Bains-aux-Plantes.

10 Rastatt Das »Versailles am Oberrhein« ließ Markgraf Ludwig Wilhelm von Baden, der »Türkenlouis«, ab 1697 errichten. Der stattliche Barockbau mit seiner 230 m langen Gartenfront lehnt sich weitestgehend an das Vorbild von Versailles an und bezieht auch die angrenzende Innenstadt in seine Symmetrieachse ein.

Sibylla Augusta, die Witwe des Markgrafen, ließ ab 1710 das barocke Lustschloss Favorite als Sommerresidenz im Südosten von Rastatt errichten. Das überaus kostbare Innere gibt einen guten Überblick über die Wohnkultur jener Zeit. Einen Besuch lohnt die romanische Basilika im Ortsteil Schwarzach des südlich gelegenen Rheinmünster.

11 Rastatter Rheinaue Zwischen der Iffezheimer Staustufe und der Mündung der Murg liegt im Übergangsbereich des Oberrheins zwischen der ehemaligen »Wildwasserzone« und der noch heute in Ansätzen

Straßburg: Blick auf das weltberühmte gotische Münster und die im 14. Jh. errichteten Ponts Couverts

vorhandenen »Mäanderzone«, die alte Rastatter Rheinaue. In dem gut 7 km langen und etwa 1 km breiten Naturschutzgebiet sind inzwischen wieder über 90 Brutvogel-, 45 Libellen- und 440 Schmetterlingsarten heimisch. Für den Besucher am auffälligsten sind die Graureiher, der Schwarzmilan und die Kormorane.

12 Karlsruhe Am 17. Juni 1715 legte Markgraf Karl Wilhelm von Baden den Grundstein zu einem achteckigen Turm, der als Mittelpunkt einer radial angelegten Stadt Symbol seiner fürstlichen Gnadensonne sein sollte. Wie Speichen von der Nabe eines Rades wurden vom Turm aus 32 schnurgerade Straßen in alle Himmelsrichtungen gezogen und durch einen kleineren und einen größeren Kreis eingefasst. Planmäßig wuchs darauf wie auf einem Fächer die barocke Fürstenstadt, deren ursprünglicher Grundriss bis heute erhalten ist. Die weitläufigen Räume des Karlsruher Schlosses beherbergen heute das Badische Landesmuseum.

13 Rußheimer Altrhein Zwischen Germersheim und Philippsburg wurde bei der Rheinregulierung eine 7 km lange Flussschlinge sowie die Insel Elisabethenwörth vom neuen Lauf abgeschnitten. Der etwa 150 m breite Altrheinarm liefert heute ein Musterbeispiel für die langsame Verlandung eines Altwassers und bietet neben Schilfgürteln Beispiele für Weich- und Hartholzauen. Im Gebiet des verträumten Altwassers gibt es heute wieder 24 Libellenarten, knapp 500 Schmetterlingsarten und 85 Brutvogelarten.

14 Speyer Die alte Kaiserstadt am linken Ufer des Rheins war schon im 7. Jh. Bischofssitz und ab 1294 Freie Reichsstadt, in der nicht weniger als 50 Reichstage stattfanden. Bedeutendstes Bauwerk ist der sechstürmige, dreischiffige und außergewöhnlich hohe Dom. Seinen Grundstein hatte um 1030 der Salier-Kaiser Konrad II. gelegt und dafür gesorgt, dass der Dom mit 133 m Länge zur größten romanischen Kirche Deutschlands geriet. Als Kaiserdom

Das bei Rastatt gelegene Lustschloss Favorite ist aufs Kostbarste ausgestattet.

Blumenpracht im Park des Schwetzinger Schlosses, dem Sommersitz der pfälzischen Kurfürsten

(»gedeckte Brücken«) über die Ill

wurde er die Grabeskirche von nicht weniger als acht Kaisern und Königen und damit ein wichtiges Instrument kaiserlicher Machtpolitik. Heute beeindruckt der unmittelbar am Rhein gelegene Riesenbau vor allem mit seiner Ostseite, die zum Schönsten gehört, was deutsche Romanik geschaffen hat. Der gewaltige Innenraum mit seinem rot leuchtenden Sandstein und der daran geknüpften Erinnerung an die salischen Kaiser ist ein Erlebnis ganz eigener Art.

⑮ **Schwetzingen** Das Mekka der Spargelfreunde schlechthin war im 18. Jh. die Sommerresidenz der pfälzischen Kurfürsten. Ihr Schloss zeugt noch heute von der Pracht der einstigen Hofhaltung. Attraktiver ist dennoch der im 18. Jh. in englisch/französischem Stil geschaffene 74 ha große Schlossgarten.

Schönster Bau im Park ist das 1752 vollendete Rokokotheater von Nicolas de Pigage. Hier finden alljährlich im Sommer die Schwetzinger Festspiele statt.

⑯ **Ludwigshafen** Zwar vor allem als Standort bedeutender Chemiekonzerne bekannt, hat die Stadt aber auch einiges für Besucher zu bieten. Einen Besuch lohnt u. a. das Wilhelm-Hack-Museum mit seiner bekannten Keramik-Wand von Joan Miró.

⑰ **Mannheim** Wo der Neckar in den Rhein mündet, liegt die ehemalige pfälzische Residenzstadt. Sie wurde im 17. Jh. planmäßig auf schachbrettartigem Grundriss in 144 Rechtecken angelegt. Bis heute gibt es in der Mannheimer Innenstadt deshalb keine Straßennamen, jeder Häuserblock ist vielmehr mit einem Buchstaben und einer Zahl gekennzeichnet. Gründervater der Schachbrettanlage war Kurfürst Johann Wilhelm, der der Stadt auch noch einen Festungsring gab.

Der eigentliche Aufstieg Mannheims begann mit Kurfürst Carl Philipp, der ab 1720 das neue Residenzschloss errichten ließ. Es geriet zu einer der größten barocken Schlossanlagen Deutschlands, wurde im letzten Krieg jedoch völlig zerstört und dient nach seiner Restaurierung mit seinen über 400 Räumen hauptsächlich der Universität. Originalgetreu restauriert wurden dagegen das Treppenhaus mit den Deckenfresken von Cosmas Damian Asam und der Rittersaal mit dem Deckenfresko ebenfalls von Asam. Unversehrt erhalten blieb das 1755 von Pigage für die Kurfürstin Elisabeth Augusta errichtete Bibliothekskabinett. Die Schlosskirche präsentiert sich mit den Deckenfresken von Cosmas Damian Asam komplett erneuert.

⑱ **Lampertheimer Altrhein** Die Inseln Biedensand und Bonnau westlich von Lampertheim gehören zum Vorland des Rheinhauptdammes.

Die Insel Bonnau ist durch keinen Deich geschützt und wird deshalb regelmäßig vom Rhein überflutet, so dass hier die ursprüngliche Weichholzaue mit natürlichen Silberweidenbeständen erhalten geblieben ist. Auch die Auenwiesen konnten ihre ursprüngliche Zusammensetzung erhalten. Der Naturfreund findet hier deshalb höchst interessante Pflanzengesellschaften und Vogelpopulationen vor.

⑲ **Worms** Die über 2000-jährige Nibelungenstadt war zur Zeit der Völkerwanderung das Zentrum des Burgunderreiches, das 437 von den Hunnen vernichtet wurde und bis heute im Nibelungenlied weiter lebt. 1521 verteidigte hier Martin Luther seine Thesen gegenüber Kaiser Karl V.

Das Dominierende Bauwerk der Stadt ist der Dom, mit dessen Bau 1171 begonnen wurde. Bis Ende des 13. Jh. war er in seiner heutigen Form fertig gestellt. Am attraktivsten ist seine Westfront mit dem fünfseitigen Chorabschluss, den runden Flankentürmen und dem zwölfteiligen Radfenster. Sehenswert ist auch das um 1300 entstandene Hauptportal am südlichen Seitenschiff, das nach dem Vorbild der französischen Portalplastik als eine Art Bilderbibel gestaltet wurde.

⑳ **Knoblochsaue** Die Kühkopfinsel ist mit etwa 2400 ha das größte hessische Naturschutzgebiet und zugleich das größte Auenschutzgebiet in ganz Mitteleuropas. Das schönste Beispiel einer Mäanderstromaue wird bei Hochwasser regelmäßig überflutet und behält so seine natürlichen Auenbedingungen.

Hier wächst eine Mischform aus Weich- und Hartholzaue, nahezu 250 verschiedene Vogelarten sind zu finden. Den besten Zugang zur Knoblochsaue bietet der Riedstadter Ortsteil Erfelden.

㉑ **Oppenheim** Hier lohnt die vom 13.–15. Jh. aus rötlichem Sandstein errichtete Katharinenkirche einen Besuch. Immerhin zählt sie zu den bedeutendsten gotischen Bauten am Rhein. Besonders prächtig ausgebildet ist ihr reiches Maßwerk.

Weinlokale & Restaurants

Das edle Restaurant **Adler-Post** in Schwetzingen (*Schlossstr. 3, Tel. 06202/ 2 77 70*) in der ehemaligen Großherzoglich Badischen Posthalterei ist seit über 160 Jahren im Besitz derselben Familie. Man ist Mitglied der Chaîne des Rôtisseurs und präsentiert ein dementsprechend gehobenes Angebot.

In der **Rôtisserie Dubs** in Worms (*Kirchstr. 6, Tel. 06242/20 23*) wird gehobene Kochkunst geboten. Das Niveau des Weinangebots entspricht dem der Küche.

In rustikalem Ambiente serviert der **Oppenheimer Hof** (*Friedrich-Ebert-Str. 84, Tel. 06133/24 95*) in Oppenheim gutbürgerliche Küche mit saisonalen Gerichten und exzellenten Fischspezialitäten.

Gaststube im Oppenheimer Hof

Im **Löwen** in Mannheim-Seckenheim (*Seckenheimer Hauptstr. 159–163, Tel. 0621/4 80 80, www.loewensecken-heim.de*) wird zu gehobener Küche eine reiche und vielfältige Auswahl an badischen Weinen offeriert.

Malerisch gelegen und von Mauern bewehrt: Bacharach am Rhein

Eine der zahlreichen Burgen am Mittelrhein: Burg Rheinstein

Das Rheintal zwischen Bingen und Koblenz ist ein enges Durchbruchstal, in dem der Rhein keine Möglichkeit zum Mäandrieren hatte. Felsen gaben dem Strom ein enges Bett, kaum ein Weg hatte Platz zwischen dem Strom und den steilen Hängen. Schon im Mittelalter erhielten deshalb die exponiertesten Felsen mächtige Schutz- und Trutzburgen.

Weinstuben & Restaurants

Der Rüdesheimer Stadtteil Assmannshausen mit dem Hotel **Post** (*Rheinuferstr. 2, Tel. 06722/23 26*) liegt abseits des großen Trubels unterhalb des Niederwalddenkmals. Die Terrasse des Hauses bietet einen wunderschönen Blick auf den Rhein und die gegenüberliegende Burg Rheinstein. Die Waldgaststätte Forsthaus **Heilig Kreuz** in Bingen-Bingerwald (*Tel. 06721/3 22 52*) ist ein beliebtes Ausflugsziel im Binger Wald. Es bietet gutbürgerliche Küche und

»Altes Haus« in Bacharach

Weine der Region. Das Forsthaus ist auch ein guter Ausgangspunkt zahlreicher Wanderwege in die Ausläufer des Hunsrück. Das wunderschöne, mit Türmchen und Erkern geschmückte Fachwerkgebäude des Weinhauses **Altes Haus** in Bacharach (*Oberstr. 61, Tel. 06743/12 09*) ist eine historische Gaststätte. So attraktiv das Äußere, so angenehm das Innere. Geboten wird eine gehobene bürgerliche Küche, dazu Weine der Region, teilweise aus eigenem Anbau.

1 Mainz Die Gutenbergstadt war als Moguntiacum 20 n. Chr. der Sitz des militärischen Oberbefehlshabers für Obergermanien. Bonifatius gründete 742 das Bistum und machte es damit zur Metropole des deutschen Christentums. Im 13. Jh. hatte das »Goldene Mainz« seine höchste Blüte, seine Bischöfe waren Reichskanzler, Königsmacher und Kurfürsten. Von dieser Macht zeugt bis heute der gewaltige, sechstürmige Dom, der zwischen 975 und 1236 gebaut wurde. Berühmtester Sohn der Stadt aber war Gutenberg, der Erfinder des Buchdrucks.

2 Rüdesheim Rund um das Rheingaustädtchen ließ Karl der Große die ersten Traminerreben pflanzen, bis heute wachsen dort die besten Tropfen – sehr zur Freude der Wirte der Drosselgasse. Oberhalb von Rüdesheim bewacht das Niederwalddenkmal den Beginn des Rheindurchbruchs. Die 10,5 m hohe Germania wurde zur Erinnerung an die Erneuerung des Reiches im Jahr 1871 errichtet. Von der Terrasse hat man einen weiten Blick über den Rheingau.

3 Bingen Unweit der Mündung der Nahe hatten die Römer ihr Kastell Bingium und eine Brücke über die Nahe. Ende des 10. Jh. sicherten die Mainzer Bischöfe die Stadt mit einer Burg und einer Ringmauer. In der Altstadt ist die spätgotische Basilika St. Martin (15./16. Jh.) mit einer karolingischen und romanischen Krypta sehenswert. Wo einst das römische Kastell stand, steht heute die Burg Klopp.

4 Lorch Das alte Winzerstädtchen hatte bereits 1274 einen Weinmarkt. Über dem Dorf, mitten in den Weinbergen, thront die mächtige um das Jahr 1300 entstandene Burg Nollig.

5 Bacharach Das malerische Städtchen besitzt noch seine wehrhafte Ringmauer aus dem 14. bis 16. Jh. Die besterhaltene Stadtbefestigung am Mittelrhein wird überragt von der Ruine der Burg Stahleck.

6 Kaub Das Dorf duckt sich innerhalb seiner gut erhaltenen mittelalterlichen Stadtmauer. Oberhalb thront die im 13. Jh. errichtete Burg Gutenfels. Weit interessanter ist jedoch die Burg Pfalzgrafenstein. Die auf einem Felsen im Rhein vor Kaub von König Ludwig dem Bayern 1326 zur Sicherung des Rheinzolls errichtete Burg ist eines der schönsten Fotomotive des Mittelrheins.

7 Oberwesel Immerhin 16 von ursprünglich 21 Wehrtürmen der Ringmauer sind bis heute in dem reizvollen Städtchen mit seinen Wohnhäusern aus dem 16. bis 18. Jh. erhalten. Die Frauenkirche birgt eine besonders kostbare Ausstattung. Die riesige Schönburg oberhalb von Oberwesel ist das Paradebeispiel einer Ganerbenburg. Die Burg mit ihren drei Bergfrieden und drei Wohnbereichen ist so aufgeteilt, dass drei Zweige der Familie jeweils ihr eigenes Reich haben. Nur die Burgkapelle wird gemeinsam genutzt.

8 Loreley Der tückische Felsen (so die wörtliche Übersetzung) ragt 132 m hoch über dem Strom auf und verengt ihn auf nur noch 113 m Breite. Berühmt wurde der Felsen durch die Sage von der goldlockigen Jungfrau Loreley, die vorbeifahrende Schiffer mit ihren Lockgesängen ins Verderben stürzte. Kurz vor Sankt Goarshausen thront Burg Katz, gebaut um 1370 von Graf Johann III. von Katzenelnbogen. Nur 2 km unterhalb von Sankt Goarshausen zeigt sich das Gegenstück in der Burg Maus, die um 1355 errichtet wurde.

9 Ruine Rheinfels Die gegenüber der Burg Maus auf der linken Rheinseite 115 m über dem Rhein thronende Ruine von 1245 war einst die mächtigste Feste am Mittelrhein. Gebrochen wurde die Burg 1797 von den Franzosen, die die Trümmer dann zum Bau der Festung Ehrenbreitstein in Koblenz verwendeten.

10 Boppard Die römische Gründung ist noch in weiten Teilen von der mittelalterlichen Stadtmauer eingefasst. In der Pfarrkirche (12./ 13. Jh.) finden sich romanische Wandmalereien.

11 Marksburg Die einzige unzerstörte Höhenburg am Rhein thront in prächtiger

An der Einmündung der Mosel in den Rhein liegt das Deutsche Eck in Koblenz.

Der Hafen von St. Goar unterhalb der imposanten Ruine von Burg Rheinfels

Beherrscht das Koblenzer Stadtbild: die am rechten Rheinufer gelegene Festung Ehrenbreitstein

Freizeit & Sport

Rhein-Radweg Der Fernwander-Radweg beginnt in Basel und endet in Rotterdam. Engstellen gibt es derzeit noch im Mittelrheintal. Informationen zum Planungsstand erhält man unter *www.lsv.rlp.de/Radwege* und unter *www.radwanderland.de*.

Besuch bei Meister Gutenberg Das Mainzer Museum für Schrift- und Druckkunst ist ganz dem Werk Johannes Gutenbergs und der Erfindung der Druckkunst gewidmet. Die Druckerstube des Meisters wurde originalgetreu rekonstruiert, die benutzbare Presse arbeitet wie vor 550 Jahren. Informationen: Gutenberg-Museum in Mainz (*Liebfrauenplatz 5, Tel. 06131/12 26 40, www.gutenberg-museum.de*).

Spaziergang zur Germania Die Aussicht von der Terrasse des 225 m hohen Niederwalddenkmals umfasst den gesamten Rheingau, sie ist bequem per Seilbahn von Rüdesheim aus zu erreichen. Eine überaus lohnende Fortsetzung ist der Spaziergang hinauf zur 265 m über dem Rhein gelegenen Burgruine Rossel und zum Jagdschloss Niederwald. Per Sessellift kommt man hinunter nach Assmannshausen, von wo aus man mit dem Rheinschiff zurück nach Rüdesheim fährt. Infos bei Tourist-Information Rüdesheim (*Geisenheimer Str. 22, Tel. 06722/1 94 33*).

»Rhein in Flammen«: großes Feuerwerk und Weinfeste am Mittelrhein, wie hier bei Koblenz

Rhein in Flammen Ein besonderes Spektakel ist das alljährlich fünfmal stattfindende Großereignis zwischen Rüdesheim und Bonn, wenn der Rhein von Schiffen und den Hängen aus festlich illuminiert wird. Infos gibt es über *www.rhein-in-flammen.com* oder *www.rhein.feuerwerk-info.de*.

Weinlehrpfad Boppard Besonders informativ ist der Weinlehrpfad durch das weitläufige Rebgelände am Bopparder Hamm. Zum Vier-Seen-Blick gelangt man bequem mit der Seilbahn. Info: Tourist-Information Boppard (*Altes Rathaus, Tel. 96742/38 88*).

Ein Bonner Gastwirtssohn ließ sich Schloss Drachenburg bei Königswinter erbauen.

Inmitten seiner Weinberge liegt das Winzerdorf Mayschoß im Ahrtal.

Restaurants in historischem Ambiente

Das Hotel-Restaurant **Alt Sinzig** (*Kölner Str. 5, Tel. 02642/4 27 57*) in Sinzig bietet leichte regionale Kost sowie französische Küche. Hobbyköche können an Kochseminaren teilnehmen.

Das direkt am Rheinufer an der Anlegestelle der Ausflugsschiffe und der Fähre gelegene Fachwerkhaus Hotel **Anker** (*Am Rheinufer 12, Tel. 02633/93 29*) in Bad Breisig serviert auf der Terrasse über dem Rhein gutbürgerliche Küche und Produkte der eigenen Konditorei.

Das alte Fachwerkhaus des Gasthofes **Altes Rathaus** in Bad Honnef (*Markt 7, Tel. 02224/7 14 48*) war erst Rathaus, dann Standesamt und dient heute als gemütlicher rheinischer Gasthof. Die Spezialitäten der gutbürgerlichen Küche gibt es in zwei Etagen oder bei gutem Wetter auf dem Bad Honnefer Marktplatz.

Dem Kölner Kölsch entspricht in Bonn das Bönnsch, es fließt im Gasthof **Zum Gequetschten** (*Sternstr. 78, Tel. 0227/ 63 81 04*) in großen Mengen. Als Unterlage gibt es originelle rheinische Gerichte. Entspricht der Andrang dem Namen, gilt dies hier als Gipfel der Gemütlichkeit.

Aussichtslage auf einem steil abfallenden Felskegel. Heute ist die Burg aus dem 13. Jh. als Museum zugänglich.

12 **Koblenz** An der Mündung der Mosel in den Rhein gründeten die Römer 9 v. Chr. ihr Castrum apud confluentes zur Sicherung des Moselüberganges. Die Hauptsehenswürdigkeiten der Stadt sind das klassizistische Schloss (18. Jh.), die romanische Kirche St. Castor (12. Jh.), das Deutsche Eck an der Mündung der Mosel und die bis 1832 errichtete, mächtige Festungsanlage Ehrenbreitstein auf der gegenüberliegenden Rheinseite.

13 **Andernach** Die Stadt liegt innerhalb eines schön erhaltenen mittelalterlichen Mauerrings am linken Rheinufer. Im Haus von der Leyen (16. Jh.) im Stil der Spätrenaissance befindet sich das Stadtmuseum. Zu den Besonderheiten zählt ein Judenbad (Mikwe) aus dem 14. Jh. in einer 12,80 m tiefen Schachtanlage.

14 **Linz am Rhein** Das gegenüber der Ahrmündung liegende rechtsrheinische Städtchen hat noch zwei mittelalterliche Stadttore, sehenswerte Fachwerkhäuser und zwei schöne Stadtplätze. Die spätromanische Kirche St. Martin birgt Wandmalereien aus dem 13. Jh.

15 **Bad Honnef** Im Winzerort am Fuß des Drachenfelses lebte Bundeskanzler Adenauer 30 Jahre im Ortsteil Rhöndorf. Sein Haus kann ebenso wie sein Garten besichtigt werden. Vor der Stadt liegt die Rheininsel Grafenwerth, zu der regelmäßiger Schiffsverkehr besteht, ihr gegenüber die Insel Nonnenwerth mit einem Internat.

16 **Königswinter** Die Hauptattraktion des Ortes ist der Drachenfels. Der 321 m hohe Fels wurde 1883 mit Deutschlands erster Zahnradbahn erschlossen. Den Gipfel des Drachenfels ziert die Ruine gleichen Namens, die von den Kölner Erzbischöfen 1147 erbaut und 1634 zerstört wurde.

17 **Bonn** Deutschlands ehemalige Hauptstadt liegt am Übergang zwischen dem Rheinischen Schiefergebirge und der Kölner Bucht. Gegründet wurde sie von den Römern als Castra Bonnensia. Von 1238 bis 1794 hatten die Bischöfe von Köln hier ihre Residenz. Das Münster St. Martin, eine dreischiffige Basilika aus dem 11. bis 13. Jh., zählt zu den schönsten romanischen Kirchen am Rhein, der zweigeschossige Kreuzgang stammt aus dem 12. Jh.

18 **Brühl** Zu Brühls größten Sehenswürdigkeiten zählt das Brühler Barockschloss Augustusburg. Weitere Sehenswürdigkeiten sind die gotische Pfarrkirche Maria von den Engeln, das Max-Ernst-Geburtshaus und das Max-Ernst-Museum sowie schöne Bürgerhäuser aus dem 16. bis 18. Jh.

Das Siebengebirge bei Bonn ist Deutschlands ältestes Naturschutzgebiet.

19 **Köln** Die alte Domstadt wuchs aus der römischen Provinzhauptstadt Colonia Claudia Ara Agrippinensis und war im Mittelalter eine der wichtigsten Städte Deutschlands. Der mächtige Dom ist ein Meisterwerk deutscher Hochgotik, an dem von 1248 bis 1880 gearbeitet wurde. Zu seinen kostbarsten Ausstattungsstücken zählt der Drei-Königs-Schrein aus dem 12. Jh. Unbedingt einen Besuch wert ist auch die romanische Kirche St. Gereon, ein zehneckiger Kuppelbau.

Die Ahr

Der kleine, nur 89 km lange linke Nebenfluss des Mittelrheins durchströmt in seinem Unterlauf das größte zusammenhängende Rotweinanbaugebiet Deutschlands. Die Winzer sind hier stolz auf etwa 800 ha Rebfläche, der Weinbau lässt sich bis in römische Zeiten zurückverfolgen. Die Ahr mündet südlich von Kripp in den Rhein.

20 **Altenahr** Wegen der vielen zusammengedrängten Fachwerkhäuser ist Altenahr seit jeher eines der Zentren der Ahrromantik. Nicht versäumen sollte man einen Besuch der romanischen Pfarrkirche (Ende des 12. Jh.). Burg Are war Stammsitz der gleichnamigen Grafen. Theoderich von Are hatte sie um 1100 errichtet. Auf dem höchsten Punkt des Burgfelsens findet sich heute ein Aussichtspavillon, von dem aus sich eine prächtige Sicht auf die Ahrschleifen bietet.

21 **Bad Neuenahr-Ahrweiler** Dank der im Jahr 1854 entdeckten kohlensäurereichen, warmen Quellen ist das Städtchen Bad Neuenahr ein viel besuchter Badeort. Die Pfarrkirche hat noch einen spätromanischen Westturm aus der Zeit um 1200, die Kirche selbst ist ein Saalbau aus dem Jahr 1724 mit barocker Ausstattung.

Gut erhalten sind die Stadtbefestigungen (13. Jh.) im Weinhandelsort Ahrweiler. Die vier Stadttore der Stadtmauer sind beeindruckend. Sehenswert ist auch die gotische Hallenkirche St. Laurentius, die bereits um 1300 vollendet war.

Freizeit & Sport

Ahrschleife Altenahr Dank strengem Naturschutz gibt es heute im Langfig-Tal bei Altenahr nicht weniger als 93 Vogel-, 475 Schmetterlings- und über 1000 Käferarten. Infos über die Gemeindeverwaltung Altenahr (*Rossberg 3, Tel. 02642/80 90*)
Wandern Die sieben sagenumwobenen Berge oberhalb von Königswinter und Bad Honnef bieten ein dichtes Netz an Wanderwegen. Informationen über die Geschäftsstelle des Naturparks in Königswinter (*www.naturpark-siebengebirge.de*).
Rheinisches Landesmuseum Bonn Die reichhaltige Sammlung ist der Kunst- und

Oben: Passagierschiffe auf dem Rhein bei Bonn
Unten: Blick über den Hafen von Bad Honnef zum Drachenfels

Kulturgeschichte des Rheinlandes gewidmet. Infos über *www.rlmb.de*.
Kölner Museumstour Das Wallraf-Richartz-Museum (*www.wrm.museenkoeln.de*) ist eine große klassische Gemäldegalerie. Das Museum Ludwig dagegen präsentiert Werke der Moderne, vor allem Expressionisten (*www.ml.museenkoeln.de*).
Rheinschifffahrt Zu den Anbietern entlang des Rheins gehören auch die Bingen-Rüdesheimer Fahrgastschiffahrt in Bingen (*www.bingen-ruedesheimer.com*) und die Loreley-Linie Weinand in Kamp-Bornhofen (*www.loreley-linie.loreleyvalley.com*), die Personenschiffahrt Franz Schmitz in Königswinter (*www.rheinschiffahrt.de*) und die KD Köln-Düsseldorfer Deutsche Rheinschifffahrt in Köln (*www.k-d.com*).

Der Rheingau

Der Rheingau, das vom westlichen Taunus zum Rheinabschnitt zwischen Wiesbaden und Rüdesheim hin abfallende Hügelland auf dem rechten Rheinufer, ist dank seines günstigen Klimas mit 3000 ha Rebfläche eines der kleinsten, aber auch bekanntesten Weinbaugebiete Deutschlands. Wein und Weinbau bestimmen hier ganz wesentlich die Kultur der Region, die reich an Burgen (Scharfenstein, Hattenheim), Schlössern (Johannisberg,Vollrads, Reinhardshausen), Klöstern (Eberbach, Johannisburg, Marienthal, Abtei St. Hildegard) und malerischen Weinorten ist. Angebaut werden überwiegend Rieslingweine, verkosten kann man die edlen Tropfen in urigen Weinhäusern und Wirtschaften in den Weinorten Eltville, Kiedrich, Oestrich, Winkel, Assmannshausen und Rüdesheim. Von Lorch bis Flörsheim kann man der Rheingauer Riesling-Route folgen.

Burg Ehrenfels bei Rüdesheim war Zollstation und Hoflager der Erzbischöfe von Mainz. 1689, im Pfälzischen Erbfolgekrieg, wurde sie von französischen Truppen zerstört.

Eltville ist die älteste Stadt im Rheingau. Im Bild der Schlossturm.

Im Museum der Zisterzienserabtei Eberbach wird das mittelalterliche Klosterleben veranschaulicht.

Mitunter etwas laut durch weinselige Touristenscharen: die Rüdesheims Drosselgasse

Burgen am romantischen Rhein

Ein wesentlicher Grund für die romantische Verklärung des Mittelrheintales zwischen Bingen und Koblenz sind seine mehr als 35 mittelalterlichen Burgen, die sich rechts und links auf den Felsen über dem Rhein erheben: Sie sind oftmals liebevoll restauriert und nun Sitz eines edlen Restaurants, eines vornehmen Hotels oder einer rustikalen Jugendherberge. Manche thronen lediglich als malerische Ruine über einem Winzerort. Von ihren Erbauern wurden sie zumeist zu Verteidigungszwecken, aber auch zur Demonstration eigener Macht und Stärke errichtet. Viele wurden leider im Dreißigjährigen Krieg zerstört. Zwei Burgen stehen im Rhein auf Inseln: der berühmte Binger Mäuseturm und die Burg Pfalzgrafenstein, die beide zum Zwecke der Zollerhebung und zur Sicherung der Rheinschifffahrt erbaut wurden.

Über dem mauerbewehrten Weinort Bacharach thront Burg Stahleck. Hier beendeten Welfen und Staufer 1194 ihre Feindschaft; heute ist sie eine Jugendherberge.

Der Mäuseturm wurde nach den Nagern benannt, vor denen Erzbischof Hatto Zuflucht suchte.

Auf einer Rheininsel liegt Burg Pfalzgrafenstein, auch »Pfalz bei Kaub« genannt.

Bester Aussichtspunkt auf die Pfalz und Kaub: die Schönburg in Oberwesel

Köln

Alles, was die westlichste Großstadt Deutschlands ausmacht, beginnt mit dem Buchstaben K: Kirchen, Kunst und Kölsch. Eine römische Siedlung war Keimzelle der heutigen Metropole am Rhein. Schon Karl der Große erhob Köln zum Erzbistum, und bereits im frühen Mittelalter gehörte es zu den führenden deutschen Städten und war Mitglied der Hanse.
Sehenswerte romanische und gotische Kirchen – allen voran der Kölner Dom – zeugen noch heute von der Bedeutung Kölns in der Vergangenheit, doch auch die Gegenwart ist mit Kunst und Kultur präsent. Das sehenswerte Museum Ludwig zum Beispiel bietet Interessierten einen Querschnitt durch die Kunst des 20. Jh., das Wallraf-Richartz-Museum und das Römisch-Germanische Museum zählen zu den bekanntesten Kunsttempeln in ganz Deutschland.

Romanik und Gotik am Rheinufer: Hell erleuchtet erstrahlen die beiden Gotteshäuser über der Altstadt – der gotische Dom St. Peter und Marien und die Kirche Groß St. Martin, eine der zwölf romanischen Kirchen Kölns.

Am südwestlichen Ende der Hohenzollernbrücke: Reiterstandbild Kaiser Wilhelms II.

Das Museum Ludwig präsentiert Kunstwerke des 20. und 21. Jh. – von Picasso bis heute.

Der mächtige Vierungsturm von Groß St. Martin überragt die Häuser der Altstadt.

Freizeit & Sport

Personenschifffahrt auf dem Niederrhein Tages- und Rundfahrten ab Xanten nach Rees, Dorsten, Duisburg mit Hafenrundfahrt und durch den Wesel-Dattel-Kanal veranstaltet die Reeser Personenschiffahrt in Rees (*Falkenstrasse 4, Tel. 02851/70 04; www.reeser-personenschiffahrt.de*) oder die Rheinische Personenschiffahrt in Em-

Uferpromenade in Düsseldorf

merich (*Rheinpromenade 31, Tel. 02822/97 68 91; www.rheinkoenigin.com*).

Hafenrundfahrten im Duisburger Hafen Duisburgs Hafen ist der weltweit größte Binnenhafen, ein- oder mehrstündige Rundfahrten erläutern die Abläufe. Zu den Veranstaltern zählt die Duisburger Hafenrundfahrt Gesellschaft (*Harry-Epstein-Platz 10, Tel. 0203/6 04 44 47*), Informationen zu Fahrplan und Sonderfahrten stehen unter *www.dvv.de/dhg*.

Charterfahrten veranstaltet Atlas Schifffahrt und Verlag GmbH in Duisburg (*Alte Duisburger Straße 12 a, Tel. 0203/87 30 54; www.atlas-schiffahrt.de*). Die Hafenrundfahrten beginnen am Steiger des Museums der Deutschen Binnenschifffahrt.

Museum der Deutschen Binnenschifffahrt Hier geht es um die Binnenschifffahrt. Das Museum ist stilgerecht in einem ehemaligen Jugendstilhallenbad untergebracht und lässt keine Frage zur Binnenschifffahrt offen (Di–So 10–17 Uhr). Info: Museum der Deutschen Binnenschifffahrt in Duisburg (*Apostelstr. 84, Tel. 0203/80 88 90, www.binnenschiffahrtsmuseum.de*).

Düsseldorfer Schifffahrtsmuseum Hier erfährt man alles über die Rheinschifffahrt von den Römern bis heute (Di–So 11–18 Uhr). Informationen über das Stadtmuseum Düsseldorf (*Berger Allee 2, Tel. 0211/8 99 61 65; www.duesseldorf.de/kultur/stadtmuseum/home.htm*).

Rheinpark, Zoo und Botanischer Garten In Riehl, nördlich von Köln, gibt es die einzige Seilbahn am Niederrhein. Sie verbindet den Rheinpark auf der rechten Rheinseite mit dem Zoologischen und dem Botanischen Garten auf der linken Seite. Informationen unter *www.zoo-koeln.de*.

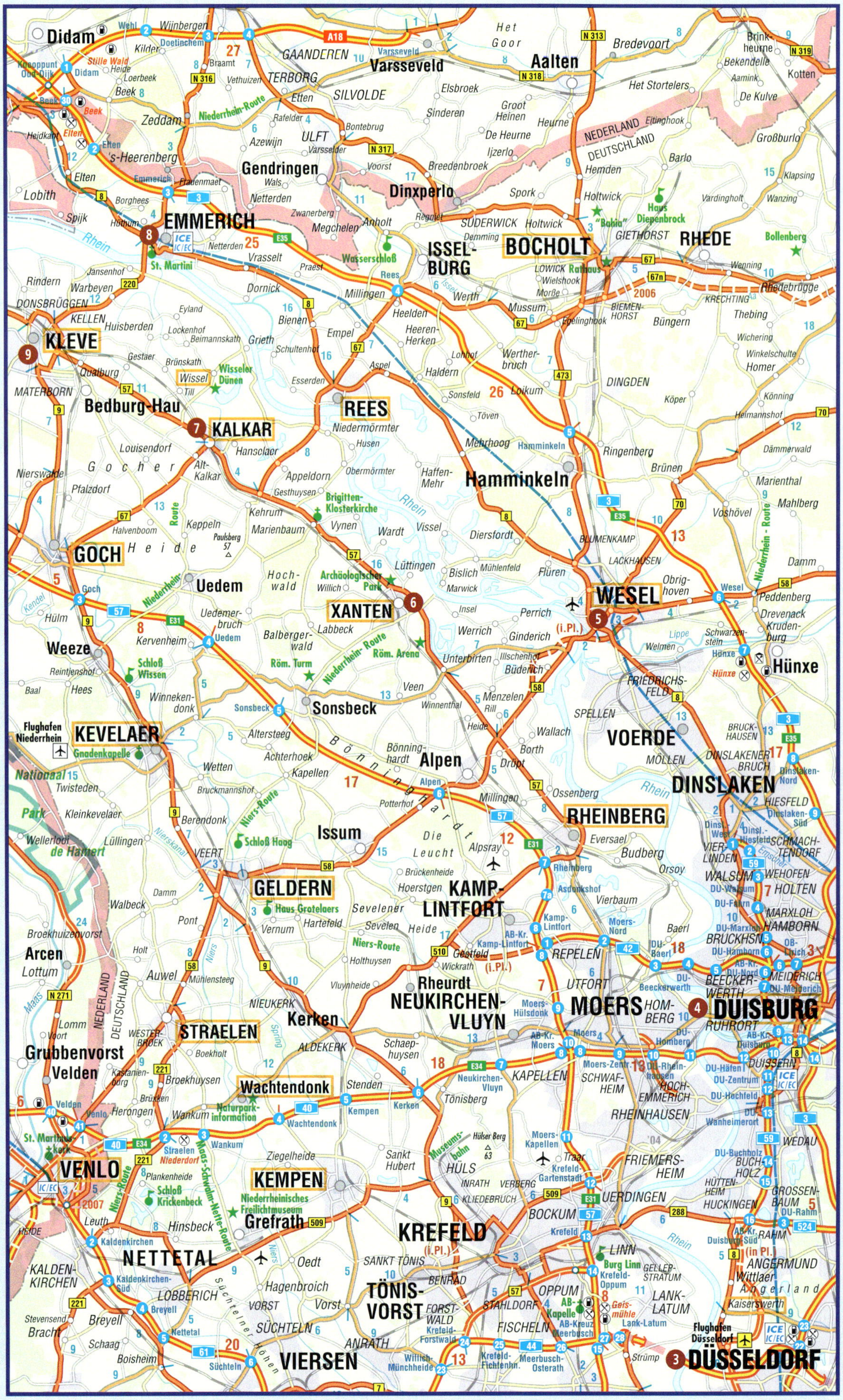

Weit und flach ist das Gebiet am Niederrhein wie hier bei Xanten.

Die Rheinbrücke in Emmerich ist Wahrzeichen der Stadt und die längste ihrer Art in Deutschland.

Der Niederrhein ist heute ein in der Unendlichkeit der weiten Ebene mit Deichen kanalisierter Strom. Nach rund 900-jährigen Baubemühungen ist kaum ein Meter des Niederrheines noch »original«, ursprüngliche Natur hat Seltenheitswert. Andererseits konnten nur so die Siedlungsgebiete entlang des Stromes gesichert und das Land nutzbar gemacht werden.

❶ **Zons** Das römische Sontium war einst ein kurkölnisches Städtchen und besitzt heute noch die besterhaltene mittelalterliche Stadtbefestigung des gesamten Rheinlandes. Der von zahlreichen Wachtürmen gekrönte Mauerring war von 1373 bis 1400 vom Erzbischof Friedrich von Saarwerden errichtet und seither nie »gebrochen« worden. Lediglich der Mühlenturm in der Südwestecke wurde im 15. Jh. zur Windmühle umgebaut, das Rheintor an der Nordostecke dagegen wurde als Zollturm genutzt.

❷ **Neuss** Die gegenüber von Düsseldorf an der Mündung der Erft gelegene Hafenstadt gründeten die Römer als Novaedium. Daran erinnert ein am Rhein originalgetreu errichteter Limeswachturm. Im Süden der Altstadt ist noch das aus dem 13. Jh. stammende zweitürmige Obertor erhalten. Nördlich des Marktes wartet das Münster St. Quirinus, der wichtigste spätromanische Kirchenbau am Niederrhein, auf seine Besucher. Der 1209 begonnene Bau beeindruckt mit einem mächtigen Vierungsturm und vier Osttürmen. Sehenswert ist die aus dem 12. Jh. stammende Krypta.

❸ **Düsseldorf** Die nordrhein-westfälische Hauptstadt wurde 1386 von Herzog Wilhelm II. zu seiner Residenzstadt gemacht. Berühmt sind heute die Flaniermeile »Kö« (Königsallee), die Rheinuferpromenade und die Altstadt mit ihren zahlreichen Bierstuben, auch » längste Theke Europas« genannt. An das mittelalterliche Düsseldorf erinnern noch der aus dem 13. Jh. stammende Schlossturm und der ebenfalls im 13. Jh. errichtete Backsteinbu der Lambertuskirche. Den besten Überblick über Stadt und Rhein bietet der 234 m hohe Rheinturm mit Drehrestaurant.

❹ **Duisburg** Der größte Binnenhafen Europas liegt an der Mündung der Ruhr in den Niederrhein. Bereits in fränkischer Zeit war hier ein Handels- und Stapelplatz beim karolingischen Königshof Thusburg entstanden. Noch in der Stauferzeit wurde Duisburg Reichsstadt und Mitglied der Hanse. Welch riesige Hafenanlagen daraus gewachsen sind, lässt sich am besten bei einer Hafenrundfahrt erleben.

❺ **Wesel** Die Hafenstadt an der Mündung der Lippe in den Niederrhein erinnert mit einem Denkmal an Peter Minuit, den Gründer New Yorks und Sohn der Stadt. Als Teil der alten Stadtbefestigung ist das barocke Berliner Tor, das seine heutige Form bis 1722 bekam, erhalten. Den Großen Markt ziert der spätgotische Dom von 1540. Sein Turm war bereits 1478 fertig gestellt worden. In der modernen katholischen Martinikirche gibt es einen Schnitzaltar von 1510 zu entdecken.

❻ **Xanten** Der Dom St. Victor wurde nach dem Kölner Dom zum bedeutendsten gotischen Kirchenbau am Niederrhein. Interessant ist der Dom vor allem wegen seiner nahezu vollständig original erhaltenen Innenausstattung. Besonders prächtig sind die gotischen Farbglasfenster, die ältesten entstanden um 1300, die jüngsten im 16. Jh. Aus drei verschiedenen Jahrhunderten stammen die 28 eindrucksvollen steinernen Statuen an den Pfeilern des Langhauses und des Chores.

Der 1977 gegründete Archäologische Park im Norden der Stadt rekonstruiert die römische Stadt Colonia Ulpia Traiana mit Amphitheater, römischer Herberge und Hafentempel; Originalfunde werden in das Stadtbild integriert.

❼ **Kalkar** Dem Städtchen auf der linken Rheinseite blieb sein mittelalterliches Stadtbild glücklicherweise weitgehend erhalten, so dass noch viele gotische Häuser den Stadtkern zieren. Das dreigeschossige Rathaus stammt von 1446, die Giebelhäuser aus dem 16. Jh. Das absolute Glanzstück ist die Stadtpfarrkirche St. Nikolai. In ihr sind noch sieben Schnitzaltäre aus der Zeit um 1500 erhalten. Allein der Hochaltar stellt in einer einzigen Bildfläche mit 208 Einzelfiguren die gesamte Passion dar. Das 1508 fertig gestellte Chorgestühl ist mit seiner reichen Ornamentik und seinen vielen Figuren ein vortreffliches Schnitzwerk.

❽ **Emmerich** Die letzte deutsche Stadt auf der rechten Rheinseite hatte einen wichtigen Rheinhafen und wurde deshalb 1945 stark zerstört.

Erhalten blieb die ehemalige Stiftskirche St. Martin, deren Krypta noch aus der Zeit um 1040 stammt. Weil sich der Rhein zweimal das westliche Schiff der Kirche holte, wurde sie im 15. Jh. nordseitig neu gebaut. Wichtigste Ausstattungsstücke sind das Chorgestühl von 1486 und eine Madonna auf der Mondsichel aus dem 15. Jh.

❾ **Kleve** Sein Name kommt von Kliff und bezieht sich auf den Höhenrücken, auf dem die nördlichste Höhenburg am Niederrhein steht. Diese Schwanenburg geht auf karolingische Zeit zurück, die heutige Burg stammt in Teilen aus dem 15. und 17. Jh. Das Bedburger Wasserschloss schließlich gab es bereits im Jahre 893. Der heutige Bau entstand zwischen dem 14. und dem 16. Jh. und gehört damit zu den frühesten Backsteinburgen des Rheinlandes. Die Klevischen Gärten wurden ab 1647 angelegt. Originalzeugnisse der alten Anlage sind noch das Amphitheater und der Minervabrunnen mit seinen drei Teichen.

Restaurants in historischen Räumen

Wer auf seiner Rheinreise köstlichen Fisch essen möchte, ist im Restaurant **Fischhaus** (*Berger Str. 3–7, Tel. 0211/8 54 98 64*) in Düsseldorf bestens aufgehoben.

In der Kneipe mit eigener Brauerei im denkmalgeschützten Haus serviert der Brauereiausschank **Gleumes** in Krefeld (*Sternstr. 12, Tel. 02151/205 21*) niederrheinisch rustikale Küche.

Das Restaurant **Heuschober** in Duisburg-Meiderich (*Obermeidericher Str. 135, Tel. 0203/42 76 38*) in einem alten, umgebauten Bauernhof bietet Zünftiges und Deftiges wie etwa Eisbein oder Spanferkel mit Kruste.

Nach alter Tradition auf Aalfang am Niederrhein: Aalschokker in Neuss

Das edle Restaurant **De Gildenkammer** in Kalkar (*Kirchplatz 2, Tel. 02824/42 21*) ist in einem Gebäude aus dem 14. Jh. untergebracht. Die Vorhalle schmückt ein Fresko von 1480. Einer der Gasträume besitzt sogar noch eine der ganz wenigen gotisch bemalten Holzdecken Deutschlands, errichtet wurde sie 1480.

Xanten

Die alte Domstadt und angebliche Heimat des Nibelungenhelden Siegfried erlebte gleich zwei Blütezeiten. Um 15 v. Chr. errichteten die Römer etwas südwestlich der heutigen Stadt Castra Vetera. Kaiser Trajan gründete dann Anfang des 2. Jh. etwas nordwestlich die Colonia Ulpia Traiana innerhalb eines Stadtmauerquadrates mit 930 m Seitenlänge. Im Archäologischen Park nördlich der Innenstadt werden Teile der römischen Stadtanlage rekonstruiert. Die zweite Blüte erlebte Xanten im Mittelalter, als es auch seinen heutigen Namen ad sanctos (= bei den Heiligen) erhielt. Bereits im 8. Jh. gab es ein Stift, 1228 erhielt man das Stadtrecht, und 1263 erfolgte die Grundsteinlegung für den Dom St. Viktor – weithin sichtbares Wahrzeichen der Stadt. Doch es gibt auch ursprüngliche Natur zu erleben: Der Altrhein ist ein bedeutendes Naturschutzgebiet.

Der Xantener Altrhein ist Zuflucht für seltene Pflanzen und Tiere, reguliert aber auch die Überschwemmungen des Rheins.

Der Hafentempel war einst einer römischen Gottheit geweiht.

Heute wieder aktiv: die Kriemhildmühle aus dem 18. Jh.

In Lauffen am Neckar kam Friedrich Hölderlin 1770 zur Welt.

Der Neckar

Bewaldete Höhen, schroffe Felsen, Weinberge, Obstwiesen und ursprüngliche Natur, historische Ortschaften, alte Burgen und Schlösser prägen das Land zu beiden Seiten des Neckars.

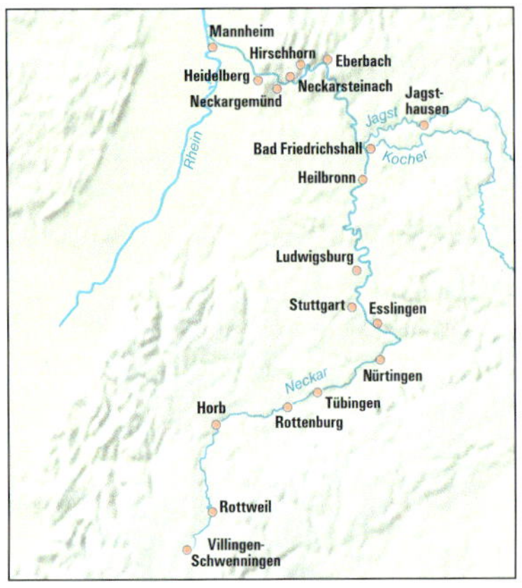

Sein Name soll auf das keltische Wort nikra = heftiges, böses Wasser zurückgehen, doch ein wilder Strom ist er schon länger nicht mehr, eher ein gemächlich dahintreibendes Gewässer.

Der Neckar, ein rechter Nebenfluss des Rheins, entspringt in 706 m Höhe in den Ausläufern der Baar im Schwenninger Moos (Schwarzwald). Nach 367 Flusskilometern und vielen Windungen erreicht er bei Mannheim den Rhein. Ab Plochingen ist er kanalisiert. Größere Nebenflüsse von links sind Eschach, Glatt, Enz, Zaber und Elsenz, von rechts Eyach, Fils, Rems, Murr, Kocher, Jagst und Elz. Schon in frühester Zeit lebten in der Region Menschen, wie der Fund des rund 600 000 Jahre alten Unterkiefers des »homo erectus heidelbergensis« belegt. Ab dem 8. Jh. v. Chr. siedelten hier Kelten und später Römer, Alemannen und Franken. Mönche legten nach der Christianisierung (ab dem 6. Jh.) die ersten Weinberge an und die Staufer bauten die schönsten Burgen. Zum wichtigen Transportweg wurde der Neckar unter den Römern.

Der Neckar entpringt im Schwenninger Moos.

Das Neckartal gilt als eine der schönsten deutschen Flusslandschaften. Als Reiseland bietet es für jeden etwas, für den Naturfreund, für den Kunst- und Kulturfreund und für den Liebhaber wohlmundender Tropfen und kulinarischer Genüsse.

Ein Quellstein aus dem 16. Jh. markiert die in Steine gefasste historische Quelle des Neckars im Schwenninger Stadtpark Möglingshöhe. Seine ersten Kilometer muss das Bächlein durch Betonröhren fließen, bis es am Ausgang der Stadt wieder ans Tageslicht kommen darf. Bis zur Einmündung der wasserreichen Fils bei Plochingen folgt der junge Neckar dann seiner uralten Richtung. Kurz vor Rottweil macht ihn der Zufluss der Eschach zu einem größeren Bach. Ein kleines Naturwunder hat der Neckar bei Rottweil durch eine Doppelschleife in Form einer riesigen Acht geschaffen. In die harten Muschelkalkschichten, die bis Rottenburg reichen, gräbt er sich ab Horb, wo noch die Eyach aus der Schwäbischen Alb kommend in den Fluss einmündet, sein enges, von steilwandigen Felsen und markanten Schleifen geprägtes Kinderbett. Das romantische Tal gilt als Paradies für Kanuten und Paddler.

Hinter der »Schwäbischen Pforte« bei Rottenburg in der weiten Talaue sieht man die ersten Weinberge. Auf der linken Seite des Neckars, der zwischen Tübingen und Plochingen flach und eher träge dahinfließt, breitet sich der Schönbuch aus. Bei Plochingen vollbringt er eine scharfe Wen-

Bad Wimpfen: Blick auf die Kaiserpfalz hoch über dem Neckar

Pittoreske Burganlagen (13. Jh.) hoch über dem beschaulichen Hirschhorn

dung (Neckarknie) nach links, um seinen weg nach Nordwesten fortzusetzen. Zunächst fließt der Neckar ohne größere Windungen an Esslingen vorbei durch das dicht besiedelte Stuttgarter Becken. Hinter Bad Cannstadt verändert sich der Charakter des Flusslaufes erneut, denn bis Besigheim muss sich der Fluss seinen Weg wieder durch hartes Gestein suchen.

In Marbach nimmt der Neckar die Murr auf. Das idyllische und stark gewundene Neckartal prägen nun Weinberge und bewaldete Höhen. Rechts des Neckars und nördlich der Rems erstreckt sich der von Bächen und kleinen Flüssen durchzogene Schwäbische Wald und auf der linken Seite der Naturpark Stromberg-Heuchelberg. Hinter Heilbronn beginnt der Talabschnitt, dessen Schönheit zu allen Zeiten gerühmt wurde. Bei Bad Friedrichshall fließen dem Neckar Kocher und Jagst zu. Gegenüber der Jagstmündung erheben sich die mittelalterlichen Wohntürme von Bad Wimpfen. Zwischen den Bergen des Odenwaldes und der sanft gewellten Hügellandschaft des Kraichgau schlängelt sich der Fluss nun in weiten Schleifen durch ein wildromantisches, von Weinbergen, Buntsandsteinfelsen, Wäldern und Burgen beherrschtes Tal bis zur Rheinebene. Die bei Neckargemünd einmündende Elsenz sammelt das Wasser des Kraichgaus, auf ihren letzten Metern vor der Einmündung in den Neckar fließt sie in einem alten Neckartal, da sie selbst nicht durch den Odenwald brechen konnte. Am Ende des Tals liegt die alte Kurfürstenstadt Heidelberg. Vor seiner Einmündung in den Rhein fließt der Neckar dann in einem künstlichen Kanalbett.

Großes Bild oben: Inbegriff deutscher Romantik – Schlossruine und Alte Brücke in Heidelberg

Stimmungsvoll: der Marktplatz von Ladenburg, einer beschaulichen Kleinstadt am Neckar

Weingüter & Restaurants

Das **Haus zum Sternen** (Romantikhotel) ist einer der ältesten Gasthöfe von Rottweil und bekannt für seine hervorragende Küche (*Hauptstr. 60, Tel. 0741/533 00*). Eine beachtenswerte regionale und mediterrane Küche zeichnet das Gourmetrestaurant **L'Étoile** in der Villa Duttenhofer in Rottweil aus (*Königstr. 1, Tel. 0741/431 05*). Neben dem Restaurant gibt es auch eine gemütliche Weinstube. Feinschmeckergerichte und Vollwertkost nach regionalen Rezepten serviert das **Restaurant Kaiser** (auch Hotel) in Sulz-Glatt (*Oberamtstr. 23, Tel. 07482/92 20*). In der Hotel-Gaststätte **Zur Freystatt** (*Sulz-Glatt, Schlossplatz 11, Tel. 07482/929 90*) gibt es erlesene Spezialitäten und regionale Köstlichkeiten. Restaurant und

Mit erlesenem Ambiente und herrlicher Aussicht: Hotel Schloss Weitenburg

Bauernstube mit Blick zum Wasserschloss. Das Hotel-Restaurant **Schloss Weitenburg** liegt in schöner Aussichtslage über dem Neckartal. Gehobene Küche und Wild aus eigener Jagd (*Starzach-Weitenburg, Tel. 07457/93 30, www.schloss-weitenburg.de*).
Hervorragende schwäbische Küche und Bier aus der historischen Brauerei bekommt der Gast in der Gaststätte **Hirsch** in Rottenburg (*Ehingerplatz 17, Tel. 07472/424 15*).
Als Treffpunkt für Genießer mit schwäbischer und internationaler Küche gilt das Restaurant im alteingesessenen Hotel **Krone** (seit 1885) in Tübingen (*Uhlandstr. 1, Tel. 07071/133 10*).
Ausgezeichnete Weine aus eigenem Anbau und Sekte verkauft das Weingut **Biesinger** in Rottenburg-Wendelsheim (*Steinhauergasse 8, Tel. 07472/91 57 55*). Zum Gut gehört auch eine Weinstube.

Beliebt: das Stocherkahnfahren auf dem Neckar vor Tübingens heimeliger Altstadtkulisse. Links im Bild: der gelbe Hölderlinturm.

Nachdem der Neckar als schmales Rinnsal begonnen hat und kurz vor Rottweil zu einem größeren Bach angewachsen ist, gräbt er sich in die faszinierende Landschaft der nördlichen Ausläufer der Schwäbischen Alb, vorbei an Felsen und Bergkegeln. Später weitet sich der Taltrichter, und der Fluss durchfließt eine offene Ebene.

1 Villingen-Schwenningen Die Doppelstadt erstreckt sich am so genannten Neckarursprung. Den Mittelpunkt des von Mauern und Wehrtürmen umgebenen Villinger Altstadtkerns bildet der Münsterplatz mit dem romanischen Münster (um 1130) und dem im Renaissancestil umgebauten Alten Rathaus (1306). Im ehemaligen Franziskanerkloster (13. Jh.) wurde das Franziskanermuseum eingerichtet, das Einblicke in 3000 Jahre Geschichte vermittelt und u. a. Funde aus der größten keltischen Grabanlage Westeuropas beherbergt.
Zu den ältesten Bauwerken Schwenningens zählen der Turm der Stadtkirche, das benachbarte Pfarrhaus sowie das Vogthaus (1797) im Mauthepark. Besuchenswert sind die Museen der Stadt: das Uhren-Industrie-Museum, das Heimatmuseum und das Luftfahrtmuseum mit seinen Flugzeug-Oldtimern.

2 Rottweil Die Ursprünge der Stadt gehen auf eine römische Siedlung (gegr. 73 n.Chr.) zurück, sie gilt als älteste Stadt Baden-Württembergs und als Hochburg der »schwäbisch-alemannischen Fasnet«. Das Stadtbild wird von historischen Gebäuden und Resten der alten Stadtbefestigung geprägt. Besonders beeindruckend sind das im 13. Jh. erbaute und im 16. Jh. spätgotisch umgestaltete Heilig-Geist-Münster, die gotische Kapellenkirche mit barocker Innenausstattung, wunderbaren Fresken und einem der schönsten gotischen Kirchtürme, die im 16. Jh. als Friedhofskapelle erbaute Lorenzkapelle (Museum) und das Alte Rathaus (16. Jh.). Das ihm gegenüber liegende Stadtmuseum präsentiert u.a. prähistorische Funde und die Geschichte der Rottweiler Fasnetsmasken und -kostüme, das Dominikanermuseum neben der Dominikanerkirche (13. Jh.) zahlreiche Relikte aus der Römerzeit sowie eine erstklassige Sammlung spätgotischer Skulpturen. Am Stadtfriedhof wurde ein Römerbad ausgegraben (vermutlich um 110/120 n. Chr.).

Schmucke Fassaden sind typisch für Rottweil, die älteste Stadt Baden-Württembergs.

3 Sulz am Neckar Die Geschichte der Stadt reicht bis in vorchristliche Zeiten zurück, die ersten deutlichen Spuren hinterließen die Römer, die hier etwa 75 n. Chr. ein Kastell gründeten. Im Ortsteil Kastell sind die restaurierten Reste eines römischen Kellers zu besichtigen. Der Stadtkern von Sulz, das seinen Namen dem Salz verdankt, das hier jahrhundertelang durch Eindampfen von Sole gewonnen wurde, erhielt seine heutige Gestalt im Wesentlichen nach dem Stadtbrand von 1794. In der historischen Altstadt sind sehenswerte Bauten aus dem 18./19. Jh. erhalten, darunter das Rathaus, das ehemalige Oberamt, die einstige Stadtapotheke, der Marktplatzbrunnen und das Brunnenhaus am Brunnenbach. Den Stadtbrand überlebt haben u. a. die Stadtkirche (16. Jh.), die 1862 im romanischen Stil umgebaute Friedhofskapelle (16. Jh.), das mehr als 700 Jahre alte Amtshaus und Teile der Stadtbefestigung. Hoch über der Stadt erhebt sich die eindrucksvolle Burgruine Albeck (13. Jh.). Das Wasserschloss Glatt aus dem 15. Jh. beherbergt heute ein Adels- und ein Bauernmuseum.

4 Horb Die Häuser der pittoresken Altstadt verteilen sich am linken Neckarufer über einen schmalen, steil aufsteigenden Bergrücken. Gekrönt wird der Ort vom mächtigen Schurkenturm und der Stiftskirche, die nach dem Stadtbrand von 1725 im barocken Stil renoviert wurde und in

Hochburg der »Fasnet« und Bischofsstadt: Rottenburg am oberen Neckar

Das eindrucksvolle Glatter Wasserschloss im Städtchen Sulz wurde im 15. Jh. erbaut.

ihrem Innern die Horber Madonna (1420) bewahrt, eine wertvolle Kalksteinplastik. Der Stiftskirche vorgelagert ist das ehemalige Franziskanerinnenkloster, ein Fachwerkbau, dessen älteste Teile aus dem 12./13. Jh. datieren. Im 18. Jh. wurde das Rathaus wieder errichtet. Seine Fassade schmückt seit 1925/27 das farbenprächtige »Horber Bilderbuch« mit Szenen aus der Geschichte der Stadt. Eines der schönsten Bauwerke ist das Haus »Hoher Giebel« (1622), heute städtisches Kulturhaus und Heimatmuseum.

5 Rottenburg Die Stadt hieß in römischer Zeit Sumelocenna und war eine der bedeutendsten Siedlungen in Obergermanien. Seit 1828 ist es Bischofsstadt. Die malerische Altstadt wird von bemerkenswerten Sakralbauten geprägt: dem Dom St. Martin (12. Jh.), der Stiftskirche St. Moritz (14. Jh.), dem Barockpalais des Bistums, dem alten Karmeliterkloster und dem Diözesanmuseum. Der römischen Epoche und dem römischen Alltag widmet sich die Ausstellung des Sumelocenna-Museums.

6 Tübingen Erstmals 1078 urkundlich erwähnt, wurde die Universität 1477 gegründet. In der Nähe der Alten Burse (15. Jh.), Tübingens ältestem Universitätsgebäude, steht direkt am Neckarufer der Hölderlinturm, in dem der Dichter ab 1807 bis zu seinem Tod (1843) lebte. Die malerische Tübinger Altstadt wird von der spätgotischen Stiftskirche St. Georg (15./16. Jh.) beherrscht. Das prächtigste Bauwerk am Marktplatz ist das imposante Rathaus (15. Jh.) mit seiner herrlichen Bemalung und der Astronomischen Uhr (1511). Einen Besuch lohnt das Stadtmuseum im alten Kornhaus und auch das Auto- und Spielzeugmuseum »Boxenstop«. Auf dem Schlosshügel im Westen der Altstadt thront Schloss Hohentübingen (16. Jh.) mit dem Museum Schloss Hohentübingen, das u. a. eine ägyptische und eine ethnologische Sammlung und Eiszeitkunst enthält. Für Moderne Kunst und spektakuläre Ausstellungen steht die Tübinger Kunsthalle zur Verfügung.

Etwa 5 km nördlich der Stadt liegt das spätgotische Zisterzienserkloster Bebenhausen (12. Jh.), eine der schönsten Klosteranlagen Deutschlands.

Freizeit & Sport

Das **Neckar-Erlebnis-Tal** steht für die Vernetzung aller kulturellen Highlights, Freizeitmöglichkeiten und Events. Das Neckartal zwischen Sulz und Rottenburg bietet Möglichkeiten zum Radeln, Wandern und Kanu- und Kajakfahren. Info: WTG mbH Rottenburg (*www.neckar-erlebnis-tal.de*).

Tübinger Spezialität: Stocherkahnrennen

Stocherkahnfahren In Tübingen werden romantische Stocherkahnfahrten auf dem Neckar angeboten. Es gibt auch die Möglichkeit, die alten Stocherkähne ohne »Gondoliere« zu mieten. Info: Verkehrsverein Tübingen (*www.tuebingen-info.de*).
Wasserwandern Kanufahren ist auf dem Oberen Neckar ab Rottweil möglich. Verleihstationen und Bootstouren über Kanusport Neptun in Sulz-Fischingen (*www.kanusport-neptun.com*); WTG Rottenburg am Neckar (*Marktplatz 24, Tel. 07472/91 62 35*); Tom's Adventure Tours in Rottenburg-Bieringen (*Burkhardtstr. Tel. 07472/427 56*); Kanu-Witt in Reutlingen-Oferdingen (*www.kanu-witt.de*)

Das historische Nürtingen ist sowohl ein bedeutender Wirtschaftsstandort als auch eine beschauliche, lebenswerte Stadt nahe der Schwäbischen Alb.

Esslingen im mittleren Neckartal war ehemals Freie

Im großen Bogen wendet sich der Neckar nördlich von Pliezhausen in einer breiten Ebene bald nach Norden und durchfließt zunächst dicht besiedeltes Gebiet. Danach bestimmt die idyllische Landschaft das Bild, der Flusslauf wird von sonnenbeschienenen Weinhängen und steilen Weinlagen, von malerischen Ortschaften und historischen Städten begleitet.

1 Nürtingen Die von Fachwerkhäusern und Barockbauten geprägte Altstadt breitet sich am Fuß der Stadtkirche St. Laurentius (1506–1509) aus. Von der mittelalterlichen Stadtbefestigung blieb der Blockturm erhalten. Besonders sehenswert sind die alte Lateinschule (15. Jh.) und die zwei markantesten Fachwerkbauten der Stadt, der Salemer Hof (15. Jh.) und das Rathaus mit seinen Arkaden (15. Jh.).

2 Esslingen Die Stauferstadt besitzt einen gut erhaltenen mittelalterlichen Stadtkern. Oberhalb der Altstadt erhebt sich die Burg mit dem »Dicken Turm« (1527). Zu den bedeutendsten Baudenkmälern der Stadt zählen die Stadtkirche St. Dionys (13./14. Jh.), das frühgotische Münster St. Paul und die hochgotische Frauenkirche. Beeindruckend sind auch das Alte Rathaus, ein Fachwerkbau (15. Jh.) mit astronomischer Uhr, sowie die Innere Brücke mit Kapelle und kleinen Brückenhäuschen (14. Jh.).

3 Stuttgart Die Landeshauptstadt zeigt sich noch heute geprägt vom Glanz der Jahrhunderte als Residenzstadt. Wunderschön ist der Zoologisch-Botanische Garten Wilhelma (um 1850) in Bad Cannstadt. Den schönsten Blick auf Stuttgart und seine Einbettung ins Neckartal und die ihn umgebende Weinberglandschaft hat man vom Fernsehturm.

4 Ludwigsburg 1704 begann Herzog Eberhard Ludwig von Württemberg den Bau des imposanten Residenzschlosses. Die prächtig ausgestatteten Räumlichkeiten des »schwäbischen Versailles« können besichtigt werden, ebenso das schmucke Jagd- und Lustschlösschen Favorite (1718–1723). Den Mittelpunkt der Altstadt bildet der große, von Arkaden gesäumte Marktplatz mit der Stadtkirche (18. Jh.) und der Dreieinigkeitskirche (18. Jh.).

5 Marbach Die hoch über dem Neckar gelegene Stadt wurde als Geburtsort von Friedrich Schiller berühmt. An ihn erinnern das Schiller-Geburtshaus, das Schiller-Nationalmuseum, das Deutsche Literaturarchiv und das Schiller-Denkmal (1876). Das Bild der verwinkelten Altstadt prägen neben Fachwerkhäusern und den Resten der mittelalterlichen Stadtbefestigung der malerische Bürgerturm, das Rathaus mit seinen Arkaden (18. Jh.), die Wendelinskapelle (1433) und die Alexanderkirche (ab 1450) mit prachtvoll bemaltem Netzgewölbe. Als technisches Kulturdenkmal gilt die noch betriebsfähige Ölmühle Jäger (1906).

6 Bietigheim-Bissingen In der Bietigheimer Altstadt sieht man originelle moderne Skulpturen und prächtige historische Bau-

Weingüter & Restaurants

Die **Brennerei-Weingut-Weinstube Gemmrich** in Beilstein-Schmidhausen (*Löwensteiner Str. 34, Tel. 07062/35 14*) verkauft Weine, Schnäpse und Liköre. Zum Verkosten laden die gemütliche Weinstube und die Besenwirtschaft.

Das schöne **Restaurant Ulrichshöhe** in Nürtingen-Hardt (*Herzog-Ulrich-Str. 14, Tel. 07022/523 36*) zählt zu den besten Adressen der Region.

Eine beachtenswerte Küche mit schwäbischen Klassikern, aber auch modernen Köstlichkeiten bietet das **Fässle** in Stuttgart-Degerloch (*Löwenstr. 51, Tel. 0711/76 01 00*). Gartenlokal.

Gehobene schwäbische und französische Küche genießt der Gast im **Restaurant Goldener Löwe** in Marbach (*Niklastor-Str. 39, Tel. 07144/66 63*).

Esslingen: vom Stadtbummel kann man sich in einem Café an der Inneren Brücke erholen.

Das Restaurant Rebstock in Heilbronn-Böckingen (*Eppinger Str. 43, Tel. 07131/309 09*) verwöhnt seine Gäste mit hervorragendem Essen und sehr guten Weinen.

Eine landschaftlich besonders reizvolle Wein- und Obstanbaugegend erstreckt sich längs der Neckarschleife bei Mundelsheim.

Reichsstadt. Im Hintergrund: die Kirche St. Dionys.

werke (16.–18. Jh.), wie das erst im 18. Jh. bemalte Rathaus (1507), das kunstvoll ausgemalte Hornmoldhaus (16. Jh., Stadtmuseum), das Untere Tor (14. Jh.) und den Pulverturm (15. Jh.). Die Besteigung des Turmes belohnt mit einem wunderbaren Ausblick auf den Enzviadukt (19. Jh.). Zu den ältesten Bauwerken Bissingens gehören die Kilianskirche (1517–1720) und der Untere Vatter-sche Hof (17. Jh.). Bei Mundelsheim fließt der Neckar eine enge Schleife.

7 Besigheim Die 1153 aus einem Fronhof entstandene Weinstadt wird an drei Seiten von Neckar und Enz umrahmt. Bewacht wird der Ort von der Oberen und der Unteren Burg mit ihren staufischen Wehrtürmen, dem Schochenturm und dem Waldhornturm (um 1220). Den Altstadtkern schmücken romantische Gässchen und Winkel und herrliche Fachwerkbauten. Wenige Kilometer von Besigheim entfernt ragen über dem Neckar die Hessigheimer Felsengärten auf, die »schwäbischen Dolomiten«, ein Dorado für Kletterer.

8 Lauffen am Neckar Die Geburtsstadt Friedrich Hölderlins liegt inmitten von Weinbergen. Zu den Sehenswürdigkeiten der Stadt gehören u. a. die Burg (11. Jh.) auf der Neckarinsel – seit 1818 Rathaus –, das Alte (13. Jh.) und das Neue Heilbronner Tor (18. Jh.), die Alte Neckarbrücke (1532), die Alte Ölmühle (18. Jh.), das Hölderlin-Haus und die Hölderlin-Gedächtnisstätte.

9 Heilbronn Die Stadt ist eine der größten Weinbaugemeinden Deutschlands. Nur wenige historische Bauwerke blieben im Zweiten Weltkrieg erhalten, einige wurden originalgetreu wieder aufgebaut, darunter das Renaissance-Rathaus (14./15. Jh.) mit seiner prächtigen Kunstuhr und das barocke Haus Zehender (1726), beide am Marktplatz. Der Deutschhof, die Städtische Galerie und das Stadtarchiv wurden ebenfalls liebevoll restauriert. Sehenswert ist auch die gotische Kilianskirche.

Freizeit & Sport

Wasserwandern Über Kanufahrten auf dem Neckar informiert die Tourist-Information Esslingen (*Tel. 0711/39 69 39 69, www.esslingen-tourist.de*).

Bootsverleih Ruderboote bei Nürtinger Bootspartie (*Nürtingen, Tel. 07022/753 68*). Über Bootsfahrten auf der Enz und das Baden im Erlebnisbad am Viadukt informiert die Stadtinformation Bietigheim-Bissingen (*Tel. 07142/742 27*). Bootsverleih am Monrepos-See in Ludwigsburg, Info über Tourist-Information Ludwigsburg (Tel. *07141/910 22 52*).

Surfen Auf dem Baggersee Kirchentellinsfurt. Info über Verkehrsverein Tübingen (*Tel. 07071/913 60*).

Segeln Auf dem Neckar am Oberwasser der Staustufe Lauffen: Info über Tourist-Information Lauffen a. N. (*Tel. 07133/207 70*) oder LSCN Lauffener Segelclub Neckar e.V. (*Tel. 07156/52 60*).

Schiffsausflüge Über Linien- und Sonderfahrten auf dem Neckar ab Stuttgart informiert die Neckar-Personenschifffahrt Berta Epple (*Tel. 0711/54 99 70 60*) und ab Heilbronn die Personenschifffahrt Stumpf (*Tel. 07131/854 30*).

Radfahren Der 350 km lange Neckartal-Radweg verbindet den Neckarursprung bei Villingen-Schwenningen und Heidel-

Oben: Dampferanlegestelle in Eberbach
Unten: Schloss Ludwigsburg

berg. Info: Naturpark-Geschäftsstelle (*Sternenfels, Tel. 07045/31 05*).

»Blühendes Barock« in Schloss Ludwigsburg Barocke Blütenpracht und die Zauberwelt eines Märchengartens kann man in der Gartenschau Blühendes Barock genießen. *www.schloesser-magazin.de*

Die Stadt Hirschhorn, am unteren Flusslauf gelegen, wird oft als »Perle des Neckartals« bezeichnet. Ihre Burg- und Klosteranlagen sind ebenfalls sehenswert.

Berge, Wälder und schroffe Felsen prägen das untere Neckartal, an beide Ufer schmiegen sich mittelalterliche Städte und historische Städtchen; viele der Berggipfel sind mit Burgen bebaut. Hinter Bad Wimpfen verengt sich das Tal, vor Erreichen der Oberrheinebene muss sich der Neckar noch durch die wilde Mittelgebirgslandschaft des Odenwaldes kämpfen.

1 Bad Wimpfen Das schöne Sole-Heilbad besteht aus zwei Ortsteilen. In dem von einer Mauer umgebenen Ortsteil Wimpfen im Tal, der sich direkt am Neckar auf römischem Siedlungsgrund ausbreitet, verdient besonders die frühromanische Ritterstiftskirche (13. Jh.) mit angrenzendem Kloster Beachtung. Der Ortsteil Wimpfen am Berg, den man schon von weitem an seinen markanten staufischen Türmen erkennt, zeichnet sich durch sein mittelalterliches Gepräge. Einen Besuch lohnen die kostbar ausgestattete Stadtkirche (13.–16. Jh.) und die Pfarrkirche zum Heiligen Kreuz (um 1600). Das eindrucksvolle Steinhaus (um 1200), ein ehemaliges kaiserliches Wohngebäude, beherbergt das Historische Museum. Den schönsten Blick auf die Altstadt und das Neckartal bietet der Blaue Turm, der westliche Bergfried der staufischen Kaiserpfalz. Über dem nahe gelegenen Bundelsheim ragt Schloss Horneck auf.

2 Mosbach Die Anfänge der Stadt, die sich nahe der Mündung der Elz in den Neckar im romantischen Elztal erstreckt, gehen auf eine Klostergründung im 8. Jh. zurück. Lebendiger Mittelpunkt des historischen Stadtkerns ist der von farbenprächtigen Fachwerkbauten gesäumte Marktplatz. Besonders sehenswert sind das Renaissance-Rathaus mit Staffelgiebel (1558), die Spitalkapelle (spätgotische Fresken), die Gutleutanlage (eindrucksvolle Deckenmalereien) sowie die ehemalige Stiftskirche St. Juliana (14./15. Jh.), die an der Stelle des alten Klosters steht. Als eines der schönsten deutschen Fachwerkhäuser gilt das Palm'sche Haus (1610).

3 Schloss Zwingenberg (13. Jh.) Die frühere Burg Twingeberg, eine der schönsten Burgen am Neckar, thront in der Nähe Zwingenbergs auf einem Bergsporn zwischen Neckar und Wolfsschlucht. Seine Besitzer waren im Mittelalter vorwiegend Raubritter, die den Schiffern die Ladung stahlen und sie selbst ins Burgverlies sperrten, bis ihre Familien das geforderte Lösegeld zahlten.

4 Eberbach Der liebenswerte Kurort liegt im Herzen des Naturparks Neckar-Odenwald. In der noch heute von den Resten der alten Befestigungsanlage umgebenen staufischen Altstadt bestimmen beachtenswerte Kirchen, Fachwerkhäuser, Brunnen und Türme das Bild. Auffällig sind die Sgraffito-Malereien an einigen Häusern. Von den Ecktürmen der Stadtmauer, die teilweise bestiegen werden können, genießt man eine fantastische Aussicht. Oberhalb der Stadt erhebt sich die aus drei Burgen bestehende Burgruine Eberbach (11. Jh.). Die Funde der Burgen sind im Museum der Stadt ausgestellt. Am linken Neckarufer steht die Ruine Stolzeneck.

5 Hirschhorn Das an einer engen Doppelschleife des Neckars gelegene Hirsch-

Freizeit & Sport

Schiffsausflüge veranstalten die Personenschifffahrt Stumpf in Heilbronn (*Tel. 07131/854 30*), die Eberbacher Personen-Schifffahrt Adolf Kappes (*Tel. 06271/37 68*) und die Rhein-Neckar-Fahrgastschifffahrt in Heidelberg (*Tel. 06221/20 11; www.oberrhein-neckar.personenschiffe.de, www.cvb-heidelberg.de*).

Flusswandern Boote können in vielen Orten entlang des Neckars gemietet werden. Informationen erteilt das Verkehrsamt Eberbach (*Tel. 06271/48 99*) oder der Touristik-Verband Neckarland-Schwaben (*Tel. 07131/785 20*). Allgemeine Informationen unter *www.kanu-rad-paradies.de*.

Burgenstraßen-Radweg Den Radwanderführer Burgenstraße erhält man bei den Tourist-Informationen entlang der Burgenstraße.

Im **Naturpark Neckartal-Odenwald** gibt es Waldspielplätze und Walderlebnispfade. Infos über das Naturpark Informationszentrum in Eberbach (*Tel. 06271/729 85*).

Atemberaubende Lage über dem Neckar: Deutschordensschloss Horneck oberhalb von Gundelsheim

Das schmucke Städtchen Neckargemünd liegt an der Mündung des Flüsschens Elsenz in den Neckar.

horn wird auch als »Perle des Neckartals« bezeichnet. Die Stadt entstand im 13. Jh. im Schatten der Burg Hirschhorn (um 1200). 1391 wurde sie unter Einbeziehung der Burganlage befestigt. Die Häuser der auch heute noch durch eine Mauer geschützten Altstadt verteilen sich unterhalb der Burg und des auf halber Höhe der Bergnase errichteten ehemaligen Karmeliterklosters (1406) am Flussufer. Ein historischer Stadtrundweg führt zu den Attraktionen der Stadt, so z. B. zur 1585 zum Renaissancepalast ausgebauten Burg, zur gotischen Klosterkirche mit Resten des Klosters, zur Marktkirche (17. Jh.), zu den gut erhaltenen Fachwerkhäusern (16. Jh.) und dem Fischerhaus auf der Stadtmauer.

6 Neckarsteinach Gleich vier Burgen überragen die Stadt und sind zu ihrem Wahrzeichen geworden. Das alte Fischerstädtchen hat eine bezaubernde Altstadt mit schön restaurierten Fachwerkhäusern. Weitere historische Bauten sind Teile der Stadtbefestigung, die ehemalige Thurn und Taxis'sche Post, die spätgotische Kirche (1483) und die Darsberger Kapelle aus dem 15. Jh. im Ortsteil Darsberg. Die vier die Landschaft beherrschenden Burgen wurden im 12. und 13. Jh. erbaut. Die Ruinen der Hinterburg und der restaurierten Burg Schadeck sind jederzeit frei zugänglich, die Mittelburg und die Vorderburg werden bewohnt, so kann nur der Burghof der Mittelburg besichtigt werden.

7 Dilsberg Schon von weitem sieht man das pittoreske, auf einem Bergrücken thronende Burgdorf. Der Ort, ein Stadtteil von Neckargemünd, ist mit seiner Burganlage (um 1150), der historischen Altstadt und der überwältigenden Lage ein beliebtes Ausflugsziel. Innerhalb der erhaltenen Stadtmauer (mit Torturm) fallen neben den Fachwerk- und Steinhäusern aus dem 16./17. Jh. vor allem die drei Kirchen ins Auge, die evangelische (1873) und die katholische Kirche (1737, das Fresko stammt aus dem 14. Jh.) sowie die Kirche der Reformierten (1768), die heute als Wohnhaus genutzt wird.

8 Neckargemünd Die Kleinstadt gilt als Pforte zum Kraichgau und Odenwald und liegt idyllisch am Ufer des Neckars. Besonders sehenswert sind die Reste der alten Stadtmauer, das Stadttor (18. Jh.), die zahlreichen Fachwerkhäuser am Hanfmarkt und am Marktplatz, das Alte Rathaus mit dem volkskundlichen und stadtgeschichtlichen Museum, die beiden Kirchen und die Burgruine Reichenstein. Mit der »Griechischen Weinstube« besitzt die Stadt auch eines der ältesten Studentenlokale in der Umgebung von Heidelberg.

9 Heidelberg Die Pfalzgrafen machten den malerischen Ort am Ufer des Neckars zu ihrer Residenz. Pfalzgraf Ruprecht I. gründete 1386 die Universität und begann mit dem Ausbau der Burg. Im 16. Jh. wurde ihr der Ottheinrichsbau angefügt, der zu den größten Leistungen der deutschen Frührenaissance zählt. Nach Verlegung der Residenz ins benachbarte Mannheim (1730) blieb das Heidelberger Schloss nach seiner Zerstörung im 17. Jh. eine Ruine.

10 Ladenburg Die 2000 Jahre alte Römerstadt Ladenburg ist die älteste Stadt auf der rechten Rheinseite. Noch heute stößt man bei einem Bummel durch den mittelalterlich geprägten Stadtkern immer wieder auf römische Funde, wie die Jupitersäule oder die Reste der römischen Marktbasilika. Zu den mittelalterlichen Baudenkmälern zählen neben den Fachwerkhäusern aus dem 16. und 17. Jh. vor allem die gotische St.-Gallus-Kirche, die bischöfliche Sebastianskapelle (um 1260) und der Bischofshof (16. Jh.). Teile der Stadtmauer sind erhalten.

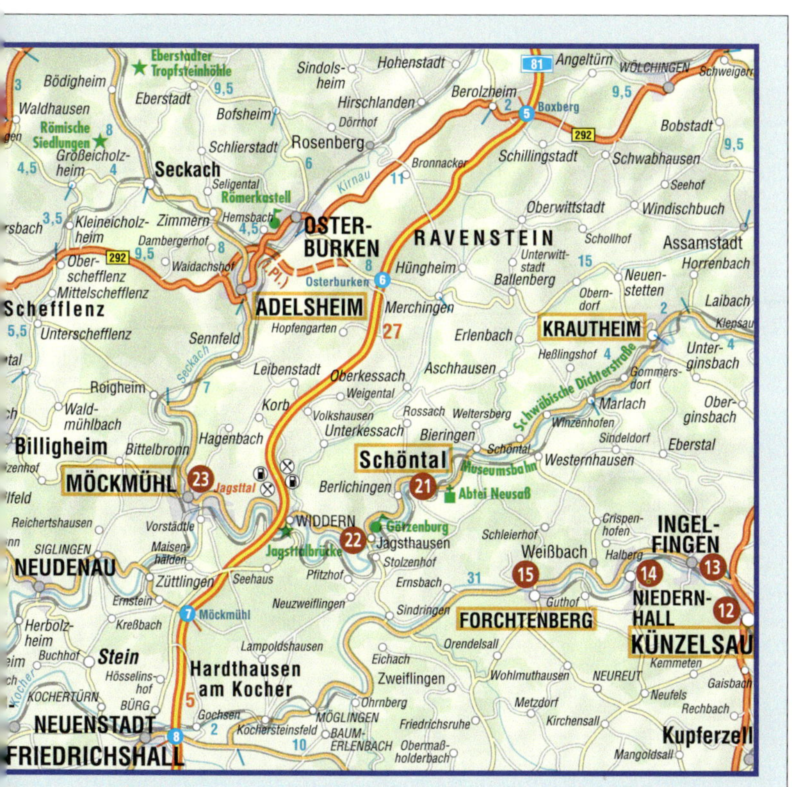

Weinstuben & Restaurants

Eine exzellente Küche und ausgezeichnete Weine in historischem Rahmen kennzeichnen das **Restaurant-Café-Weinstube Feyerabend** in Bad Wimpfen (*Hotel Sonne, Hauptstr. 87, Tel. 07063/96 11 60*) aus. Die **Weinstube Sackpfeife** residiert in einem schönen Bau von 1598 (*Kirchenstr. 45, Tel. 06203/31 45*). Gartenlokal.

Regionale Köstlichkeiten bietet die **Schlossweinstube Schönmehl** in Heidelberg (*Schlosshof, Tel. 06221/979 70, www.schoenmehl.de*). Im Sommer locken Terrasse und Biergarten.

Heidelberg: das Hotel Restaurant Zum Ritter St. Georg mit seiner schmucken Renaissancefassade

Das **Restaurant Simplicissimus** (*Ingrimstr. 16, Tel. 06221/18 33 36*) ist ein beliebtes Heidelberger Altstadtlokal.

Die Ritter- und Ratsherrenstube im Romantikhotel **Zum Ritter St. Georg** in Heidelberg (*Hauptstraße 178, Tel. 0 62 21/13 50*) lockt mit erlesener regionaler und internationaler Küche.

Malerisch und architektonisch stimmig: Schwäbisch Hall im Kochertal

Rund 50 Gebäude umfasst das Hohenloher Freilichtmuseum bei Schwäbisch Hall

Auf ihrem Weg zum Neckar graben sich die Flüsschen Kocher und Jagst nur wenige Kilometer voneinander entfernt tief in die von Wäldern, Wiesen, Feldern und auch Weinhängen geprägte Landschaft zwischen Schwäbischer Alb und Hohenloher Ebene ein. Sie werden von sanften Auen und schroffen Hängen, von bezaubernden Ortschaften, Burgen und Schlössern begleitet.

Der Kocher

11 Schwäbisch Hall Die ehemalige Freie Reichsstadt Schwäbisch Hall liegt in einem tief eingeschnittenen Tal des oberen, insgesamt 180 km langen Kocher. 500 v. Chr. siedelten hier die Kelten. Ihre von Fachwerkhäusern (15./16. Jh.), barocken Bürgerhäusern und überdachten Holzbrücken geprägte Altstadt, die sich über dem Kocher aufbaut, gilt als eine der schönsten Altstädte Süddeutschlands. Beeindruckend ist der von historischen Bauten gesäumte Marktplatz mit dem barocken Rathaus und dem gotischen Pranger. Über der Stadt thront weithin sichtbar die Stadtkirche St. Michael (15. Jh.). Eine Freitreppe führt zu ihr hinauf, hier finden im Sommer die Freilichtspiele statt. In einem Wohnturm aus staufischer Zeit dokumentiert das Hällisch-Fränkische Museum die Geschichte der Reichsstadt Hall und ihrer Umgebung. Die Kunsthalle Würth präsentiert hochkarätige Kunst der Klassischen Moderne bis hin zur Gegenwart. Am linken Kocherufer erhebt sich St. Katharina, deren älteste Teile in die Zeit um 1240 zurück reichen.

12 Künzelsau Die mehr als 900 Jahre alte, vom Kocher durchflossene Stadt ist ein charmanter Ort mit zahlreichen historischen Bauten aus dem 17. und 18. Jh., darunter die reich ausgestattete evangelische Johanneskirche, der Comburger Pfleghof, ein Fachwerkbau von 1634, und das ehemalige Residenzschloss (1679). Das Rathaus stammt aus dem frühen 16. Jh. Fast schon ein »Muss« ist das Museum Würth im Ortsteil Gaisbach.

13 Ingelfingen Die Gegend um den Winzerort, der 1080 erstmals urkundlich erwähnt wurde, war vermutlich schon vor 5000 Jahren besiedelt. Im 18. Jh. erlebte Ingelfingen seine Blütezeit als Residenz der Grafen von Hohenlohe. In dem von 1703 bis 1710 erbauten Ingelfinger Schloss ist heute das Rathaus untergebracht. Weitere Sehenswürdigkeiten sind das repräsentative Zollhaus, ein verputzter Fachwerkbau, die Kirche St. Nikolaus (1239) und die Burgruine Lichteneck.

14 Niedernhall Die malerische mittelalterliche Altstadt von Niedernhall wird auch heute noch von der fast vollständig erhaltenen Stadtmauer (1363) umschlossen. Innerhalb des Mauerrings stehen eindrucksvolle historische Bauten, wie das Rathaus von 1477 mit seiner »altdeutschen Halle«, das Götzenhaus (1564) mit seinen bemalten Putzfeldern sowie die mit reichem Ornamentschmuck versehene Laurentiuskirche (12. Jh.). Die alten Türme der Stadt werden auch heute noch genutzt; die am Hang gelegene ehemalige katholische Kirche wurde zu einem gelungenen Wohnhaus umgebaut.

15 Forchtenberg Die auf einem Berg zwischen Kocher und Kupfer thronende Burg, von der nur noch Reste erhalten sind, wurde 1240 erstmals urkundlich erwähnt. Das malerische Forchtenberg zeichnet sich durch sein mittelalterliches Gepräge aus. Beachtenswert sind neben den schönen Fachwerkhäusern vor allem die alte Stadtbefestigung mit dem Würzburger Tor, die Michaelskirche (1291) und die Friedhofskapelle, eine romanische Chorturmskirche aus dem 11./12. Jh.

Die Jagst

16 Lauchheim Auf einer Bergnase des Albtraufs thront hoch über der am Oberlauf der Jagst gelegenen Stadt das Schloss Kapfenburg, das Baustile ganz unterschiedlicher Epochen in sich vereint. Es beherbergt eine Internationale Musikschulakademie und ein Kulturzentrum, das für seine Konzerte und das Festival Schloss Kapfenburg bekannt ist. In Lauchheim werden seit 1986 ein alemannischer Friedhof und eine alemannische Siedlung ausgegraben. Die Grabungsfunde sind im nahe gelegenen Ellwangen zu besichtigen.

Das barockzeitliche Zisterzienserkloster Schöntal wurde im Jahre 1157 erstmals urkundlich erwähnt.

17 Ellwangen Die Stadt entstand bei einem um 764 gegründeten Benediktinerkloster, noch heute dominieren Kirchen und Stiftshäuser das Stadtbild. Die in ihrem Innern barock umgestaltete Stiftskirche St. Veit (12./13. Jh.) gilt als die bedeutendste romanische Gewölbebasilika Schwabens. Wunderschön ist der vollständig erhaltene gotische Kreuzgang. 1748–1750 wurde unter Mitwirkung des Barockbaumeisters Balthasar Neumann das ehemalige Stiftsrathaus mit seinen kunstvoll gearbeiteten Balkongittern errichtet. Das einstige Schloss der Fürstpröbste geht auf eine mittelalterliche Burg zurück. Im 17./18. Jh. wurde es zu einem Renaissanceschloss umgebaut. Das sehenswerte Schlossmuseum enthält u. a. kostbare Fayencen. Als schönster Barockbau Ellwangens gilt die doppeltürmige Marien-Wallfahrtskirche (17./18. Jh.) auf dem Schönenberg. Einen Besuch lohnt auch das Alamannen-Museum, das die Grabungsfunde aus Lauchheim präsentiert.

18 Crailsheim Die Einkaufsstadt besitzt noch zahlreiche historische Sehenswürdigkeiten, darunter die Reste der Stadtbefestigung (u. a. Zwinger und Diebsturm), die Liebfrauenkapelle (14. Jh.), die Johanneskirche (14./15. Jh.), das Spital zum heiligen Geist mit dem Stadtmuseum und den fränkischen Reihengräberfriedhof (7. Jh.) am Kirchplatz.

19 Kirchberg Die kleine, auf einer steil abfallenden Bergzunge thronende Stadt bietet einen grandiosen Anblick. Die erste Siedlung entwickelte sich im Tal an der historischen Fernhandelsstraße Schwäbisch Hall – Rothenburg ob der Tauber; zu ihrem Schutz wurden um 1240 zwei Burgen erbaut: Burg Sulz, von der kaum noch etwas zu sehen ist, und die Höhenburg Kirchberg, bei der später die Bergsiedlung entstand. Die pittoreske, von Türmen überragte Altstadt lockt viele Touristen und

Das über der Jagst gelegene und mit einer Wehrmauer versehene Städtchen Langenburg

Ein kaum zu überbietender, romantischer Anblick: die Stadt Kirchberg an der Jagst

Ausflügler an. Zu ihren Sehenswürdigkeiten zählen u. a. die Reste der Stadtbefestigung (Stadttor und Teile der Stadtmauer), das mehrstöckige Kornhaus mit Fachwerkgiebel (1494/96), die Alte Lateinschule (1748), die Jagstbrücke (1799) und der Ockenauer Steg (um 1800), eine hölzerne, überdachte Fußgängerbrücke. Die mittelalterliche Burg wurde 1590–1597 zum Renaissanceschloss umgebaut und 1738–1745 zum Residenzschloss erweitert.

20 Langenburg Auch das fast 800 Jahre alte Städtchen Langenburg liegt weithin sichtbar auf einer Bergnase. Die längliche, von zahlreichen Fachwerkhäusern geprägte Altstadt ist von Mauern, Stadttoren und Türmen umgeben. An ihrem östlichen Ende erheben sich die reich ausgestattete evangelische Stadtpfarrkirche (16. Jh.) und das Obere Tor. Auf der gegenüberliegenden Seite des Stadtkerns thront an der Spitze des Bergsporns das Schloss Langenburg. Zu besichtigen sind die Schlosskapelle, der schöne Renaissance-Innenhof, der herrliche Barockgarten, die alte Bastion Lindenstamm und die im Schloss eingerichteten Museen. Unerwartet im historischen Gemäuer ist das Oldtimer-Museum, das etwa 80 verschiedene Modelle zeigt. Vom Rosengarten genießt man einen traumhaften Blick ins Jagsttal.

21 Kloster Schöntal In der kleinen Ortschaft wurde 1515 die erste hölzerne Jagstbrücke erbaut, die 1609 durch die Steinerne Brücke ersetzt wurde. Das Kloster Schöntal, das 1157 von Zisterziensermönchen aus Maulbronn gegründet wurde und in dem bis 1807 Mönche lebten, zählt zu den schönsten barocken Sakralgebäuden der Region. Heute beherbergt es u. a. das Rathaus. Im sehenswertem Kreuzgang des ehemaligen Klosters befindet sich das Grab des berühmten Ritters Götz von Berlichingen. Auf einem Hügel hinter dem Kloster steht die Kreuzkapelle, die nach Plänen Johann Balthasar Neumanns 1716/17 errichtet wurde.

22 Jagsthausen Der 1090 erstmals urkundlich erwähnte Ort ist der Geburtsort des Götz von Berlichingen. Im 2. Jh. n. Chr. bauten die Römer an dieser Stelle ein Kastell, um den vorgelagerten Limes zu bewachen. Römische Reste und römische Geschichte präsentiert das Freilichtmuseum Römerbad. Als Wahrzeichen der Stadt gelten der achteckige Kirchturm der evangelischen Jakobuskirche, das Rote Schloss und die mächtige Götzenburg (Burgmuseum, Burghotel), einstige Stammburg des Ritters und Veranstaltungsort der Burgfestspiele.

23 Möckmühl Bodenfunde in der Umgebung der alten Fachwerkstadt belegen eine frühgeschichtliche Besiedlung. Im historischen Altstadtbereich wurden Reste einer römischen Villa gefunden. Das mittelalterliche Stadtbild wird von der ehemaligen Götzenburg dominiert, deren ältester Teil der Götzenturm ist. Eine mit Türmen bewehrte Ringmauer, die auch die Burg mit einbezieht, umgibt den historischen Stadtkern. Den Mittelpunkt der Altstadt bildet das prächtige Renaissance-Rathaus (16. Jh.) am unteren Marktplatz. Am oberen Marktplatz zeigt der schön gestaltete Mechita-Brunnen die sagenumwobene Gestalt der Ortsgründerin und Namensgeberin der im 8. Jh. erstmals bezeugten Stadt.

Freizeit & Sport

Kanufahren auf Kocher und Jagst: Auf der Jagst können zwischen Berlichingen und Widdern sowie zwischen Möckmühl und Neudenau jeweils mehr als 25 km mit dem Kanu befahren werden. Der Kocher ist zwischen Schwäbisch Hall und Bad Friedrichshall (90 km) mit dem Kanu befahrbar (*Info-Tel. 07139/93 49 00*). Bei der Touristikgemeinschaft Neckar-Hohenlohe-Schwäbischer Wald in Schwäbisch Hall (*Tel. 0751/385*) kann die Kanukarte Kocher, Jagst, Neckar bestellt werden. In Krautheim organisiert der Landgasthof *Zur Krone* (*König-Albrecht-Str. 3, Tel. 06294/362*) den Kanuverleih. Die »Kocherflotte« veranstaltet Bootspartien und vermietet Boote (*Tel. 0160/706 33 20*). Informationen über: *www.kanu-rad-paradies.de*

Badeseen Die zahlreichen Seen rund um Ellwangen bieten ausgezeichnete Möglichkeiten zum Baden, Segeln, Surfen, Angeln, Paddeln und Bootfahren – und ganz einfach zum Entspannen.

Jagst- und Kochertalradweg Der kaum befahrene Radweg zählt zu den reizvollsten Radwegen Süddeutschlands. Radwanderkarte über das Landesvermessungsamt Baden-Württemberg (*Stuttgart, Tel. 0711/123 28 31*).

Wanderreiten Die Region Hohenlohe/Schwäbische Ostalb gilt als ideale Landschaft für Wanderreiter. Informationen über Stadtinfo Ellwangen (*Tel. 07961/840*).

Wandern Die idyllische Hohenloher Ebene ist mit ihrer Landschaft und den Wanderwegen ein herrliches Wandergebiet (z. B. Wanderpark Kocher–Jagst und Wanderpark Idyllische Straße). Info: Touristikgemeinschaft Neckar-Hohenlohe-Schwäbischer Wald (*Tel. s.o.*).

Freilichtmuseum Das Hohenloher Freilandmuseum in Wackershofen nahe Schwäbisch Hall vermittelt Einblicke in das bäuerliche Leben früherer Tage, in Geschichte, Kunst und Kultur der Region. Mehr als 50 Gebäude, Aktionstage, Veranstaltungen für Kinder, Museumsfeste und schöner Museumsgasthof. Informationen über Freilandmuseum (*Tel. 0791/97 10 10; www.schwaebischhall.de*).

Weingüter & Restaurants

Hervorragendes Essen und ein ansprechendes Ambiente bietet das **Restaurant Fermata** im Schloss Kapfenburg in Lauchheim (*Tel. 07363/961 80*).

Der **Landgasthof Pflug** in Weckrieden bei Schwäbisch Hall (*Weckriedener Str. 2, Tel. 0791/93 12 30, www.landgasthof-pflug.de*) gilt als besonders beachtenswertes Restaurant mit Biergarten.

Das stilvoll eingerichtete Restaurant im **Burghotel Götzenburg** in Jagsthausen (*Schlossstr. 20, Tel. 07943/22 22, www.burghotel-goetzenburg.de*) verwöhnt den Gast mit kulinarischen Köstlichkeiten.

Ausgezeichnete Weine keltern das **Weingut Keck** in Niedernhall (*Weinsteige 1,*

Blick auf das Schloss in Möckmühl

Tel. 07940/558 84) und die **Kochertalkellerei** in Ingelfingen (*Mühlstr. 13, Tel. 07940/60 68*).

Direkt am Jagsttalradweg in Möckmühl befindet sich das Hotel Restaurant **Württemberger Hof.** (*Bahnhofstr. 11, Tel. 0 62 98/50 02*)0

Man kann hier preiswert übernachten; es gibt eine Garage für Fahrräder, und im Biergarten kann man sich prima von der Tour erholen. Die Küche bietet Fisch und Wildspezialitäten.

Bamberg liegt an zwei Armen der Regnitz. Sieben Kilometer entfernt mündet sie in den Main.

Der Main

Ursprüngliche Natur an Rotem und Weißem Main, historisches Erbe und liebliche Landschaft im Mittelteil und am Unterlauf von Industrieanlagen begleitet: So vielgestaltig präsentiert sich der Main.

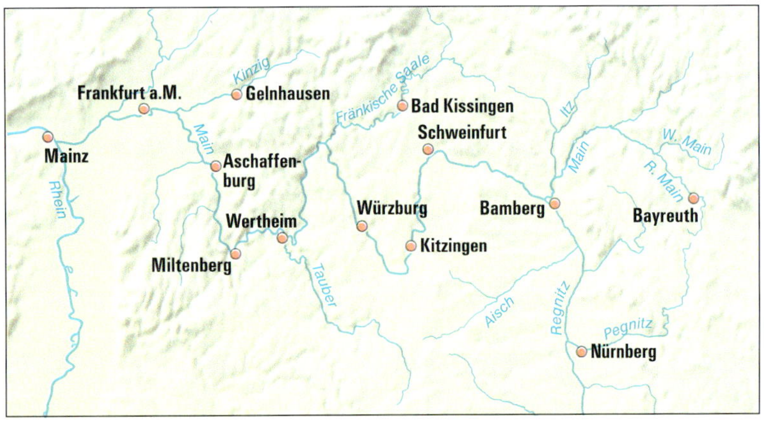

Nie scheint der Main den kürzesten Weg zu wählen, sondern er nimmt viele Umwege und Schleifen: Statt den »direkten«, etwas über 200 km langen Weg zurückzulegen, fließt er über 524 Flusskilometer, von denen 384 schiffbar sind. Doch gerade dieser teils in engen Kehren, teils in weiten Schleifen verlaufende Weg macht einen Großteil seines Reizes aus. Die beiden Quellflüsse Roter Main, der am Rand der Fränkischen Alb entspringt, und Weißer Main, der aus dem Fichtelgebirge kommt, vereinen sich unweit von Kulmbach zum Main. In seinem weiteren Verlauf bahnt sich der Fluss seinen Weg zwischen den Haßbergen im Norden und dem Steigerwald im Süden. 6 km südlich vor Rodach fließt dem Main die Rodach zu, die das Wasser des niederschlagsreichen Frankenwaldes aufgenommen hat und hier breiter ist als der junge Main. Nördlich von Bamberg strömen diesem rechtsseitig die Ilz und nur 1 km flussabwärts die aus dem Haßbergen kommende Baunach zu. Hinter Bamberg stößt dann der größte Nebenfluss des Mains hinzu: die Regnitz.

Weißmainquelle im Fichtelgebirge

Ein Kuriosum bildet die Wern, die von Norden kommend, nicht bei Schweinfurt in den Main mündet – dazu fehlen nur 2,5 km^2, sondern das Maindreieck abkürzt und erst bei Wernfeld in den Main einmündet.

Als wichtiger Zufluss von Norden folgt bei Gemünden die Fränkische Saale, die aus der Rhön in vielen Schleifen dem Main zufließt. Zusammen mit der Saale mündet auch ein kleinerer Nebenfluss aus der Hessischen Rhön in den Main, die Sinn.

Von den Kalkböden des Maindreiecks, auf denen der berühmte Frankenwein gedeiht, zieht der Main weiter in den Buntsandstein des Mainvierecks. Dort bildet er die Grenze zwischen dem Spessart, der das Mainvier-

Volkach: Sein Wein und sein herrliches Stadtbild haben den Mainort bekannt gemacht.

Europas Bankenmetropole Frankfurt am Main bei Sonnenuntergang

eck ausfüllt, und dem Odenwald südlich davon. Von Süden kommend, stößt bei Wertheim die Tauber dazu, der bei Bürgstadt die Erfa folgt. Im Unterlauf fließt der Main ab Aschaffenburg behäbig durch die Ebene, bis er bei Mainz in den Rhein mündet. Seine letzten größeren Zuflüsse sind die aus dem Odenwald kommende Gersprenz westlich von Aschaffenburg, die Kinzig bei Hanau und die Nidda bei Frankfurt.

Seit der Fertigstellung des Rhein-Main-Donau-Kanals 1992 besitzt der Main für die Binnenschifffahrt als wichtiges Bindeglied zwischen Nordsee und Schwarzem Meer überregionale wirtschaftliche Bedeutung.

An seinen Ufern liegt altes Kulturland: Land, das von irischen Missionaren christianisiert wurde; Land, dessen Bewohner im Bauernkrieg eine wichtige Rolle spielten und nach blutigen Kämpfen doch den Herrschenden unterlagen; Land schließlich, dessen Städte im Zweiten Weltkrieg schwer zu leiden hatten: Würzburg, von dem nur wenige glaubten, dass es aus Schutt und Asche wieder auferstehen würde, Schweinfurt, Hanau, Frankfurt, und am Nebenfluss Pegnitz das alte Nürnberg. Doch heute zeigen sich die Landschaften an Main, Tauber und Pegnitz und Regnitz in einzigartiger Vielfalt, Besucher haben die Qual der Wahl, was sie unternehmen sollen: eine Tour auf den Spuren Tilman Riemenschneiders oder doch lieber auf jenen Balthasar Neumanns?

Eine Fahrt zu Richard Wagner nach Bayreuth oder zu Friedrich Rückert nach Schweinfurt und Erlangen? Ein Stück entlang der Romantischen Straße oder lieber in das mittelalterliche Nürnberg?

Großes Bild oben: Escherndorf und die umliegenden Weinberge am Main

Miltenberg: Mauern, Türme und Fachwerkhäuser schmücken die Stadt an der »Mainschleife«.

Das obere Maintal Bayreuth • Kulmbach

Hoch über der Stadt Kulmbach ragt der herrliche Renaissancebau der Plassenburg auf.

Die Kirche Vierzehnheiligen am linken Mainufer gilt als ein Höhepunkt fränkischen Barockkirchenbaus.

»Aus zwei mach eins« heißt es zu Beginn des Mains: Roter und Weißer Main vereinen sich südwestlich von Kulmbach zum Main. Und schon beginnt der Fluss seinen Lauf durch die ehemaligen Residenzstädte des fränkischen Landes. Kulmbach mit der Plassenburg, Bamberg mit der Alten Hofhaltung und der Neuen Residenz, Würzburg mit der Residenz der Fürstbischöfe. Und doch ist der Main auch in diesem Abschnitt ein durchaus volkstümlicher Fluss, denn was wäre typischer für ihn als Fischer, die »Meefischli« aus seinen Wassern holen, Schiffer, die auf ihm Lasten transportieren, oder Winzer, die an seinen Ufer, die Weinberge pflegen.

1 Bayreuth Heute verbinden Menschen in aller Welt Bayreuth vorrangig mit den Wagner-Festspielen. Doch die Stadt am Roten Main hat auch bedeutende barocke Bauwerke aufzuweisen. Viele Bauten sind der Markgräfin Wilhelmine, der Schwester Friedrichs des Großen, zu verdanken, darunter das Markgräfliche Opernhaus, ein Kleinod des Rokoko. Auch das in der Nähe der Stadt gelegene Schloss Eremitage ist der Markgräfin zu verdanken. In der Stadt

Bierlokale & Restaurants

So sehr die Gegend am Maindreieck auch durch den Wein bestimmt wird, so sehr ist der Oberlauf des Mains eine Biergegend. Der gegorene Gerstensaft spielt in Franken eine herausragende Rolle: Kaum eine andere Region in Deutschland hat so viele kleine Brauereien und so viele schmackhafte Biersorten aufzuweisen.

Die **Brauereischänke am Markt** in Bayreuth (*Maxstr. 56, Tel. 0921 / 649 19*) serviert ursprüngliche fränkische Küche. Wer rustikales Ambiente liebt und deftige Speisen, ist hier richtig: Zu Rostbratwürsten oder »Kloß mit Soß« gibt es ungefiltertes naturtrübes Zwicklbier.

Bierkultur (im Brauereimuseum Kulmbach) und Biergenuss unter einem Dach findet der Gast in der Kulmbacher **Mönchshof-Brauerei** (*Hofer Str. 20, Tel. 09221/42 64; www.landkreiskulmbach.de/tourismus/museen/bbm.htm*), die auf mittelalterlichem Klostergrund steht.

Einen Biergarten hat auch die **Kulmbacher Kommunbräu** (*Grünwehr 17, Tel. 09221/ 844 90; www.kommunbraeu.de*). Gekocht wird nach alten fränkischen Familienrezepten und mit den Produkten vom eigenen Bauernhof.

Das **Bräustübl** in Bad Staffelstein/Loffeld (*Am Mühlteich 4, Tel. 09573/59 25; www.staffelberg-braeu.de*) ist ein altes Familienunternehmen und empfängt seine Gäste in einem hübschen fränkischen Fachwerkhäuschen.

Hoch über dem Maintal erhebt sich die ehemalige Benediktinerabtei Banz mit der im 18. Jh. erbauten, prunkvoll ausgestatteten Klosterkirche.

sind das Alte und das Neue Schloss sowie das Alte Rathaus sehenswert, dazu die 1874 erbaute Villa Wahnfried (Richard-Wagner-Gedenkstätte) und das Deutsche Freimaurermuseum.

2 Kulmbach Es gibt in der Altstadt viele herrliche Bauten, wie etwa die Spitalkirche (um 1740), die Markgräfliche Kanzlei (1563), der Amtshof des Klosters Langheim (Ende des 17. Jh.) oder das Renaissance-Schlösslein, und doch ist die hoch über der Stadt aufragende Plassenburg nicht nur optisch der Höhepunkt eines Besuchs der Stadt am Weißen Main. Die Burg wurde Mitte des 16. Jh. nach einem Brand neu aufgebaut und ist mit ihrem Arkadenhof eines der schönsten Renaissancebauwerke Deutschlands. In ihrem Inneren zeigt das Zinnfigurenmuseum eine Welt im Kleinen.

3 Wallfahrtskirche Vierzehnheiligen Aufgrund einer Erscheinung wurde bereits 1448 an dieser Stelle eine Kirche geweiht. Der heutige Bau hat eine komplizierte Baugeschichte, an der mehrere Baumeister beteiligt waren. Als Letzter führte Balthasar Neumann die verschiedenen Pläne der Basilika meisterhaft zu einem harmonischen Ganzen zusammen.

4 Kloster Banz Auf einem Berg gegenüber von Vierzehnheiligen erhebt sich zwischen Staffelstein und Lichtenfels mit herrlicher Aussicht ins Maintal und auf den gegenüberliegenden Staffelberg das barocke Klosterschloss Banz, das auf eine wechselvolle, über 900 Jahre alte Geschichte zurückblicken kann. Zunächst eine Benediktinerabtei, dann ein Wittelsbacher Schloss, wurde es schließlich wieder Kloster und beherbergt heute ein Bildungszentrum in seinen Mauern.

5 Bad Staffelstein Das altfränkische Städchen am Fuß des Staffelbergs birgt eine Reihe schöner Fachwerkhäuser, darunter auch das Rathaus von 1687, in seinen Mauern.

Freizeit & Sport

Floßfahrt Man kann von der Korbmacherstadt Lichtenfels aus eine zweieinhalb stündige Floßfahrt unternehmen. Buchung über das Verkehrsamt Lichtenfels (*Marktplatz 1, Tel. 09571/79 51 03, www.lichtenfels-city.de*).

Badefreuden Einfach die Seele baumeln lassen oder an den Baggerseen aktiv werden (Baden, Surfen, Angeln) kann man im Naherholungsgebiet Mainaue bei Kulmbach. Ein kleiner Spaziergang führt dort zum Zusammenfluss von Weißem und Rotem Main. Ein weiterer See ist der Trebgastsee südöstlich von Kulmbach. Heute kann man in dem schönen See baden und Ruderboote ausleihen.

Erlebnisbäder Für diejenigen, die beim Baden ein Schwimmbad vorziehen, gibt es einige Erlebnisbäder mit großem Sport- und Wellnessangebot, darunter die Lohengrin Therme in Bayreuth (*Kurpromenade 5, Tel. 0921/79 24 00, www.lohengrin-therme.de*) und die Obermaintherme in Bad Staffelstein (*Am Kurpark 1, Tel. 09573/961 90, www.obermain-therme.de*).

Radtouren Auch für Radfahrer ist das Land am Obermain herrlich geeignet, so gibt beispielsweise der Landkreis Lichtenfels eine Broschüre mit zwölf Tourenvorschlägen für das Obere Maintal heraus. Sie ist erhältlich beim Landratsamt Lichtenfels (*Kreiskasse, Kronacher Str. 28–30, Tel. 09571/180, www. lichtenfels.de*) oder bei Jomo-Tours (*Tel: 07452/932 09 15; www.jomo-tours.de/gruppenreisen*).

Maintal-Radweg Der 71 km lange flussbegleitende Radweg führt durch das Obermaintal von Bamberg vorbei an Kloster

Verschnaufpause am Mainufer

Banz, Vierzehnheiligen und der Plassenburg ins Kulmbacherland nach Schloss Steinenhausen am Mainzusammenfluss. Streckenbeschreibung ist auf der Homepage *www.bayerninfo.de/radler* zu finden.

Nicht nur das von Toren und Türmen bewehrte Dettelbach, auch seine liebliche Umgebung an den Flussschleifen, Auen und Weinbergen ist sehenswert.

Freizeit & Sport

Ausflugsfahrten auf dem Main Anbieter sind u. a. FPS – Fränkische PersonenSchifffahrt in Kitzingen (*www.mainschifffahrt.de*); Schiffstouristik Kurth und Schiebe in Zell (*www.schiffstouristik.de*); Schweinfurter Personenschifffahrt (*Gutermann-Promenade, Tel. 09721/433 02*).

Kanuverleih Wer die Schönheit des Mains vom Kanu oder Kajak aus entdecken will, der kann Touren buchen oder ein Boot ausleihen. Anbieter sind Waterwalker Kanuladen und Schule in Würzburg-Estenfeld

Der Main bei Kitzingen

(*www.waterwalker.de*); Kanucenter Wunder in Schweinfurt (*Am Zeughaus 24, Tel. 09721/235 69*) und Boots- und Freizeit Service in Haßfurt (www.bootundfreizeit.de).

Klettern Ein Blick aus anderer Perspektiver auf den Main bietet der Klettergarten »Am Edelweiß« bei Karlstadt. Infos bei Dr. Karl-Werner Pflughaupt in Randersacker (*Untere Bux 16, Tel.: 09303/15 46*).

Erlebnisbäder Wer sich im Wasser tummeln möchte, dem stehen einige Erlebnisbäder offen, etwa im Freizeit- und Erlebnisbad Haßfurt (*Großer Anger, Tel. 09521/945 70*); im Nautiland in Würzburg (*Nigglweg, Tel. 0931/26 02 60*) oder im Bad Maradies in Marktheidenfeld (*Tel. 09391/41 31*).

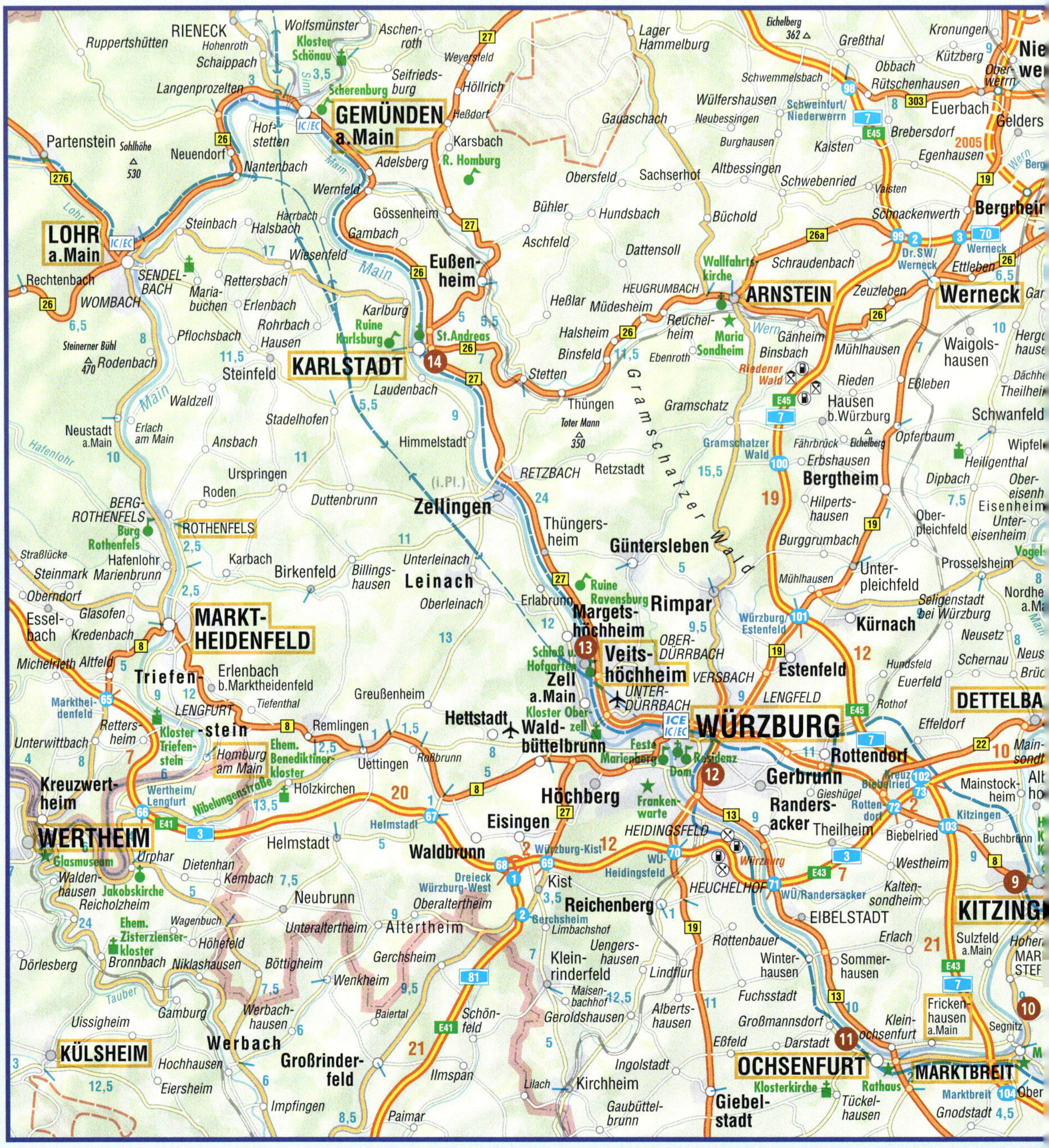

In bester Rebhanglage: die Wallfahrtkirche St. Maria im Weingarten oberhalb von Volkach

Eine fromme Gegend: Bildstock in den Weinbergen bei Escherndorf westlich von Volkach

Die Burg zu Homburg am Main ist mit einer Tropfsteinhöhle, der »Burkardusgrotte«, verbunden.

Auf dem Staffelberg sind Reste einer keltischen Siedlung gefunden worden.

6 Haßfurt Die Stadt wurde um 1230 errichtet, ihr mittelalterlicher Stadtkern wird von der Pfarrkirche St. Kilian dominiert.

7 Schweinfurt Nur wenige der historischen Gebäude konnten aus den Zerstörungen des Zweiten Weltkriegs gerettet werden, so das Renaissance-Rathaus und die Stadtpfarrkirche St. Johannis, die viele Stile in sich vereint.

8 Volkach Das an der Mainschleife gelegene Städtchen ist einer der bekanntesten Weinorte Frankens. Im alten Ortskern sticht das Renaissance-Rathaus hervor, auch die Stadtkirche St. Georg und Bartholomäus und das Sommeracher Tor sind sehenswert. Ein Kleinod befindet sich in den Weinbergen: die Wallfahrtskirche Maria im Weingarten. In der Nähe liegen die hübschen alten Orte Dettelbach und Escherndorf.

9 Kitzingen Wahrzeichen der Stadt ist der Falterturm, dessen schiefe Turmspitze heute auch als Symbol für das darin beheimatete Fastnachtsmuseum steht. Einen Besuch lohnen auch die barocke Kirche von Antonio Petrini sowie die Heiligkreuzkirche von B. Neumann im gegenüberliegenden Etwashausen.

10 Marktbreit Aus dem späten 16. Jh. stammen sowohl das Renaissance-Rathaus als auch Schloss und Pfarrkirche St. Nikolaus. Dass das Städtchen nicht nur vom Weinbau, sondern auch vom Handel lebte, dokumentiert der barocke Mainkran am Flussufer.

11 Ochsenfurt Der Ort ist noch weitgehend von der alten Stadtmauer umgeben. Neben hübschen Fachwerkhäusern fällt vor allem das spätgotische Neue Rathaus mit der Uhr, die stündlich kämpfenden Ochsen, Ratsherren und den Gevatter Tod zeigt, ins Auge.

12 Würzburg Ein Besuch der Stadt sollte an der Alten Mainbrücke aus dem 15. Jh. beginnen. Von hier hat man den schönsten Blick zur Festung Marienberg, zum Käppele und auf die Türme der Altstadt mit Dom, Rathaus und Marienkapelle.

13 Veitshöchheim Die Würzburger Fürstbischöfe ließen sich hier 1680 ein Jagdhaus bauen, das später von Balthasar Neumann zur Sommerresidenz umgestaltet wurde. Das Schloss verblasst jedoch gegen den barocken Park, dessen Haine und Boskette von Pavillons und Statuen durchsetzt sind.

14 Karlstadt Fachwerkhäuser und gotische Bauten wie das Rathaus (1422) dominieren das Stadtbild. Einen Abstecher lohnt die Burgruine Homburg.

Weingüter & Restaurants

Frankenwein in der typischen bauchigen Bocksbeutelflasche ist in aller Welt bekannt. Manche Weinlagen besitzen eine lange Tradition wie der schon von Goethe gelobte Würzburger Stein.

Das Hotel **Zur Schwane** in Volkach (*Hauptstr. 12, Tel. 09381/806 60*) besitzt nicht nur eine Weinstube, sondern auch ein eigenes Weingut.

Das Weinhaus **Zum Stachel** in Würzburg (*Gressengasse 1, Tel. 0931/527 70*) ist in historischen Räumen, die bereits seit 1413 ein Lokal beherbergen. Besonders für laue Sommerabende sollte man einen Platz im »Höfle« reservieren.

Die Weinstube **Bürgerspital** in Würzburg (*Theaterstr. 19, Tel. 0931/35 28 80*) ist Teil des Bürgerspitals zum Heiligen Geist, einer Stiftung, zu der auch eines der größten Weingüter Deutschlands gehört. In

Qualitätskontrolle: Hofkellerei in Würzburg

den historischen Räumen kann man die hauseigenen Weine zu einer schmackhaften Brotzeit verkosten.

Hervorragenden Frankenwein kann man im **Staatlichen Hofkeller Würzburg** erwerben *(Rosenbachpalais Residenzplatz 3 Tel. 09 31/3 05 09 23).*

Pegnitz und Regnitz Hersbruck • Lauf • Nürnberg

Wildwasserfahrt auf der Regnitz mitten in Bamberg vor der imposanten Kulisse des 1688 ans Alte Rathaus angefügten Rottmeisterhauses

Fotogenes Pegnitzidyll in Nürnberg: Weinstadel

Fränkische Gasthäuser

Bekannteste Spezialität der mittelfränkischen Küche sind wohl die Nürnberger Bratwürste, die man u. a. im **Nürnberger Bratwursthäusle** (*Rathausplatz 1, Tel. 0911/ 22 76 95*) erhält.

Das **Bratwurst Röslein** (*Rathausplatz 6, Tel. 0911/21 48 60*) in Nürnberg bezeichnet sich als das größte Bratwurst-Restaurant der Welt und besteht seit 1431.

Eine deftige Schlachtschüssel mit Metzelsuppe, Blut- und Leberwürsten gehört

Bamberg: Brauereiausschank Schlenkerla

ebenfalls zu den fränkischen Spezialitäten. Sie gibt es beispielsweise im Gasthaus **Zum Hirschen** in Hersbruck (*Nürnberger Str. 114, Tel. 09151/ 61 34*).

Eine Bierspezialität Bambergs ist das Schlenkerla, ein Rauchbier. Das Malz wird mit dem Rauch brennender Buchenscheite gewürzt. Für eine Kostprobe empfiehlt sich der Brauereiausschank **Schlenkerla** (*Dominikanerstr. 6a, Tel. 0951/560 60*), ein wunderschönes Fachwerkhaus in Bambergs Altstadt.

Rezat, Rednitz, Pegnitz und Regnitz – nur schwer sind die Flussnamen auseinander zu halten. Fränkische und Schwäbische Rezat bilden ab Georgensgmünd die Rednitz, in die bei Fürth die aus der Fränkischen Schweiz kommende, 85 km lange Pegnitz einmündet. Fortan heißt der Nebenfluss des Mains Regnitz und mündet nach 97 km bei Bamberg in den Main, bei Forchheim mündet noch die Püttlach ein.

Die Pegnitz

1 Pegnitz In Pegnitz kann man die gefasste Quelle des gleichnamigen Flusses sehen, doch auch die Altstadt mit dem Fachwerkbau des Rathauses und der Zausenmühle hat ihren Reiz. Der Ort eignet sich als Ausgangspunkt für Ausflüge in den westlich der Pegnitz gelegenen Naturpark Fränkische Schweiz – Veldensteiner Forst.

2 Hersbruck Das historische mittelalterliche Stadtbild mit Spitaltor, Nürnberger Tor und Wassertor sowie Resten der Stadtmauer ist gut erhalten. Das Schloss aus der Spätrenaissance sowie Stadtpfarrkirche und Spitalkirche mit interessanten gotischen Altären sind einen Besuch wert. Ein Muss ist das Deutsche Hirtenmuseum, das über die Geschichte des Berufsstandes ausführlich informiert. Der Happurger Stausee liegt nur 5 km entfernt und ist ein beliebtes Segel- und Surfrevier. Das Hersbrucker Land mit dem oberen Pegnitztal ist eine Art Dorado für Wanderer, die an den Jurahängen auf bizarr geformte Kalksteinfelsen treffen.

3 Lauf an der Pegnitz Am Rande der Altstadt von Lauf erhebt sich auf einer Insel im Fluss die Kaiserburg (1356–1360), das so genannte Wenzelsschloss. Die Altstadt umgeben Reste der Stadtmauer, darunter das Hersbrucker und das Nürnberger Tor, die Mauer kann in Teilen begangen werden. Wer Einblicke in die Frühzeit der Industriekultur erhalten möchte, kann das Industrie-Museum besuchen.

4 Nürnberg An der Pegnitz liegt eine Stadt, die in Mittelalter und Renaissance in Handel und Kunst zu den bedeutendsten Metropolen Europas gehörte: die Freie Reichsstadt Nürnberg, die allein schon eine Reise wert ist. Herrliche gotische Kirchen finden sich hier: die Lorenzkirche mit dem Englischen Gruß (1519) von Veit Stoß, die Sebalduskirche mit dem Sebaldusgrab (1511–1519) von Peter Vischer und am Hauptmarkt, auf dem alljährlich der berühmte Christkindlesmarkt stattfindet, die Frauenkirche mit dem Männleinlaufen (eine Kunstuhr von 1509). Doch natürlich sollte man auch der mächtigen Burg Tribut zollen, die von den Zeiten Nürnbergs zeugt, in denen die Stauferkaiser hier Quartier nahmen. Bei einem Stadtbummel lohnt sich ein Blick auf die Fassaden, denn neben dem Alten Rathaus sind zahlreiche prachtvolle alte Häuser zu bewundern: Fembohaus (Stadtmuseum), Pellerhaus, Nassauerhaus, Weinstadel, Heilig-Geist-Spital. Ein Spaziergang entlang der hervorragend erhaltenen Stadtmauer mit ihren Türmen und Toren könnte im Waffenhof enden, wo die alten Handwerke der Stadt vorgeführt werden. Auch an Museen mangelt es nicht: Germanisches Nationalmuseum, Dürerhaus, Spielzeugmuseum und Verkehrsmuseum, um nur einige zu nennen. Und Tüftler können sich am Schönen Brunnen auf dem Hauptmarkt überlegen, wie der geschlossene Ring wohl ins Gitter kam.

5 Kraftshof Die Wehrkirche im Nürnberger Stadtteil ist ein gut erhaltenes Beispiel für eine mittelalterliche fränkische Kirchenburg, hinter deren Wehrgang die Bewohner des Ortes sich bei Gefahr verschanzen konnten. Sie wurde wahrscheinlich 1315 geweiht und zwischen 1505 und 1510 umgebaut.

Die Regnitz

6 Erlangen Zwei Zeiten prägten die Universitätsstadt an der Regnitz: das späte 17. und frühe 18. Jh. und die Moderne. Viele barocke Bauten sind erhalten: Das Schloss (1700–1704) ist umgeben von einem weitläufigen Schlosspark, in dem sich der Hugenottenbrunnen, die Orangerie und das Markgrafentheater, das älteste noch bespielte Barocktheater Süddeutschlands, befinden. Auch die zwei bedeutendsten Kirchen der Stadt prunken im üppigen Barock: Neustädter Pfarr- und Universitätskirche und Altstädter Dreifaltigkeitskirche. Eher schlicht wirkt daneben die Hugenottenkirche. Für Erlangens Bedeutung in der Jetztzeit, vor allem als Industriestadt, spricht der Rathausplatz mit dem Hochhaus des Rathauses, der Stadthalle und dem Kongresszentrum.

7 Forchheim Die drei wichtigsten historischen Gebäude der Kleinstadt an der Einmündung der Püttlach in die Regnitz liegen am Rathausplatz. Die so genannte Kaiserpfalz stammt aus dem 14. Jh. und war eigentlich Residenz der Bamberger Fürstbischöfe. Die Pfarrkirche St. Martin von etwa 1200 erfuhr im 14. Jh. einen bedeutenden Umbau, dem sie weitgehend ihr heutiges Gesicht verdankt. Rathaus (gotisch, 1490, in der Vorweihnachtszeit größter Adventskalender der Welt) und Magistratshaus (Renaissance, 1535). Etwas abseits liegt das im 17. Jh. errichtete Ka-

(einst Aussätzigen-Schlafstätte) mit Wasserturm und Henkerssteg

Glockengießerspital und Spitalkirche im mittelfränkischen Lauf an der Pegnitz

tharinenspital (heute Altenheim); die Spitalkirche besitzt eine herrliche Rokoko-Ausstattung.

8 **Bamberg** Die alte Kaiser- und Bischofsstadt konnte sich ein relativ geschlossenes Altstadtensemble bewahren, das von der UNESCO zum Weltkulturerbe erklärt wurde. Besonders sehenswert sind der romanische Dom mit dem Bamberger Reiter, die Alte Hofhaltung (frühere Kaiserburg), die barocke Neue Residenz (1697–1703) Leonhard Dientzenhofers mit dem benachbarten Rosengarten, das Kloster St. Michael (heute Sitz des Brauereimuseums) und das Alte Rathaus mit den prunkvollen Rokokofassaden auf einer Insel in der Regnitz. Für Romantiker bietet sich ein Spaziergang vis-à-vis von »Kleinvenedig« an, wo sich mancher fragen wird, wie lange die schiefen Häuser noch stehen werden.

Freizeit & Sport

Segeln Es empfiehlt sich der 5 km südlich von Hersbruck gelegene Happurger Stausee. Infos über den Segelclub Hersbruck e.V. (*home.t-online.de/home/engelhardt.guenther/sch1.html*).

Flusswandern auf der Pegnitz Kanuverleih am Pegnitz-Camping Hohenstadt (*91244*

An der Pegnitz bei Lungsdorf

Pommelsbrunn, 09154/15 00), Bootsverleih Richter in Hartenstein (*Lungsdorf 13, Tel. 09152/15 42*); Kanushop Noris in Röthenbach/Pegnitz (*www.kanushop-noris.de*). Streckenbericht unter *www.lengdobler.de*.

Flusswandern auf der Wiesent Die Wiesent bietet die einzige Flusswanderfahrt durch die Fränkische Schweiz. Touren und Kanuverleih über: Kajak-Mietservice in Forchheim (*www.kajak-mietservice.de*); Aktiv Reisen in Muggendorf/Wiesental (*www.aktiv-reisen.com*). Kanadierkurse bietet in Nürnberg der Heller Outdoor-Shop (*www.heller-outdoor.de*) an.

Würzburg

Die Universitätsstadt am Main in schönster Lage zu Füßen der Feste Marienberg und der städtischen Weinlagen hat trotz der fast völligen Zerstörung im Zweiten Weltkrieg heute wieder eine liebenswerte Altstadt, die sich rund um den Marktplatz mit der spätgotischen Marienkapelle und dem Haus zum Falken mit reichem Rokoko-Stuck erstreckt. Manch Schönes liegt im Verborgenen, so auch das Lusamgärtlein hinter dem barocken Neumünster, in dem der Minnesänger Walther von der Vogelweide begraben liegt. Höhepunkt eines Würzburgbesuchs ist aber die prachtvolle Residenz (1720), ein Meisterwerk des Barock und heute UNESCO-Weltkulturerbe, erbaut von den Architekten Lukas von Hildebrandt und Johann Balthasar Neumann. Grandios ist das Treppenhaus mit dem Deckengemälde von Giambattista Tiepolo, das dieser 1751–1753 schuf.

Die Festung Marienberg beherbergt das Mainfränkische Museum mit Kunstwerken der Region, darunter Meisterwerke Tilman Riemenschneiders, und das Fürstenbau-Museum zur Stadtgeschichte. Im Vordergrund: die Alte Mainbrücke.

Die großzügige und raumgreifende Anlage der Würzburger Residenz geht auf den Baumeister Lukas von Hildebrandt zurück.

Das untere Maintal Lohr • Miltenberg • Aschaffenburg

In seinem Unterlauf bildet der Main zunächst das so genannte Mainviereck zwischen Lohr und Aschaffenburg, wird allmählich breiter und gemächlicher, historische Orte wie Miltenberg, Seligenstadt oder Aschaffenburg säumen seinen Lauf, doch auch Industrieorte wie Hösbach und Goldbach. Der Weg des Mains endet in der Verwaltungs- und Bankenstadt Frankfurt.

1 Lohr An den früheren Wohnort vieler Mainfischer erinnert der 1983 ihnen zu Ehren aufgestellte Fischerbrunnen. Im ehemals Kurmainzer Schloss ist das Spessartmuseum untergebracht, in dem man Wissenswertes über Deutschlands größtes zusammenhängendes Laubwaldgebiet erfährt.

2 Urphar Einen Besuch lohnt die hoch über dem Main gelegene Wehrkirche St. Jakob mit ihren Fresken aus dem 9. und 10. Jh. Die Kirche diente einst als Verteidigungsanlage wie auch als Kirche.

3 Miltenberg Sein Hauptplatz, das Schnatterloch, wird von wunderbaren Fachwerkhäusern mit Schnitzornamenten und auch farbiger Bemalung gesäumt und steht oft als Symbol für das romantische Deutschlandbild. Über der Stadt ragt am Berg die Mildenburg auf, die nach Zerstörungen 1552 im 19. Jh. restauriert wurde.

4 Aschaffenburg Die beiden Hauptsehenswürdigkeiten der einstigen Zweitresidenz der Mainzer Erzbischöfe erheben sich über dem Fluss. Mächtig liegt Schloss Johannisburg (1605–1614), die viertürmige Anlage aus dem roten Sandstein der Region, am Hochufer. Ein kleines Stück flussab ließ König Ludwig I. von Bayern, begeistert von der klassischen Antike, den Architekten Friedrich von Gärtner das Pompejanum errichten, ein nachempfundenes pompejanisches Haus. Sehenswert ist auch das nahe der Stadt gelegene Schloss Schönbusch und vor allem sein Park, einer der frühesten Landschaftsgärten Deutschlands, in dem künstliche Seen und Hügel, Tempelchen und Dörfchen verstreut liegen.

5 Seligenstadt Die Basilika der ehemaligen Benediktinerabtei, die so genannte Einhardsbasilika ist die größte erhaltene Basilika der Karolingerzeit. Dem karolingischen Langhaus wurde im 19. Jh. eine neoromanische Doppelturmfassade vorgesetzt, während die Innenausstattung weitgehend barock ist. Auch die weiteren Gebäude der Klosteranlage lohnen einen Besuch. Der Erholung dient ein Gang durch den Klostergarten. Kleine Gassen, versteckte malerische Winkel und farbenprächtige Fachwerkhäuser dokumentieren die über 1000-jährige Stadtgeschichte.

6 Hanau Die Stadt erlitt im Zweiten Weltkrieg schwere Zerstörungen und hat deshalb nur noch wenig historische Bausubstanz. Sehenswert ist die Reformierte Kirche von 1608, die aus zwei ineinander greifenden Zentralbauten besteht. Schloss Philippsruhe wurde zu Beginn des 17. Jh. inmitten eines großen Parks errichtet. Im Zentrum der Stadt steht ein Denkmal ihrer beiden bedeutendsten Söhne, der Sprachforscher und Märchensammler Wilhelm und Jakob Grimm. Hanau ist Ausgangspunkt der Deutschen Märchenstraße. Im nahe gelegenen Wildbad herrschte Ende des 18. Jh. reger Kurbetrieb, der durch die Befreiungskriege jäh beendet wurde. Die ursprünglichen Anlagen sind jedoch noch vollständig erhalten.

7 Offenbach Das Isenburger Schloss, eine umgebaute spätgotische Wasserburg, fasziniert vor allem durch seine Hoffassade mit den Laubengängen. Einen Besuch wert ist auch das Leder- und Schuhmuseum.

8 Frankfurt am Main Die deutsche Bankenmetropole schlechthin wird wegen ihrer auffallenden Skyline auch als »Mainhattan« bezeichnet. Selbst mitten in der geschäftigen Mainmetropole kann man, wenn man vom Großstadtbummel müde geworden ist, am Mainufer eine Ruhepause einlegen: Liegewiesen mit Blick aufs Wasser und die Wolkenkratzer bieten das Museumsufer, der Schaumainkai und das Griesheimer Ufer.

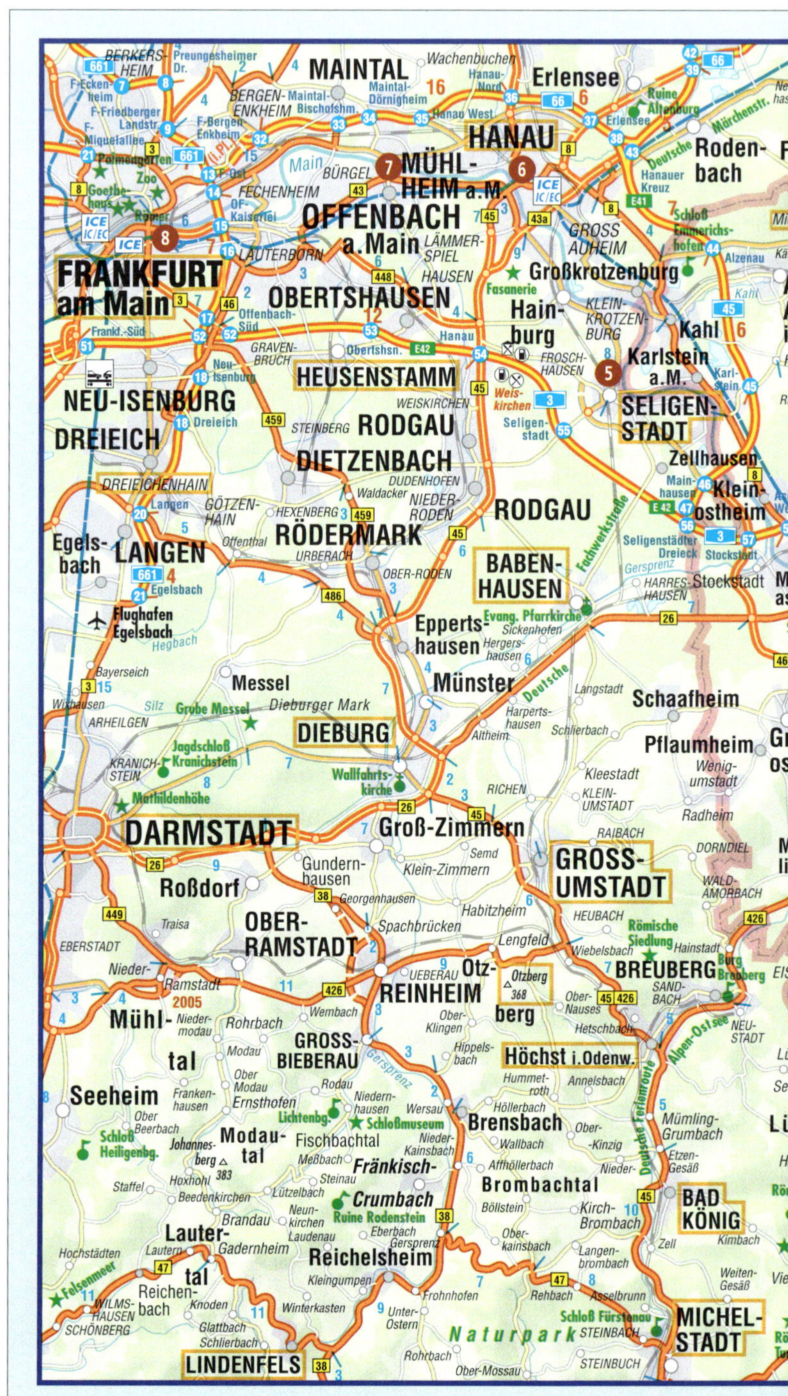

Restaurants mit historischen Ambiente

Nur wenige Orte Deutschlands haben ein Restaurant mit einer ähnlich langen Tradition zu bieten wie Miltenberg mit dem Gasthaus **Zum Riesen** (*Hauptstr. 99, Tel. 09371/98 99 48*). Heute, wie bereits im 12. Jh., genießt man hier im wunderschönen Fachwerkhaus die berühmte fränkische Gastlichkeit.

In einem der ältesten Häuser Miltenbergs

Über 100 Kneipen machen Sachsenhausen zu einem beliebten Unterhaltungsviertel in Frankfurt.

serviert man im **Alten Bannhaus** (*Hauptstr. 211, Tel. 09371/30 61*) moderne Küche vom Feinsten, begleitet von ausgewählten Tropfen der Region.

Nicht nur Kunstgenuss, sondern auch Leckeres fürs leibliche Wohl bietet **Schloss Johannisburg** in Aschaffenburg. In den **Schloß-Weinstuben** (*Schlossplatz 4, Tel. 06021/124 40*) werden edle Weine zu bodenständigen Gerichten serviert.

Auch in Frankfurt gibt es Restaurants in historischem oder zumindest historisch getreu rekonstruierten Gemäuern: Die Geschichte des Restaurants **Zum Schwarzen Stern** (*Römerberg 6, Tel. 069/29 19 79, www.schwarzerstern.de*) lässt sich bis 1453 zurückverfolgen. Auch heute ist man hier noch um das Wohl des Gastes besorgt.

Gutbürgerliche Küche, darunter auch die typische Frankfurter Spezialität Grüne Sauce, wird im **Haus Wertheym** in Frankfurt (*Fahrtor 1, Tel. 069/28 14 32*) im reizvollen historischen Ambiente serviert.

Schloss Johannisburg in Aschaffenburg beherbergt eine bedeutende Gemäldesammlung.

Zu den idyllischsten Orten längs des Mains zählt das reizvoll gelegene Miltenberg.

Freizeit & Sport

Ausflugsschiffe Einmal die Ufer vom Fluss aus zu betrachten hat einen ganz eigenen Reiz – und ist eine bequeme, erholsame Art der Fortbewegung obendrein. Auch auf dem Unterlauf des Mains verkehren Personenschiffe. Auskunft erteilt die Reederei Henneberger in Miltenberg (*Mainanlagen, Tel. 09371/33 30; www.henneberger.personenschiffe.de*) oder die Frankfurter Personenschifffahrt Anton Nauheimer GmbH (*Mainkai 36, Tel. 069/133 83 70; www.primus-linie.de*).

Hafenrundfahrt Bei einer Hafenrundfahrt, die von der Aschaffenburger Personenschifffahrt angeboten wird, lernt man auch ein ganz anderes Gesicht des Flusses, den geschäftigen, wirtschaftlich bedeutenden Aspekt kennen: Der Aschaffenburger Hafen ist der größte Industriehafen in Unterfranken. Informationen bei der Aschaffenburger Personenschifffahrt (*Ruhlandstr. 5, www.aschaffenburg.personenschiffe.de*).

Flusskreuzfahrten veranstaltet die Reederei George Reinhart in Marktheidenfeld (*Fichtenstraße 20, Tel./Fax 09391/33 99*)

Fähre Seligenstadt Eine Minifahrt über den Main kann man in Seligenstadt unternehmen; dort sind die beiden Ufer noch durch eine Fähre verbunden, während die meisten anderen Mainfähren inzwischen durch Brücken ersetzt wurden.

Angeln Auch Angler können am Untermain ihrem Sport frönen. Informationen gibt es beispielsweise beim Angelsportverein Freudenberg (*Wendelin Eckert, Birkenweg 7, Tel. 09375/82 15*).

Maintalradwanderweg Wer am Main entlangradeln möchte, kann dies auf dem Maintalradwanderweg tun, der sich am gesamten Main entlangzieht. Tourenvorschläge für die Gegend um Aschaffenburg gibt es beim ADFC Kreisverband Aschaffenburg (*c/o Manfred Röllinghof, Höhenweg 12, Tel. 06021/663 95, www.adfc-aschaffenburg.de).*

Kanuverleih Der Bootsplatz in Kreuzwertheim (*Hauptstraße 14, Tel. 09342/91 31 77; www.derbootsplatz.de)* vermietet Boote.

Erlebnisbäder Vom Baden im Main ist aus gesundheitlichen Gründen dringend abzuraten – in manchen Gebieten, etwa im Stadtbereich von Frankfurt, ist es sogar ausdrücklich verboten. Doch gibt es in den meisten Orten und Städten entlang des Mains attraktive Schwimmbäder, z. B. das

Romantische Landschaft bei Klingenberg, das für seine Rotweine bekannt ist.

Hallenfreibad Miltenberg (*Jahnstraße, 63 Tel. 09371/40 41 50*) oder das Heinrich-Fischer-Bad in Hanau (*Eugen-Kaiser-Str. 19, Tel. 0681/29 59 71*); Informationen über die Frankfurter Bäder finden sich im Internet: *www.bbf-frankfurt.de*.

Viele schöne Plätze lassen sich am Main auch finden, um nach viel Kultur einen erholsamen Spaziergang zu machen und einfach die Seele baumeln zu lassen. An manchen Stellen, wie am Mainbogen in Aschaffenburg gibt es dann auch noch Plätze, an denen Ballspiele oder schöne Picknicks möglich sind. Und selbst mitten in Frankfurt gibt es mehrere Liegewiesen mit Blick aufs Wasser.

Restaurants im historischen Ambiente

Das Restaurant **Zum Schlossbäck** in Creglingen (*Kirchenstaffel 1, Tel. 07933/410*) ist in den Räumen der historischen Schlossbäckerei eingerichtet worden.
Nicht nur in historischer Umgebung kann man im **Gelben Haus** (*im Freizeit und Erholungspark Karlsberg, Tel. 07934/70 00*) in Weikersheim essen: Bei einer Vorbestellung für eine entsprechende Personenanzahl (mindestens 15) werden auch Rilteressen veranstaltet.
In einem 650 Jahre alten Gebäude befindet sich die **Altfränkische Weinstube** in Rothenburg ob der Tauber (*Am Klosterhof 7, Tel. 09861/64 06*).
Im Herzen der Stadt im ehemaligen Haus der Schäferbruderschaft aus dem Jahr 1483 ist das Restaurant und Hotel **Goldenes Lamm** in Rothenburg (*Markt 2, Tel. 09861/65 63*) untergebracht.

Herausragende Küche in altem Gemäuer bietet das Eisenhut in Rothenburg ob der Tauber

In vier Rothenburger Patrizierhäusern aus dem 16. Jh. sind Hotel und Restaurant **Eisenhut** (*Herrngasse 3–5/7, Tel. 0961/70 50*) untergebracht. Hier gibt es edle Küche vom Feinsten, die Gartenterrasse ist hoch über dem Taubertal gelegen und bietet einen herrlichen Blick weit ins Land. Besondere Beachtung verdient die Weinkarte, die auch einige Gewächse der Spitzenklasse anbietet.

Balthasar Neumann, der Schöpfer der Würzburger Residenz, hat auch die einmalig harmonische Brücke in Tauberrettersheim erbaut.

Die Tauber durchzieht auf ihrem 120 km langen Lauf von der Quelle an der Frankenhöhe bis zur Mündung in den Main bei Wertheim eine liebliches Tal, das tief in die unterfränkische Muschelkalkplatte eingeschnitten ist. Weinberge und Obstgärten begleiten ihren Weg. Doch auch große Kunst ist in den alten malerischen Orten an ihrem Lauf zu besichtigen.

1 Rothenburg ob der Tauber Ein Besuch des Städtchens ist eine Zeitreise ins Mittelalter. Von vielen schon als Museum kritisiert, zeigt die Stadt ihr mittelalterliches Stadtbild, das von einer eindrucksvollen Stadtmauer aus dem 14. Jh. umrahmt wird.
2 Creglingen Die größte Sehenswürdigkeit des Ortes, Riemenschneiders Marienaltar in der Herrgottskirche, hat eine bemerkenswerte Geschichte. Nach einem jahrhundertelangen Vergessen, in der er zugeklappt in einer Ecke stand, wurde er im 19. Jh. wieder entdeckt. Heute hat das Meisterwerk regen Zulauf von Kunstinteressierten aus aller Welt.
3 Weikersheim Das Schloss entstand ursprünglich als Wasserburg und wurde erst im 16. Jh. zum heutigen Renaissanceschloss ausgebaut. Die prächtige Innenausstattung stammt noch aus der Entstehungszeit. Eine traumhaft schöne Oase ist der ans Gebäude anschließende barocke Schlosspark. Über die geheimnisvolle Kunst der Alchemie informiert das im Schloss untergebrachte Museum. Dank der Musikakademie Schloss Weikersheim finden hier interessante Konzerte statt. Die sechsbogige Brücke im nahen Tauberrettersheim entwarf Balthasar Neumann.
4 Stuppach Dieser kleine Ort liegt zwar nicht direkt im Taubertal, doch lohnt das künstlerische Meisterwerk, das seine Heimat in der Dorfkirche gefunden hat, mit Sicherheit einen Abstecher. Matthias Grünewald schuf das Bild als Mitteltafel für den Maria-Schnee-Altar der Aschaffenburger Stiftskirche. Auf Umwegen gelangte sie nach Stuppach und verschafft dem Dorf ungeahnte Besucherzahlen.
5 Bad Mergentheim Zentrum des Städtchens ist das Deutschordensschloss, das im 16. Jh. errichtet wurde. Nicht versäumen sollte man einen Blick in die barocke Schlosskirche, an der zwei so berühmte Baumeister wie Balthasar Neumann und François Cuvilliés mitwirkten. In der Stadt sieht man viele repräsentative Häuser vergangener Jahrhunderte, die sich Beamte des Deutschen Ordens bauen ließen. Heute liegt die Bedeutung Bad Mergentheims vor allem in seinen Heilquellen, an das Schloss grenzt der weitläufige Kurpark.
6 Lauda-Königshofen Das Zentrum der fränkischen Fasnacht hat sich ein Zeichen gesetzt: 1997 wurde der Narrenbrunnen mit überlieferten Fasnachtsfiguren errichtet. Doch der Doppelort weist auch ältere Sehenswürdigkeiten auf: etwa die klassizistisch ausgestattete Jakobuskirche (aus dem späten 17. Jh.), die barocke Marienkirche und das barocke Alte Rathaus.
7 Tauberbischofsheim Der Marktplatz des weit über das Taubertal hinaus als Zentrum des deutschen Fechtsports bekannten Ortes wird dominiert von Fachwerk- und barocken Häusern. Im Schloss, dessen älteste Teile aus der Zeit um 1280 stammen, ist das Tauberfränkische Landschaftsmuseum untergebracht.
8 Kloster Bronnbach wurde um 1150 von Zisterziensern im Taubergrund gegründet. Der geschlossene Komplex der Klosteran-

Schloss Weikersheim: Park mit Herkulesbrunnen. Die Einrichtung der ehemaligen Wasserburg ist noch vollständig erhalten.

Die Fachwerkstadt Wertheim liegt an der Mündung der Tauber in den Main.

Bad Mergentheims großes Deutschordensschloss, heute Deutschordensmuseum, stammt aus dem 16. Jh.

lage entstand im 18. Jh.; die Kirche geht auf die Zeit um 1200 zurück, ist aber barock ausgestattet. 1803 wurde es wie so viele Klöster säkularisiert. Heute sind hier verschiedene Institutionen untergebracht, außerdem finden zahlreiche kulturelle Veranstaltungen statt.

9 Wertheim Die prekäre Lage an der Mündung der Tauber in den Main bringt die kleine Stadt in Hochwasserzeiten immer wieder einmal in die Schlagzeilen. Beim Bummel durch die mittelalterlichen Gassen mit ihren unzähligen Fachwerkhäusern ragt die am Berg gelegene Burgruine ins Blickfeld.

10 Kreuzwertheim Dieser Ort liegt Wertheim gegenüber auf der anderen Mainseite. Interessant sind die alte Wehrkirche und das Schloss der Familie Löwenstein-Wertheim-Freudenberg.

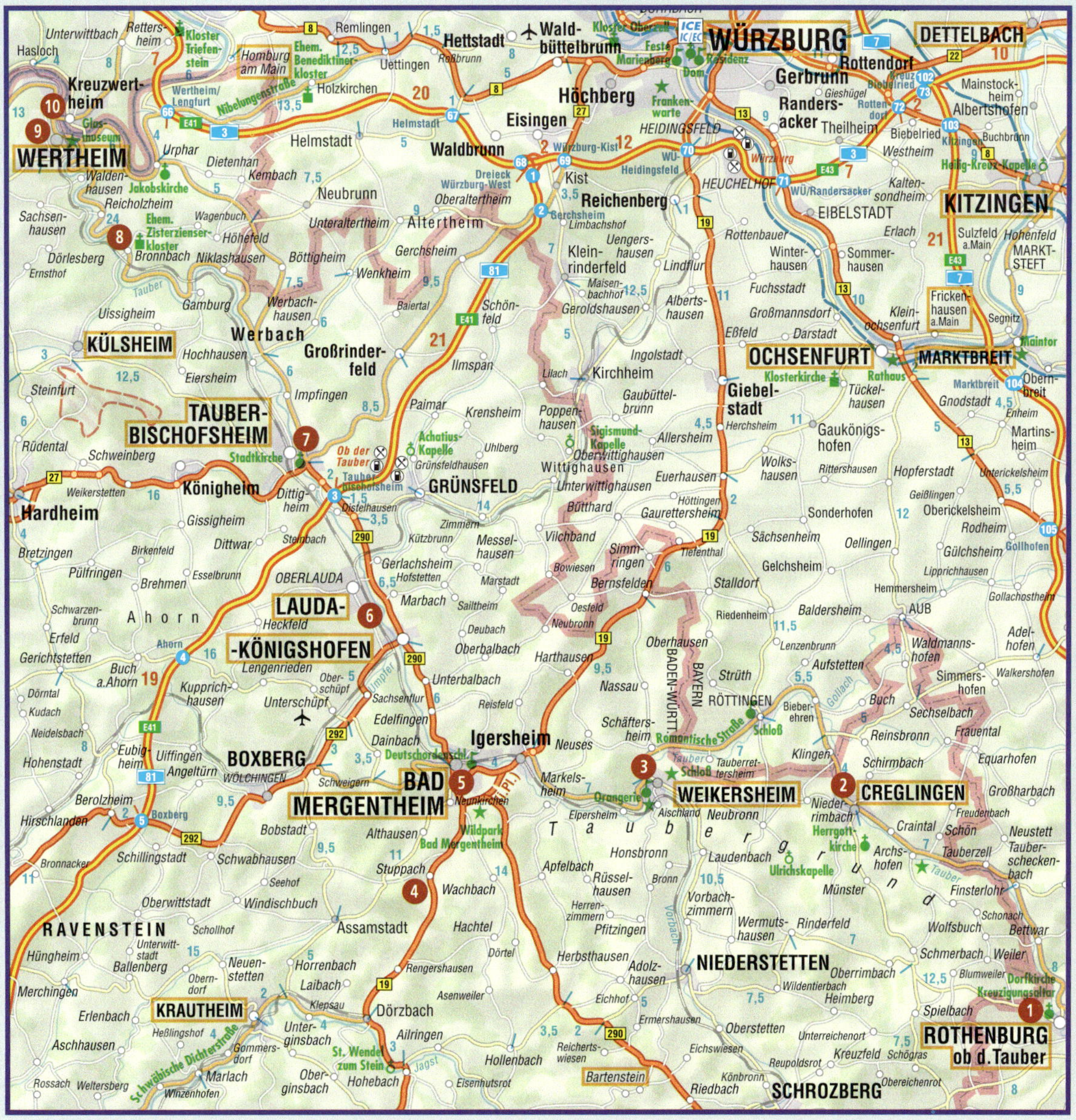

Freizeit & Sport

Flusswandern Eine andere Möglichkeit, die Beschaulichkeit der Tauber zu »erfahren«, ist eine Kanutour auf dem Fluss. Kanus verleiht in Kreuzwertheim Der Bootsplatz (*Hauptstr. 14, Tel. 09342/91 31 77, www.derbootsplatz.de*) und in Bad Mergentheim der Kanuverleih- und Service Tauber-Jagst-Kocher (*Tel. 07931/22 29*). Auf dem **Taubertal-Radwanderweg** kann man ganz gemächlich die schöne Landschaft des Taubertals erkunden. Die insgesamt 109,5 km lange Strecke führt meist auf Wirtschaftswegen von Rothenburg ob der Tauber bis Wertheim.

Paddelvergnügen auf der Tauber

Baden Wer Badespaß sucht, sollte sich in Bad Mergentheim den Erholungs- und Freizeitpark Solymar nicht entgehen lassen. Solymar Erholungs- und Freizeitpark (*Erlenbachweg, Tel. 07931/96 56 80, www.solymar-online.de*).

Angeln Tageskarten für den Weikersheim-Nassauer See sind beim Verkehrsamt Weikersheim erhältlich (*www.weikersheim.de*).

Rothenburg ob der Tauber

Die Stadt an der alten Reichsstraße zwischen Würzburg und Augsburg besitzt das wohl vollständigste erhaltene mittelalterliche Stadtbild Deutschlands. Kirchen, Türme, Tore, malerische Gassen und von Fachwerkhäusern gesäumte Plätze versetzen die Besucher in die Zeit des 12. bis 15. Jh. Zwischen 1350 und 1380 entstand die Stadtmauer, deren Wehrgänge über 2 km lang sind und von zwölf Türme gekrönt werden. Zu den bekanntesten Sehenswürdigkeiten innerhalb der alten Mauern zählen der romantische Platz Plönlein, das Kobolzeller Tor, das Renaissance-Rathaus mit dem Kaisersaal und dem 60 m hohen Turm und die gotische Hauptkirche St. Jakob. Das Spitaltor ist ein mächtiges Bollwerk mit sieben Toren, Fallgitter und einer Zugbrücke. Etwas außerhalb der Stadtmauern liegt das so genannte Toppler-Schlösschen, das 1388 entstand.

Besonders romantisch – wie aus einem Spitzweg-Gemälde – wirkt Rothenburg ob der Tauber bei Nacht. Im Bild: die Straßengabelung am Plönlein mit dem Siebersturm, eines der beliebtesten Fotomotive der viel besuchten Stadt.

Auch vom Talgrund aus herrlich anzuschauen: Rothenburg ob der Tauber mit seiner eindrucksvollen Stadtbefestigung

Das Rödertor gilt als das schönste Tor der alten Reichsstadt. Es wird von zwei Turmhäuschen flankiert.

Oberhalb von Idar-Oberstein: Ruine der 1320 erbauten Burg Oberstein

Die Nahe

Das Land an der Nahe prägen Hügel und Berge, bizarre Felsen, endlose Wälder, sonnige Rebhänge, kostbare Steine, natürliche Heilquellen, beschauliche Dörfer und geheimnisvolle Burgen.

Die Nahe (keltisch nava = wilder Fluss), ein linker Nebenfluss des Rheins, trennt das Nordpfälzer Bergland vom Hunsrück. Sie entspringt in 480 m Höhe am Fuß des Sengert (525 m) bei der saarländischen Ortschaft Selbach. Bis zu ihrer Mündung in den oberen Mittelrhein zwischen Bingen und Bingerbrück legt sie 120 km zurück, ihr Gesamtgefälle beträgt knapp 400 m. Bereits Kelten und Römer nutzten die Nahe als Verbindungsweg zwischen Gallien und Germanien, die ersten Siedlungsspuren reichen bis in die Steinzeit zurück. Bei einer Reise entlang des Flusses entdeckt man eine spannungsreiche, urtümliche Landschaft und eine sympathische Region, die in sich ganz unterschiedliche Merkmale vereint: eine faszinierende Natur, heilkräftige Quellen, bemerkenswerte Zeugnisse aus der Vergangenheit, einladende Gasthöfe, Gourmetrestaurants und historische Weingüter mit herausragenden Weinen. Der junge Fluss beginnt als winziges Bächlein und fließt zunächst am Bostalsee vorbei durch eine idyllische Landschaft. Gestärkt wird er dann durch die Nebenflüsse Bosbach, Leißbach, Freisbach und Söterbach, nun geht es in zahlreichen Windungen weiter durch hartes Melaphyrgestein, in das die Nahe enge Kerbtäler geschnitten hat.

In den idyllischen Weinbergen des kleinen Ortes Schloßböckelheim im Nahetal

Idar-Oberstein, der wirtschaftliche Mittelpunkt der Deutschen Edelsteinstraße, ist die erste größere Stadt an der Nahe. In Oberstein erheben sich die Felsen direkt über dem Fluss, der sich in großen Teilen unter einer vierspurigen Straße versteckt. Von links mündet die Idar in die Nahe, an deren Ufern sich der gleichnamige Ortsteil ausbreitet.

Hinter Idar-Oberstein streckt sich der Fluss und bahnt sich seinen Weg jetzt durch etwas weicheres Gestein. Waldreiche Hänge und schroffe Felsen begleiten ihn. Die Gesteinsformationen des Nahetals zeugen von Millionen Jahren Erdgeschichte. Zu den Besonderheiten des südlichen Hunsrücks zählen neben den berühmten Achatvorkommen bei Idar-Oberstein auch Schiefer- und Kupfervorkommen sowie einige Fossilienfunde. Auf dem Weg nach Kirn kann auf der linken Naheseite bei Fischbach ein historisches Kupferbergwerk besichtigt werden, bei Bundenbach an der Hunsrücker Schiefer- und Burgenstraße die Schiefergrube Herrenberg.

20 km nordöstlich von Idar-Oberstein ragen zwischen dem Kirner Ortsteil Kallenfels und der Gemeinde Oberhausen die schroffen Quarzitfelsen der »Kirner Dolomiten« auf. Bei der Talweitung von Martinstein beginnt das Weinbaugebiet Nahe mit seinen herrlichen, fein gegliederten Rebhängen. Gleich am Anfang liegt auch das erste der drei Nahebäder, Bad Sobernheim, das noch der

An Florenz erinnern die beiden Brückenhäuser der Alten Nahebrücke in Bad Kreuznach.

Der 327 m hohe Rotenfels gilt als steilste Kletterwand nördlich der Alpen.

oberen Nahe zugerechnet wird. Der Flussabschnitt der mittleren Nahe erstreckt sich zwischen der Mündung des Glan und Bad Kreuznach.
Er gilt als das eigentliche Herzstück des Weinanbaugebietes und zeichnet sich durch eine landschaftliche Vielfalt und Schönheit aus. Schon seit der Römerzeit wird die regenarme Region zwischen Rhein und Mosel zum Anbau von Wein genutzt. Angebaut werden die Rebsorten Riesling, Müller-Thurgau und Silvaner.
In großen Schleifen hat sich der Fluss durch die Vulkanmassive gearbeitet und dabei eindrucksvolle Naturdenkmäler hinterlassen. Die abwechslungsreichen Untergründe sorgten für kleine Talweitungen. Eine der phantastischsten Leistungen des Flusses und eine der größten landschaftlichen Attraktionen im Nahetal lässt sich noch vor der Alsenzmündung zwischen Norheim und Bad Münster am Stein-Ebernburg bestaunen: die gewaltige, teilweise tief zerklüftete Steilwand des Rotenfels-Massivs. Hinter Bad Münster wird das Tal nun endgültig breiter und bietet Platz für Bad Kreuznach.
Im weiteren Flussverlauf spricht man von der unteren Nahe, die sich nun etwas ruhiger und in weiten Mäandern bis nach Bingen bewegt. An ihren Ufern und in den Seitentälern wird ebenfalls Wein angebaut. In Langenlonsheim fließt der Nahe aus dem Hunsrück der Guldenbach zu, auf der anderen Seite der Appelbach und kurz vor ihrer Mündung in den Mittelrhein der Trollbach, dessen Tal von pittoresken Felsformationen geprägt wird.

Großes Bild oben: Am Aussichtspunkt Bastei auf dem Rotenfels beginnt ein Panoramawanderweg mit herrlichen Ausblicken auf das Flusstal.

Blick vom 135 m hohen Rheingrafenstein auf den Kurort Bad Münster am Stein-Ebernburg und die Ebernburg

In herrlicher Lage im reizvollsten Teil des Nahetals, umgeben von farbenfrohen Wäldern und Weinbergen: das Radon Heilbad Bad Münster am Stein-Ebernburg

Weingüter & Restaurants

Das Landhaus **Le Passé** in Bretzenheim (*Naheweinstraße, Tel. 0671/4 61 68*) ist ein gemütlicher Landgasthof mit begrüntem Innenhof.

Im Restaurant der **Kyrburg** (*Kirn, An der Burgruine, Tel. 06752/9 36 60*) bekommt der Gast delikat zubereitete Speisen und hervorragende Naheweine.

Seit 1783 befindet sich das Weingut **Jung** in Bad Münster am Stein-Ebernburg (*Burgstr. 8, Tel. 06708/66 00 93*) bereits in Familienbesitz.

Das Whiskymuseum & Restaurant »Kyrburg« im gleichnamigen Wahrzeichen der Stadt Kirn

Eine exzellente Küche in einem stilvollen Rahmen bietet das Restaurant **Im Gütchen** in Bad Kreuznach (*Hüffelsheimer Str. 1, Tel. 0671/4 26 26*).

Das Restaurant **Der Kaiserhof** in der Weinbaugemeinde Guldental (*Hauptstr. 2, Tel. 06707/9 44 40*) gehört zu den Spitzenrestaurants der Region, bietet aber auch Gerichte nach Hausmacherart und Wein aus eigenem Anbau.

Nachdem die Nahe ganz unspektakulär auf einer Wiese entspringt, schlängelt sie sich anschließend an den südlichen Ausläufern des Hunsrück entlang durch eine wild-romantische Wald- und Mittelgebirgslandschaft. Malerische Ortschaften und Burgen begleiten den Fluss, und an seinem Mittel- und Unterlauf breiten sich sonnige Rebflächen aus.

1 Idar-Oberstein Die in eine eindrucksvolle Felslandschaft eingebettete Stadt verdankt ihren Bekanntheitsgrad den reichen Achatvorkommen und ihrer Schmuck- und Edelsteinmanufaktur. Die schönsten Beispiele einheimischer Handwerkskunst kann man im Museum Idar-Oberstein bewundern. Als einzigartig gilt das Deutsche Edelsteinmuseum: Mit mehr als 9500 Exponaten – roh, geschliffen oder künstlerisch gestaltet – präsentiert es die ganze Welt der Edelsteine. In der Historischen Weiherschleife (1634) am Rande von Idar sieht der Besucher, wie die Schleifer früherer Jahrhunderte arbeiteten, und im Schürfstollen der stillgelegten Edelsteinmine Steinkaulenberg kann er auf Schatzsuche gehen. Vom alten Marktplatz in Oberstein führen etwa 230 Stufen hinauf zum Wahrzeichen der Stadt, der beeindruckenden Felsenkirche (15. Jh.). Über ihr thront Schloss Oberstein (um 1320), das wie die nahe Burgruine Bosselstein (etwa 1197) einen wunderbaren Ausblick auf die Stadt und ihre Umgebung bietet.

2 Kirn Das lebhafte Städtchen an der Hunsrücker Schiefer- und Burgenstraße wurde 841 erstmals urkundlich erwähnt. Zu seinen Sehenswürdigkeiten zählen neben den schönen Fachwerk- und Gründerzeitbauten am Marktplatz auch die evangelische Kirche, ein ehemaliges Piaristenkloster (Rathaus) aus dem 18. Jh. sowie das alte fürstliche Kellereigebäude. In herrlicher Aussichtslage erhebt sich die Kyrburg (10. Jh.), auf der im Sommer unter freiem Himmel Opernaufführungen stattfinden und deren Wachhaus Deutschlands erstes Whisky-Museum beherbergt.

3 Dhaun Im Schloss mit herrlichem Park residierten einst die Dhauner Wildgrafen. Als Grabkirche diente ihnen die Stiftskirche St. Johannisberg (13. Jh.) im gleichnamigen Ortsteil von Hochstetten-Dhaun, die interessante Grabdenkmäler birgt.

4 Bad Sobernheim Das Felke-Bad, benannt nach dem Naturheilkundigen Emanuel Felke, besitzt den einzigen Barfußpfad (3,5 km) Deutschlands und eine heimelige Innenstadt mit gotischen Kapellen, Fachwerk- und Barockbauten. Überragt wird sie von der spätgotischen Matthias-Kirche, zu deren Schätzen eine Orgel der berühmten Hunsrücker Orgelbauerfamilie Stumm zählt. Im Nachtigallental südlich der Stadt vermittelt das Rheinland-Pfälzische Freilichtmuseum in vier Museumsdörfern einen Einblick in das dörfliche Leben vor 100 oder

An der Mündung der Idar in die Nahe: der Edelsteinort Idar-Oberstein mit Felsenkirche

Fachwerkreiches Kirn an der Nahe

Bad Münster am Stein-Ebernburg: Blick auf das Kurhaus und den Rheingrafenstein

Das Bad Kreuznacher Altstadtpanorama am rechten Naheufer mit der Pauluskirche

200 Jahren. Nahezu verwunschen wirkt die Ruine der Klosteranlage Disibodenberg (7. Jh.) am Zusammenfluss von Nahe und Glan, in der Hildegard von Bingen (1098–1179) mehr als die Hälfte ihres Lebens verbrachte.

5 Meisenheim Das etwas abseits der Nahe im idyllischen Glantal gelegene Städtchen gilt als die malerischste Stadt im Naheland. Zahlreiche Adelshöfe, Türme und bezaubernde Fachwerkhäuser bestimmen das Bild der mittelalterlichen Altstadt. Ein architektonisches Kleinod ist die spätgotische Schlosskirche (1479–1504), die in ihrem Innern eine kostbare Rokoko-Kanzel und Orgel birgt.

An die Geschichte der Juden im Nahetal erinnert die denkmalgeschützte ehemalige Synagoge (19. Jh.).

6 Bad Münster am Stein-Ebernburg Einfach überwältigend ist die Lage der Kurstadt am Fuße des 136 m hohen Rheingrafensteins mit der sehenswerten Burgruine Rheingrafenstein (11. Jh.).

Der teilweise zerklüftete, mehr als 200 m steil aus dem Nahetal aufsteigende Rotenfels (327 m) zieht sich auf der linken Uferseite bis nach Norheim und ist als höchste Steilwand nördlich der Alpen ein Paradies für Kletterer und Bergsteiger.

Dicht am Abgrund verläuft ein Panoramaweg zur Bastei. Zu den eindrucksvollsten Bauwerken der Stadt zählt das Fachwerkensemble der alten Kurverwaltung und des Kurmittelhauses mit Brunnenhalle (18./frühes 20. Jh.).

Hoch über dem Ortsteil Ebernburg erhebt sich die restaurierte Ebernburg (12./13. Jh.). Eine Besonderheit ist die auch heute noch per Hand gezogene, einzige Personenfähre an der Nahe. Sie ermöglicht den Zugang zum Huttental (alter Märchenhain) und zum Naturschutzgebiet Gans.

7 Bad Kreuznach Der Name des alten Radon- und Solbads geht auf das römisch-keltische Cruciniacum zurück. Von jener Zeit zeugen zahlreiche römische Reste, die zusammen mit den großartigen Mosaiken einer Villa (3. Jh.) in der Römerhalle zu bewundern sind. Ein Bummel durch die Altstadt führt zum Salzmarkt, dem Eiermarkt mit der 700 Jahre alten St. Nikolauskirche mit kostbarem Kreuzreliquiar, dem malerischen Klein-Venedig an der Ellerbachmündung, dem historischen Fausthaus oder der barocken Pauluskirche.

Die Wahrzeichen von Bad Kreuznach sind neben der modern überbauten Kauzenburgruine die Brückenhäuser (15. Jh.) auf den Pfeilern der alten Nahebrücke. In einem ehemaligen Rittergut wurde das Schlossparkmuseum (1605), u. a. mit geologischen und stadt- und kunsthistorischen Sammlungen untergebracht.

Freizeit & Sport

Wassersport Auf dem Bostalsee können alle Arten von Wassersport (außer Motorboote) betrieben werden. Ausführliche Informationen unter *www.bostalsee.de.*

Nahe-Radweg Das Naheland ist ein ideales Wander- und Radwandergebiet. Der Radweg zwischen Nohfelden und Bingen verläuft direkt am Fluss entlang und zählt zu den schönsten deutschen Flussradwegen. Ausführliche Informationen finden sich unter *www.naheradweg.de.*

Weinwanderweg Den Fernwanderweg mit zahlreichen Rundwegen verbindet Bingen mit Martinstein. Kartenmaterial gibt es bei der Naheland-Touristik in Kirn (*www.naheland.net*).

Draisinentour Zwischen Staudernheim in der Nähe von Bad Sobernheim und Altenglan bei Kusel (40 km) kann man auf einer stillgelegten Bahntrasse mit einer Fahrraddraisine durch das Glantal radeln.

Info über Naheland-Touristik (*www.naheland.net*) und www.draisinentour.de.

Kletterspaß garantieren der Rotenfels und die »Kirner Dolomiten«. Auskünfte: unter *www.naheland.net* sowie unter *www.dav-nahegau.de.*

Hoch über der Lahn thront Limburgs spätromanischer Dom aus dem 13. Jh.

Das Lahntal

Der rechte Nebenfluss des Rheins ist wohl Deutschlands beliebtester Kanuwanderfluss. Eine einzigartige Naturlandschaft, mittelalterliche Fachwerkstädte, Schlösser und Burgen bieten Romantik pur.

Am Ederkopf im südlichen Rothaargebirge, wo auch die Eder und die Sieg ihren Ursprung haben, liegt das Quellgebiet der Lahn. Im Keller des Forsthauses Lahnhof, das man über den kleinen Ort Werthenbach erreicht, kann man die Quelle auf 610 m Höhe besichtigen. Neben diesem spektakulären Quellort speisen aber auch kleine Rinnsale aus den in der Nachbarschaft liegenden Wiesen die junge Lahn, die auf ihren ersten 23 km durch das Wittgensteiner Bergland Richtung Hessen fließt. Insgesamt durchquert die Lahn drei Bundesländer: Ihr Quellgebiet liegt in Nordrhein-Westfalen, in ihrem Mittellauf durchfließt sie Hessen, um in Rheinland-Pfalz in den Rhein zu münden.

Dietkirchen Lahn mit St. Laurentius

Bei Marburg ist die Lahn schon ein breiter Fluss, ab Gießen durchfließt sie ein weites Becken und nach Wetzlar beginnt eine der schönsten deutschen Kanuflusstrecken: Die Lahn fließt in einem zumeist engen, zunächst 40 bis 50 m tief eingeschnittenen Tal, auf der Höhe verlaufen auf beiden Uferseiten die Lahn-Höhenwege, von denen sich spektakuläre Ausblicke in das Tal bieten. Bei Bad Ems hat sich die Lahn dann 150 bis 200 m tief eingeschnitten.

Die Lahn zählt zum Stromgebiet des Rheins, in den sie bei Niederlahnstein auf 61 m Höhe in den Mittelrhein mündet. Die Wasserführung des 235 km langen Flusses schwankt in der regenreichen Mittelgebirgslandschaft stark: Ihren höchsten Pegel erreicht sie im Frühjahr nach der Schneeschmelze im Hessischen Bergland und im Westerwald, in den Sommermonaten sinken die Pegelstände häufig auf Niedrigwasser. Ab der Universitätsstadt Gießen ist die Lahn zumindest für Schiffe bis 200 t auf den letzten 137 km bis zur Einmündung in den Rhein schiffbar.

Auf ihrem ereignisreichen Lauf windet sich die Lahn durch wildromantische Landschaften in Deutschlands grüner Mitte. Egal wie man die Lahn für sich erobert, ob als Wanderer, mit dem Drahtesel auf dem Lahn-Radweg oder mit dem Kanu flussabwärts paddelnd: Der Reisende fühlt sich auf Schritt und Tritt wie auf einer Reise in das Land von Schneewittchen, Rotkäppchen, Dornröschen und Rumpelstilzchen.

Die märchenhaften Szenen der Brüder Grimm, die hier spielen, wärmen die Seele. Allgegenwärtig sind die tiefen Wälder, erhabene Burgen und Schlös-

Gießen: das Neue Schloss, ein Fachwerkbau aus dem 16. Jh., und das Zeughaus von 1590.

Idyll im Lahntal: das Örtchen Balduinstein mit dem zinnenreichen Schloss Schaumburg

ser grüßen, stille Dörfer schmiegen sich an sanfte Hügel, aufwändig restaurierte Fachwerkhäuser laden in schattigen Gassen zum Schauen und Bummeln ein, bunte Felder reichen bis zum Horizont. Das Lahntal geizt nicht mit kulturellen und natürlichen Sehenswürdigkeiten: Hier zeigt sich Deutschland von seiner romantischen Seite.

Zwei bedeutende Nebenflüsse hat die Lahn: Aus dem Vogelsberg kommend, mündet die Ohm nördlich von Marburg bei Cölbe in den Fluss. Die Dill, der größte Nebenfluss, mündet bei Wetzlar in die Lahn ein.

Beide Nebenflüsse bieten in ihrem Hinterland ebenso attraktive Naturerlebnisse wie die Lahn selbst. Am Oberlauf der Dill ist Dillenburg inmitten dichter Wälder einen Abstecher wert. Pferdebegeisterte besuchen die Hessische Landesreit- und Fahrschule oder kommen zu den jährlich im September/Oktober stattfindenden Hengstparaden.

Die Lahn ist für Erholungssuchende wie für aktive Sportler ein Reise- und Freizeitparadies ersten Ranges. Das Wasserwandern, in der Regel mit Kanu, Kajak oder Paddelboot, aber auch mit Ruder-Wander-Zweiern oder -Vierern, ist eine beliebte Freizeitbeschäftigung. Der 180 m lange Schiffstunnel bei Weilburg, der vor gut 150 Jahren in den Fels getrieben wurde, wird als Geheimtipp unter Wassersportlern gehandelt. Fahrgastschiffe und Flöße laden zu eher beschaulichen Ausflugsfahrten ein.

Großes Bild oben: Blick über die Lahn auf das Kurhaus von Bad Ems, das schon im 14. Jh. als Heilbad bekannt war und im 19. Jh. zum Weltbad mit internationalem Publikum wurde.

Überaus reliefreich und bis zu 546 m hoch ist der Naturpark Nassau. Hier der Blick zum Gabelstein an der Lahn.

Malerisch an Lahn und Dill gelegen: die alte Freie Reichsstadt Wetzlar mit dem mächtigen Dom

Weilburg war einst Residenz der Fürsten von Nassau. Bemerkenswert: das Renaissanceschloss.

Auf dem Weg von der Lahnquelle in den Höhen des Naturparks Rothaargebirge über eine zunächst mäandrierende, später auch in Teilabschnitten begradigte Lahn bis zur Mündung in den Rhein erlebt der Reisende Natur pur. Der Fluss führt vorbei an malerischen Burgen sowie mittelalterlichen Städtchen, die mit engen Gassen und schönen alten Fachwerkhäusern zum Verweilen und Besichtigen einladen.

1 **Bad Laasphe** Der liebliche Kneipp-Kurort liegt im Wittgensteiner Land, wo sich das Lahnbecken erstmals erweitert. Oberhalb der Lahn liegt Schloss Wittgenstein (1174), dessen ursprüngliche Gebäude direkt in den Fels gebaut wurden. Da sich in der Anlage heute ein Internat befindet, ist das Schloss nur von außen zu besichtigen.

2 **Biedenkopf** Am Ostrand des Rheinischen Schiefergebirges liegt das beschauliche Biedenkopf. Das im gotischen Baustil angelegte Landgrafenschloss (Hinterland-Heimatmuseum) thront hoch über der gemütlichen Altstadt mit engen Gassen, Fachwerkfassaden, einem schmucken Rathaus und dem Löwenbrunnen. Wer genau hinsieht, dem fällt auf, dass der Löwe der Burg die Zunge herausstreckt. Alle sieben Jahre lockt das Grenzgangfest zum ausgiebigen Feiern.

3 **Marburg** Zu Füßen des Landgrafenschlosses (14. und 15. Jh.) breitet sich die romantische Universitätsstadt aus. Auch heute noch gilt der Spruch: »Göttingen hat eine Universität, Marburg ist eine«, und zwar die erste protestantische Hochschule Deutschlands (1527). Am historischen Marktplatz rief 1248 Sophie von Brabant das Land Hessen aus. Die imposante Elisabethkirche im gotischen Baustil, deren Grundstein 1235 gelegt wurde, ist ein touristisches »Muss«. Entlang der Lahn bieten Rad- und Wanderwege herrliche Ausblicke auf das malerische Stadtbild. An der Weidenhäuser Brücke kann man Tret- oder Ruderboote mieten.

Freizeit & Sport

Wasserwandern Die Lahn mit dem Kanu zu entdecken ist ein Natur- und Freizeitereignis ersten Ranges. Natürlich sollte auch der Weilburger Tunnel fester Bestandteil der Tour sein. Start für eine Wochenendfahrt ist

Bootsvergnügen auf der Lahn

die Schleuse in Solms-Oberbiel, möglicher Endpunkt kann das romantische Runkel sein. Mietstationen für Kanus gibt es überall an der Lahn, Anbieter sind u. a. Kanu-Tours Paradieso in Weinbach-Fürfurt (*www.kanu-tours-paradieso.de*); Lahntours-Aktivreisen in Roth/Lahn (*www.lahntours.de*). Einen guten Überblick über den gesamten Fluss sowie Adressen bieten die Internetseite des Bootsclubs Limburg (*www.bcl-lahn.de*) und der informative Lahn-Wasser-Wanderführer (*www.rhein-lahn-info.de/lahnfuehrer*).

Personenschifffahrt Wer es eher gemütlich mag, der genießt die Flusslandschaft vom Deck eines Ausflugsdampfers der Fahrgastschifffahrt Heldmann in Limburg (*Schleusenweg 2; www.Lahnschiffahrt.de*). Die große Rundfahrt mit der Wappen von Limburg führt von Diez nach Balduinstein und retour. Schleusen und Stauwerke ermöglichen die Fahrt auf der kurvenreichen Strecke. Weitere Adressen listet die Internetseite *www.daslahntal.de*.

Lahn-Radweg Der gut, aber nicht einheitlich ausgeschilderte Lahn-Radweg führt den Radfahrer von der Quelle bis zur Mündung. Eine organisierte Tour mit ausgewählten Hotels, Gepäcktransport und Leihrädern bietet Velociped Fahrradreisen in Marburg (*www.velociped.de*) an.

Wasserskianlage im Hot Sport See-Park in der Nähe von Marburg ist in Niederweimar auf dem Gelände einer ausgebeuteten Kiesgrube für Wassersportler und Sonnenanbeter ein Freizeitparadies entstanden (*www.hotsport.de*). Hauptattraktion ist eine moderne Wasserski- und Wakeboard-Anlage.

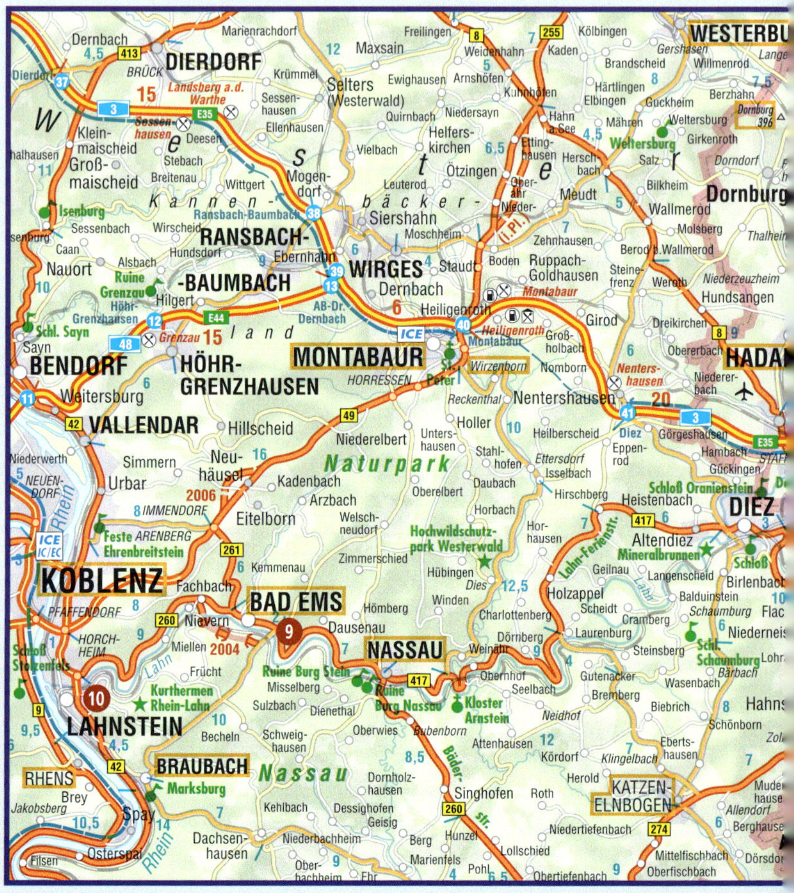

Runkels Altstadt, seine trutzige Brücke über die Lahn und Burg Runkel, die Kaiser Friedrich Barbarossa wohl um 1150 gründete.

4 Gießen Diese Universitätsstadt ist im Zweiten Weltkrieg leider stark zerstört worden, zu den verbliebenen Sehenswürdigkeiten gehört der Botanische Garten der Hochschule sowie das Neue Schloss und das Zeughaus, in denen Universitätsfakultäten untergebracht sind. In der nahen Umgebung laden bei Heuchelheim zahlreiche ehemalige Baggerseen zum Baden, Segeln, Surfen oder Angeln ein.

5 Wetzlar In der alten Domstadt, die im Rahmen einer Gebietsreform vorübergehend mit Gießen zu »Lahnstadt« politisch vereinigt worden war, beginnt für die meisten Wasserwanderer das Lahnerlebnis. Einzigartig ist der Blick von der Lahn über die alte Lahnbrücke zum weithin sichtbaren »Dom«, der evangelischen Stifts- und Pfarrkirche St. Maria. Die Altstadtgassen werden von schön verzierten Fachwerkhäusern gesäumt. In Wetzlar war der junge Goethe 1772 als Rechtspraktikant tätig, hier verarbeitete er seine Erfahrungen einer gescheiterten Liebe im 1774 erschienenen Roman *Die Leiden des jungen Werthers*, die im Lottehaus dokumentiert sind.

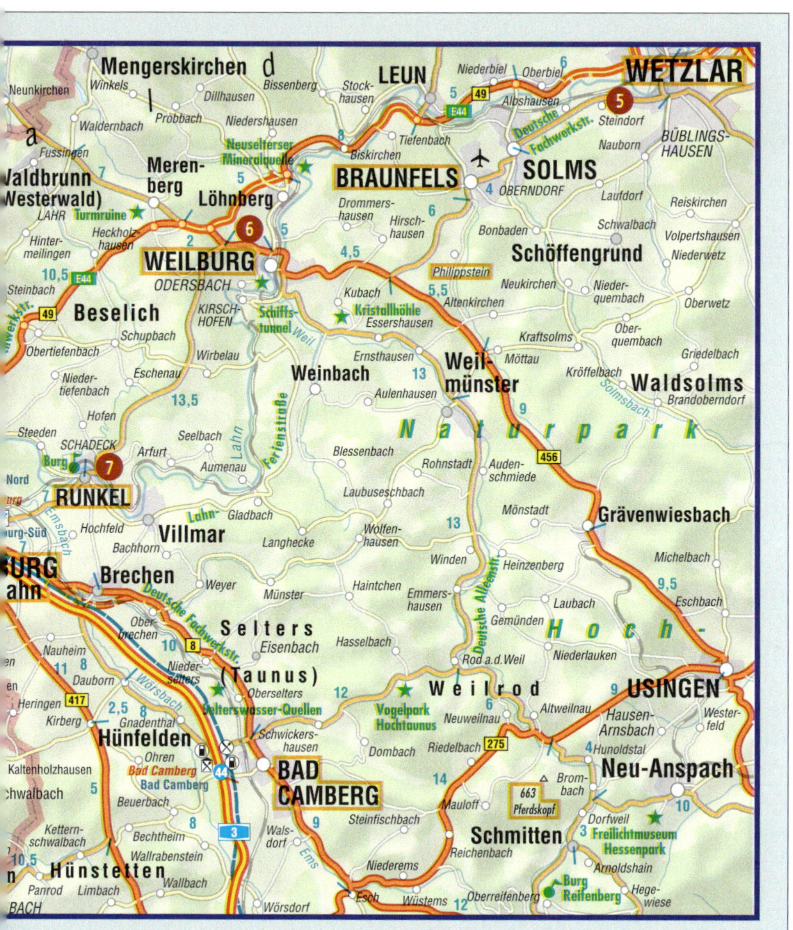

6 Weilburg Hoch über der Lahn auf einem Lahnfelsen thront das majestätische Schloss aus dem 16. Jh. Die barocke Altstadt hat einem quadratischen Marktplatz, der von schönen Bürgerhäusern aus dem beginnenden 18. Jh. gesäumt werden. Ein Kuriosum ist der 195 m lange Lahntunnel, der über eine Doppelkammerschleuse eine Höhendifferenz von 4,65 m überwindet. Der 1847 für den Verkehr freigegebene Tunnel verlor jedoch schon 1862 durch die Eisenbahn wieder seine wirtschaftliche Bedeutung.

7 Runkel Als Etappenziel bietet sich das liebliche Runkel mit seiner Burg (um 1150) und der gegenüberliegenden Trutzfeste Schadeck (1288) an, die nur von außen zu besichtigen ist.

8 Limburg In einer weiten Beckenlandschaft liegt das idyllische Limburg, das ehemals an einer Furt im Schnittpunkt zweier alter Handelsstraßen (Köln–Frankfurt und Koblenz–Wetzlar) gegründet wurde. Der weithin sichtbare siebentürmige romanische Dom, das Wahrzeichen der Stadt, und die romantische Altstadt mit ihren zahlreichen rot-weißen Fachwerkbauten sind einen ausgiebigen Besuch wert. Auf der Lahnbrücke, die einen schönen Ausblick bietet, wacht der Heilige Nepomuk.

9 Bad Ems Kuren im ursprünglichen Sinne oder auch Wellness nach Maß genießt der Besucher auch heute noch in Bad Ems, in dem sich einst auch gekrönte Häupter aus ganz Europa zur Kur einfanden. So sind die Bade- und Kurhäuser – vor allem die barocke Karlsburg (1669) neben den Kirchen (Kaiser-Wilhelm-Gedächtniskirche, romanische St.-Martin-Kirche, russisch-orthodoxe Kirche) die Attraktionen der Stadt. Von Bad Ems aus werden Dreiflüsse-Fahrten auf Lahn, Rhein und Mosel angeboten.

10 Lahnstein Über dem Ort an der Lahnmündung in den Rhein, der aus Nieder- und Oberlahnstein hervorgegangen ist, lohnt ein Besuch auf Burg Lahneck.

Restaurants in historischem Ambiente

Die Restaurants **Ars Vivendi** und **Rotisserie Jagdhofstuben** im Fachwerkensemble des Hotel **Jagdhof Glashütte** in Bad Laasphe (*Glashütter Str. 20, Tel. 02754/39 90, www.jagdhof-glashuette.de*) sind zum Insider-Tipp avanciert.

Im Restaurant des Marburger Hotels **Zur Sonne** (*Markt 14, Tel. 06412/17 19 40*), einem schönen Fachwerkhaus unmittelbar am malerischen Marktplatz, haben nicht nur die Brüder Grimm, sondern auch Studenten und Professoren aller Fakultäten manches Glas geleert. Nicht umsonst trägt das Gasthaus die Auszeichnung »gemütlichste Kneipe Deutschlands«.

In den wunderschönen Lahnauen, die zu Spaziergängen, Radtouren oder auch einer Tretbootfahrt (Ausgangspunkt ist der Bootsverleih unterhalb der Weidenhäuser Brücke) einladen, bietet das mit einem Stern ausgezeichnete Restaurant **Belle Etage** (*Rosenstr. 18–28, Tel. 06421/600 50; www.vilavitahotels.com*) eine ausgezeichnete Küche.

Im Hof von Schloss Weilburg

Nach einem Abstecher in die malerische Limburger Altstadt bietet der **Nassauer Hof** (*Brückengasse 1, 65; Tel. 06431/250 50*), unmittelbar an der alten Lahnbrücke gelegen, erlesene Speisen und Weine. In der so genannten Blücher-Stube geht es eher bürgerlich-rustikal zu.

In wahrhaft historischem Ambiente aus dem 16. Jh. ist das **Schlosshotel** in Weilburg (*Langgasse 25, Tel. 06471/390 96*) hoch über der Stadt gelegen. Das Restaurant Alte Reitschule bietet sowohl regionale als auch internationale Gerichte.

Mit einer eigenen Metzgerei bietet das Landhaus **Schaaf** in Runkel-Schadeck (*Oberstraße 15, Tel. 06482/29 80*) kulinarische Genüsse jedweder Art. Im Sommer lockt ein schattiger Biergarten.

Eine der ersten Adressen an der Lahn ist das Restaurant **Benedetti** in Häcker's Kurhotel in Bad Ems (*Römerstraße 1–3, Tel. 02603/79 90, www.haeckers-kurhotel.de*).

Die Mosel

Sonnige Weinhänge, bewaldete Höhen, malerische Winzerorte, herrliche Städte und kulturelle Sehenswürdigkeiten kennzeichnen eine der bedeutendsten mitteleuropäischen Flusslandschaften.

Sanft-liebliche Hänge und ein träge dahinfließender Fluss: an der Untermosel bei Löf

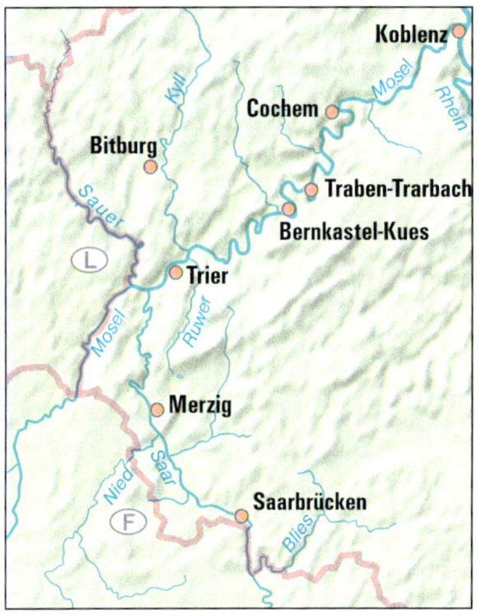

Die Mosel – französisch Moselle – ist der größte Nebenfluss des Rheins und nach diesem die zweitwichtigste Schifffahrtsstraße Deutschlands. 545 km Flusslauf mit vielen Schleifen, aber nur 278 km Luftlinie trennen die Quelle der Mosel am Col de Bussang in den südlichen französischen Vogesen von ihrer Mündung in den Rhein. Der Höhenunterschied zwischen Quelle und Mündung beträgt 1305 m, 14 Staustufen machen den Fluss ab Fronard für Güterschiffe befahrbar.

Die Mosel verbindet drei europäische Länder und fließt durch eine der abwechslungsreichsten Landschaften Europas. Schon in frühester Zeit war das Tal Durchgangsland für viele europäische Völker, die die alte Kulturlandschaft Mosel nachhaltig geprägt haben – die ältesten Siedlungsspuren reichen bis in die Steinzeit zurück. Nach den Kelten kamen die Römer, sie brachten den Wein an die Mosel und machten das Moseltal damit zur ältesten Weinregion Deutschlands.

Fachwerk im Moseltal: hier in Bernkastel-Kues

Wenn die Mosel bei Perl die deutsch-französische Grenze überquert, hat sie schon fast 300 km zurückgelegt, ist durch die Vogesen und das lothringische Stufenland geflossen und hat das Wasser einiger Nebenflüsse, darunter auch der Meurthe, aufgenommen. Zwischen der deutsch-luxemburgischen Grenze und der Einmündung von Sauer und Saar hat sie sich in die gewaltigen Keuper- und Muschelkalkschichten des Ostluxemburger Gutlandes ein breites Tal gegraben, das sich in den weichen Buntsandsteinschichten östlich von Igel zu der bis zu 2 km breiten Trierer Talweitung verbreitert. In diesem Flussabschnitt säumen immer wieder Klippen die romantische Auenlandschaft.

Während sich die Mosel von Perl bis Schweich in lang gezogenen Schleifen fortbewegt, windet sie sich nun zunächst stark mäandrierend durch ein enges, meist 200 bis 300 m tief eingeschnittenes Kastental zwischen Eifel und Hunsrück. Die wichtigsten Nebenflüsse aus den Höhenlagen des Hunsrücks sind die bei Trier einmündende Ruwer und die bei Neumagen-Dhron einmündende Dhron. Bedeutende Zuflüsse auf der Eifelseite sind bis Traben-Trarbach die Kyll, die Salm und die Lieser.

Traben-Trarbach liegt beiderseits der Mosel und wird von der Grevenburg überragt.

Im Weinort Zell an der Mosel soll es rund sechs Millionen Rebstöcke geben.

Nördlich von Traben-Trarbach wird das Tal schmaler und steiler, zwischen Cochem und Koblenz nimmt es einen fast canyonartigen Charakter an. Schöne Nebentäler bilden der Alfbach, die Endert und der Elzbach, die alle auf der linken Uferseite einmünden.
Die Mosel ist bekannt und berühmt für ihre großen Mäander mit steilen Prall- und sanften Gleithängen.
Den längsten Mäander, den so genannten Moselkrampen, hat sich der Fluss zwischen Bremm und Cochem geschaffen, der spektakulärste liegt gleich nebenan: Im Bremmer Calmont zwischen Bremm und Ediger-Eller liegt der steilste Weinberg der Welt.
Eifel und Hunsrück gehören zum Rheinischen Schiefergebirge. Nördlich der Mosel erstreckt sich die waldreiche und von Flusstälern durchzogene Mittelgebirgslandschaft der Eifel. Gebirgigen Charakter haben Hocheifel und Schneeeifel.
Markanteste Merkmale der Eifel sind die Lavakuppen längst erloschener Vulkane sowie die idyllischen Maare. Besonders stimmungsvoll sind die Dauner Maare und der Laacher See, an dem die Abteikirche Maria Laach liegt.
Der durchschnittlich 400 bis 500 m hohe Hunsrück ist der südlichste Teil des Rheinischen Schiefergebirges. In die nur leicht gewellte Hochfläche, auf der sich viele kleine Ortschaften verteilen, haben sich schluchtartige Täler eingegraben, den Höhenrücken bedeckt eines der größten Waldgebiete Deutschlands.

Großes Bild oben: Moselschleife unter dem Calmont bei Bremm

Das hübsche Fachwerkstädtchen Bernkastel-Kues liegt malerisch im Moseltal.

Die Obermosel Perl • Palzem • Tawern

Das inmitten von Weinbergen gelegene Schloss Berg bei Perl-Nennig beherbergt heute ein Gourmetrestaurant.

Weingüter & Restaurants

Ausgezeichneten Wein und hervorragendes Essen bietet das Restaurant **Palais Kesselstatt** in der Trierer Altstadt (*Liebfrauenstr. 10, Tel. 0651/4 02 04*). Der Barockpalast mit Weinkeller gehört zum Weingut Reichsgraf von Kesselstatt in Neumagen-Dhron.
Als eines der schönsten Weingüter der Obermosel gilt das romantische Weingut **Giwer & Greif** *(Wasserliesch, Neudorfstr. 24, Tel. 06501/13 15)*, das Zimmer, Weinprobe im historischen Weinkeller und eine Straußwirtschaft bietet.

An der Mosel werden vor allem Riesling-Weine angebaut, die zu den besten der Welt gehören.

Das Weingut **Hellershof-Zilliken** in Nittel *(Weinstr. 14/18, Tel. 06584/91 50-0)* serviert von Ostern bis Weihnachten in seiner urigen Weinstube regionale Speisen. Weinverkauf, Kunstausstellungen und Konzerte.
Französische Küche genießt man in schöner Lage im Gourmetrestaurant Hotel **Schloss Berg** *(Perl/Nennig, Tel. 06866/790)*.

Wenn die Mosel die deutsch-französische Grenze passiert, hat sie schon über die Hälfte ihres Weges hinter sich. Doch noch immer ist sie ein schmaler Fluss, der sich nun im deutsch-luxemburgischen Grenzgebiet durch relativ breite Tal- und Auenlandschaften schlängelt, begleitet von schroffen Felsen, weitläufigen Rebhängen, intensiv genutzten Ackerbauflächen und gemütlichen Winzerdörfern.

1 **Perl** Funde aus der Mittelsteinzeit, der Bronze- und der Eisenzeit belegen, dass die aus 14 idyllisch gelegenen Dörfern bestehende Weinbaugemeinde zu den ältesten Siedlungsgebieten des Saarlandes zählt, ihre Ortsnamen lassen auf eine frühe keltische Besiedlung schließen. Zu den großartigsten römischen Hinterlassenschaften zählen die Überreste der prunkvollen Villa Urbana (2. Jh.) in Nennig. Der farbenprächtige Mosaikfußboden gilt als der besterhaltene nördlich der Alpen. In Borg werden seit 1987 die Reste eines großen gallo-römischen Gutshofes freigelegt und teilweise rekonstruiert. Zur Römischen Villa Borg gehören Wohn- und Wirtschaftsgebäude, ein Badehaus, eine Taverne und wundervolle Gärten. Aus dem Mittelalter stammen sehenswerte Kirchen und Schlösser. Schloss Berg oberhalb von Nennig wurde 1580 aus zwei Wasserburgen erbaut, sehenswert ist der Renaissancegarten des Schlosses. Nur wenige Kilometer entfernt erhebt sich Schloss Bübingen (um 1340), dessen Neubau (18. Jh.) seit 1944 eine Ruine ist. Das herrliche Palais von Nell in Perl selbst wurde 1733 als Hofhaus des Trierer Domkapitels errichtet.

2 **Palzem** In der beschaulichen Winzergemeinde soll schon zu keltisch-römischer Zeit eine Brücke über die Mosel geführt haben. Das Ortsbild dominiert die Dorfkirche Helfanter Dom im Ortsteil Helfant und das auf einem Felsen thronende Schloss Thorn (13. Jh., 16./17. Jh.), das älteste Schloss-Weingut an der Mosel.

3 **Nittel** liegt an einer von Dolomitfelsen gerahmten Moselschleife. Es gilt als das Zentrum des Weinbaus an der Obermosel, auch hier zeugen Funde von römischer Besiedlung. Im Ort fällt der Blick auf schöne, alte Winzerhöfe und auf die im 11. Jh. erbaute Pfarrkirche. Oberhalb von Nittel lockt die St.-Rochus-Kapelle mit einer herrlichen Aussicht auf die Mosel und das Luxemburger Gutland.

4 **Tawern** Unbedingt empfehlenswert ist der Abstecher von Temmels nach Tawern. Zwischen 1986 und 1987 wurde auf dem Metzenberg eine gallo-römische Tempelanlage freigelegt und teilweise rekonstruiert. Im Mannebachtal unterhalb des Berges liegen die Überreste einer römischen Straßensiedlung an der historischen Straße zwischen Italien und Trier.

Nicht überall sind die Moselhänge steil und das Moseltal eng. Doch immer ist der Fluss stark gewunden, so auch hier bei Leiwen.

Drachenbootrennen in Neumagen-Dhron beim alljährlichen Weinblütenfest

5 Igel Der alte Weinort breitet sich zu Füßen steiler Felsen an der Öffnung des Obermoseltals zum Trierer Talbecken aus. Berühmt gemacht hat ihn die Igeler Säule (3. Jh.), die zum Weltkulturerbe zählt. Das größte erhaltene römische Pfeilergrabmal nördlich der Alpen (etwa 23 m hoch) gehörte einer kelto-romanischen Tuchhändlerfamilie. In den Weinbergen über Igel befindet sich mit dem Grutenhäuschen ein weiteres römisches Grabmal (3. Jh.).

6 Konz Auch an der Einmündung der Saar lebten schon in der Bronzezeit Menschen. Die Römer bauten eine sechsbogige Steinbrücke über die Saar, und im 4. Jh. diente Konz dem römischen Kaiser Valentinian I. als Sommerresidenz. Überreste der Kaiservilla sind bei der Pfarrkirche St. Nikolaus zu besichtigen. Im Stadtteil Karthaus lohnt der Besuch der Kartause (17. Jh.) mit der hohen Kirche und Resten des Kreuzgangs. Außerhalb der Stadt zeigt das Freilichtmuseum Roscheider Hof neben einer volkskundlichen Sammlung auch Vorführungen alter Arbeitstechniken in historischem Umfeld.

7 Trier Von der römischen Vergangenheit der Stadt zeugen Bauwerke wie Porta Nigra, Palastaula, Kaiserthermen und Amphitheater. Aus dem Mittelalter stammen Dom und Liebfrauenkirche.

8 Trier-Pfalzel Am nördlichen Stadtrand liegt Pfalzel, dessen Name sich von palatiolum herleitet. Im Mittelalter wurden Teile einer spätrömischen Palastruine als Wände für eine Klosterkirche, Scheunen und Häuser genutzt. Pfalzel mit seiner Stadtmauer (16. Jh.) ist mit dem Schiff in 30 min. vom Zentrum aus zu erreichen.

9 Neumagen-Dhron Der älteste Weinort Deutschlands liegt bereits an der Mittelmosel. Ein archäologischer Rundweg führt zu den Resten des römischen Kastells Kaiser Konstantins sowie zu Nachbildungen römischer Kunstdenkmäler wie dem berühmten Neumagener Weinschiff.

Freizeit & Sport

Moselschifffahrt Auf der Obermosel verkehrt im Sommer das Passagierschiff »Marie Astrid«, das fahrplanmäßig in Trier und auf luxemburgischer Seite anlegt. Auskunft: Tourist-Information Trier *(An der Porta Nigra, Telefon 0651/9 78 08 17)*.

Wasserwandern Viele Orte haben Bootsanlegestellen. Bootsverleih in Konz beim Wassersportzentrum Saar-Mosel GmbH *(Tel. 06501/602193)*.

Segeln und Surfen Auskünfte erhält man beim Saar-Mosel-Windsurfing-Club in Konz *(Tel. 0651/3 67 64)*.

Drachenbootrennen In Neumagen-Dhron findet jeden Juni das große Weinblütenfest mit exotischem Drachenbootrennen statt. Auskünfte erteilt: Touristen-Information Neumagen-Dhron *(Tel. 06507/6 55)*.

Moselhöhenweg Er ist der bekannteste Wanderweg, doch schöne Wandermöglichkeiten versprechen auch die themati-

Rasante Wasserskifahrt auf der Mosel bei Schleich nordwestlich von Trier

schen Lehrpfade. Informationen über Mosellandtouristik *(Bernkastel-Kues, Tel. 06531/2091, www.mosellandtouristik.de)*.

Saar und Ruwer Saarbrücken • Mettlach • Saarburg

Vom Aussichtspunkt Cloef hat man einen grandiosen Blick auf die große Saarschleife bei Mettlach. Der ganze Bereich ist heute Natur- bzw. Landschaftsschutzgebiet.

Weingüter & Restaurants

Das romantische Weingut **Edmund Reverchon** in Konz-Filzen *(Saartalstr. 3, Tel. 06501/92 35 00)*, ein denkmalgeschütztes Herrenhaus von 1627 mit Gewölbekeller und Park, öffnet Ende März seine Straußwirtschaft.

Das Weinhaus **Ayler Kupp** in Ayl *(Trierer Str. 49, Tel. 06581/30 31)* bietet herzhafte bis sehr feine Speisen, dazu Terrasse, Garten und Zimmer.

In der Gutsschänke **Mabilon** in Saarburg *(Im Staden 53, Tel. 06581/99 53 49)* kann man hervorragend essen.

Die **Eitelsbacher Weinstube** in Eitelsbach *(Eitelsbacher Str. 29, Tel. 0651/52 53)* ist ein alteingesessener Familienbetrieb mit regionalen Spezialitäten.

Eine ausgezeichnete Küche und hervorragende Weine genießt der Gast im **Hotel-Weinhaus Weis** in Mertesdorf *(Eitelsbacherstr. 4, Tel. 0651/51 34)*.

Nicht nur gutes Bier, sondern auch köstliche saarländische Gerichte bietet die Erlebnisbrauerei **Mettlacher Abtei-Bräu** am Ortsrand von Mettlach (Bahnhofstraße 32, Tel. 06864/9 32 32). Wie das unfiltrierte und naturbelassene Märzenbier produziert wird, erfährt man bei einem Brauereirundgang. Das ganze Jahr über gibt es auch Sonderveranstaltungen.

Eine Auenlandschaft mit Weinhängen und Winzerorten begleitet die gewundene Saar, deren schönster Teil mit der Saarschleife bei Mettlach beginnt. Die Ruwer durchfließt abwechslungsreiche Landschaften, die zunächst von ausgedehnten Wäldern und später von den steilen Weinbergen und Weindörfern des Ruwertals gekennzeichnet sind. Dabei überwindet der Fluss von der Quelle bis zur Mündung 500 Höhenmeter.

Das Saartal

10 **Saarbrücken** Die Saar teilt die Stadt an der französischen Grenze in zwei Teile. Durch die Bombenangriffe des Zweiten Weltkriegs hat die saarländische Hauptstadt nur noch wenig alte Bausubstanz aufzuweisen. Auf den Nassauischen Fürsten Friedrich Wilhelm geht der Bau des Schlosses und der Ludwigskirche zurück. Wenige Kilometer flussabwärts befindet sich die 1873 gegründete Völklinger Hütte, die als Industriedenkmal zum UNESCO-Weltkulturerbe zählt. Im 19. Jh. war sie eine der modernsten Industrieanlagen Europas.

11 **Merzig** Die in grüne Hügel eingebettete Stadt, eine römische Gründung, gilt als das Tor zum romantischen Saartal. Bauwerke aus acht Jahrhunderten prägen das Stadtbild, darunter die reich ausgestattete Pfarrkirche St. Peter (13. Jh.), die einzige erhaltene romanische Kirche des Saarlands. Den Mittelpunkt des Stadtzentrums bildet das prächtige Stadthaus (historisches Rathaus), das im 17. Jh. als kurfürstliches Schloss errichtet wurde.

12 **Mettlach** Seit 1809 befindet sich hier der Firmensitz der Keramikfirma Villeroy & Boch, die ihren Betrieb in einer ehemaligen Benediktinerabtei begann. Die schlossähnliche, mehr als 250 Jahre alte Abtei, in der ein Keramikmuseum untergebracht ist, gilt als eines der schönsten Fabrikgebäude Deutschlands. Im Abteipark stehen der Alte Turm, eine kleine Marienkirche (Ende des 10. Jh.) und ein restaurierter Schinkelbrunnen (1838). Die 1905 geweihte Lutwinuskirche beeindruckt vor allem durch ihre schönen Mosaiken und ein berühmtes Kreuzreliquiar (1230).

13 **Kasteller Klause** Über Taben-Rodt erreicht man die Klause in spektakulärer Lage auf einem steilen Felsen über dem Saartal. Der preußische Kronprinz Friedrich Wilhelm ließ die zweistöckige Grabkapelle um 1835 nach Entwürfen von Schinkel auf den Resten einer Kapelle aus dem 16. Jh. erbauen. In keltischer Zeit befand sich auf der Felsnase eine Kultstätte.

14 **Serrig** Der Weinort liegt reizvoll inmitten sonnenbeschienener Weinberge und gegenüber den bizarren Buntsandsteinfelsen des anderen Saarufers. Mit Schloss Saarfels, das 1912 im Stil einer mittelalterlichen Burg errichtet wurde, und dem zauberhaften Weingut Schloss Saarstein besitzt die Gemeinde gleich zwei prächtige Schlösser. Zu den Zeugnissen aus römischer Zeit zählt u. a. das Widdertshäuschen, ein römisches Grabmal.

15 **Saarburg** Im Jahr 964 ließen die Grafen von Luxemburg auf einem Inselberg über der Saarschleife die eindrucksvolle Festung Saarburg errichten, die heute als romantische Ruine das Tal überblickt. Alljährlich besuchen unzählige Gäste den malerischen Altstadtkern mit den verwinkelten, oftmals steil ansteigenden Gassen und den verschachtelten Häusern, ihre reizende Unterstadt mit den hübschen, bunten Fischer- und Schifferhäuschen, ihr bezau-

Das denkmalgeschützte Saarburg wirkt wie ein großes Freilichtmuseum und ist der wichtigste Handelsort

Auf einem Felsvorsprung liegt die »Klause« von Kastel-Staadt, die Einsiedelei eines Franziskanerpaters.

Sehenswert ist die Altstadt von Saarburg, in deren Mitte der Leukbach in die Saar einmündet.

berndes »Klein-Venedig« am Leukbach und vor allem den Wasserfall des Leukbaches, der mitten in der Stadt 20 m in die Tiefe stürzt und die Wasserräder der Mühlen antreibt. Einen Besuch lohnt auch die Saarburger Glockengießerei Mabilon.

16 **Ayl** Eine 1971er Trockenbeerenauslese seiner Weinlage »Kupp« hat den alten Winzerort und seinen Hausberg, die Ayler Kupp, weltweit bekannt gemacht. Dem Wein verdankt der Ort auch seine Hauptsehenswürdigkeit, einen barocken Weinhof, den die Trierer Erzbischöfe hier bauten. Reste aus römischer Zeit deuten auf eine frühe Besiedlung hin.

17 **Ockfen** Der berühmte Weinort erstreckt sich in einem alten Umlauftal gegenüber von Saarburg. Funde belegen, dass hier schon vor 2000 Jahren Wein angebaut wurde. Das idyllische Ortsbild wird durch barocke Weinhöfe und die neugotische Dorfkirche St. Valentin geprägt.

18 **Wawern** Im kleinen, ebenfalls im Talgrund einer alten Saarschleife gelegenen Winzerdorf kann der Besucher im Rahmen eines Lehrpfads durch das Dorf und die nähere Umgebung die Historie des Orts kennen lernen. Besonders sehenswert sind der alte Dorfplatz mit der renovierten Synagoge (1820) und der Weinhof zu Wawern (1722).

19 **Kanzem** Der Abkürzungskanal der Saarschifffahrtsstraße hat eine Art Insel geschaffen. Auf ihr liegt im flachen Uferbereich des Saaraltarms der Weinort Kanzem mit seinen reizvollen alten Häusern. Eine Brücke verbindet ihn mit seinen Weinlagen am anderen Flussufer.

Das Ruwertal

20 **Ruwerquelle** Die Ruwer entspringt in mehreren Quellen unterhalb des 708 m hohen Rösterkopfes im Hunsrück auf ungefähr 660 Metern. Erster größerer Ort auf dem Weg zur Mosel ist der Luftkurort Kell am See, der im Ruwertal zwischen Osburger Hochwald im Norden und Schwarzwälder Hochwald im Süden liegt.

21 **Zerf** Ein jüdischer Friedhof mit neun Grabstätten, die aus der Zeit zwischen 1910 und 1920 stammen, erinnert an eine kleine jüdische Gemeinde, die es in der Ruwerortschaft gab.

22 **Waldrach** Zu den Sehenswürdigkeiten der wohlhabenden und größten Weinbaugemeinde im Ruwertal zählt die beeindruckende, neogotische Pfarrkirche und Reste der römischen Wasserleitung.

23 **Kasel** Als bekanntesten Winzerort an der Ruwer kann Kasel bezeichnet werden, der Name geht auf das spätrömische *casale* (»Gehöft«) zurück. Hier gibt es gleich zwei alte Weinhöfe, die zur Abtei St. Maria bzw. dem Stift St. Paulin gehören.

24 **Mertesdorf** Die in einem kleinen Nebental der Ruwer gelegene Ortschaft gilt als der älteste Weinort im Ruwertal. Hier sollen schon die Römer Wein angebaut haben. Das Dorf gehörte von 893 bis zur Französischen Revolution der Abtei Maximin auf der anderen Flussseite. Das im 19. Jh. erweiterte Maximiner Hofhaus (1638) heißt heute Schloss Grünhaus.

25 Der kleine, aber bedeutende Weinort **Eitelsbach** gehört zu Trier. Sehenswert ist die Kirche St. Clemens, eine gewölbte Säulenbasilika (19. Jh.). Bekannt gemacht hat den Ort der Eitelsbacher Kartäuserhof, der Anfang des 14. Jh. dem Trierer Kartäuserkloster geschenkt wurde und erst seit Anfang des 19. Jh. ein Weingut ist.

26 **Ruwer** Im Trierer Stadtteil liegt der romantische, einstmals kurfürstliche Hof Duisberg. Um seinen Innenhof gruppieren sich ein Treppenturm von 1588, ein Wohnturm aus dem 14. Jh. und ein zweigeschossiges Wohnhaus mit Treppenturm und Verteidigungsturm.

für den Saarwein.

Freizeit & Sport

Einen guten Überblick über die vielfältigen **Freizeitmöglichkeiten** entlang der Saar bietet *www.vg-saarburg.de*.

Unterwegs mit dem Boot: Segel- und Motorbootvermietung über Wassersportzentrum Saar-Mosel im Konzer Sporthafen *(Tel. 06501/60 21 93)*. Verleih von Kanus, Motorbooten und Schlauchbooten (mit und ohne Motor) sowie des Piratenclubschiffs *Hope* über Freizeittreff »Funbeach« am Saarufer in Schoden *(Tel. 00352/74 85 65)*. Dieser organisiert einen Bring- oder Abholservice. Sportboothäfen befinden sich in Konz, Saarburg und Schoden.

Personenschifffahrt: Schiffsanlegestellen an der Saar gibt es u. a. in Konz, Mettlach, Ockfen, Saarburg und Serrig. Schiffsrundfahrten und Tagesfahrten auf Saar und Mosel bieten u. a. Saar-Personen-Schiffahrt (*Laurentiusberg 5, Saarburg, Tel. 06581/9 91 88*) und Personen-Schifffahrt Gebr. Kolb in Briedern (*Tel. 02673/15 15*) an.

Angeln: Angelscheine für die Saar sind bei der Verbandsgemeindeverwaltung Saarburg im Bürgerbüro (*Schlossberg 6, Tel. 06581/8 13 00*) erhältlich.

Unter Wölfen Der Wolfsforscher Werner Freund lebt im einzigartigen Wolfspark im Kammerforst bei Merzig seit drei Jahrzehnten für seine Forschungen als »Wolf unter Wölfen«. Informationen über das Verkehrsamt Merzig (*Tel. 06861/7 38 74*).

Passagierschiff an der Anlegestelle in Mettlach

Trier

Kein Geringerer als Kaiser Augustus legte um 13 v. Chr. den Grundstein für das römische Augusta Treverorum. Als Wahrzeichen Triers gilt die Porta Nigra, ein mächtiges Stadttor aus dem 2. Jh. Trier war bis 395 Sitz der Reichsverwaltung des weströmischen Reiches und erlebte als Residenz mehrerer römischer Kaiser eine Blütezeit. Um 470 fiel die Stadt an Franken. Seit dem 3. Jh. war Trier Bistum, um 800 erhob es Karl der Große zum Erzbistum, 925 kam es endgültig an das Ostfränkische Reich. Zu den Sehenswürdigkeiten zählen neben dem kostbar ausgestatteten Dom und der frühgotischen Liebfrauenkirche vor allem die imposanten römischen Baudenkmäler, darunter die Reste des Amphitheaters, der Kaiser- und Barbarathermen (Letztere war die drittgrößte Badeanlage im römischen Reich) und die um 310 unter Kaiser Konstantin erbaute Palastaula.

Auf dem Hauptmarkt von Trier, der ältesten Stadt Deutschlands, herrscht rund um das Marktkreuz aus dem Jahr 958 reges Marktleben, links der Turm der gotischen Kirche St. Gandolf, rechts die Steipe, das Stadthaus aus dem 15. Jh.

Porta Nigra von Süden: Den schwarzen Sandsteinquadern (nigra = schwarz) verdankt das römische Stadttor seinen Namen.

Der Vorgängerbau des Trierer Doms entstand im 4. Jh. Der heutige romanische Bau wurde im 11./12. Jh. errichtet.

Mittel- und Untermosel Bernkastel-Kues • Zell • Cochem

Auch bei Bremm an der wohl schönsten Moselschleife steigen die Weinberge steil die Hänge hinauf.

Hinter Trier beginnt der schönste Teil der Mosel. In weit geschwungenen Schleifen windet sie sich nun durch ein tief eingeschnittenes Kastental mit hohen Rebhängen und Bergwäldern. Ab Cochem wird der Flusslauf gerader, die steilen Felshänge mit den üppigen Weinterrassen lassen das Tal teilweise einem Canyon ähneln, und an fast keinem anderen Ort Deutschlands gibt es mehr prächtige Burgen als hier.

1 Bernkastel-Kues Das Stadtbild wird von bestens erhaltenen historischen Bauwerken wie etwa dem Renaissance-Rathaus (1608) am bezaubernden Marktplatz in Bernkastel oder dem St.-Nikolaus-Hospital in Kues geprägt. Am Marktplatz steht auch der schönste der herrlichen Fachwerkbauten, das Spitzhäuschen aus dem 15.Jh., sowie die Pfarrkirche St. Michael (14.Jh.), die in ihrem Inneren kostbare Kunstwerke birgt. Ihr Glockenturm wurde einst als Wehrturm der Stadtmauer erbaut. Oberhalb von Bernkastel lockt die Burg Landshut mit einem traumhaften Ausblick.

2 Traben-Trarbach Die reizvolle Winzerstadt war seit Mitte des 18. Jh. gut 200 Jahre der reichste Ort an der Mosel, was sich noch heute an ihren prachtvollen Bauwerken ablesen lässt. Beeindruckend ist das luxuriös ausgestattete Böckinghaus (1760), das heute das Mittelmoselmuseum beherbergt, erlesen sind Jugendstilbauten wie die Huesgen-Villa. Ein interessantes Bauensemble der Gründerzeit sind das Lorettahaus und das Kaiserliche Postamt. Von der Burgruine Grevenburg eröffnet sich eine prachtvolle Aussicht. An der nächsten, besonders schönen Moselschleife liegt der alte Weinbauernort Bremm.

3 Zell Zu den Sehenswürdigkeiten der kleinen Stadt zählen ritterliche Landsitze, das Kurfürstliche Schloss, der Runde Turm als Rest der alten Stadtbefestigung und die Pfarrkirche (18. Jh.). Der Katzbrunnen vor dem historischen Rathaus (Heimatmuseum) trägt das Wappentier der Stadt.

4 Beilstein Am Fuße der Burgruine Metternich liegt Beilstein, dessen kleiner Marktplatz im historischen Ortskern am Abend besonders romantisch wirkt. Auf dem Klosterberg erhebt sich die Klosterkirche der Karmeliter (17./18. Jh.) mit barocker Originalausstattung.

5 Cochem Die erstmals 886 urkundlich erwähnte Stadt zählt zu den meistbesuchten Orten des Moseltals. Bestechend ist ihre Lage zwischen der Reichsburg, der Ruine Winneburg im Enderttal und dem Aussichtspunkt Pinnerberg. Ihr malerischer Altstadtkern mit den engen Gassen und den verwinkelten Fachwerkhäusern, dem Marktplatz mit dem barocken Rathaus sowie den mittelalterlichen Stadttoren Martinstor, Balduinstor und Endertor wird von der Pfarrkirche St. Martin überragt, einer fränkischen Gründung. Das Wahrzeichen des schönen Ortes ist die im 19. Jh. wieder errichtete Reichsburg mit dem Hexenturm aus dem 11. Jh.

Die pittoreske Burgruine Grevenburg, hoch über dem Moselstädtchen Traben-Trarbach gelegen

Weingüter & Restaurants

Regionale Spezialitäten und Zimmer bekommt man im gemütlichen Gasthaus **Zur Goldenen Traube** in Trarbach (*Am Markt 8, Tel. 06541/60 11*).
In der Cochemer Altstadt ist das Restaurant **L'Auberge du Vin** im Hotel Lohspeicher ein Treffpunkt für Gourmets (*Obergasse 1, Tel. 02671/39 76*).

Das »Alte Zollhaus« von 1634 in Beilstein

Das mittelalterliche Turmgasthaus **Burg Thurant** in Alken (*Moselstr. 15, Tel. 02605/35 81*) ist bekannt für seine feine Küche und die vorzüglichen Weine.
Das Restaurant **Alte Mühle Höreth** des Weinguts Thomas Höreth in Kobern-Gondorf (*Mühlental 17, Tel. 02607/64 74*) bietet herzhafte wie feine Gerichte.
Leckere Gerichte aus der Region serviert das Restaurant im Hotel **Altes Zollhaus** in Beilstein (Auf dem Teich 8, Tel. 02673/18 50)

6 Moselkern Ein romantischer Spazierweg führt vom reizvollen Weinort Moselkern durch das Elzbachtal zu der auf einem steilen Felsen thronenden Burg Eltz, einer Bilderbuchburg mit Giebeln, Erkern und acht Wohntürmen.

7 Alken Alte Fachwerkhäuser und Weingüter, Teile der mittelalterlichen Stadtmauer, ein mächtiges Burghaus sowie die im Kern romanische Micheliskapelle bestimmen das idyllische Ortsbild. Über dem Ort erhebt sich die sehenswerte Burg Thurant.

8 Kobern-Gondorf Sanft geschwungene Hänge umgeben den gemütlichen Winzerort. Am Marktplatz mit dem Tatzelwurmbrunnen, der symbolisch für die Mosel und ihre zahlreichen Schleifen steht, steht das älteste Fachwerkhaus Deutschlands, der Abteihof St. Marien, und nicht weit davon entfernt beeindruckt die Kirche St. Lubentius (1826) mit ihrer wertvollen Ausstattung.

Am Beginn des Mühltals geht es hinauf zu den Resten der Niederburg (12. Jh.) und der Oberburg mit dem gut erhaltenen Bergfried (12. Jh.). Als Meisterwerk der rheinischen Spätromanik gilt der Sechseckbau der Matthiaskapelle (um 1225) neben dem Bergfried, die bis zur Mitte des 14. Jh. das Haupt des Apostels Matthias barg.

Den Ortsteil Gondorf dominieren das Schloss Liebig (19. Jh.) und das Schloss von der Leyen, eine der wenigen Wasserburgen im Moseltal.

Burg Thurant wurde auf römischen Grundmauern errichtet und ist das Wahrzeichen von Alken.

Freizeit & Sport

Moselhöhenweg In Koblenz beginnt der Fernwanderweg, der im Hunsrück bis nach Palzem und auf der Eifelseite bis nach Wasserbillig führt. Ein wunderschöner Wanderweg durchzieht das zum Teil liebliche, zum Teil wild-romantische Enderttal mit seinen acht erhaltenen Mühlen, von denen drei bewirtschaftet werden. Infos und Karten zu den thematischen Lehrpfaden über Mosellandtouristik (*Tel. 06531/20 91, www.mosellandtouristik.de*).

Kanufahrt auf der Mosel Kanuverleihstationen entlang der unteren und der mittleren Mosel befinden sich in Piesport (*Tel.*

Gemächliches Paddeln auf der Mosel nahe dem Weinort Neumagen-Dhron

06507/55 58), Traben-Trarbach (*Hotel Bellevue, Tel. 06541/70 30*), Zell (*Café im Hamm, Tel. 06542/45 66*) und Winningen (*Marina Winningen Yachthafen, Tel. 02606/22 96*).

Personenschifffahrt Schiffsfahrten auf der Mosel bietet die Mosel-Personenschifffahrt und Mosel-Schiffstouristik im Winzerstädtchen Bernkastel-Kues an (*Goldbachstr. 52, Tel. 06531/68 97*), Informationen unter *www.mosel-personenschifffahrt.de*. Das Zeller Land erschließt die Personenschifffahrt Zeller Alf (*Kirchstraße 25, 56862 Pünderich, Tel. 06542/2 17 57*)

Kletterfelsen Kletterer können am Bremmer Calmont zwischen Ediger-Eller und Bremm über einen Klettersteig auf den steilsten Weinberg Europas (378 m) klettern.

Reichsburg Cochem

Auf einem weithin sichtbaren Kegel erhebt sich 100 m über der Mosel eine mächtige Burg mit markanter Silhouette – das Symbol deutscher Burgenromantik schlechthin. Die vieltürmige Burg mit einem mächtigen Bergfried beherrscht den Weinort Cochem und das Moseltal. Kurfürst Balduin ließ im 14. Jh. die Burg zu einer starken Festung ausbauen, eine in der Burg verankerte starke Kette ermöglichte die Sperrung der Mosel, auf der man Zoll erhob. Die um 1000 von Pfalzgraf Ezzo erbaute Burg wurde unter den Staufern eine Reichsburg mit Reichsgrafen als Verwalter. 1689 wurde die Burg von französischen Truppen zerstört. Ihre heutige Gestalt erhielt sie im 19. Jh. durch den Kaufmann Louis Ravené, der – belacht von den heimischen Winzern – die Ruinen 1868 für 300 Goldmark erworben hatte und diese zu seinem Sommersitz wiederaufbauen ließ.

Cochem ist zweifelsohne einer der schönsten Orte im Moseltal – hier ein Blick über die hoch gelegene, gleichnamige Reichsburg, das Städtchen und den Fluss.

Einst von den Staufern zur Reichsburg erhoben, diente die malerisch gelegene Burg nach dem Wiederaufbau im 19. Jh. als Sommersitz eines Kaufmanns.

Im 19. Jh. im neugotischen Stil verziert und mit barocken Gemälden ausstaffiert: der prachtvolle Rittersaal der Reichsburg

Schön gelegen: das Dorf Netphen-Irmgarteichen am Südhang des Rothaargebirges

Die Sieg

Bewaldete Höhenzüge und Täler prägen den Flusslauf der 130 km langen Sieg. Ihre Quelle liegt im Rothaargebirge im östlichen Sauerland; von dort bahnt sie sich ihren Weg zum Rhein, den sie nahe bei Bonn erreicht.

Das Rothaargebirge – der Name bedeutet »raue Höhe« – gehört zum Hochsauerland und ist damit Teil des Rheinischen Schiefergebirges.

Das Klima in dieser Region, deren Berge Höhen von über 800 m erreichen, war schon immer ungünstig für die Landwirtschaft: Die Winter sind lang und es fällt reichlich Niederschlag. Deshalb dominieren große Wälder mit Fichten- und Buchenbestand. Kein Wunder, dass sich in dieser feuchten Mittelgebirgslandschaft das Quellgebiet mehrerer Flüsse befindet: Eder und Lahn entspringen hier, Ruhr, Lenne und Dill und – in einem Waldgebiet bei Bad Laasphe-Großenbach – auch die Sieg. Bald tritt die Sieg in ihrem Oberlauf in ein bewaldetes Bergland ein, das ihren Namen trägt – das zwischen Rothaargebirge und Westerwald gelegene Siegerland. Vorkommen an Spateisenstein, aber auch Blei- und Kupfererzen führten dazu, dass das heutige Siegerland schon früh vom Bergbau entdeckt wurde. Die Tradition des Hüttenwesens reicht hier schon bis in vorrömische Zeit zurück; lange wurde das Erz im Tagebau abgebaut, später wurden immer tiefere Stollen gegraben. Mittlerweile gehört der Bergbau im Siegerland allerdings der Geschichte an.

Siegen: Nikolaikirche mit dem Krönchen

Netphen im Altkreis Siegen säumt als eine der ersten größeren Städte den Lauf des Flusses. Die noch recht junge Stadt an der Sieg ging aus der Zusammenführung von nicht weniger als 21 Gemeinden hervor. Der Ortsteil Brauersdorf grenzt übrigens an ein weiteres Gewässer, den Obernau-Stausee.

Bald erreicht der Fluss Siegen, das wirtschaftliche und kulturelle Zentrum des Siegerlandes. Hier wurde Peter Paul Rubens 1577 als Sohn niederländischer Kalvinisten geboren. Vor langer Zeit war die Sieg sogar ein echter Grenzfluss, der die Stadt in zwei Hälften teilte: Im 13. Jh. wurde der Stadtteil links der Sieg dem Erzbistum Köln zugeschlagen, während der rechte Teil im Besitz der Nassauer Grafen blieb.

Die Sieg schlängelt sich weiter in Richtung Südwesten, eingefasst von einer charakteristischen Mittelgebirgslandschaft. Bei Kirchen-Freusburg wird der Blick frei auf die mittelalterliche Burg Freusburg; sie zählt heute zu den beliebtesten deutschen Jugendherbergen. Links der Sieg erreicht der Windhahn eine Höhe von über 500 m. Bei Kirchen-Herkersdorf ragt der Druidenstein steil empor – eine Basaltpyramide, die an längst verschwundene Vulkane aus der Zeit des Tertiär erinnert.

Einsamer wird die Landschaft nun; in zahllosen Schleifen windet sich die Sieg weiter auf den Rhein zu und erreicht im Windecker Ländchen den Naturpark Bergisches Land. Dichte Wälder säumen hier

Beliebtes Wanderrevier im Siegerland: der Obernau-Stausee bei Netphen

An den Ausläufern des Bergischen Landes kontrollierte Burg Blankenberg den Zugang zum Siegtal.

den Flusslauf mit seinen natürlichen Auen; die Menschen leben nicht in großen Städten, sondern in Dörfern, kleinen Siedlungen oder Einzelgehöften.

Wahrzeichen des Ländchens ist die imposante Burgruine Windeck, im Mittelalter eine Grenzfeste der Grafen von Berg; sie bietet einen schönen Blick über das mittlere Siegtal.

Die einst etwas abgeschiedene Landschaft ist heute gerade wegen ihrer Stadtferne und Naturbelassenheit zu einer Urlaubs- und Erholungsregion geworden.

Bei Schladern wurde Mitte des 19. Jh. in den Lauf der Sieg eingegriffen. Um beim Eisenbahnbau Brücken zu sparen, wurde das Flussbett verlegt, und es entstand ein 84 m breiter und 4 m tiefer Wasserfall.

Eitorf am Südrand des Bergischen Landes ist die nächste größere Stadt am Flusslauf der Sieg, deren Tal sich hier weiter öffnet.

An den einstigen Vulkanismus erinnert noch ein stillgelegter Basaltsteinbruch mit einigen senkrechten Basaltsäulen. Am hohen Schaden (388 m) vorbei strömt die Sieg nun nach Westen, auf Hennef zu.

Auf einem Felsen hoch über der Sieg thront dort die alte Stadt Blankenberg mit ihrer imposanten Burganlage, die dank ihrer Lage im Mittelalter den Zugang zum Siegtal kontrollierte.

Von Hennef an den Ausläufern des Siebengebirges geht es noch einmal nach Nordwesten bis Siegburg und von dort direkt auf den Rhein zu.

Das Mündungsgebiet in den Rhein nördlich von Bonn wurde als halbwegs naturbelassene Auenlandschaft unter Naturschutz gestellt gestellt.

Großes Bild oben: Schmucke Fachwerkhäuser in Windeck-Dattenfeld am Ufer der Sieg

Auch als »Siegdom« bekannt: Windeck-Dattenfelds weithin sichtbare Kirche

Das Siegtal Netphen • Siegen • Blankenberg

Siegens Oberes Schloss aus dem 13. Jh. beherbergt das Siegerland-Museum.

Die evangelische Martinskirche aus dem 13. Jh. und die neugotische katholische Pfarrkirche in Netphen

Die Sieg ist vielleicht kein imposanter Fluss, der den Charakter einer großen Region prägt. Dennoch hat sie ihren ganz eigenen Charme als Mittelgebirgsfluss: Von ihrer kristallklaren Quelle im Rothaargebirge bis zu den Ausläufern des Bergischen Landes windet sich ihr Tal durch eine waldreiche Naturlandschaft, bevor sie in einer weitgehend intakten Mündungsaue mit dem Rhein verschmilzt.

1 Netphen Zu den bedeutendsten romanischen Bauwerken des Siegerlandes zählt die evangelische Pfarrkirche St. Martin aus dem 13. Jh., die von einem alten Friedhof eingefasst wird.

2 Siegen Das Zentrum des Siegerlandes, das im 11. Jh. erstmals erwähnt wurde, gehörte lange Zeit den Nassauer Grafen. Das Obere Schloss war im Mittelalter ihre Stammburg und ist trotz mancher Umbauten im Laufe der Jahrhunderte bis heute eine befestigte Höhenburg geblieben. Das Untere Schloss hingegen stammt erst aus dem 17. Jh. Im Oberen Schloss befindet sich schon seit 1905 das Siegerlandmuseum, dass neben Porträts der Nassauer und Oranier auch Gemälde und Grafiken des in Siegen geborenen niederländischen Malers Peter Paul Rubens (1577–1640) ausstellt. Im Dachgeschoss befinden sich sehr interessante Exponate zur Wohnkultur im 19. Jh. An die Tradition des Erzbergbaus in der Region erinnert heute ein Schaubergwerk unter dem Schlosshof.

3 Freusburg Die Stadt gehört heute zur Gemeinde Kirchen und ist überregional bekannt für die um 1100 errichtete Freusburg; die nach sehr unterschiedlichen Nutzungen im Laufe der Jahrhunderte heute eine beliebte Jugendherberge beherbergt.

4 Burgruine Windeck Die einst mächtige Burganlage wurde 1174 erstmals erwähnt; sie diente damals den Grafen von Berg als Grenzfeste. Schwer beschädigt und schließlich weitgehend zerstörte wurde die Anlage im Dreißigjährigen Krieg sowie im 19. Jh. durch die Franzosen; für einen Wiederaufbau bestand dann keine Notwendigkeit mehr. Erst 1960 begann man mit der Restaurierung der Ruine.

5 Eitorf Schloss Merten in Eitorf geht auf ein ehemaliges Kloster der Augustinerinnen zurück. Von der Anlage erhalten sind heute Herrenhaus und Orangerie und die ehemalige Klosterkirche St. Agnes, eine romanische Basilika aus dem 12. Jh. Das Schlossgelände beherbergt heute ein Seniorenheim. Kulturelle Zentren im Ort sind das Skulpturental mit Werken von Giovanni Vetere sowie die Alte Zigarrenfabrik, in der ein Atelier und eine Galerie untergebracht sind.

6 Ruine Blankenberg Ein hervorragendes Beispiel für eine mittelalterliche Großburganlage ist Blankenberg. Zu erkennen ist heute noch die Einteilung in Burg, Vorburg,

Freizeit & Sport

Freizeitvergnügen an der Sieg

Wasserwandern Kanufahrten auf der Sieg sind beliebt, allerdings wird es im Interesse der Natur dafür in Zukunft wohl strengere Regeln geben; diskutiert wird sogar auf längere Sicht eine Beschränkung der Kanus pro Tag. Info: Kanu-Verband Nordrhein-Westfalen e.V. in Duisburg (*Friedrich-Ebert-Straße 25, Tel. 0203/7 38 16 53*).

Siegfähre Ein Freizeitvergnügen der besonders originellen Art: Bei Troisdorf-Bergheim können Radfahrer und Fußgänger mit der letzten noch verbliebenen Siegfähre über den Fluss setzen. Die ohne Motor betriebene Fähre ist an einem langen Drahtseil befestigt (Während der Saison, April bis Oktober, täglich von 10 bis 20 Uhr).

Sieg-Radwanderwege Die Landschaft zwischen Rothaarkamm und Rhein ist bei Wanderern beliebt, Radtouren im Siegtal sind eine lohnende Alternative. Informationen zum 154 km langen Sieg-Radwanderweg finden sich unter *www.radatlas.de/radfernwege* und *www.kreis-altenkirchen.de/tourismus/Siegtal.htm.*

Wandern Das Siegerland ist mit dem angrenzende Rothaargebirge eine klassische Wanderregion: Hunderte von Kilometern umfasst das Wegenetz.

Der ambitionierte Wanderer kann zwischen mehreren großen Strecken.

Nützliche Informationen gibt es bei : *Rothaarsteig, Postfach 1460, 59917 Brilon, Tel. 0 29 61/94 35 35.*

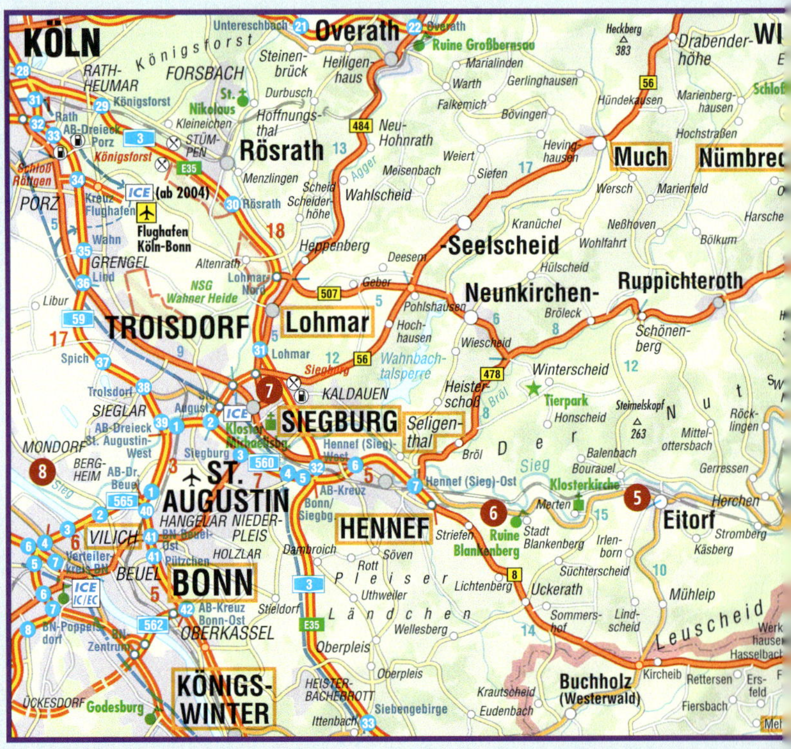

Blick auf den Fluss und Windeck-Herchen, das durch seinen Heilquellen-Wanderweg. bekannt ist.

Eitorf-Merten: Nahe der Sieg erhebt sich die romanische Klosterkirche St. Agnes.

Alt- und Neustadt. Die Befestigung der Neustadt wurde in der ersten Hälfte des 13. Jh. vollendet und ist bis heute recht gut erhalten. Beeindruckend ist Blankenberg, eine Gründung der Grafen von Sayn (12. Jh.), auch wegen der Lage hoch oben auf einem »blancken« (unbewaldeten) Berg. Die Aussicht auf das Siegtal ist großartig.

7 Siegburg Die bedeutendste Sehenswürdigkeit Siegburgs ist von weitem sichtbar: Hoch auf dem Michaelsberg thront die Benediktinerabtei St. Michael über der Stadt. Sie wurde 1064 vom hl. Anno, dem Kölner Erzbischof, gegründet. Der Annoschrein aus dem 12. Jh. gilt als wichtigstes Ausstattungsstück der Kirche. Die heutigen Gebäude stammen nicht mehr aus der Gründungszeit; die meisten von ihnen wurden nach dem Zweiten Weltkrieg wieder aufgebaut oder neu hinzugefügt. Unterhalb der Abtei, nahe am Marktplatz, steht die ebenfalls sehenswerte St.-Servatius-Kirche aus dem 12./13. Jh. Die ursprünglich zur Abtei gehörige Pfarrkirche besitzt einen bedeutenden spätromanischen und gotischen Kirchenschatz. Ein berühmter Sohn der Stadt ist der Komponist Engelbert Humperdinck (1854–1921). Der einstige Assistent Richard Wagners ist u. a. mit seinen Märchenopern bekannt geworden, darunter *Hänsel und Gretel*. In seinem Geburtshaus ist heute das Stadtmuseum untergebracht. Viele Jahrhunderte lang war Siegburg ein renommiertes Zentrum der Keramikproduktion; eine Ausstellung im Stadtmuseum erinnert an diese Tradition.

8 Siegmündung Altarmschlingen, Rinnen und Tümpel, von denen nur noch Spuren geblieben sind, bildeten früher einmal das Mündungsgebiet der Sieg in den Rhein. Bereits im 18. Jh. wurden die Bögen der Sieg jedoch durchstoßen, um das Wasser auf dem kürzesten Weg in den Rhein zu leiten. Da dies keine optimale Lösung war, wurden schon im 19. Jh. Änderungen vorgenommen.

Heute ist der Einfluss der Kulturlandschaft natürlich nicht zu übersehen, doch sind immer noch alte Auen erhalten, besonders am Altarm Gyssel 3 km vor der Einmündung in den Rhein. Das gesamte artenreiche Mündungsgebiet der Sieg steht seit 1986 unter Schutz, ist aber für Wanderer zugänglich.

Restaurants & Ausflugsgaststätten

Lange Zeit schon ist das Hotel-Restaurant **Kasserolle** in Siegburg (*Seidenbergstraße 64, Tel. 02241/9 38 19 90*) in Familienbesitz; im Sommer ist die schöne Terrasse geöffnet.

Hotel-Restaurant **Siegblick** in Siegburg (*Nachtigallenweg 1, Tel. 02241/12 73 33*). Das Haus geht auf die ehemalige Brauerei Clarenz zurück. Der Schwerpunkt der Küche liegt auf gehobener internationaler und regionaler Küche mit zahlreichen saisonalen Spezialitäten.

Direkt bei der Fähre liegt die von April bis Oktober geöffnete Ausflugsgaststätte **Zur Siegfähre** in Troisdorf (*Tel. 0228/ 47 55 47*). Wegen ihrer Lage mitten im Grünen, im Mündungsgebiet der Sieg, ist sie im Sommer eine beliebte Station zahlreicher Radtouren.

Das traditionsreiche Gasthaus **Klein** in Netphen-Deuz (*Marburger Straße 7, Tel. 0 27 37/59 33-0, www.gasthaus-klein-deuz.de*), heute geleitet von Corinna und Christian Klein-Wagner, hat sich der gehobenen westfälischen Küche verschrieben. Der Küchenchef legt Wert auf hohe Qualität, jederzeit frische Zutaten und eine originelle Verknüpfung der Siegerländer Küche mit den Möglichkeiten heutiger Kochkunst. Originell ist auch die Verwendung ungewöhnlicher Zutaten – im Sommer z. B. die Blüten von Rosen, Gänseblümchen oder Holunder.

Das Bistro **Piazza** in Siegen (*Unteres Schloss 1, Tel. 02 71/3 03 08 56*) im Erdgeschoss des Museums für Gegenwartskunst ist bekannt für seine ausgezeichnete internationale Küche. Ganz besonders zu empfehlen sind die Pasta-Gerichte.

Die Ruhr und die Lippe

Die Ruhr, ein rechter Nebenfluss des Rheins, hat dem Ruhrgebiet seinen Namen gegeben. Die Lippe fließt vom Teutoburger Wald durch häufig flache ländliche Räume dem Rhein entgegen.

Der staatlich anerkannte Erholungsort Assinghausen am Oberlauf der Ruhr

Das Ruhrgebiet, früher oft »Ruhr-Revier« oder »Ruhrpott« genannt, erstreckt sich im Wesentlichen zwischen Rhein, Ruhr und Lippe. Hier entwickelte sich seit Mitte des 19. Jh. die deutsche Kohle- sowie Stahl- und später auch die Chemieproduktion. Bis Ende des 20. Jh. war das Ruhrgebiet die größte und bedeutendste Wirtschaftsregion in ganz Europa. Die Ruhr als Trinkwasserlieferant und wichtiger lokaler Schifffahrtsweg machte diese Entwicklung erst möglich: Schon Ende des 18. Jh. wurde die Ruhr für den Gütertransport bis nach Fröndenberg-Langschede schiffbar gemacht. Als Großschifffahrtsstraße stellt sie auch heute noch die Verbindung vom Rhein bis Mülheim an der Ruhr her. Der Fluss selbst ist 235 km lang, entspringt in 674 m hohen Sauerland nordöstlich von Winterberg am Ruhrkopf und mündet bei Duisburg Ruhrort in den Rhein. Auf ihrem teilweise stark mäandrierenden Weg dorthin durchquert sie fünf Stauseen (Hengstey-, Harkort-, Kemnader, Baldeney- und Kettwiger See). Der größte Nebenfluss der Ruhr ist die Lenne. In den letzten Jahrzehnten hat das Ruhrgebiet seine frühere

Kormorane am Baldeneysee

Bedeutung als Montanregion verloren. Nur noch sieben Bergwerke fördern heute Steinkohle. Hochöfen befinden sich nur noch an der Rheinfront.

Das Tal ist nun keine Industrieregion mehr, sondern eine Freizeit- und Erholungsraum mit weiten Auen, die neben ihrem touristischen Zweck als Trinkwasserreservoir der Region eine zweite wichtige Funktion haben. Feuchtwiesen, steile Ufer, alte Stauwehre, Leinpfade, Burgruinen und Herrensitze und natürlich der Schienenstrang der alten Ruhrtalbahn prägen das Bild. Die durch den Bergbau und Bergsenkungen entstandenen Weiher und Kleinseen entlang des Flusses haben das Ruhrtal zu einem der größten, aber noch weitgehend unbekannten Naherholungsgebiete Deutschlands werden lassen. Es gibt ein Netz von weit verzweigten Wander- und Radwegen. Die mit Ruhrsandstein gebauten und von

Überraschend naturnah sind die Auegebiete der Ruhr rund um Essen – hier die Heisinger Aue.

Einer der fünf Stauseen der Ruhr: der von bewaldeten Hügeln umgebene Kemnader See bei Witten

schwarz-weißen Fachwerkhäusern geprägten Ortschaften laden zum Verweilen ein, so z. B. der mittelalterliche Stadtkern von Hattingen. In Bochum lohnt unbedingt ein Besuch des Deutschen Bergbaumuseums. Mülheim liegt nicht nur an der Ruhr, sondern auch wie viele andere Ruhrgebietsstädte an der einzigartigen »Route der Industriekultur«. Innovative Konzepte haben in den letzten Jahren ehemalige Industrieanlagen in Kultobjekte verwandelt, in denen die spannende Geschichte von Kohle und Stahl lebendig wird.

Die Lippe

Die Lippe, ebenfalls ein rechter Nebenfluss des Rheins, ist ein typischer Flachlandfluss mit geringem Gefälle (insgesamt nur 123 m) von der Quelle bis zur Mündung. Sie entspringt im Städtchen Bad Lippspringe und mündet nach 228 km bei Wesel in den Rhein. Auf dem Weg dorthin wird sie ab Hamm vom Lippe-Seitenkanal begleitet. Ihre wichtigsten Nebenflüsse sind Alme, Ahse, Stever und Seseke.

Die Lippe durchfließt die Städte Hamm, Lünen und Dorsten und ist in diesen Flussabschnitten ein stellenweise durch städtische Bebauung eingeengtes Gewässer. Außerhalb der Städte fließt die Lippe in zahllosen Flussschleifen vorbei an Wiesen, Weiden und Äckern durch zumeist flaches, grünes Land.

Die flache, weite Lippe-Niederung am Oberlauf wird von sehenswerten Wasserschlössern gesäumt, während am Unterlauf – mit Ausnahme des Naturparks Hohe Mark – Industrieanlagen zwischen Hamm und Datteln das Bild prägen.

Großes Bild oben: der Baldeneysee im Süden der Ruhrmetropole Essen

1292 erstmals erwähnt, strategisch günstig gelegen: Wasserschloss Hovestadt im Lippetal

Alter Markt und St. Georgskapelle in der von der Ruhr umflossenen Altstadt von Arnsberg

Die Stauseen der Ruhr sind Wassersportzentren des Ruhrgebietes: Blick auf den Kemnader See

Mit dem Ruhrtal und der Ruhraue bietet der ehemalige »Industriefluss« heute Anwohnern und Besuchern eine einzigartige Natur-, Kultur- und Freizeitlandschaft von seiner Quelle bis zur Mündung in den Rhein.

1 Arnsberg Das »Tor zum Hochsauerland« hat eine sehenswerte mittelalterliche Altstadt mit verwinkelten Gassen und einer imposanten Schlossruine. Eine Besonderheit ist das unter Karl Friedrich von Schinkel entstandene »Preußenviertel« mit klassizistischen Straßenzügen.

2 Hagen Die Stadt reicht südwärts bis an das Ruhrtal heran. Schon Anfang des 11. Jh. stand hier die Johanniskirche, um die herum sich die Stadt entwickelte. Seit dem 17. Jh. kam es zu einer rasanten frühindustriellen Entwicklung durch Klingenschmiede, Papier- und Textilmanufakturen, die das Westfälische Freilichtmuseum in Selbecke in knapp 100 historischen Werkstätten dokumentiert.

3 Hengsteysee Nördlich von Hagen dient der schon 1928 geschaffene Hengsteysee als beliebtes Erholungsgebiet für Wassersportler, aber auch Radfahrer, Inlineskater und Spaziergänger. Der See liegt unterhalb der Hohensyburg, auf deren Hochplateau sich eine mittelalterliche Burgruine, ein Kaiser-Wilhelm-Denkmal, der 20 m hohe Vincke-Turm mit herrrlicher Aussicht und die Spielbank Hohensyburg befinden.

4 Witten Hier liegen Ursprünge des Kohlebergbaus im Ruhrgebiet, die man auf einem zweistündigen Spaziergang

Bahnviadukt bei Herdecke: 30 m hoch, 313 m lang und aus 12 Bögen bestehend

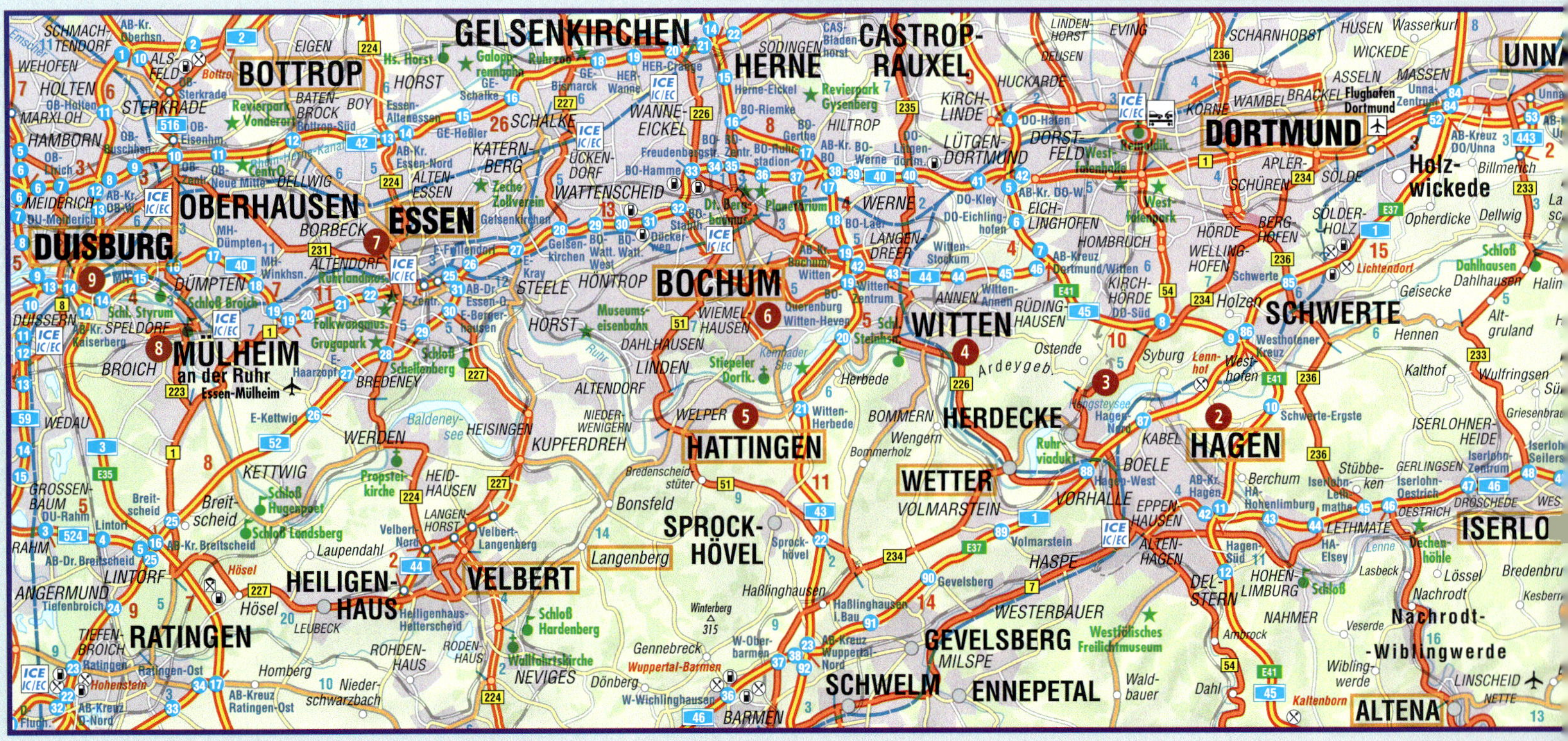

Einst im Besitz der Familie Krupp, nun Kunst- und Kulturtempel: Villa Hügel in Essen

Beliebtes Naherholungsgebiet seit über 70 Jahren: der Baldeneysee in Essen-Heisingen.

durch das Muttental, oft »Wiege des Bergbaus« genannt, erkunden kann. Aussicht über diesen Abschnitt der Ruhr bieten die Burgruine Hardenstein und das 20 m hohen Berger-Denkmal. In der Nähe erhebt sich bei Herdecke der imposante Bahnviadukt, dessen zwölf Bögen 30 m hoch aufragen. Bei seiner Eröffnung in den 1880er Jahren war er eine Sensation.

5 Hattingen Die Lage der Stadt inmitten einer Ruhrschleife erkennt man am besten von der Burgruine Blankenstein. Der mittelalterliche Stadtkern mit etwa 140 liebevoll restaurierten Fachwerkhäusern und Bürgerhäusern aus verschiedenen Epochen lohnt einen Stadtbummel, nicht zuletzt wegen des Pisa-Konkurrenten, des schiefen Turms der Kirche St. Georg.

6 Bochum Seinen Aufschwung verdankte Bochum einst der Kohle und dem Stahl. Heute gibt es hier keine einzige Zeche mehr, aber die Erinnerung an diese Zeit wird wach gehalten im 1930 eröffneten Deutschen Bergbaumuseum mit dem 68 m hohen Förderturm. Von Bochum-Stiepel aus lohnt sich ein Ausflug nach Haus Kemnade, einem 1664 erbauten Wasserschloss.

7 Essen Die Ruhrmetropole liegt zwischen Ruhr und Emscher und war bis Ende des 20. Jh. ein Zentrum der Montan- und Stahlindustrie. Das Münster wurde schon im 9. Jh. erbaut. Weitere Highlights in Essen sind das Folkwang-Museum mit Gemälden von 1800 bis heute sowie die 1986 geschlossene letzte Zeche »Zollverein«, seit 2001 Weltkulturerbe. Im ehemaligen Kesselhaus befindet sich eine Internationale Design-Ausstellung. An einem weiteren Stausee der Ruhr, dem Baldeneysee, liegt Villa Hügel, die sich Alfred Krupp um 1870 hier bauen ließ.

8 Mülheim Die Fundamente von Schloss Broich stammen aus der Karolingerzeit. Haus Ruhr-Natur informiert über das Ruhrtal und seine Flora und Fauna. In einem ehemaligen Wasserturm ist heute das Aquarius-Wassermuseum bei Schloss Styrum untergebracht, das über Wassergewinnung und -aufbereitung informiert.

9 Duisburg Die Stadt ist stolz auf den größten Binnenhafen der Welt in Ruhrort. Schon zu Zeiten Karls des Großen gab es hier einen Stapelplatz für die Rheinschifffahrt. Am Alten Markt haben Ausgrabungen eine mittelalterliche Markthalle zu Tage gefördert. Weitere Sehenswürdigkeiten sind das Wilhelm-Lehmbruck-Museum und das Museum der deutschen Binnenschifffahrt. 15 km nordwestlich der Stadt liegt das berühmte Kloster Kamp, das erste Zisterzienser-Kloster in Deutschland.

Restaurants in historischem Ambiente

Wer schon mal wie die Ritter anno dazumal zu speisen wünscht, für den gibt es verschiedene Angebote entlang der Ruhr.
Burg Blankenstein bei Hattingen (*Burgstraße, Tel. 02324/3 32 31; www.burgblankenstein.de*)
Rodenbergklause in Dortmund-Aplerbeck (*Ringofenstr. 10, Tel. 0231/44 37 02; www.ritteressen-aplerbeck.de*)
Landgasthaus Oefterwald in Essen Werden-Heidhausen (*Oefte 21, Tel. 0201/40 34 15; www.oefterwald.de*)
Wasserschloss Haus Kemnade in Hattingen (An der Kemnade 10, Tel. 02324/9 33 10; www.burgstuben-hauskemnade.de)

Freizeit & Sport

Weiße Flotte Passagierschiffe verkehren auf der Ruhr zwischen den wichtigsten Städten und den Stauseen. Informationen über Routen und Fahrpläne z. B. über die Weiße Flotte Baldeney-GmbH in Essen (*Tel. 0201/8 40 43 60; www.flotte-essen.de*) oder die Weiße Flotte Mülheimer Verkehrsgesellschaft (*Tel. 0208/9 60 99 96; www.muelheim-ruhr.de*).

Stauseen Die Ruhr hat mehrere Stauseen – Hennestausee, Hengsteysee, Kemnader See, Baldeneysee –, die man vielfältig nutzen kann, sei es als Petri-Jünger mit Tagesangelschein, als Hobbysegler, Kanute oder Surfer (www.hennesee.de, www.kemnadersee.de, www.baldeneysee.de).

Wasserwandern Nützliche Informationen zu Kanurouten und Verleihstationen unter www.lenne-ruhr-kanu-tour.de

Ruhrtal-Radweg Ein 250 km langer Fernradweg zwischen der Quelle und Mündung der Ruhr. Informationen unter *www.adfc.de/tourismus/dinfos/laender.*

Der **Wasserturm Mülheim** (1892/93) fungiert heute als Wassermuseum (*www.aquarius-wassermuseum.de*).

Schiff der Weißen Flotte auf dem Kemnader See

Route der Industriekultur 52 Zeugnisse der industriekulturellen Vergangenheit und Gegenwart des Ruhrgebietes bilden die 400 km lange Route. Informationen erhält man unter *www.route-industriekultur.de* oder *www.KVR.de*

Duisburg-Ruhrort

Eine Stadt im Wandel von der Industriestadt zum Dienstleistungszentrum: Zwar sind Stahl und einer der weltweit größten Binnenhäfen noch immer die tragenden Säulen der Duisburger Wirtschaft, doch dienen Kühltürme und Hüttenwerke sowie die Flüsse Rhein und Ruhr heute nurmehr als Kulisse für Landschafts- und Freizeitparks. Ruhrort, das auf eine über 1100-jährige Geschichte zurückblickt, ist der historische Hafenstadtteil Duisburgs und war im Mittelalter Rheinzollstelle und bereits Hafen für die Rheinschifffahrt. Zahlreiche Brücken prägen noch heute das Stadtbild. An der Mündung der Ruhr in den Rhein wurde ab 1831 der Binnenhafen angelegt, der heute rund 22 Hafenbecken umfasst und zusammen mit dem Museum der Deutschen Binnenschifffahrt in einem ehemaligen Jugendstil-Hallenbad Ruhrorts größte Sehenswürdigkeit ist.

»Oscar Huber« der letzte erhalten gebliebene Rhein-Radschleppdampfer. Heute liegt er im Museumshafen in Duisburg-Ruhrort, der zum Museum der Deutschen Binnenschifffahrt gehört.

Innenhafen mit Schwanentorbrücke und Lehnkeringspeicher

Industriedenkmal im Landschaftspark Duisburg Nord: Hüttenwerk Meiderich

Am Hang des Teutoburger Waldes: Burgruine an der Lippe bei Bad Lippspringe

Machtvolles Glaubenszeugnis: der dreischiffige Dom zu Paderborn aus dem 11.–13. Jh.

Die Lippe markiert über weite Strecken die Nordgrenze des früheren »Ruhrpotts« und steht zusammen mit der Emscher für den »grünen Norden« des Ruhrgebietes. Heute zieht die Lippe-Emscher-Region mit viel Grün, idyllischen Wasserschlössern, verträumtem Heideland, Seen und Naturparks Besucher aus allen Teilen Deutschlands an.

1 Bad Lippspringe Der Name der am Südrand des Eggegebirges liegenden Kurstadt geht auf Kaiser Karl den Großen zurück, der ihr anlässlich eines Reichstages den Namen »Lippiogyspringiae« verlieh. Das einzige Heilbad Nordrhein-Westfalens hat seine Anerkennung als Kurort den drei mineralischen Quellen auf dem Stadtgebiet sowie seiner guten Luft zu verdanken. An der aus dem 14. Jh. stammenden Burgruine »springt die Lippe« in einem vom Volksmund auch als »Odinsauge« bezeichneten Quellteich.

2 Paderborn Die Stadt hat eine lange Geschichte als Kaiser-, Bischofs- und Hansestadt. Sie liegt am Lippe-Nebenfluss Pader, dem mit nur 4 km kürzesten Fluss Deutschlands. Im Stadtgebiet sind mehr als 200 Paderquellen nachgewiesen.

Der Keim Paderborns war eine Kaiserpfalz Karls des Großen, deren Reste noch teilweise erhalten sind. Im Zentrum der Altstadt erhebt sich der mächtige, dreischiffige Dom aus dem 11.–13. Jh., dessen 93 m hoher Westturm das Wahrzeichen der Stadt ist. Dem Dom vorgelagert am weitläufigen Marktplatz liegt das Diözesanmuseum. Im Stadtteil Neuhaus kann das Schloss der Fürstbischöfe von Paderborn besichtigt werden (13.–16. Jh.). 20 km von Paderborn entfernt ragt die Wewelsburg

Feinste Küche und gute alte Rezepte

Wer gepflegtes Ambiente und Cuisine vom Feinsten liebt, sollte im **Restaurant Rosin** in Dorsten (*Hervester Str. 18, Tel. 02369/ 43 22*) reservieren, dessen Chefkoch Frank Rosin zu den »jungen Wilden« zählt.

Als bestes Restaurant Paderborns gilt das **Restaurant Balthasar** (*Warburger Straße 28, Tel. 0 5251/2 44 48; www.restaurant-balthasar.de*), berühmt für die innovativen Kreationen seines Küchenchefs und Inhabers Elmar Simon.

Kulinarische Erlebnisse bietet auch das Restaurant **Drei Kronen** (auch Hotel) in Lippstadt, das außer am Wochenende nur am Abend ab 18 Uhr geöffnet hat (*Marktstraße 2, Tel. 02941/31 18*). Geboten werden Köstlichkeiten, die ein ambitioniertes junges Team auf den Teller zaubert.

Das **Weinhaus Kolle** in Hamm (*Nordstraße 19, Tel. 02381/7 20 61, www.weinhaus-kolle.de*) verbindet auf gelungene Weise Genuss mit Kultur. Wechselnde Ausstellungen regionaler Künstler bilden einen gediegenen Rahmen für ein Gourmetmenü oder auch nur ein kleines Gericht mit frischen saisonalen Zutaten.

In der einstigen Lohnhalle der Zeche Waltrop werden Gerichte »nach guten alten Rezepten« serviert. **Gasthaus Lohnhalle** (*Gewerbepark »Zeche Waltrop«, Hibernia-straße 5, Tel. 02309/60 88 84; www.manu-factum.de*).

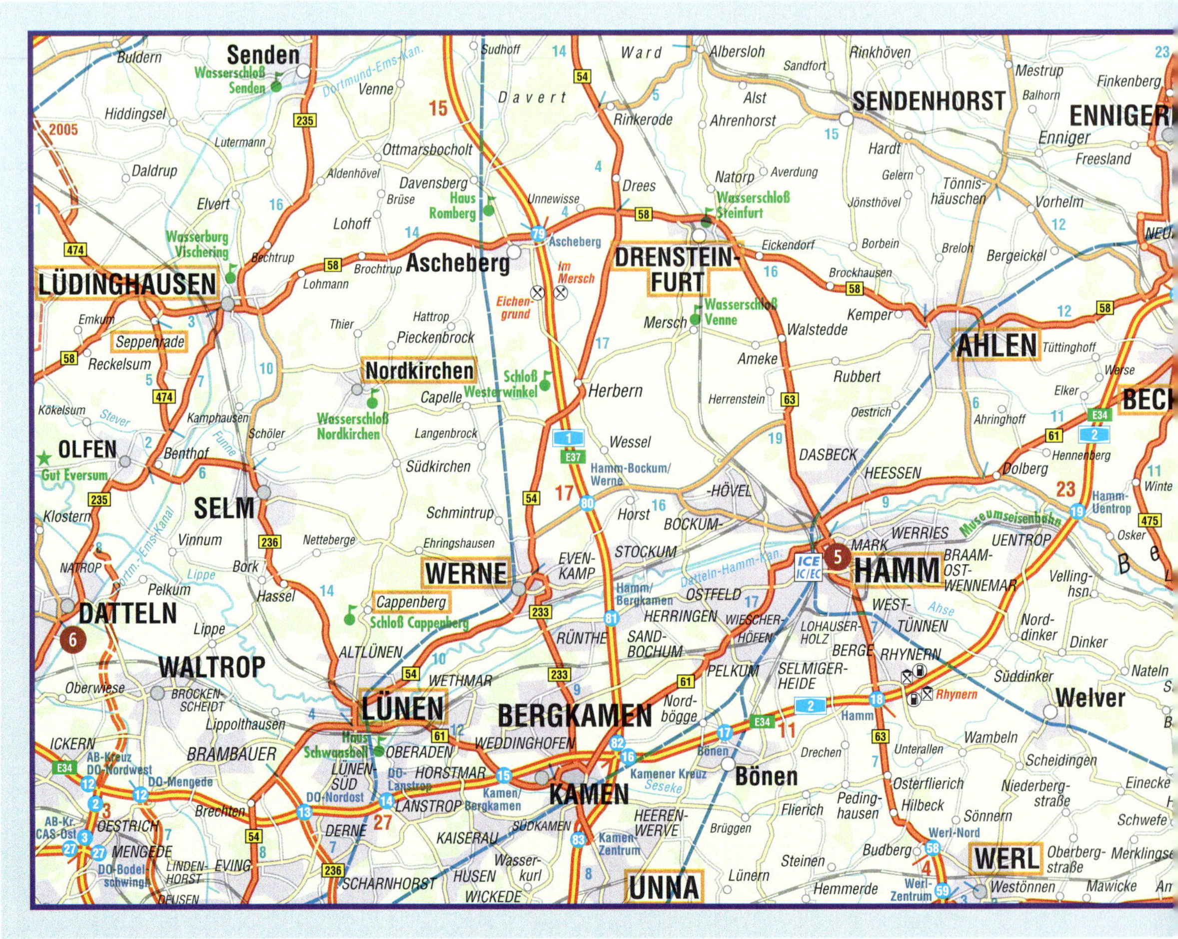

Abendidylle: Marienkirche, Rathaus und Brunnen am Marktplatz von Lippstadt

Windungsreich fließt die Lippe bei Hamm im Nordosten des Ruhrgebietes.

aus dem 17. Jh. empor, das Wahrzeichen des Paderborner Landes.

3 Lippstadt Gegründet wurde das »Venedig Westfalens« 1185. Der Ehrentitel geht auf die Lage der Stadt mitten im Flussbett zurück, die einst Schutz vor Feinden sichern sollte. Noch heute fließt die Lippe rund um und mitten durch die Stadt. Als ihr Wahrzeichen gilt die Marienkirche aus dem 16. Jh., obwohl der Turm der Nicolaikirche das älteste erhaltene Bauwerk ist. In der Umgebung liegen die Wasserschlösser Overhagen, Herringhausen und Schwarzenbach.

4 Lippetal Elf Dörfer bilden die 1969 entstandene Großgemeinde an der Lippe, die an der Nahtstelle zwischen Münsterland und Soester Börde gelegen ist. Überragt wird sie von der neugotischen Grabkirche der Heiligen Ida, einer Nichte Karls des Großen. Weitere Sehenswürdigkeiten innerhalb der Gemeinde sind das Wasserschloss Hovestadt und das Wasserschloss Assen, beide wurden im 16. Jh. erbaut.

5 Hamm Seit der kommunalen Neugliederung 1975 ist Hamm eine der flächengrößten deutschen Städte. Sehenswert sind in der Altstadt einige restaurierte Bürgerhäuser und das Gustav-Lübcke-Museum mit altägyptischer und moderner Kunst. Hinzu kommt ein Freizeitpark mit einer mächtigen Stahl-Glas-Konstruktion in Form eines Elefanten auf dem ehemaligen Zechengelände Maximilian. In einem Nebenarm der Lippe liegt das dreieckige Wasserschloss Heessen.

6 Datteln Die kleine Stadt ist jedem Binnenschiffer als ein wichtiger Knotenpunkt der Binnenschifffahrt ein Begriff: Hier treffen Weser-Datteln-Kanal, Dortmund-Ems-Kanal, Rhein-Herne-Kanal und Hamm-Datteln-Kanal aufeinander, zusätzlich kreuzen Lippe und Emscher die Kanäle.

7 Marl In der nordwestlich von Recklinghausen gelegenen Stadt zählt das Skulpturenmuseum »Glaskasten« mit rund 60 Großplastiken – u. a. von Max Ernst und Hans Arp – zu den Hauptsehenswürdigkeiten. Vor dem Stadttheater steht *La Tortuga*, Europas größte Skulptur: eine auf den Kopf gestellte Lokomotive. Im Chemiepark hingegen wird veranschaulicht, was man alles aus Plastik machen kann.

8 Wesel Von den Anfang des 18. Jh. erbauten Befestigungsanlagen der einstigen Hansestadt an der Einmündung der Lippe in den Rhein sind noch das Zitadellentor und das Berliner Tor erhalten. Sehenswert ist auch der spätgotische Willibrordi-Dom, der im Zweiten Weltkrieg fast vollständig zerstört und wieder aufgebaut wurde.

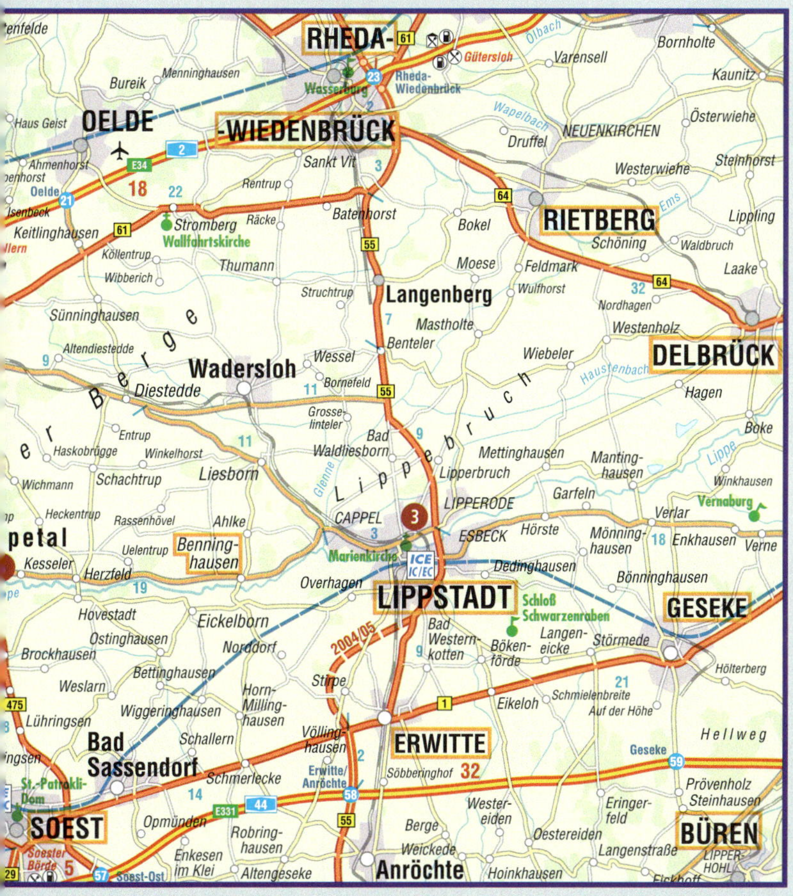

Freizeit & Sport

Schiffshebewerk Ein echtes Sahnehäubchen für Industrie-Romantiker ist das ehemalige Schiffshebewerk Henrichenburg bei Waltrop am Datteln-Hamm-Kanal (*Waltrop, Am Hebewerk 2, Tel. 02363/ 9 70 70*) aus der Zeit Kaiser Wilhelms II., umringt von Museumsschiffen, einer Museumswerft und einer Ausstellung im ehemaligen Kessel- und Maschinenhaus.

Wassersport Die Emscher-Lippe-Region wird von zwei Flüssen, vier Kanälen und zahlreichen Bachläufen durchkreuzt. Wassersportfans kommen hier deshalb voll auf ihre Kosten – z. B. am Sandstrand im Seebad Haltern. Am See kann man Segel-, Ruder-, Tret-, Paddelboote und Kanus mieten (*www.haltern.de*).

Wasserwandern Wer die Lippe gemächlich mit dem Kanu oder Kajak erkunden will, kann bequem im Internet buchen; bei Gruppenreisen kann selbst die Verpflegung beim Veranstalter geordert werden (*www.lippe-kanu-touren.de*).

Lippe-Kanu-Wanderweg Zwischen Sande und Lippborg stehen an möglichen Ein- und Ausstiegsstellen für Kanuwanderer Informationstafeln, die Wissenswertes rund um die Lippe erläutern.

Schiffshebewerk Henrichenburg bei Waltrop

Segelschulen Einen Führerschein für Motor- oder Segelboote kann man in der Yachtschule Haltern am See (*www.yachtschulehalternamsee.de*) oder auch im Yachthafen Castrop-Rauxel am Rhein-Herne-Kanal (*www.amc-castrop-rauxel.de*) erwerben.

Reitsport Auf dem Reitwegenetz in der Hohen Mark, der Kirchheller Heide sowie in der Haard tummeln sich mehr als 10 000 Freizeitreiter, die sich in zahlreichen Reiter- und Ponyhöfen ihre Reittiere aussuchen können, darunter der Reiterhof Schwalbenthal (*Tel. 02364/70 99*) und der Reiterhof Budde (*www.reiterhof-budde.de*).

Rheine am Nordrand des Münsterlands: Blick auf das Emswehr und die Altstadt

Die Ems

371 km legt die Ems von der Quelle westlich des Teutoburger Waldes bis zur Nordsee zurück. Mehrere wichtige Kanäle machen den Fluss dabei zu einer bedeutsamen Wasserstraße.

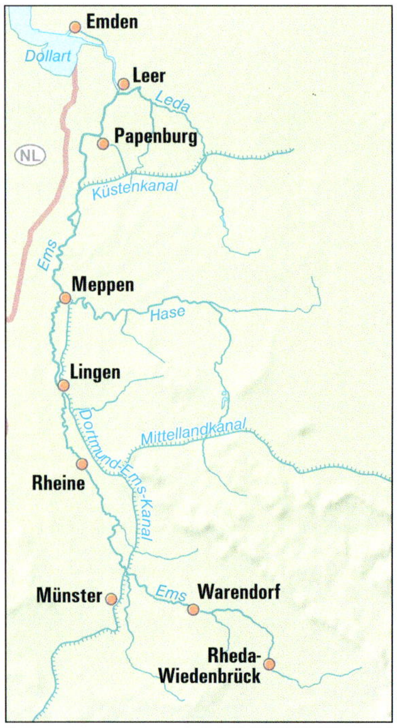

Gewiss gibt es spektakulärere Flüsse – Flüsse, an deren Ufern bunte, abwechslungsreiche Landschaften vorbeiziehen, an denen zahllose, manchmal große Städte aufgereiht sind. Damit kann die Ems nicht konkurrieren. Sie prägt vor allem in ihrem Mittel- und Unterlauf stilles, weites, oft einsames Land im äußersten Nordwesten Deutschlands.

Ihren Ursprung hat die Ems am Rande der Senne, einer eiszeitlichen Ablagerung von Sanden westlich von Teutoburger Wald und Eggegebirge. Obwohl das Meer hier im Osten der Westfälischen Bucht noch fern ist, findet man sogar Dünen (die mit Kiefernwald bestanden sind); die Weichsel-Kaltzeit hat sie vor 10 000 Jahren hinterlassen. Die Quelle der Ems auf dem Gebiet der Gemeinde Hövelhof ist heute Teil des Naturschutzgebiets Moosheide.

Morgenstimmung an der Ems bei Rheine

Weitere Schutzgebiete säumen den Oberlauf auf seinem Weg in Richtung Nordwesten, etwa die Rietberger Emsniederung mit ökologisch wertvollen Feuchtwiesen entlang des noch jungen Flusses.

Natürlich liegen auch Städte am Ufer der Ems, etwa die Doppelstadt Rheda-Wiedenbrück. In Rheda umgibt ein Nebenarm des Flusses sogar das Schloss. Wiedenbrück entwickelte sich wegen seiner Lage an einem wichtigen Emsübergang schon im 10. Jh. zum Markt.

Bald tritt die Ems – mittlerweile verstärkt durch einige kleinere Zuflüsse – in die grüne Parklandschaft des Münsterlandes ein. Warendorf, das Zentrum des westfälischen Pferdesports, ist eine erste wichtige Station. Dann folgt Telgte, der bekannte Marienwallfahrtsort vor den Toren von Münster: Wenn man die Ems als eine Linie sieht, bildet sie fast eine direkte Verbindung zwischen den beiden Bischofsstädten Paderborn und Münster.

Nachdem sie Telgte passiert hat, ändert die Ems ganz allmählich ihre Richtung: Zusehends geht es nun direkt nach Norden. Vor Greven kreuzt zum ersten Mal eine Wasserstraße den Weg, der die Ems auf ihrem weiteren Verlauf länger begleiten wird, sogar zeitweise mit ihr verschmilzt: der Dortmund-Ems-Kanal. Dieser Ende des 19. Jh. angelegte Kanal bietet dem Ruhrgebiet einen direkten Zugang zur Nordsee.

Verbindet seit über 100 Jahren Ruhrgebiet und Nordsee: der Dortmund-Ems-Kanal

Historischer Torfkahn im Schifffahrtsfreilichtmuseum von Papenburg

An Emsdetten vorbei geht es nun auf Rheine zu. Nördlich der alten Hansestadt verlässt der Fluss das Münsterland und Nordrhein-Westfalen und fließt nun durch den Westen von Niedersachsen.

Allmählich verändert sich das Bild: Die Ems kommt in ihrem Mittellauf gewissermaßen »nach Hause«, in die Landschaft, die ihren Namen vom »kleinsten Strom« ableitet: ins Emsland. Das spürt man besonders nördlich der heutigen Industriestadt Lingen und erst recht nördlich von Meppen: Immer einsamer wird hier das weite und flache Land am Rande der norddeutschen Tiefebene, zwischen Bourtanger Moor im Westen und den Heideflächen des Hümmling im Osten. Ein anderer wichtiger Fluss des Emslandes, die Hase, mündet bei Meppen von Osten her in die Ems. Diese Hase ist übrigens bekannt für eine so genannte Bifurkation (Zwiegabelung). Der Fluss gabelt sich so, dass ein Arm nach Westen zur Ems fließt, während der zweite in entgegengesetzer Richtung zur Weser verläuft.

Vorbei an Aschendorf erreicht die Ems schließlich Papenburg, die älteste Fehnkolonie Deutschlands. Ein dichtes Netz aus kleinen Kanälen erinnert an die Trockenlegung der einst schier unendlichen Moore. Bis ins 20. Jh. hinein wurden große Teile des zuvor dünn besiedelten Landes kultiviert, und der Lauf der Ems wurde dabei teilweise reguliert. Ab Papenburg können auch große Seeschiffe die Ems befahren. Vorbei an Leer und Emden strömt die Ems dann in den Meerbusen des Dollart, und in einem breiten Mündungstrichter tritt sie vor der Insel Borkum in die Nordsee.

Großes Bild oben: Der Dortmund-Ems-Kanal verläuft streckenweise im Flussbett der Ems

Ratsdelft in Emden mit dem Alten Rathaus im Hintergrund und dem Feuerwehrschiff Deutsche Bucht

Die liebliche Emsschleife bei Bentlage, einem nördlichen Vorort von Rheine, wirkt im Dunst geheimnisvoll.

Der Hafen und die historische Altstadt von Leer

Landgasthöfe & Fischrestaurants

In ruhiger Lage im Grünen liegt nahe am Dortmund-Ems-Kanal bei Meppen das **Landhaus Hubertushof** *(Kuhfehnweg 12, 49716 Meppen/Hüntel, Tel. 05932/29 04).* Das Restaurant ist in der ehemaligen »Deele« des umgebauten Bauernhofes untergebracht.

Der schön gelegene **Bauerngasthof Übermühlen** *(Übermühlen 8, 49716 Meppen, Tel. 05931/28 05)* bietet hausgemachte Delikatessen, darunter selbst gebackenes Brot und köstliche Kuchen an.

Ein Jugendstilrestaurant in Emden ist das

Emden Heerens Hotel

Alt Emder Bürgerhaus *(Friedrich-Ebert-Straße 33, Tel. 04921/97 61 00).* Neben regionalen Gerichten dominieren fangfrische Fischspezialitäten auf der Karte.

Eine rustikale Bauernstube mit offenem Kamin birgt das **Faldernpoort** in Emden *(Courbierestraße 6, Tel. 04921/9 75 20)*, es gibt täglich frische Krabben- und Fischspezialitäten.

Für Fischgerichte ist auch das Restaurant in **Heerens Hotel** in Emden bekannt *(Friedrich-Ebert-Str. 67, Tel. 04921/2 37 40).*

In ihrem schiffbaren Teil hat die Ems einen ständigen Begleiter: den Dortmund-Ems-Kanal, der teilweise sogar in den Flusslauf eingreift und ihn verkürzt. Die Ems dringt hier auf ihrem Weg nach Norden in einsames, flaches Land vor, das einst ganz von unzugänglichen Mooren durchsetzt war. Seither hat die Kolonisierung die Landschaft an der Ems verändert, doch hat diese ihr Wesen – Stille und Weite – bis heute bewahrt.

1 Rheda-Wiedenbrück Die Doppelstadt am Oberlauf der Ems vereinigt gleich zwei sehenswerte Altstädte mit aufwändig verzierten Fachwerkhäusern aus dem 16. und 17. Jh. Ein Nebenarm der Ems umfließt das westfälische Wasserschloss Rheda, das im 12. Jh. auf einem künstlichen Erdhügel errichtet wurde. In Wiedenbrück stehen in der Langen Straße viele hervorragend restaurierte Fachwerkhäuser.

2 Warendorf Die heutige Kreisstadt besitzt eine schöne Altstadt mit gotischem Rathaus und vielen sehenswerten Bürgerhäusern aus unterschiedlichen Epochen. Einige der Giebelhäuser erinnern im Stil an die Weserrenaissance. Überregional bekannt wurde Warendorf vor allem als Stadt der Pferde.

3 Telgte Die kleine Stadt Telgte nordöstlich von Münster ist schon seit Mitte des 15. Jh. ein bedeutender Marienwallfahrtsort. Die achteckige Gnadenkapelle ließ Fürstbischof Christoph Bernard von Galen im 17. Jh. errichten. Eine weitere Besucherattraktion ist heute das Krippenmuseum.

4 Rheine Die Stadt am Nordrand des Münsterlandes war im Mittelalter durch die Tuchweberei zu Wohlstand gelangt; Rheines Mitgliedschaft in der Hanse unterstreicht seine Bedeutung als wichtiges Handelszentrum der Region. Kunsthistorisch bedeutsam ist der Falkenhof.

Das 1408 erbaute Meppener Rathaus wurde 200 Jahre später mit einem Renaissancegiebel aufgestockt.

5 Meppen Durch eine flache, grüne Wiesenlandschaft schlängelt sich die Hase Richtung Westen. An ihrer Einmündung in die Ems liegt Meppen. Sehenswert ist das historische Rathaus am Markt, das auf die Zeit um 1400 zurückgeht und später im Stil der Renaissance erweitert wurde. Eine Hochwassermarke am Rathaus zeigt den Wasserstand bei der Überschwemmung von 1946 an. Ein wenig außerhalb der Innenstadt befindet sich die Koppelschleuse von 1826–1830. Zwei gekoppelte Schleusenkammern ermöglichten Schiffen auch bei Niedrigwasser den 4 m tiefen Abstieg aus dem ehemaligen Ems-Hase-Kanal in die Hase.

Ein Kunstwerk beherrscht in Meppen-Hüntel weithin sichtbar die Landschaft: der Kühlturm eines alten Kraftwerks, den eine riesige Weltkarte schmückt.

6 Haren Die Stadt mit den drei Segeln im Wappen gilt als Stadt der Binnenschiffer; zahllose Binnen- und Seeschiffe können hier im Freilichtschifffahrtsmuseum besichtigt werden. Bekannt ist auch die ungewöhnlich große St.-Martinus-Kirche.

7 Tinner und Staverner Dose Östlich der Ems, zwischen Haren-Tinnen und Groß Stavern, zeigt sich das Emsland so, wie es früher einmal war: Das Naturschutzgebiet Tinner und Staverner Dose gehört zu den größten und wichtigsten erhaltenen Hochmooren in Mitteleuropa. In diesem abgelegenen Moor findet man noch viele seltene Tier- und Pflanzenarten.

8 Hümmling Nordöstlich von Meppen überragt eine rund 800 km^2 große Geestlandschaft die Niederungen der Ems – der Hümmling. Es handelt sich dabei um den Ausläufer einer Grundmoränenplatte aus der Saale-Eiszeit. Die Landschaft ist karg, durchsetzt mit Wacholderheide, kleinen Mooren und Kiefernwäldern. Zahlreiche

mit Alter Waage (links) und Rathaus (1894)

Hünengräber rund um Stavern sind Zeugnisse der Jungsteinzeit.

9 Versuchsstrecke Transrapid Unmittelbar am Dortmund-Ems-Seitenkanal erheben sich Schienen auf hohen Betonstelzen über die grünen Weiden. Sie gehören zur Teststrecke für den so genannten Transrapid, die Hochgeschwindigkeits-Magnetschwebebahn. Man kann das Zentrum in Lathen besichtigen.

10 Papenburg Das Schifffahrtsfreilichtmuseum zeigt Schiffsnachbildungen der in den letzten 250 Jahren hier gebauten Schiffstypen. Für den Brückenschlag zur modernen Industriegeschichte steht die Papenburger Meyer Werft. Die Überführung ihrer oft riesigen Kreuzfahrtschiffe zur Nordsee ist immer wieder ein spektakuläres Großereignis.

11 Leda-Sperrwerk Südlich von Leer, vor der Einmündung der Leda in die Ems, schirmt ein mächtiges fünftoriges Sperrwerk Leda und Jümme gegen die Ems hin ab – ein wichtiger Schutz vor Sturmfluten und Überschwemmungen.

12 Dollart Die knapp 100 km² große Dollar-Bucht liegt zwischen der Hafenstadt Emden und den Niederlanden. Watt, Flachwasserzonen und Salzwiesen machen diese Brackwasserregion, die über die Emsmündung mit der Nordsee verbunden ist, zu einem wichtigen Durchzugs- und Rückzugsgebiet zahlreicher Vogelarten. Entstanden ist der Dollart in schweren Sturmfluten des 13.–15. Jh.

13 Emden Nur noch wenige Gebäude erinnern an die historische ostfriesländische Hafenstadt vor der Zerstörung 1945. Im Ratsdelft, dem mittelalterlichen Hafenbecken, liegt ein historisches Feuerschiff und ein Segel-Logger. Die Kunsthalle Emden ist ein Mekka aller Liebhaber von Kunstwerken des 20. Jh.

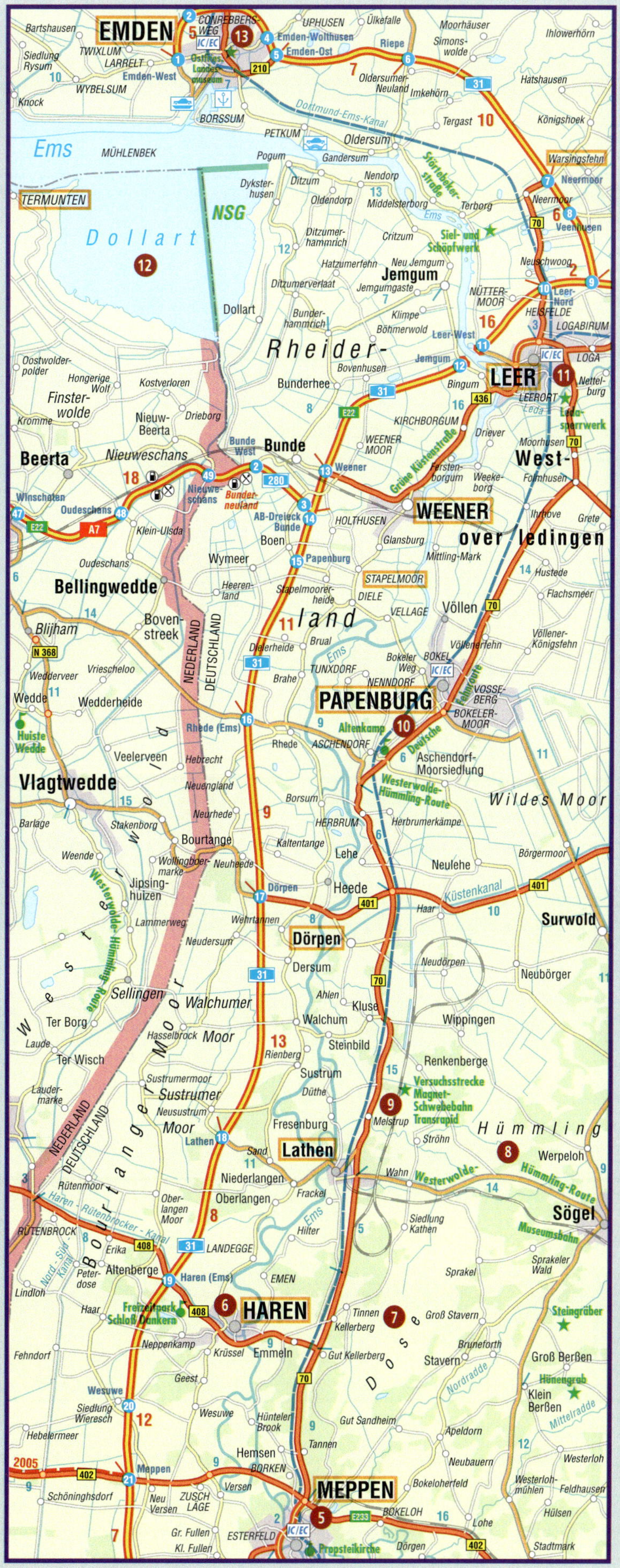

Freizeit & Sport

Kanufahrten auf der Ems Da die Ems keine starke Strömung besitzt, ist sie für Fahrten mit dem Kanu sehr gut geeignet. Besonders attraktiv ist die vielfach gewundene Strecke zwischen Salzbergen (im Norden von Rheine) und Meppen. Hinter Meppen gibt es zwar noch schöne, durch den Dortmund-Ems-Kanal abgeteilte Altarme, doch die hier verkehrenden Binnenschiffe machen die Kanufahrt gefährlicher. Info bei Kanu- und Kajakverleih **Struckmann** in Salzbergen *(Emsstraße 15, Tel. 05976/69 75 16, www.salzbergen.de)* oder **Campingplatz Meppen** *(An der Bleiche, Tel. 05931/ 1 64 11)*.

Kanufahrten auf der Hase Eine schöne Alternative ist die Strecke zwischen Haselünne und Meppen. Viele Verleihstationen an Ems und Hase findet man bei *www.hase-tal.de/aktiv/kanu/verleihstationen.html*.

Ems und Hase sind ideal für Wasserwanderungen mit Kajak oder Kanu.

Besichtigung der Meyer Werft in Papenburg Die Meyer Werft zählt zu den größten Werften der Welt. Ein Besucherzentrum und Führungen erläutern den Bau der mächtigen Kreuzfahrt-Kolosse. Info für Besucher: **Meyer Werft** *(Tel. 04961/83 96 91; www.meyerwerft.com)*.

Radwege an der Ems Rund 380 km lang ist die Radstrecke von der Quelle der Ems in der Senne bis zur Mündung in die Nordsee. Ems-Route, Emsland-Route und Radroute Dortmund-Ems-Kanal ergänzen sich auf ihrem Weg am Fluss entlang. Meist fährt man auf ruhigen, befestigten Nebenstraßen und Radwegen durch flaches Land. Info bei Emsland **Touristik GmbH** in Meppen *(Ordenniederung 1, Tel. 05931/44 22 66; www.emsland.de)*.

Personenschifffahrt Die Germania-Schifffahrt bietet ab Leer Ausflugsfahrten zum Dollart an bzw. zum Emssperrwerk oder auf der Leda und der Wümme. Informationen bei **Germania Schifffahrtsgesellschaft** in Leer *(Rathausstr. 4a, Tel 0491/59 82; www.germania-schiffahrt.de)*.

Papenburg und das Emsland

Frühe Kanalisierung hat die ostfriesische Landschaft südlich von Leer bis heute geprägt. Bereits 1766 gründeten Emser Unternehmer einen Verbund, der sich um die Kanalisierung des unzugänglichen Moorgebietes verdient machte. Kommt man nach Papenburg, wähnt man sich in Holland. Die älteste und längste der Fehnkolonien verfügt über insgesamt 40 km schnurgerade Kanäle. Zahlreiche Brücken und Grachten durchziehen die Stadt, die eine jahrhundertealte Schiffsbautradition hat. Die Stadt Leer verdankt ihre wunderschöne Altstadt den vielen holländischen Glaubensflüchtlingen, die niederländische Stilelemente mitbrachten. Leer war Sitz der ostfriesischen Häuptlinge, das Schlösschen Philippsburg setzte barocke Akzente im Stadtbild. Emden ist die kulturelle Metropole und auch wirtschaftlich die bedeutendste Stadt Ostfrieslands.

Papenburg im nördlichen Emsland ist aus Deutschlands ältester Moorkolonie hervorgegangen und besitzt ein sehenswertes Stadtbild. Im Bild: der Altstadtkanal mit historischem Segelschiff

Die schnurgeraden Kanäle des Emslands verleihen der ehemaligen Moorlandschaft einen ganz besonderen Zauber.

Die Weser

Bei Hannoversch-Münden vereinen sich Werra und Fulda zur Weser, die das Weserbergland durchfließt und an der Porta Westfalica in das Norddeutsche Tiefland eintritt. Der Fluss passiert Bremen und mündet, von Deichen begleitet, bei Bremerhaven in die Nordsee.

Malerischer Weserbogen mit schroffen Felswänden bei Steinmühle nahe Bodenwerder

»Wo Werra sich und Fulda küssen / Und ihren Namen büßen müssen / Entsteht durch diesen Kuss / Hier deutsch bis zum Meer der Weserfluss.« So steht es auf dem »Weserstein« in Hannoversch-Münden, wo die Flüsse Werra und Fulda sich zur Weser, einem der wichtigsten norddeutschen Flüsse, vereinigen.

Die Fulda entspringt in der Rhön und legt bis zu ihrer Einmündung in die Weser eine 180 km lange Reise zurück. Einer ihrer Zuflüsse ist die 135 km lange Eder, die im Rothaargebirge entspringt und sich südöstlich von Baunatal mit der Fulda »vermählt«. Die Werra, der zweite Quellfluss der Weser, entspringt im Thüringer Wald.

Am Zusammenfluss von Werra und Fulda

Von Hannoversch-Münden bis zur Mündung in die Nordsee bei Bremerhaven legt die Weser stattliche 477 km zurück. Als Oberweser fließt sie durch das gebirgige Weserbergland bis nach Minden, wo kurz vorher die Porta Westfalica den Weg freimacht für ihren weiteren Weg durch das Norddeutsche Tiefland. Von hier bis Bremen heißt sie nun Mittelweser.

Bei Minden kreuzt der Mittellandkanal in einem riesigen Wassertrog den Fluss, der auf seinem weiteren Verlauf durch zahlreiche Staustufen, Wehre und Schleusen reguliert wird.

Bei Verden mündet die Aller aus südöstlicher Richtung kommend in die Weser und hat auf ihrem Weg dorthin ihrerseits schon die Oker und Leine aufgenommen. Ab dem Weserwehr in Bremen spricht man von der Unterweser, ab jetzt ist bereits der Tidenstrom der Nordsee spürbar, die Ufer sind deshalb von Deichen gesäumt. Der Mündungstrichter der Weser bei Bremerhaven schließlich gilt schon als Außenweser. Hier ist die Weser stattliche 1,8 km breit und ermöglicht so einen prosperierenden Fischereihafen und das größte Container-Terminal Europas.

Jahrhundertelang war die Weser Transportweg und Lebensader vieler Mittelgebirgsregionen. Der ursprüngliche, germanische Name der Weser ist unbekannt, die Römer nannten sie Visurgis, zur Zeit Karls des Großen hieß der Fluss Wirraha. Daraus wurde im Mittelalter niederdeutsch Werser und später hochdeutsch Weser. Für die Flussschifffahrt genutzt wurde die Weser

Glanzstück der Weserrennaissance: Schloss Hämelschenburg südlich von Hameln

In Petershagen an der Weser hat der Aalfang eine lange Tradition.

nachweislich schon seit dem 7. Jh., heute allerdings weitgehend nur noch von Ausflugsschiffen. Von ihnen aus kann man herrliche Blicke auf die dicht bewaldeten Hügel und Berge des Weserberglandes werfen, einer reizvollen Mittelgebirgslandschaft beiderseits des Flusses mit dichten Laub- und Nadelwäldern, die im Süden in das Hessische Bergland übergeht. Im 16. und 17. Jh. entstanden hier prunkvolle Schlösser, prachtvolle Bürgerhäuser und eindrucksvolle Rathäuser im Stil der so genannten Weserrenaissance, in der spätgotische Fachwerkfassaden und Renaissanceelemente eine eigenwillige Verbindung eingegangen sind. Typische Merkmale dieses Baustils sind skulpturenreiche Erkervorbauten, »Utlucht« genannt, und so genannte, meist einstöckige »Zwerchhäuser«, Dachhäuschen quer zur Firstlinie, sowie üppiges Giebelschweifwerk und Zierquaderbänder. Besonders eindrucksvoll ist die abwechslungsreiche Gestaltung ganzer Straßenzüge in diesem Stil in Hameln, Minden und Lemgo westlich der Weser.

An der Museumsstraße im Mühlenkreis Minden-Lübbecke liegen über 40 zumeist funktionstüchtige Wind-, Wasser- und Rossmühlen aus dem 18. und 19. Jh. Viele dieser Mühlen säumen den Fluss zwischen Minden und Loccum.

Erleben kann man das Weserbergland am besten auf der Wesertalstraße, die mal links, mal rechts des Flusses entlang führt – und nicht zuletzt bei den alljährlichen Freilichtaufführungen zum Gedenken an den Rattenfänger von Hameln, den »Lügenbaron« von Münchhausen in Bodenwerder und Doktor Eisenbart in Hannoversch-Münden.

Großes Bild oben: Aus dem 13. Jh. stammt Burg Everstein beim Weserort Polle.

Wo die Weser ins Norddeutsche Flachland eintritt: die Porta Westfalica bei Minden

Fulda und Edertal Gersfeld • Fulda • Kassel

Die Fulda entspringt in der Gipfelregion der Wasserkuppe (950 m), des höchsten Berges der Rhön.

Historische Stein- und Fachwerkhäuser prägen das Stadtbild von Rotenburg an der Fulda.

Restaurants & Weinstuben

Der Berghof **Wasserkuppe** in Gersfeld/Rhön (*Obernhausen 5, Tel. 06654/2 51, www.berghofwasserkuppe.de*) liegt in landschaftlich reizvoller Lage am Waldrand. Das hauseigene Restaurant serviert Rhöner Spezialitäten.
Die Weinstube **Dachsbau** in Fulda (*Pfandhausstr. 8, Tel. 0661/741 12*) befindet sich in einem 350-jährigen Haus. Gekocht wird auf hohem künstlerischen Niveau.
Das **Hotel am Dom** in Fulda (*Wiesenmühlenstr. 6, Tel. 0661/97980, www.hotel-am-dom-fulda.de*) bietet angehme, moderne Atmosphäre und ein ausgezeichnetes Frühstücksbuffet.
Die Fuldaer Traditionsgaststätte **Zum Löwen** (*Peterstor 1, Tel. 0661/2 50 93 85, www.loewe-fulda.de*) ist ein gemütliches Restaurant und serviert heimische Gerichte.
Zu den Spezialitäten des Waldhotels Glimmesmühle in **Bad Hersfeld** (*Hombergerstraße, Tel. 06621/30 81; www.glimmesmuehle.de*) gehören frische Forellen aus hauseigenen Gewässern.
Neben dem zehntürmigen Rathaus in der malerischen Altstadt von Frankenberg liegt das Hotel & Restaurant **Rats-Schänke** (*Marktplatz 7, Tel. 06451/726 60, www.ratsschaenke.de*), das seit über 100 Jahren in Familienbesitz ist.
Der Koch des Restaurants **Zum Steinernen Schweinchen** (*Konrad-Adenauer-Str. 117, Tel. 0561/94 04 80, www.steinernes-schweinchen.de*) ist einer der besten seiner Faches in Deutschland.

Die Quelle der Fulda liegt nahe der Wasserkuppe in der Rhön. Unterwegs, kurz hinter Guxhagen, nimmt sie noch die Eder mit auf die Reise, die oft »Die Eilige« und »Juwel der hessischen Flüsse« genannt wird. Nördlich und südlich der Eder erstreckt sich das Waldecker Land, so benannt nach dem Fürstengeschlecht der Grafen von Waldeck.

Die Fulda

1 Gersfeld Die Dreischlösserstadt am Fuß der 950 m hohen Wasserkuppe ist vor allem als Mekka der Segelflieger bekannt, auf der Wasserkuppe findet sich auch das Deutsche Segelflugmuseum. Neben dem historischen Marktplatz mit seinen hübschen Fachwerkhäusern lohnt das Barockschloss (17. Jh.) sowie die Barockkirche einen Besuch.

2 Fulda Das heutige Stadtbild Fuldas wurde während des Barockzeitalters maßgeblich von den Fuldaer Fürstäbten geprägt, die im 1721 vollendeten Stadtschloss residierten. Am Domplatz steht der barocke Dom (18. Jh.) mit dem Grab des heiligen Bonifatius. Die Michaelskirche ist eine der ältesten Kirchen Deutschlands.

3 Bad Hersfeld Die Stadt östlich des Knüll liegt in einer Talweitung der Fulda und geht zurück auf eine schon 769 gegründete Benediktinerabtei. Zu den eindrucksvollsten deutschen Theaterkulissen zählen die Ruinen der ehemaligen Stiftskirche der Abtei (11./12. Jh.), hier finden die Bad Hersfelder Festspiele statt.

4 Rotenburg an der Fulda Die zahlreichen Fachwerkhäuser aus dem 15. bis 18. Jh. geben der Stadt – verstärkt durch die in Teilen erhaltene Stadtmauer mit zwei Rundtürmen – ein mittelalterliches Gepräge. Zu den Hauptsehenswürdigkeiten zählen neben dem Rathaus (1597) die Alte Landvogtei von 1555, die Neustädter Kirche, die Jacobi-Kirche und das Schloss.

5 Melsungen Seine malerische Altstadt mit ihren Fachwerkhäusern rund um das Rathaus und den Marktplatz erreicht man über eine mächtige mittelalterliche Bogenbrücke über die Fulda. Das Schloss und der Schlosspark stammen aus dem 16. Jh.

6 Kassel Die 913 erstmals urkundlich erwähnte Stadt liegt in einem Talbecken der Fulda am Fuß des Habichtswaldes. Den Brüdern Grimm, die 1798–1830 hier lebten, ist das Brüder-Grimm-Museum in Schloss Bellevue gewidmet. International bekannt ist Kassel durch die Kunstausstellung »documenta«. Zu den wenigen erhaltenen Sehenswürdigkeiten zählt das Ottoneum, das erste frei stehende Theatergebäude in Deutschland (1605). Schloss Wilhelmshöhe beherbergt die Gemäldegalerie Alter Meister. Auf einem Hügel im Bergpark steht der Oktogon, von dem aus man zum 71 m hohen Herkules-Monument (1717) hinaufsteigen kann. Die in den Flussniederungen der Fulda liegende Karlsaue ist eine der größten barocken Parkanlagen Deutschlands.

Das Edertal

7 Frankenberg Das Städtchen ist stolz auf seine mittelalterliche Stadtmauer, die schönen Fachwerkhäuser und sein zehntürmiges Rathaus. Überragt wird es von der gotischen Liebfrauenkirche (1286–1360). Das Schloss (Fertigstellung 1488) zählt zu den wenigen Beispielen eines vollständig erhaltenen Wohnschlosses.

8 Waldeck Die einstige Festung (12. bis 16. Jh.) liegt am nördlichen Ufer des Eder-

Fritzlar an der Eder ist von einer fast vollständig erhaltenen mittelalterlichen Stadtmauer umgeben.

Die Staumauer der Edertalsperre inmitten der

sees. Vom Edersee führt die Waldecker Bergbahn zum Schlossberg hinauf, von dem aus sich ein herrlicher Blick über den Ort Waldeck und den Stausee bietet.

9 Bad Wildungen In der Altstadt des Kurortes nahe der Eder sind noch etliche sehenswerte Fachwerkhäuser erhalten. Größter Kirchenschatz der Stadtkirche (Mitte 13. Jh.) ist der eindrucksvolle Wildunger Altar (1403). Der Wehrturm Roter Hahn (um 1300) diente zumeist als Gefängnis. Zu den größten viergeschossigen Fachwerkgebäuden der Region zählt der aus dem 18. Jh. stammende Waisenhof.

10 Nationalpark Kellerwald Südlich des Edersees liegt der jüngst gegründete Nationalpark Kellerwald-Edersee, eines der letzten großen unzerschnittenen Laubwaldgebiete Mitteleuropas. Buchenwälder sind hier landschaftsprägend.

11 Fritzlar Seit dem 13. Jh. wird die Eder hier von der Alten Brücke überspannt. Wahrzeichen ist der romanische St.-Petri-Dom (11.–14 Jh.) mit seiner Doppelturmfassade. Im Zentrum der von einer fast vollständig erhaltenen Stadtmauer umgebenen Altstadt stehen rund 450 Fachwerkhäuser und der Rolandsbrunnen am Markt.

dicht bewaldeten Ferienregion Edersee

Freizeit & Sport

Flusswandern Fulda wie Eder sind hervorragende Kanuflüsse. Tourenvorschläge unter *www.hessen-tourismus.de*. Organisierte Fahrten und Bootsverleih auf der Eder über Erlebnistouren Odenhardt in Edertal (*www.eder-kanu.de*); auf Eder und Fulda über Waltraud Vöhl in Frankenberg (*www.kanutour.com*), ihre Verleihstationen sind der Campingplatz Affolderner See an der Eder (*Tel. 05623/42 90*) und der Campingplatz Rotenburg a. d. F. (*Tel. 06623/55 56*).

Personenschifffahrt Ausflugsfahrten auf dem Edersee bietet die Personenschifffahrt Edersee in Waldeck (*www.personenschiffahrt-edersee.de*). Auf der Fulda verkehren die Schiffe der Personenschifffahrt Rehbein in Kassel (*www.schifffahrtslinie-rehbein.de*).

Tauchen Hobbytaucher finden im Edersee auch die Überreste eines alten Dorfes: *www.tauchbasisedersee.de*.

Radwege Informationen zum 194 km langen Fulda-Radweg unter *www.hb-internetservice.de/rad/Fulda.htm*, zum Fulda- und zum Eder-Radweg *www.fahrrad-wandern.de/fulda-radweg.htm*.

Der 27 km lange Edersee ist ein Eldorado für Freizeitkapitäne und Wellenreiter.

Segelflugmuseum Wasserkuppe Das Deutsche Segelflugmuseum hoch über der Rhön zeigt Exponate rund um den Segelflug von der Pionierzeit bis heute. Für Kinder und diejenigen, die jung geblieben sind, wird das Museum durch eine umfangreiche Modellflugzeugsammlung ergänzt. Informationen unter www.segelflugmuseum.de.

Edersee Der Stausee zwischen Herzhausen und Affoldern ist der zweitgrößte Stausee in Deutschland. Von der Staumauer windet sich die Eder 27 km lang fjordartig durch ein steilwandiges Kerbtal. Der See dient der Stromerzeugung, dem Ausgleich sommerlicher Niedrigwasser in Oberweser und Mittellandkanal sowie dem Hochwasserschutz und ist ein beliebtes Freizeitrevier. Bei Niedrigwasser tauchen die Bögen der versunkenen Aseler Steinbrücke wieder auf. Infos: *www.edersee-verkehrsverein.de*.

Pittoreskes Stadtbild: Altstadtmarkt und St. Georg in Schmalkalden

Die Werra, neben der Fulda zweiter Quellfluss der Weser, entspringt bei Eisfeld im Thüringer Wald und hat ihrerseits zwei Quellflüsse. Auf ihrem Weg nach Hannoversch-Münden bewältigt sie 293 km. Zahlreiche Burgen und Schlösser, romantische Städtchen, bewaldete Bergrücken, in den Fluss hineinragende Felswände und Schilfgebiete sorgen für den besonderen Charme dieser Flusslandschaft.

1 Eisfeld Die kleine Stadt am Oberlauf der Werra östlich von Hildburghausen hat ein hübsches historisches Stadtbild. Das mittelalterliche Burg-Schloss wurde nach dem Dreißigjährigen Krieg umgebaut.

2 Hildburghausen Der Ort im oberen Werratal liegt im Süden des Thüringer Waldes. Sehenswert sind der historische Marktplatz mit seinen Fachwerkhäusern und das Renaissance-Rathaus. Ähnlich wie in München wird hier alljährlich im Oktober anlässlich der Heirat zwischen Prinzessin Therese von Sachsen-Hildburghausen und dem späteren bayerischen König Ludwig I. das Theresienfest gefeiert.

3 Meiningen Die Stadt im oberen Werratal zwischen Thüringer Wald und Rhön wurde 982 erstmals urkundlich erwähnt.

Freizeit & Sport

Allgemeine Informationen zur Mittleren und Unteren Werra erteilt die Touristikinformation Eschwege-Meißner-Meinhard-Wanfried (*www.werratal-tourismus.de*).

Wasserwandern Ein besonderes Erlebnis ist eine Kanufahrt auf der Werra, vor allem zwischen Eschwege und Wanfried. Informationen über die Kanutouristik Werratal in Eschwege (*www.werratal-tourismus.de* oder *www.kanutouristik.de*). Eine schöne Einstiegsmöglichkeit bietet sich in Wanfried an der historischen Schlagd an, dem ehemaligen Werrahafen.

Werraschleife bei Lindewerra im Eichsfeld

Badeseen bei Meinhard Baden, segeln, surfen, rudern und tretbootfahren kann man am Badesee bei Meinhard-Jestädt. Informationen über die Betriebsgemeinschaft FEZ (*www.freizeitzentrum-wmk.de*) oder unter *www.werra-meissner.de*.

Werra-Radweg Er ist 276 km lang, beginnt in den Höhenlagen des Thüringer Waldes bei Eisfeld bzw. den beiden Werraquellen bei Fehrenbach und Siegmundsburg und führt bis nach Hannoversch-Münden. Informationen über www.kirschenland.de/ Werratal/Radwege/Werraradweg/werraradweg.html.

Kunst am Radweg Auf 67 km einmaliger Flusslandschaft haben Künstler der Region ihre Werke installiert. Infos unter *www.werra-meissner.de/radweg/default.htm*).

1866–1914 förderte hier der »Theaterherzog« Georg II. in großem Stil das Theater- und Musikleben und konnte damit zeitweise berühmte Musiker für ein Engagement am 1831 erbauten Theater im Goethe-Park begeistern. Hauptsehenswürdigkeit ist jedoch das Schloss Elisabethenburg, eine dreiflügelige barocke Schlossanlage aus dem 17. Jh. mit entsprechend prachtvollen Innenräumen.

Im 10 km südlich von Meiningen gelegenen Ort Bauerbach erinnert ein kleines Schiller-Museum an den Dichter, der hier in den Jahren 1782/83 vorübergehend Zuflucht gefunden hatte.

4 Wasungen 14 km nordwestlich von Meiningen liegt das für seinen traditionellen Karneval bekannte Städtchen Wasungen mit einem spätgotischen Rathaus und zahlreichen Fachwerkhäusern.

5 Schmalkalden Westlich von Niederschmalkalden liegt an der Schmalkalde, einem Nebenfluss der Werra, das idyllische Städtchen Schmalkalden, in dem 1531 der protestantische »Schmalkaldener Bund« gegründet wurde. Hauptsehenswürdigkeit in Schmalkalden ist heute das Renaissanceschloss Wilhelmsburg (1585–1589).

6 Bad Salzungen Der über 1200 Jahre alte Kurort verdankt seine Existenz den Solequellen. Die Kelten hatten eine Technik entwickelt, aus der Quellsole Salz herzustellen. Zur Blütezeit der historischen Salzstadt an der Werra arbeiteten hier 24 Gradierhäuser, von denen einige Gebäude aus dem 18. und 19. Jh. erhalten sind. Das Salz war über Jahrhunderte die Grundlage des städtischen Wohlstandes. Der Kurbetrieb begann in der ersten Hälfte des 19. Jh., 1923 erhielt die Stadt den Titel Bad. Zu den weiteren Sehenswürdigkeiten zählt der Marktplatz mit seinem barocken Rathaus. Einige Kilometer hinter der Stadt macht die bis dahin westlich fließende Werra einen Neunzig-Grad-Schlenker nach Norden.

7 Eisenach Das zu den geschichtsträchtigsten Städten Deutschlands zählende Eisenach am Fuß der mächtigen Wartburg (11.–12. Jh.) liegt unweit der Werra an deren Nebenflüsschen Hörsel und Nesse. Am historischen Markt der Stadt unterhalb der Wartburg steht das spätgotische Rathaus und das barocke Stadtschloss aus dem 18. Jh. Unweit davon, am Lutherplatz, lohnt das Lutherhaus einen Besuch. Am Frauenplan 21 steht das Bach-Haus, in dem 1685 der berühmte Komponist geboren sein soll. Wesentlich näher an der Gegenwart liegt zweifellos das Eisenacher Automobilmuseum, das sowohl echte Oldtimern als auch den letzten gebauten »Wartburg« zeigt.

8 Wanfried Im Mittelalter war das malerische Städtchen eine bedeutende Hafenstadt für die Werra-Flussschifffahrt. Waren, die über Weser und Werra nach Wanfried kamen, wurden am Wanfrieder Schlagd auf Pferdewagen umgeladen und nach Thüringen, Sachsen und Bayern weitertransportiert. Das restaurierte Stapelhaus (16./17. Jh.) und die schön dekorierten Fachwerkhäuser erinnern noch heute an diese Blütezeit Wanfrieds.

9 Eschwege Das am linken Werraufer liegende Städtchen gefällt wegen seiner über 1000 zum Teil vorbildlich restaurierten Fachwerkhäuser am Marktplatz, den angrenzenden Straßenzügen und seinem Rathaus (1660). Das unterhalb der Werra gelegene Handwerkerviertel Stad mit seiner geschlossenen mittelalterlichen Bebauung ist eine Zeitreise in die Vergangenheit.

10 Hoher Meißner Südlich von Bad Sooden-Allendorf erstreckt sich links der Werra das Bergmassiv des Hohen Meißner (754 m), das auch als »Dach Nordhessens« bezeichnet wird und heute ein Naturschutzgebiet ist. Wegen der niedrigen Jahresdurchschnittstemperatur haben sich hier eiszeitliche Pflanzenarten wie Trollblume und Arnika erhalten, ja sogar ein Karsee ähnlich jenen der Alpengletscher. Im Winter herrscht hier dank Loipe und Schleppliften reger Skibetrieb – falls die hier angesiedelte »Frau Holle« genug Schnee »ausschüttelt«.

11 Bad Sooden-Allendorf Seit 1929 ist der Kurort am linken Werraufer mit Allendorf am rechten Ufer zu einer Gemeinde vereint. Salz, früher »Weißes Gold« genannt, brachte dem heutigen Doppelort vom 16. bis 19 Jh. Wohlstand dank einer in Sooden liegenden Saline in 330 m Tiefe. Von den einst 19 Gradierwerken zur Salzgewinnung arbeitet heute nur noch eines für den Kurbetrieb.

Wie früher Salz gewonnen wurde, kann im Salzmuseum im Söder Tor (1705) besichtigt werden. Sehenswert sind auch der Kurpark mit den Fachwerkhäusern der »Weinreihe« (Allendorf) und der ebenfalls von Fachwerkhäusern gesäumte Marktplatz. Vor dem Steintor steht unter einer Linde der »Brunnen vor dem Tore«, an dem das gleichnamige Lied entstanden sein soll.

12 Witzenhausen Am Rand des Kaufunger Waldes liegt die »Kirschblütenstadt« Witzenhausen. Diesen Ehrentitel verdankt sie den etwa 150 000 Kirschbäumen, die hier alljährlich im Frühjahr blühen. Und selbstverständlich gibt es hier vor der Kirschernte alljährlich auch verschiedene Festlichkeiten zur Kirschenblüte.

Das Städtchen selbst besticht durch seine alten Fachwerkhäuser, sein Renaissance-Rathaus und die Liebfrauenkirche. Von der alten Wehrmauer (13. Jh.) sind noch zwei Wachtürme erhalten.

Das Werrastädtchen Wanfried lädt mit schmucken Fachwerkbauten und einem historischen Hafen zu einem Spaziergang in alte Zeiten.

Meiningen ist das kulturelle Zentrum Südwestthüringens – im Bild das Foyer des Theaters.

Restaurants in historischem Ambiente

Das mehrfach ausgezeichnete Landhotel **Gemeindeschänke** in Wanfried-Altenburschla (*Am Anger 1, Tel. 05655/9 23 40; www.landgasthof-altenburschla.de*) mit seiner rustikalen Atmosphäre gibt es schon seit 1800.

Am Marktplatz in Witzenhausen steht das **Rote Haus** (*Obere Mühlstraße 12, Tel. 05542/99 90 32*), ein Treffpunkt für gutes Essen und eine gemütliche Atmosphäre.

Das Schlundhaus in Meiningen

Romantisch geht es zu im Burgrestaurant **Maienluft** bei Wasungen (*Maienluft 1, Tel. 036941/7840*), wo es jeden Sonntag »Hütes« gibt, rohe Kartoffelklöße mit deftigem Braten.

Gourmets werden sich gewiss wohl fühlen in »**Dölle's Nr. 1**«, einem gepflegten Hotelrestaurant in Eschwege (*Friedrich-Wilhelm-Str. 2, Tel. 05651/7 44 40; www.doelles-nr1.de*).

Wer Thüringer Spezialitäten liebt, ist hier richtig: Die Küche des Hotels **Schlundhaus** in Meiningen (*Schlundgasse 4, Tel. 036/ 81 38 38*) gilt als die Geburtsstätte der Thüringer Klöße.

Weseridyll: In Bodenfelde-Wahmbeck östlich von Bad Karlshafen kann man mit der Fähre übersetzen.

Das Rathaus von Bad Karlshafen beherbergt ein sehenswertes Modell der Hugenottenstadt.

Restaurants & Gasthöfe

In historischen Mauern befindet sich die **Schlosschänke** in Hannoversch-Münden (*Vor der Burg 3-5, Tel. 05541/7 09 40; www.hann-muenden.net/schlosschaenke*), die ihren Gästen gehobene deutsche Küche bietet.

Im Landgasthaus **Zum Braunen Hirsch** in Hannoversch-Münden (*Laubacher Str. 39, Tel. 05541/3 29 04*) lockt die eigene Hausschlachtung.

Ein gepflegtes Restaurant-Cafe ist das **Hotel am Kurpark** in Bad Karlshafen (*Brückenstraße 1, Tel. 05672/18 50; www.hotel-am-kurpark.com*). Bei herrlicher Aussicht auf die Kurpromenade und die Weser bietet es saisonale leichte Küche und Fischgerichte der Region.

Das Hotel am Kurpark in Bad Karlshafen

Rustikale Atmosphäre herrscht im Weserzimmer des Hotel-Restaurants **Forsthof** in Beverungen (*Alter Postweg 1, Tel. 05273/3 89 70*); im so genannten Sandsteinzimmer werden die Gäste mit Kuchen und Gebäck verwöhnt.

Das Restaurant **Entenfang** im Residence Hotel in Höxter (*Godelheimerstr. 16, Tel. 05271/9 70 80, www.hotels-mit-herz.de/weserberghof/main.htm*) bietet klassische französische und leichte deutsche Küche.

Mitten in Hannoversch-Münden, am Weserstein an der Spitze einer Landzunge, beginnt die Weser, der längste »rein deutsche Fluss«, ihren Lauf in Richtung Nordsee durch die Porta Westfalica und durchquert dabei zwischen Hannoversch-Münden und Minden das reizvolle Weserbergland mit dem Reinhards-, Bram- und Kaufungerwald.

1 **Hannoversch-Münden** Die Stadt am Zusammenfluss von Werra und Fulda wurde um 1170 auf einer Landzunge zwischen den beiden Flüssen von Heinrich dem Löwen gegründet. Das mittelalterliche Stadtbild ist geprägt von 475 Fachwerkhäusern im Stil der Weserrenaissance, Kirchen und Resten der alten Befestigungsanlage. Im Stadtzentrum liegt der Marktplatz vor dem eindrucksvollen Rathaus mit seiner ursprünglich gotischen Fassade, die 1603–1613 im Stil der Weserrenaissance umgestaltet wurde. Nahe der Werra, in der Nähe der alten Werrabrücke, steht das ehemalige Welfenschloss aus dem 16. Jh., heute Sitz des Städtischen Museums. Von der Tillyschanze am westlichen Stadtrand aus hat man einen herrlichen Blick auf die Altstadt.

2 **Veckerhagen** Hier ist noch eine der alten Weserfähren in Betrieb: Das Schiff wird von Drahtseilen gehalten, die über Rollen mit einem über den Fluss gespannten Kabel verbunden sind. Auf diese Weise drückt die Strömung das Schiff von Ufer zu Ufer. Die nächste Station entlang des Flusses ist der Ort Bursfelde im Bramwald mit den sehenswerten Überresten eines ehemaligen Benediktinerklosters (11./12. Jh.). Von dort geht es weiter nach Gieselwerder, einem Luftkurort mit schönen Fachwerkhäusern und der Ruine einer alten Wasserburg.

3 **Bad Karlshafen** Die Stadt geht auf eine Gründung hugenottischer Flüchtlinge im Jahr 1699 an der Mündung der Diemel in die Weser zurück. Davon zeugen noch heute schöne Barockhäuser, das Hugenottenmuseum und das symmetrisch angelegte Straßennetz. Seinen Namen verdankt das Städtchen einer 1730 entdeckten Solequelle und einem damals angelegten Hafenbecken. Von hier lohnt ein Abstecher (12 km) entlang der Diemel zum Fachwerkstädtchen Trendelburg, das von der gleichnamigen Burg überragt wird.
Wieder zurück auf der Wesertalstraße, führt der Weg zunächst weiter nach Beverungen, vorbei am AKW Würgassen. Ein Stück weiter lohnt ein Besuch der 1747 gegründeten Porzellanmanufaktur im rechts der Weser gelegenen Fürstenberg.

4 **Höxter** In der Altstadt stehen zahlreiche herrliche Fachwerkhäuser im Stil der Weserrenaissance, u. a. die so genannte Dechanei, ein früherer Adelssitz, das Tillyhaus, benannt nach dem kaiserlichen Feldherrn im Dreißigjährigen Krieg, und das Rathaus. Die romanische Kilianikirche mit ihren ungleich hohen Westtürmen stammt aus dem 12./13. Jh.

5 **Kloster Corvey** 2 km nordöstlich von Höxter liegt das 822 von Ludwig dem Frommen gegründete und 1802 säkularisierte Kloster Corvey, in dem während des 12. Jh. mehrere Reichstage stattfanden. Seine heutige Gestalt geht allerdings weitgehend auf das Barockzeitalter zurück, mit Ausnahme des großartigen romanischen Westwerks mit der »Kaiserloge«, die den deutschen Kaisern als Gastkirche diente. Sehenswert sind auch die barocken Prunkräume der ehemaligen Abtei, darunter der »Kaisersaal«, in dem alljährlich im Frühjahr die Corveyer Musiktage stattfinden. In der Bibliothek hat Hoffmann von Fallersleben 1860–1874 als Bibliothekar gearbeitet, er liegt in Corvey begraben.

Schloss Fürstenberg hoch über der Weser ist Sitz des Porzellanmuseums der gleichnamigen Manufaktur.

Corvey wurde einst als Kloster gegründet und in de

6 Holzminden Am rechten Weserufer liegt das Hafenstädtchen Holzminden mit stattlichen Fachwerkhäusern aus dem 17. Jh. Die Lutherkirche ist eines der Wahrzeichen der Stadt. Der Markt im Zentrum der Altstadt mit Brunnen und Baumreihen wird von einer Reihe hübscher Ackerbürgerhäuser gesäumt, das Severinsche Haus von 1683 (Nr. 9) ist das größte der Holzmindener Ackerbürgerhäuser, es ist reich geschmückt und wird von einer kunstvoll gestalteten Wetterfahne bekrönt.

7 Bevern Der etwas nördlich gelegene Nachbarort liegt ebenfalls auf der rechten Flussseite, ist aber von der Wesertalstraße aus mit einer der alten Seilfähren erreichbar. Der Ort lohnt vor allem wegen des so genannten Münchhausen-Schlosses, eines Juwels der Weserrenaissance (1603–1612), einen Besuch.

8 Bodenwerder Zwischen Holzminden und Bodenwerder ist das Wesertal besonders malerisch, eng und windungsreich. Der Name Bodenwerder ist untrennbar verknüpft mit dem Freiherrn von Münchhausen und liegt malerisch eingebettet in das Wesertal. Im Zentrum des Jodsolebades steht das Geburtshaus des »Lügenbarons«, ein Fachwerkbau, der heute als Rathaus dient (1600) und ein kleines Museum beherbergt. Am Münchhausenbrunnen reitet der Lügenbaron auf seinem legendären halben Pferd.

Bis 1948 lag die historische Altstadt auf einer Insel, dann wurde der Weserarm, der die Stadt vom linken Weserufer trennte, verfüllt, doch bleibt die Struktur der mittelalterlichen Siedlung bis in die Gegenwart erkennbar.

9 Hameln Die ehemalige Hansestadt liegt beiderseits der Weser. Der Sage nach lockte hier einst der Rattenfänger von Hameln mit seinem Flötenspiel 130 Kinder auf Nimmerwiedersehen aus der Stadt, weil ihm der Magistrat den Lohn für seine Vertreibung der Ratten verweigerte. Hameln gilt zu Recht als eine der schönsten Städte Deutschlands, denn kaum anders-

rockzeit zur prachtvollen Schlossanlage ausgebaut.

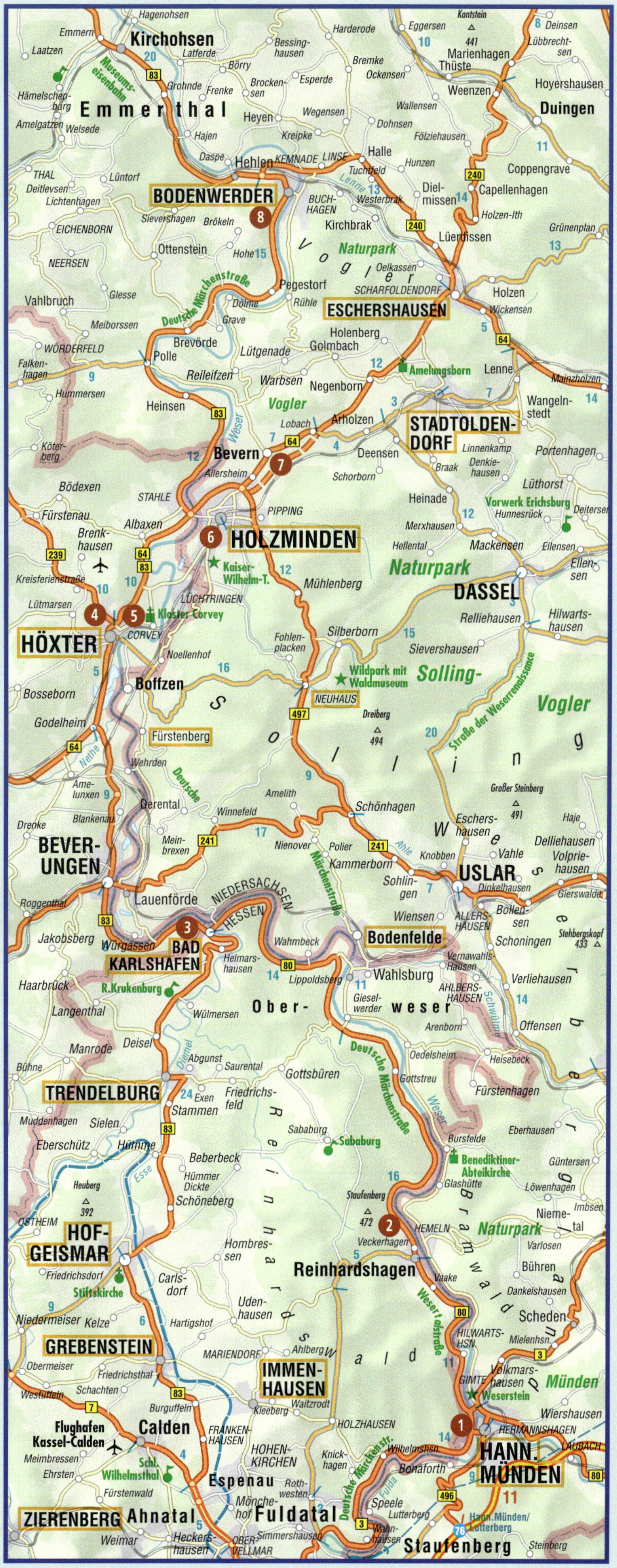

Freizeit & Sport

Allgemeine **Informationen** über das Weserbergland erhält man über den Tourismusverband Weserbergland-Mittelweser/Weserbergland Touristik in Hameln (*Deisterstr. 1, Tel. 05151/9 30 00, www.weserbergland.com*).

Passagierschiffe Die Schiffe der Weserflotte legen in Hameln, Bodenwerder, Polle, Höxter, Beverungen und Bad Karlshafen an. Infos unter: Flotte Weser GmbH & Co. KG in Hameln (*Deisterallee 1, Tel. 05151/93 99 99; www.flotte-weser.de*)

Fähren Kostenpflichtige Fähren für Autos und Personen überqueren den Fluss bei Hannoversch-Münden, Wahlsburg-Lippoldsberg, Bodenfelde-Wahmbeck, Polle, Hehlen, Emmerthal und Hessisch-Großenwie-

Am schönsten erlebt man das Weserbergland vom Fluss aus – ein Schiff der Weserflotte zwischen Holzminden und Bodenwerder.

den. Die Fähren in Bad Oeynhausen und Beverungen befördern nur Personen und Fahrräder.

Flusswandern Organisierte Bootstouren und Kanuverleih auf Weser, Leine, Emmer und Aller bietet der KANU Wasser-Wander-Service (*Zum Mühlensiek 13, 31848 Bad Münder, Tel.: 05042/74 70, www.paddeltouren.de*).

Weser-Radweg Dieser etwa 500 km lange Radweg führt von Hannoversch-Münden bis zur Nordsee und zählt zu den beliebtesten Radwanderwegen in Deutschland (*www.weser.org/weser-radweg/weserradweg.html; www.weserradweg.de*).

Wandern Der äußerst reizvolle »Weserbergland-Wanderweg« führt vom Gerburtsort der Weser in Hannoversch-Münden bis zur Porta Westfalica (etwa 210 km). Man benötigt dazu etwa zehn Tage. Freilich kann man auch kürzere Etappen wählen, etwa von Hannoversch-Münden nach Neuhaus in circa 5 Tagen. Weitere Informationen findet man unter *www.weserbergland.com, www.weser.org/bad-karls hafen, www.bodenwerder.de, www.hameln.de.*

Dämmerstimmung an der Weser bei Hameln, wo einst der legendäre Rattenfänger die Kinder der Stadt entführte.

Restaurants & Landgasthäuser

Vor allem in Hameln kann man in historischen Mauern gut tafeln, zum Beispiel im **Rattenfängerhaus** (*Osterstraße 28, Tel. 05151/38 88*).
Etwas Besonderes ist das Kartoffelhaus im **Bürgerhus** in Hameln (*Kupferschmiedestr. 13, Tel. 05151/2 23 83, www.kartoffelhaus-hameln.de*), das sich in einem historischen, 400 Jahre alten Fachwerkhaus befindet. Hier dreht sich auf der Speisekarte alles um die Kartoffel.
Auf der Hamelner Weserinsel Werder befindet sich das Restaurant **Die Insel** (*Inselstr. 6, Tel. 05151/5 99 99, www.die-insel-hameln.de*) in einem urigen Blockhaus.
Das Hotel-Restaurant **Altes Forsthaus** in

Kaffeeplausch nach dem Kulturgenuss: Stiftsherrenhaus mit Museum und Café in Hameln

Bückeburg (*Harrl 2, Tel.: 05722/2 80 40, www.altes-forsthaus.de*) serviert je nach Wunsch rustikale wie erlesene Gerichte.
Das Landgasthaus **Zum Krug** in Minden (*Tel. 05541/57 68*) bietet eigene Hausschlachtung und frische Produkte vom eigenen Hof.
Als Kolumbus Amerika entdeckte, stand das Schloss schon 184 Jahre am Ufer der Weser. Im 16 Jh. wurde es dann zum prächtigen Renaissanceschloss ausgebaut. Wunderschön gelegen ist diese einstige bischöfliche Residenz, die heute das **Schlosshotel Petershagen** ist (*Schlosstr. 5, Tel. 05707/9 31 30; www.romantikhotels.com/Petershagen*) und dessen Restaurant Genüsse für Freunde erlesener Speisen bereithält.

wo gibt es so viele alte Fachwerkhäuser und Bürgerhäuser im Stil der Weserrenaissance. Dazu gehören in der Bäckerstraße der »Rattenkrug« (1568) und die Löwenapotheke (um 1300).
Am historischen Marktplatz steht man wenig später vor der Fassade des Hochzeitshauses (1610–1617), heute Rathaus und Schauplatz des sommerlichen Rattenfänger-Freilichtspiels.
Gegenüber der frühgotischen Nikolaikirche, einst Gotteshaus der Weserschiffer, präsentiert sich die Prunkfassade des Dempterhauses (1607). Am Marktplatz beginnt auch die Osterstraße mit so eindrucksvollen Fassaden wie der des Stiftsherrnhauses (1558), des Leisthauses (1589) und des Rattenfängerhauses (1603). Sehenswert ist auch das wuchtige Münster St. Bonifatius (12–14. Jh.).

Auch in Rinteln dominiert die Weserrenaissance: Rathaus von 1598.

10 **Rinteln** In Teilen präsentiert sich die Altstadt noch wie zur Zeit des Stadtgründers Graf Adolf IV. von Schauburg, der sie 1230 plante. Das Rathaus wurde im 16./17. Jh. im Stil der Weserrenaissance erbaut.

11 **Porta Westfalica** 6 km südlich von Minden durchbricht die Weser das Weserbergland und macht sich auf den Weg durch das Norddeutsche Tiefland in Richtung Nordsee. Hier überragt der 270 m hohe Wittekindsberg die Weser, auf dessen Gipfel das monumentale Kaiser-Wilhelm-Denkmal thront. Von hier aus bietet sich ein grandioser Ausblick auf das Wesertal und das Norddeutsche Tiefland.

12 **Bückeburg** 7 km südöstlich von Minden liegt in reizvoller Landschaft etwas abseits und rechts der Weser die ehemalige Residenz der Grafen und Fürsten von Schaumburg-Lippe (ab 1609) mit einem sehenswerten Wasserschloss (14. Jh.) im Stil der Weserrenaissance.

13 **Minden** Die Stadt liegt nördlich der Porta Westfalica unweit des Mindener »Wasserstraßenkreuzes«, wo die Weser in einem 375 m langen Wassertrog in 13 m Höhe vom Mittellandkanal überquert wird und kurz darauf die beiden Wasserwege durch eine Schleuse miteinander verbunden sind. Hier ankern auch die Weser-Ausflugsschiffe. Schon für das Jahr 1042 ist für den alten Brückenort ein hölzerner Steg über die Weser verbürgt. In der Hanse- und Bischofsstadt selbst, deren Ursprünge bis ins 8. Jh. zurückreichen, sind vor allem der gewaltige Dom (11.–13. Jh.), der Laubengang des Rathauses (13. Jh.) – eines der ältesten überhaupt in Deutschland –, die Ritterstraße mit ihren Fachwerkhäusern, die Löwenapotheke am Marktplatz sowie das Schmiedingsche Haus und das Hagemeyer-Haus sehenswert.

14 **Petershagen** In der alten Bischofsstadt finden sich nenneswerte Zeugnisse alter Bauernkultur und schöne Bauten der Weserrenaissance, darunter die spätromanischen Weserkirchen in Buchholz (aus dem frühen 13. Jh.), Heimsen (13. Jh.), Ovenstädt (17./18. Jh.) und Windheim (aus dem frühen 13. Jh.).
Der Mindener Bischof Waldeck erbaute 1306 Schloss Petershagen, das seit 1967 als Hotel genutzt wird. Im so genannten »Scheunenviertel« im Stadtteil Schlüsselburg bilden 27 Fachwerkscheunen, die nach einem Brand 1617 entstanden, ein einzigartiges architektonisches Ensemble, zu dem auch die Fachwerkkapelle Röhden (1659) gehört.
In Petershagen an der Westfälischen Mühlenstraße finden sich noch elf restaurierte Mühlen, darunter die Plaggen Mühle in Döhren, eine Wassermühle aus der Mitte des 18. Jh., die Windmühle Meßlingen (etwa 1843) mit doppelter Windrose und hölzerner Galerie, die Klostermühle Lahde, eine Turmwindmühle von 1876 und die Windmühle Bierde von 1802.

Hameln: das Leisthaus von 1589

Rathaus der Residenzstadt Bückeburg

1896 enthüllt: das mächtige Kaiser-Wilhelm-Denkmal an der Porta Westfalica

Freizeit & Sport

Kanal-Kreuzfahrt Eine gute Gelegenheit, das größte Wasserstraßenkreuz der Welt »auf der Durchreise« zu besichtigen. Die Fahrt führt über die Kanalbrücken des Wasserstraßenkreuzes auf dem Mittellandkanal über die Weser und in die Mindener Hafenanlagen, dabei werden die Schachtschleuse, das Pumpwerk, die Kanalbrücke und der Südabstieg erläutert. Infos über Mindener Fahrgastschifffahrt (*An der Schachtschleuse, Tel. 0571/6 48 08 00, www.mifa.com*).

Am Wasserstraßenkreuz bei Minden kreuzt auf einer Brücke der Mittellandkanal die Weser.

»Boat and Bike« Eine interessante Kombination aus Fahrradtour und Schiffsausflug. Mögliche Routen: Weser-Radweg von Minden über Petershagen nach Stolzenau und Rückfahrt mit dem Schiff zum Schiffsanleger in Petershagen-Heisterholz oder zum Wasserstraßenkreuz in Minden. Infos unter *www.mifa.com*.

Raddampfer Wappen von Minden Das »Raddampfern« hat eine lange Traditon auf der Weser. Das Schiff ist ein restaurierter Original-Raddampfer, der zwischen Nienburg und Minden verkehrt. Informationen über www.mifa.com.

Weser-renaissance

Im Einzugsgebiet der Weser bildete sich ab 1520 für rund 100 Jahre ein eigenständiger Baustil heraus, die so genannte »Weserrenaissance«. Voraussetzung war eine Wirtschaftsblüte des Weserberglandes, das als »Kornkammer« Norddeutschlands große Gewinne machte. Zwischen Hannoversch-Münden und Bremen, Bielefeld und Paderborn sowie in Alfeld, Wolfsburg und Celle ließen Adel und Landesherren zahlreiche Schlösser, wie etwa Schloss Bevern, Schloss Hämelschenburg, das Welfenschloss in Gifhorn oder Schloss Brake bei Lemgo, in dem sich heute das Weserrenaissance-Museum befindet, neu erbauen oder alte Bauten umgestalten. In den Städten errichteten die Bürger Rathäuser und Wohnhäuser mit reich geschmückten Fassaden und teils mit den für diesen Stil typischen Erkervorbauten, wie in Höxter, Hameln, Minden, Lemgo und Rinteln.

Schloss Bückeburg in der gleichnamigen einstigen Residenzstadt bei Minden ist ein Schmuckstück der Weserrenaissance im Schaumburger Land. Im Innern beeindruckt der Goldene Saal mit dem Prunkportal »Götterpforte«.

Die 1615 geweihte Bückeburger Stadtkirche, ein bedeutender Kirchenbau der Spätrenaissance, besitzt einen prachtvoll ausgeschmückten Innenraum.

Das Wasserschloss Hülsede wurde 1529–1548 erbaut und ist ein typisches Beispiel der frühen Weserrenaissance.

Freizeit & Sport

Okertalsperre Die 75 m hohe Okertalsperre ist ein beliebtes Ausflugsziel für Segler, Surfer und Erholungssuchende. Auf dem See werden Bootsfahrten angeboten, Informationen geben die Okersee-Schiffahrt GmbH in Schulenburg (*Tel. 05329/8 11; www.okersee.de*).
Flusswandern Wer die Aller gern mit dem Paddel in der Hand erkunden möchte, kann Boote unter folgenden Adressen mieten oder bei den Veranstaltern auch organisierte Ausflüge buchen: Bootsmann Kanuverleih in Otersen (*Tel. 04238/94 32 68; www.bootsmann-kanuverleih.de*); Kanuverleih

Oben: Romkerhaller Wasserfall im Okertal nahe Goslar; unten: Wildwasserfahrt auf der Oker

Eystrup (*Tel. 0700/80 60 40 00; www.kanu-on-tour.de*). Fahrten auf Aller und Oker organisiert Kanadier-Touren in Braunschweig (*Tel. 0531/5 29 25; www.boots-touren.de*).
Bootsfahrten auf der Aller: Informationen zu Ausflugsschiffen erhält man bei der Verdener Erlebnisschifffahrt (*Tel. 04231/54 54, oder www.ms-stadt-verden.de/unterweser-start.htm*) beziehungsweise bei der Tourist-Info Stadt Verden (*Tel. 04231/80 71 80, www.verden.de*).
Floßfahrten Auf der Aller geht es während einer Floßfahrt etwas romantischer und »wassernäher« zu (*Tel. 05071/86 88*) zu. Floßfahrten auf der Braunschweiger Oker bieten die Braunschweiger Floßfahrten in Braunschweig (*www.braunschweiger-floss fahrten.de*) und OKER-TOUR (*Tel. 0700/ 78 37 38 72 oder www.oker tour.de*).

Gifhorn: ehemaliges Welfenschloss

Die 211 km lange Aller, ein rechter Nebenfluss der Weser, entspringt in der Magdeburger Börde und mündet bei Verden in die Weser. Sie ist einer der wenigen weitgehend naturbelassenen deutschen Flüsse. Die nur 125 km lange Oker entspringt am Bruchberg im Harz und mündet zwischen Celle und Gifhorn in die Aller. Das Okertal ist ein wildromantisches Flusstal mit eindrucksvollen Felsformationen.

Die Aller

1 Wolfsburg Keimzellen der 1938 im Zuge der Errichtung des Volkswagenwerkes gegründeten Stadt waren die beiden Dörfer Wolfsburg und Fallersleben sowie das an der Aller gelegene Schloss Wolfsburg. Jenseits der Aller am Mittellandkanal erstreckt sich heute das riesige Areal des Volkswagenwerkes, zu dem auch die »Autostadt« gehört, eine einzigartige Park- und Seenlandschaft. Ihr Wahrzeichen sind die zwei hohen gläsernen »AutoTürme«.
2 Gifhorn Die Stadt in den Niederungen der Aller war einst Knotenpunkt der »Salzstraße« von Lüneburg nach Braunschweig und der »Kornstraße« von Magdeburg nach Celle. Von der Blütezeit der Stadt zeugen heute noch sehenswerte Fachwerkhäuser (16./17. Jh.) und der Ratsweinkeller, das ehemalige Rathaus. Das ehemalige Welfenschloss wurde im Stil der Weserrenaissance (16. Jh.) erbaut. Sehenswert ist auch der nahe gelegene Internationale Mühlenpark mit insgesamt neun historischen Wind- und Wassermühlen.
3 Celle Die traditionsreiche Brückenstadt an der Aller liegt am Südrand der Lüneburger Heide und war 1378–1705 Sitz der Herzöge von Lüneburg. Davon zeugt ihr Schloss, das seine heutige Gestalt im 16./17. Jh. erhielt. Es präsentiert sich in einem Stilmix aus Renaissance- und Barockelementen. Das

Ein bedeutendes mittlelalterliches Bauwerk des Nordens: Nonnenchor im Kloster Wienhausen

Am Westrand der Lüneburger Heide gelegen: die Reiter- und Domstadt Verden an der Aller

Schlosstheater ist Deutschlands ältestes bespieltes Theater. Besonders stolz ist Celle auf seinen geschlossenen Komplex von etwa 500 Fachwerkhäusern. Den besten Überblick hat man vom Turm der Stadtkirche St. Marien.

4 Wienhausen 10 km südöstlich von Celle lohnt ein Besuch im ehemaligen Zisterzienserkloster, einem der bedeutendsten Bauwerke Norddeutschlands und berühmt für seine Wand- und Gewölbemalereien sowie seine gotischen Wandteppiche.

5 Verden Die Stadt liegt nahe der Mündung der Aller in die Weser und ist das unbestrittene Zentrum der Hannoveranerzucht. Karl der Große hielt hier 782 sein »Verdener Blutgericht« über die besiegten Sachsen ab, kurz darauf wurde Verden Bischofssitz. Der Bau des Verdener Doms dauerte von 1290 bis 1490. Weitere Sehenswürdigkeiten sind die Andreaskirche (13. Jh.) und die Johanniskirche (12.–15. Jh.).

Das Okertal

6 Okerstausee Der im Oberharz nördlich vom Wintersportort Altenau liegende Stausee wurde zwischen 1952 und 1956 als Trinkwasserspeicher, Hochwasserregulierer und zum Ausgleich sommerlicher Niedrigwasserstände erbaut, die Energiegewinnung spielte ursprünglich nur eine Nebenrolle.

7 Goslar Am Nordwestrand des Harzes liegt die einstige Kaiser-, Reichs- und Hansestadt Goslar, deren Ursprünge bis ins 10. Jh. zurückreichen, als am nahe gelegenen Rammelsberg eine schon zu Römerzeiten ausgebeutete Silberader wieder entdeckt wurde. Kaiser Heinrich II. verlegte deshalb seine Kaiserpfalz hierher – der heute größte romanische Palastbau Deutschlands.

Die UNESCO erhob die Kaiserpfalz (1039 bis 1056), die von Fachwerkhäusern gesäumte Altstadt, die fast intakte Stadtbefestigung sowie das 1988 stillgelegte Silberbergwerk Rammelsberg zum Weltkulturerbe. Am historischen Marktplatz mit dem Marktbrunnen steht das Rathaus (1450) mit dem so genannten Huldigungssaal und seinen einzigartigen Wand- und Deckengemälden. Dahinter liegt die gotische Marktkirche (12./13. Jh.). Ebenfalls sehenswert ist die spätromanische Kirche Neuwerk (12./13. Jh.).

8 Wolfenbüttel Die Stadt zwischen zwei Flussarmen der Oker war 1308–1758 Sitz der Herzöge von Braunschweig und bietet noch heute mit ihren weitgehend erhaltenen 500 Fachwerkhäusern das Bild einer kleinen Residenzstadt. Im Zentrum der Altstadt liegt das ab 1715 im Barockstil umgestaltete Schloss, gegenüber das ehemalige Zeughaus (1613–1618), östlich vom Schloss steht das Rathaus. Weltberühmtheit erlangte die Stadt durch die Mitte des 17. Jh. gegründete Herzog-August-Bibliothek mit wertvollen mittelalterlichen Schriften.

9 Braunschweig Die Stadt liegt im fruchtbaren Tal der Oker und war im 12. Jh. Residenz von Heinrich dem Löwen. 1247 wurde sie Mitglied der Hanse und erlebte im 15. Jh. ihre Blütezeit. Am Burgplatz in der Stadtmitte erhebt sich Burgwarderode, die einstige Residenz von Heinrich dem Löwen, als Zeichen seiner Macht ließ er einen bronzenen Löwen (1166) – die erste frei stehende romanische Skulptur Deutschlands – aufstellen. Auch der romanische Dom St. Blasius (1173–1195) geht auf den Herrscher zurück, der hier zusammen mit seiner Frau Mathilde begraben liegt. Westlich vom Dom erstreckt sich der Altstadtmarkt, ein sehenswertes Ensemble historischer Bauwerke, darunter das gotische Altstadtrathaus, die Martinikirche und das Gewandhaus im Renaissancestil.

Wildschäumend bahnt sich die Oker ihren Weg. Selbst härtester Granit kann dem Harzflüsschen nicht dauerhaft trotzen.

Restaurants in historischen Gemäuern

Die **Worthmühle** in Goslar (*Worthstraße 4, Tel. 05321/4 34 02;www.worthmuehle.de*) ist ein uriges Harzer Spezialitätenrestaurant mit einem wunderschönen Garten. Um das Jahr1540 befand sich hier eine Kornmühle.

Das Hotel-Restaurant **Alte Mühle** in Weyhausen (*Wolfsburger Straße 72, Tel. 05362/9 80 00; www.alte-muehle-wolfsburg.de*) bietet in den Restaurants Kornkammer und Mühlenstube kulinarische und rustikale Köstlichkeiten.

Gediegen: im Fürstenhof in Celle

Das Restaurant **Endtenfang** im Fürstenhof Celle (*Hannoversche Straße 55–56; www.fuerstenhof.de*) zählt zu den besten Adressen der Stadt. Hotel und Restaurant befinden sich in einem 1670 erbauten Palais.

Das **Gewandhaus-Restaurant** im Hotel St. Georg in Braunschweig (*Alte Knochenhauer Str. 11–13, Tel 0531/1 30 30; www.ritterstgeorg.de*) befindet sich in einem der ältesten mittelalterlichen Fachwerkhäuser der Stadt und serviert altdeutsche Küche in romantischer Atmosphäre.

Die reich verzierte Alte Lateinschule in Alfeld an der Leine stammt aus dem Jahre 1610.

Seit 1985 Weltkulturerbe der UNESCO: die romanische Michaeliskirche in Hildesheim

Die Leine, ein von Süden kommender linker Nebenfluss der Aller, entspringt bei Leinefelde im thüringischen Eichsfeld und fließt hinter Göttingen durch den Leinegraben. Beiderseits des Leinetals erstreckt sich das Leinebergland, das im Westen in das Weserbergland und im Osten in den Harz übergeht und auch »Schneewittchenland« genannt wird. Nach insgesamt 281 km mündet die Leine nördlich von Schwarmstedt in die Aller.

1 Göttingen Die Stadt ist eine der traditionsreichsten deutschen Universitätsstädte. An der 1734 gegründeten Georg-August-Universität wirkten Heinrich Heine, Alexander von Humboldt und die Brüder Grimm. Im Zentrum der Altstadt rund um den historischen Marktplatz mit zahlreichen Fachwerkhäusern steht der Gänselieselbrunnen, das Wahrzeichen der Stadt. Wie anno dazumal muss noch heute jeder frisch gebackene Doktor die Gänseliesel küssen. Unweit davon steht das gotische Alte Rathaus (13./14. Jh.) und die Johanniskirche mit ihren Doppeltürmen (1300–1344). Weitere sehenswerte Kirchen der Altstadt sind St. Michael, St. Albani und St. Jakobi. Am Wilhelmsplatz beeindruckt die alte Aula der Universität (1835–1837).

2 Northeim Das mittelalterliche Fachwerkstädtchen im Leinebergland ist Ausgangspunkt für Wander-, Rad- und Kanutouren auf der Rhume.

3 Einbeck Am Nebenflüsschen Ilme liegt die einstige Hansestadt mit Resten der ehemaligen Stadtmauer, Fachwerkhäusern aus dem 16. Jh. und dem Rathaus mit drei schiefergedeckten Türmen, die in den Jahren 1550–1556 errichtet wurden. Zu frühem Wohlstand kam Einbeck durch die schon 1378 gegründete Brauerei – die erste von schier unglaublichen 600, die es später in der Stadt gab. Vom heute noch gebrauten Einbecker Bier (»ainpöckisch«) leitet sich die Bezeichnung »Bockbier« ab.

4 Alfeld Die Stadt rechts der Leine liegt im Herzen des Leinebergladens. Ihre teilweise noch mittelalterliche Altstadt wird überragt von den Zwillingstürmen der gotischen Hallenkirche St. Nicolai (15. Jh.). Das älteste der Fachwerkhäuser stammt von 1490. Fast ein Jahrhundert jünger ist das Rathaus nördlich der Kirche. Bei Alfeld verengt sich das Leinetal und wird zum Durchbruchstal.

5 Hildesheim Kurz vor Nordstemmen sollte man unbedingt einen Abstecher in die 18 km entfernte alte Bischofsstadt (seit 815) einplanen. Das frühere Hansemitglied (ab 1367) liegt am Leine-Nebenfluss Innerste. Gleich zwei der hiesigen Kirchen hat die UNESCO zum Weltkulturerbe erklärt: den Dom St. Mariä und die Michaeliskirche. Letztere wurde im 11. Jh. von Bischof Bernward als dreischiffige Basilika im ottonischen Stil in Auftrag gegeben. Einzigartig sind hier außer der imposanten Gesamtanlage auch sakrale romanische Kunstwerke wie der Epiphaniusschrein (1140), die Bernwardtür und -säule (1120), der Herzilo-Leuchter (1060) und der Tausendjährige Rosenstock an der Apsis. Weitere Sehenswürdigkeiten sind der nach dem Zweiten Weltkrieg restaurierte historische Marktplatz mit dem Wedekindhaus, dem Knochenhaueramtshaus (1529) – angeblich das größte und schönste Fachwerkhaus in Deutschland –, dem Tempelhaus (14. Jh.) und dem Rokokohaus (1757).

6 Schloss Marienburg Einer der schönsten Ausblicke auf das Leinetal eröffnet sich vom Welfenschloss Marienburg in Nordstemmen, rund 20 km südlich von Hannover gelegen. Das Mitte des 19. Jh. erbaute Schloss im neugotischen Stil entspricht den

Ratskeller & Gasthöfe

Im 600 Jahre alten Gewölbekeller des **Rathskeller** im Herzen von Göttingen (*Markt 9, Tel. 0551/5 64 33; www. rathskel lergoettingen.de*) finden die Gäste ein schönes historisches Ambiente und eine gediegene Küche.
Das Gasthaus **Zum Brodhaus** in Einbeck (*Marktplatz 13, Tel. 05561/92 41 69*) von 1552 ist das ehemalige Gildehaus der Bäcker. Es serviert regionale gutbürgerliche Küche. Urig: die Sitzplätze in alten Fässern in der Braudiele.

Das Brodhaus in der Bierstadt Einbeck

Das Landhaus **Weiß** in Alfeld (*Merschroderstraße 11, Tel. 06631/40 06*) ist ein ländliches Spezialitätenlokal mit angeschlossener Weinhandlung.
Direkt in der Hildesheimer Altstadt befindet sich der **Andechser** (*Markt 1 – 3; Tel. 05121/17 45 65; www.andechs.de*) im historischen Rathaus aus dem 11. Jh. Bereits 1286 gab es hier im Rathaus ein Wirtshaus, somit ist der Ratskeller der älteste bewirtete Ratskeller Deutschlands.

Wahrzeichen der niedersächsischen Landeshauptstadt Hannover: das Neue Rathaus

Das Galeriegebäude in der prachtvollen barocken

idealen Vorstellungen von einem mittelalterlichen Schloss.

7 Hannover Die 1150 erstmals urkundlich erwähnte heutige niedersächsische Landeshauptstadt an der unteren Leine ist als Messe- und Museumsstadt weltberühmt. Zu den international bekannten Museen zählt das Sprengelmuseum (deutscher Expressionismus bis zu Niki de St. Phalle), das Kestner-Museum (Kulturgeschichte) und das Niedersächsische Landesmuseum (frühgeschichtliche, völkerkundliche und kulturhistorische Sammlung) sowie die angegliederte Landesgalerie.

Vor dem Hauptbahnhof überwacht König Ernst August (reg. 1837–1851) von seinem Reiterdenkmal aus mit strengem Blick das rege Treiben zu seinen Füßen, denn dieser Platz »unterm Schwanz« ist ein beliebter Treffpunkt der Hannoveraner. Von hier aus kommt man zum neoklassizistischen Opernhaus (1845–1852), entlang dem Prachtboulevard Georgstraße zur Ruine der Aegidienkirche (14. Jh.) und zum fast 100 m hohen, barock anmutenden Neuen Rathaus. Der erst 1901–1913 errichtete Kuppelbau mit seinen zwei Fassadentürmen ruht auf etwa 6000 Buchenstämmen. Weitere Sehenswürdigkeiten in Hannover sind das Leineschloss (17. Jh.), das Wangenheim-Palais, die Marktkirche (14. Jh.) und das Alte Rathaus (15. Jh.) – beides schöne Beispiele für die norddeutsche Backsteingotik.

In Herrenhausen ließen die Hannoveraner Herrscher vom 17. bis zum 19. Jh. die berühmten Herrenhauser Gärten anlegen, darunter den barocken Großen Garten mit den Überresten des Herrenhauser Schlosses (erhalten sind nur noch die Orangerie und das Galeriegebäude, 1694–1700). Im Georgengarten im englischen Stil wartet das Wilhelm-Busch-Museum auf Besucher. Der Berggarten ist heute ein Botanischer Garten mit mehr als 12 000 Pflanzen. Eine Attraktion der besonderen Art in den Herrenhauser Gärten ist das Regenwaldhaus – ein Stück Brasilien mitten in Hannover!

Gartenanlage von Hannover-Herrenhausen.

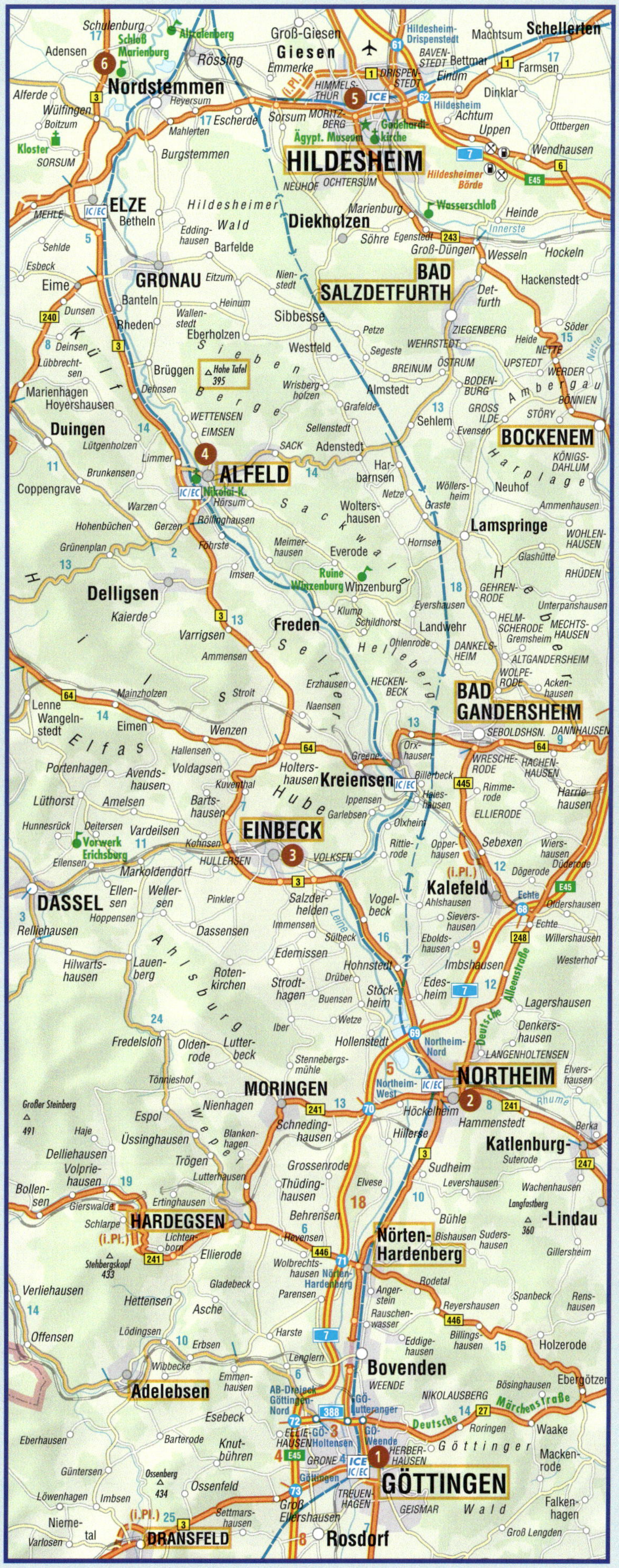

Freizeit & Sport

Maschsee Der 2,4 km lange und bis zu 530 m breite, in den Jahren 1934–1936 künstlich angelegte See in Hannover ist ein beliebtes Sport- und Erholungsgebiet für die Hannoveraner mit Uferwegen, Strandbad, Segelschule und Motorbootverkehr. Infos unter *www.hannover.de*.

Wasserwandern Zwei mögliche Kanutouren sind der 36 km lange Leineabschnitt von Friedland nach Göttingen und der 23 km lange Teil von Salzderhelden nach Freden. Verleihstationen für Fahrten auf der Leine und dem Nebenfluss Rhume über Bootsverleih Northeim (*Am Rhumekanal 1, Tel. 05551/43 80*) oder Bootsverleih The Eddy Kanu- und Trekking GmbH in Friedland-Klein Schneen (*Lindenstr. 24, Tel. 05504/86 47*). Informationen über die Streckenführung bei *www. trekkingguide.de*. Allgemeine Informationen unter *www.nort heim.de*.

Ausflugsschiffe Von Hannover aus startet die »Leineschloss« zu verschiedenen Ausflugsfahrten rund um Hannover, durch die Kanäle und zur Hindenburgschleuse. Informationen unter Eva-Gloria-Gerhardt Fahrgastschiffahrt in Minden (*Neißestraße 9, Tel. 0511/3 88 87 97; www.leineschloss-hannover.de*).

Northeimer Seenplatte Das durch Kiesabbau entstandene 360 ha große Seengebiet

Oben: der Maschsee bei Hannover
Unten: Brücke über die Leine bei Einbeck

besteht aus zwölf künstlichen Seen. Informationen erhält man unter *www. northeim.de/seiten/freizeit/see/seenplatte.htm*. Wassersport Kellermann in Northeim (*www.wassersport-kellermann.de*) bietet Motorbootführerscheine sowie Segel- und Surfkurse an.

Bremen und Bremerhaven

Trotz starker Zerstörungen im Zweiten Weltkrieg zeigt sich in Bremen so manches historische Bauwerk in alter oder neuer Pracht. Die aus einer Fischer- und Kaufmannssiedlung entstandene Stadt an der Weser erlebte ihre erste kulturelle und wirtschaftliche Blütezeit im 11. Jh. 1358 trat Bremen der Hanse bei und wurde im 17. Jh. Freie Reichsstadt. Den schönsten Teil bildet das historische Zentrum um den Marktplatz mit dem Rathaus, dem Gildehaus Schütting und dem Dom. Direkt davor ragt die mächtige Rolandstatue von 1404 in den Himmel.

Das nördlich von Bremen an der Weser gelegene Bremerhaven wurde 1827 als dessen Vorhafen angelegt und steht heute ganz im Zeichen von Fischerei, Schifffahrt und Polarforschung. Einen Besuch lohnt das Deutsche Schifffahrtsmuseum, wo auch eine alte Hanse-Kogge zu sehen ist.

Bremens weitläufiger Marktplatz wird vom Rathaus im Renaissancestil und dem gotischen Dom St. Petri beherrscht. Rechts im Bild: das Haus der Bremer Bürgerschaft von 1966.

Von Bremerhaven in die große weite Welt hinaus: im Bild der Alte Hafen und das Columbus-Center.

Auch im Hafen der Hansestadt Bremen lautet das tägliche Motto der bremischen Kaufleute: »Zeit ist Geld«.

Die Elbe

Die Elbe zählt zu den längsten Strömen Mitteleuropas. Als Verbindung zwischen Ost und West und als Verkehrsader wird sie mit der Osterweiterung der Europäischen Union zunehmend wichtiger.

Pittoreskes Schrammsteingebirge: Elbblick in Richtung Winterberg und Böhmen

Zwischen ihrer Quelle im Riesengebirge auf 1386 m Höhe und ihrer Mündung in die Nordsee durchquert die 1170 km lange Elbe vielfältige Naturräume. Die junge Elbe, die in Tschechien Labe heißt, durchfließt das Böhmische Becken und bricht nach der Einmündung der Nebenflüsse Moldau und Eger durch das Böhmische Mittelgebirge. Mit dem Elbsandsteingebirge stellt sich der Elbe erneut ein mächtiges Hindernis in den Weg, doch hat der Fluss hier schon eine so große Kraft, dass er dieses Bergland in einem markanten Durchbruchstal durchqueren kann.

Symboltier der Elbtalauen: der Biber

Die engen Schluchten und steilwandigen Canyons liegen jenseits der deutsch-tschechischen Grenze im Bundesland Sachsen. Die bizarren Landschaftsformen verdanken ihre Entstehung der Erosionstätigkeit der Elbe, die sich hier tief in den Sandstein eingeschnitten hat. Die schroffen Felsnadeln und Felstürme des Elbsandsteingebirges sind eine in Europa einzigartige Landschaft und ein wahres Dorado für Kletterer. 1990 wurde der Nationalpark Sächsische Schweiz eingerichtet.

Nach Durchquerung der vom Wasser aus wildromantischen Berglandschaft weitet sich das Elbtal. Hinter Pirna, dem »Tor zur Sächsischen Schweiz«, wird der Verlauf des Flusses ruhiger, die Höhenzüge weichen zurück. Die Barockstadt Dresden zeigt, dass nicht nur die Natur, sondern auch der Mensch Eindrucksvolles schaffen kann. Die sächsische Kulturmetropole trägt den Beinamen »Elb-Florenz« zu Recht. Die Stadt wartet zu beiden Seiten des Flusses mit historisch wertvollen Bauwerken auf.

Von hier geht es weiter durch malerische Orte zwischen idyllischen Hügellandschaften. Das günstige Klima erlaubt intensiven Obst- und Weinbau. Das obere Elbtal endet in Meißen, dem historisch bedeutenden Produktionsstandort für Porzellan.

Bei Riesa tritt die Elbe in das Norddeutsche Tiefland ein. Hinter der Einmündung der Schwarzen Elster erreicht der Fluss die Lutherstadt Wittenberg. Die Luthergedenkstätten wurden ebenso wie die Bauhausstätten in Dessau 1996 von der UNESCO zum Weltkulturerbe erklärt. In Dessau mündet die Mulde von Süden kommend in die Elbe. Der Strom schlängelt sich nun

Dresdens 226 m lange Brücke »Blaues Wunder« verbindet die Stadtteile Blasewitz und Loschwitz.

Frachter bei Dömitz: Trotz Schiffsverkehr sind die Elbtalauen noch weitgehend naturbelassen.

in seinem mittleren Abschnitt durch eines der größten zusammenhängenden Auenwaldgebiete Mitteleuropas, die einmündende Saale erhöht nochmals die Wassermenge des Stromes.

Hinter Magdeburg leuchtet das Elbtal in der Magdeburger Börde im Sommer goldgelb – auf den fruchtbaren Böden wächst, soweit das Auge reicht, Getreide. Künstliche Wasserstraßen wie Mittellandkanal (Richtung Westen zur Weser, Ems und dem Rhein) und Elbe-Havel-Kanal (Richtung Osten) schaffen Verbindungen zu anderen Flusssystemen.

Einen weiteren Schub erhält die Elbe in der Altmark durch die bei Havelberg einmündende Havel. Souverän bahnt sich die Elbe nun ihren Weg durch sanftwellige Moränengürtel der letzten Eiszeiten und streift anschließend die Lüneburger Heide. Je mehr sich die Elbe ihrem Unterlauf nähert, desto intensiver wird die Schifffahrt. Hinter dem Elbeseitenkanal und dem Elbe-Lübeck-Kanal, der Verbindung zur Ostsee, bestimmen immer mehr Werften und Reedereien das Bild.

Die Elbe erreicht nun Hamburg, das durch seinen Hafen – nach Rotterdam zweitgrößter Hafen Europas – zur Weltstadt wurde. Nach Verlassen der Hansestadt passiert die Elbe das Alte Land. Großflächiger Obstbau prägt die Marschlandschaft. Hier weht der Seewind der Elbe schon kräftig entgegen. Der Mündungstrichter öffnet sich bis auf eine Breite von 15 km, bei Cuxhaven hat der Fluss dann im Nationalpark Wattenmeer sein Ziel erreicht: die Nordsee.

Großes Bild oben: die sächsische Hauptstadt Dresden – Blick über die Elbe auf die Brühlschen Terrassen, die Katholische Hofkirche und die Semperoper

Hamburger Hafen: »Tor zur Welt« und größte Sehenswürdigkeit der Elbstadt

Sächsische Schweiz: Blick auf Stadt Wehlen an der Elbe

Grandiose Szenerie: Elbdampfer vor dem Basteifelsen

Wenn die Elbe der Nordsee in die Arme sinkt, dann hat sie eine weite Reise hinter sich. Auf ihren ersten Kilometer nach Verlassen ihres Geburtslandes Tschechien gräbt sie sich durch eine abenteuerliche Landschaft: das Elbsandsteingebirge. Später fließt sie durch sanfte Hügellandschaften mit romantischen Weindörfern und stattlichen Schlössern.

1 **Bad Schandau** Der Zielhafen der »Weißen Flotte« heißt Bad Schandau. Er ist für seine eisenhaltige Quelle berühmt, die bereits um 1730 entdeckt wurde. Die spätgotische Kirche St. Johannis stammt aus dem 14. und 15. Jh. Ihr Renaissance-Altar war für die Dresdner Kreuzkirche bestimmt. Das Heimatmuseum des beliebten Kurortes dokumentiert die Entwicklung der Elbschifffahrt und zeigt eine geologische Sammlung mit Funden aus der Umgebung.

2 **Rathen** Unmittelbar zu Füßen der Bastei zeigt sich Rathen als beschaulicher Kurort. Er ist ein günstiger Ausgangspunkte für

Geschenk Augusts des Starken an Gräfin Cosel: das anmutige Schloss Pillnitz

Freizeit & Sport

Sächsische Dampfschiffahrt Mit ihrer größten und ältesten Raddampfer-Flotte der Welt, lädt die Sächsische Dampfschifffahrt zu Fahrten durch die Landschaft der südlichen Elbe ein. Neue (Heiraten an Bord), aber auch bewährte Angebote wie Jazz- und Dixielandfahrten, Operettenfahrten, Seniorenfahrten, Sommernachtsfahrten mit

Elbdampfer vor Schloss Albrechtsberg

Tanz und Bufett sowie Linienfahrten werden auf der Flussstrecke zwischen Tetschen in Tschechien und Seußlitz angeboten. Sächsische Dampfschifffahrt in Dresden *(Hertha-Lindner-Str. 10, Tel. 0351/86 60 90; www.saechsische-dampfschiffahrt.de).*

Schlauchboot und Kanu Ein Abenteuer mit viel Spass und herrlichen Natureindrücken bietet eine Bootsfahrt auf der Elbe mit dem Schlauchboot oder Kanu. Schlauchboote mit und ohne Motor sowie Paddelboote und Kanadier kann man sich in der Stadt Wehlen mieten. Die Boote sind unsinkbar und für Binnenwasserstraßen zugelassen. Informationen bei Spaßtours *(Mennickestraße 29, 01829 Stadt Wehlen, Tel. 035024/710 84; www.elbe-erleben.de)*

Wandern Der Kurort Rathen ist Ausgangspunkt für Wanderungen zur bizarren Felsformation Bastei. Rund 200 m stürzt der Felsen senkrecht zur Elbe hinab.

Auf der Felsenbühne Rathen finden allsommerlich (Mai bis September) Festspiele statt. Oper, Operette, Schauspiel und Kindertheater werden gleichermaßen angeboten. Informationen finden sich bei der Gemeindeverwaltung Rathen *(Niederrathen 17 b, Tel. 035024/704 22)* oder Felsenbühne *(Tel. 035024/77 70; www.felsenbuehne-rathen.de).*

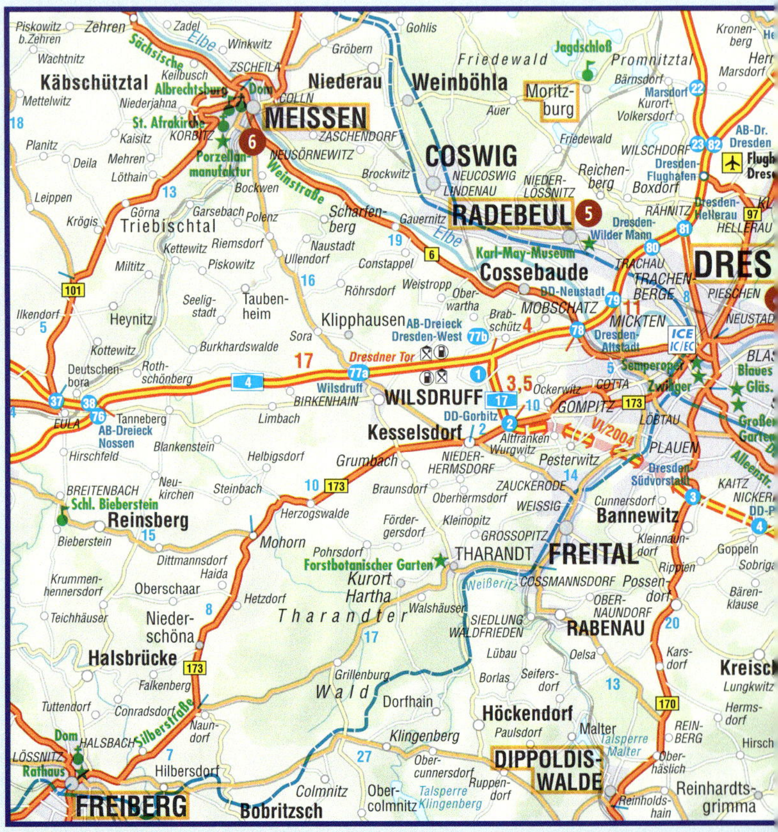

Sandstein-Piqueur an der Auffahrt zum Jagdschloss Moritzburg

Überwältigend: Blick von der Bastei auf den Fluss und die Tafelberge des Elbsandsteingebirges

Wanderungen durch die Felsen der Sächsischen Schweiz oder hinauf zur Felsenbühne Rathen.

3 Bastei Der wohl berühmteste Teil der Sächsischen Schweiz erhebt sich majestätisch über der Elbe: die Bastei. »Nur« rund 200 m hoch ist sie, doch ihre schroffe Sandsteingestalt ist ungleich beeindruckender als diese schlichte Zahl. Wie viele weitere Felsen der Sächsischen Schweiz wurde auch die Bastei von der Elbe geschaffen, als sich diese in das sich hebende Bergland markant eintiefte. Insgesamt rund 900 freistehende Felsen ziehen zahlreiche Kletterer in ihren Bann.

4 Dresden Der Kosename »Elb-Florenz« sagt alles: Dresden ist eine bedeutende Kulturmetropole. Gegründet bereits im frühen 12. Jh., begann der Aufstieg der Stadt erst unter den Wettinern, als diese im ausgehenden 15. Jh. ihre Residenz hierher verlegten. Auf diese Zeit gehen auch die Anfänge des Schlosses zurück. Unter den Kurfürsten Moritz (1541–1553) und August (1553–1586) wurde dieses großzügig erweitert. Ihren baulichen Ausdruck fand die Stärke Sachsens im weltberühmten Zwinger mit dem imposanten Kronentor, in den Schlössern Pillnitz (am östlichen Stadtrand) und Großsedlitz (in Heidenau), aber auch in der protestantischen Frauenkirche und der katholischen Hofkirche. Als letzter großer Baumeister Dresdens gilt Gottfried Semper. Von ihm stammen die Pläne für die Gemäldegalerie, die den Zwinger zur Elbseite hin abschließt (1847–1854), und für das Hoftheater (1870–1878), besser bekannt als »Semperoper«. Auf das 19. Jh. geht auch der »Fürstenzug« zurück, ein Wandbild aus Porzellankacheln, das 35 sächsische Fürsten aus der Dynastie der Wettiner zeigt. Zum Fluss hin öffnet sich das linkselbische Dresden mit der Brühlschen Terrasse, einem imposanten Bauensemble im Rokokostil. Den Abschluss der Brühlschen Terrasse nach Osten bildet das Albertinum, das neben einer beachtlichen Skulpturensammlung und der renommierten Gemäldegalerie »Neue Meister« auch das »Grüne Gewölbe«, das reichste Schatzkammermuseum Europas, beherbergt.

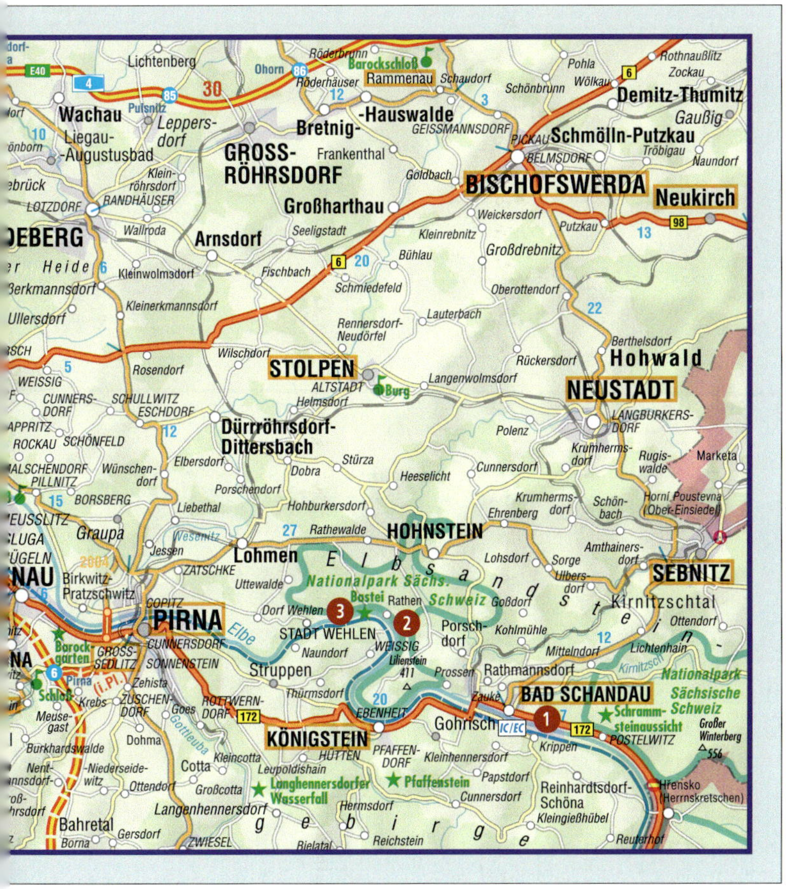

5 Radebeul Die Umgebung Dresdens erkundet man am besten per Schiff. So gelangt man an Weinbergen entlang nach Radebeul. Berühmtester Sohn des Ortes ist Karl May (1842–1912). Der wohl meistgelesene Autor deutscher Sprache hat hier den größten Teil seines Lebens verbracht. Nördlich Radebeuls lockt Schloss Moritzburg, einst Jagdsitz Augusts des Starken.

6 Meißen Über 500 Jahre lang wurde Sachsens Geschick von Meißen aus bestimmt. Den wahren Ruhm brachte jedoch erst das »weiße Gold« – das Porzellan, das in der 1710 gegründeten Porzellanmanufaktur, die sich damals in der Albrechtsburg befand, hergestellt wurde. Dieser sollte man unbedingt einen Besuch abstatten, bietet sie doch außer einer Kunst- und Porzellansammlung ein erlesenes Beispiel höfischer Architektur der Spätgotik. Neben der Burg ragt eines der meistbesuchten Baudenkmäler Sachsens auf: der Dom St. Johannes und St. Donatus mit seinen grandiosen Steinskulpturen. Vom Burgberg aus hat man einen herrlichen Blick auf das Elbtal.

Weingüter & Restaurants

In der Sächsischen Schweiz schwört man auf den eigenen Wein, der seit dem 13. Jh. an den Elbtalhängen von Diesbar-Seußlitz bis Graupa kultiviert wird. Hier entlang führt auch die Sächsische Weinstraße, entlang derer Weinfreunde und Weinkenner voll und ganz auf ihre Kosten kommen.

Spitzhaus (17. Jh.) hoch über den Radebeuler Weinbergen (heute Gasthaus)

Hervorragende Weine keltert das **Staatsweingut Schloss Wackerbarth** in der Karl-May-Stadt Radebeul. Zudem besticht es durch die schöne Lage (*Im Schloss, Tel. 0351/72 27 28*).

Ebenfalls in Radebeul garantiert das **Spitzhaus** (*Spitzhausstraße 36, Tel. 0351/8 30 93 05*) eine schöne Aussicht – kombiniert mit exklusiven Speisen.

Wer in der Sächsischen Schweiz wandern will, kann das im Jahr 1888 gebaute **Elbhotel** in Bad Schandau (*An der Elbe 2, Tel. 035022/5 70*) zum Ausgangspunkt nehmen. Das stilvolle Hotel-Restaurant kredenzt einen sehr guten Elbtal-Wein.

Elbsandsteingebirge

Wohl kaum eine andere deutsche Landschaft übt eine solche Faszination aus wie das zauberhafte Elbsandsteingebirge. Vor etwa 90 Mio. Jahren verfestigten sich in einer Bucht zwischen dem Erzgebirge und der Oberlausitz große Mengen Sand, Tonschlamm und kalkhaltige Überreste von Meereslebewesen zu einer mächtigen Kalksandsteinplatte. Knapp 10 Mio. Jahre später begann sich die Erdkruste zu heben und es entstand eine Hochebene, aus der im Laufe von Jahrmillionen Wind und Regen sowie die Elbe und ihre Nebenflüsse diese einzigartige Landschaft herauspräpariert haben. Folgt man der Elbe von Dresden zur tschechischen Grenze, fühlt man sich wie in ein fernes Land versetzt, entdeckt alsbald tiefe Canyons, einsame Tafelberge und moosbedeckte Felsnadeln. Schrammsteine, Pfaffenstein oder Verlassene Wand heißen die unverwechselbaren Felsformationen.

Das Elbsandsteingebirge wurde erst am Ende des 19. Jh. von den Malern der Romantik »entdeckt«. Bis dahin galt es als unzugänglicher Landstrich, den man besser mied.

Lieblich und dramatisch zugleich ist die Landschaft der Sächsischen Schweiz: Kein Wunder, dass sie Maler und Dichter der Romantik in ihren Bann zog.

Bizarre Felsnadeln, Tafelberge und tiefe Schluchten machen die Sächsische Schweiz so einmalig unter Deutschlands Mittelgebirgen.

Das Renaissance-Schloss Hartenfels in Torgau im Südosten von Wittenberg

Beschauliches Elbstädtchen: Coswig in Sachsen-Anhalt mit dem im 17. Jh erweiterten Schlossbau

Restaurants mit schönem Ambiente

Typische Gerichte aus Sachsen-Anhalt im würdevollen Ambiente eines Kellergewölbes machen den Charme des Restaurants **Schlosskeller** (*Auf dem Schlosshof 1, Tel. 03491/48 08 05*) in Wittenberg aus. Der ideale Ort, um nach einem Tag auf den Spuren von Martin Luther angenehm zu entspannen.

Das **Poseidon** (*Baderstraße 5, 06869 Coswig, Tel. 034903/6 22 76*) bietet seinen Gästen internationale Küche mit Schwerpunkt auf griechischen Gerichten. Die regelmäßig veranstalteten Livemusik-Abende sind sogar überregional bekannt.

Das Parkrestaurant **Die Saison** (*Herrenkrug 3, 39114 Magdeburg, Tel. 0391/ 8 50 87 30*) ist das beste Restaurant der Landeshauptstadt und wurde 1887 im Jugendstil eingerichtet: Hohe gebogene Fenster und eine besondere Holzdecke bieten eine schöne Atmosphäre für ein stilvolles Essen.

Wer gerne Fisch isst, ist im Restaurant **Zu den sieben Weltmeeren** am Magdeburger Elbauenpark bestens aufgehofen (*Tessenowstr. 4, Tel. 0391/8 52 02 30*). Geboten werden leckere Gerichte von der einfachen Fischsuppe über Meersfrüchte bis hin zu erlesenen Kreationen. Holzvertäfelungen, alte Schatzkisten, Fische und Anker schaffen dazu ein rustikales und passendes Umfeld.

Typisch für den Mittellauf der Elbe ist ihr geringes Gefälle in der flachen Norddeutschen Tiefebene. In markanten Flussschlingen und Mäandern durchquert sie, bei starker Wasserführung nach beiden Seiten weiträumig ausholend, Schutzgebiete wie das Biosphärenreservat Mittlere Elbe und passiert historisch bedeutende Städte, die durch ihre architektonischen Schätze weltberühmt sind.

1 Torgau Schloss Hartenfels, Deutschlands ältestes Renaissanceschloss, die Stadtkirche St. Marien und die Nikolaikirche aus dem 13. Jh. zieren die Stadt. Hier gibt es die älteste Apotheke Sachsens und das älteste Spielwarengeschäft Deutschlands.

2 Lutherstadt Wittenberg Die Stadt am nördlichen Elbufer zählt zu den kulturhistorischen Höhepunkten entlang des Flusses. 1508 kam Martin Luther hierher, um an der Universität zu lehren. Bekanntestes Bauwerk ist die spätgotische Schlosskirche, an deren Tor der Reformator 1517 seine 95 Thesen gegen die Bußpraxis der Kirche schlug, nicht mehr erhalten ist das berühmte Holztor – es fiel 1760 einem Brand zum Opfer. Vom Turm der Kirche bietet sich ein prachtvoller Blick über Teile des mittleren Elbtals. Interessante Abstecher führen zum Lutherhaus, in dem heute ein Museum (Staatliche Lutherhalle) eingerichtet ist, und zum Kurfürstlichen Residenzschloss.

3 Coswig Nur die Elbe trennt Coswig von der Stadt Wörlitz mit dem weltbekannten Landschaftspark, der die natürlichen Gegebenheiten der Elbauen beispielhaft ausgenutzt. Das aus dem beginnenden 12. Jh. stammende Städtchen Coswig wurde im Schmalkaldischen Krieg fast vollständig zerstört. Auf den Grundmauern der einstigen mittelalterlichen Burg wurde zwischen 1667 und 1677 ein Renaissanceschloss errichtet. Eine technisches Denkmal ist die Gierfähre über die Elbe.

4 Roßlau Gegenüber der Mündung der Mulde in die Elbe liegt Roßlau. Zu den ältesten Bauwerken gehört die Wasserburg (12. Jh.). Im Sommer wird das Burggelände als Freilichtbühne für Theater- und Musikabende genutzt. Einen Besuch lohnt auch die Ölmühle; sie überstand die Schlacht an der Elbbrücke (1626), der weite Teile Roßlaus zum Opfer fielen.

5 Biosphärenreservat Mittlere Elbe Die größten zusammenhängenden Auenwälder in Mitteleuropa machen den besonderen landschaftlichen Reiz des mittleren Elbtals aus. Im Überschwemmungsbereich des Stroms findet man eine artenreiche Pflanzenwelt, die neben Wäldern auch Auenwiesen, Sumpfvegetation und an den randlichen Hügeln auch Trockenrasen umfasst. Diese Vielfalt an Lebensräumen ist die ideale Voraussetzung für das Entstehen einer einzigartigen Tierwelt. So gilt der Talabschnitt als wahres Vogelparadies – mehr als 100 Vogelarten brüten hier. Auch Amphibien, Reptilien und Insekten kommen in reicher Zahl vor. Ein besonderer Vertreter der Säugetiere ist der wieder hier heimische Elbebiber. Im Jahr 1979 wurde das Gebiet zum Biosphärenreservat erklärt.

Malerisch und weitgehend naturbelassen: sattgrüne Elbauenlandschaft nahe Wittenberg

Windungsreich und kaum begradigt durchzieht die Elbe Sachsen-Anhalt

6 Schönebeck Als Handelszentrum an der Elbe machte sich die heutige Kreisstadt Schönebeck früh einen Namen. Neben der Schifffahrt, deren Geschichte das Kreismuseum dokumentiert, bestimmten die Salzvorkommen nachhaltig die Entwicklung der Stadt unterhalb der Saalemündung: 1705 wurde eine königlich-preußische Saline gegründet und 1756 gebaut, bis 1972 wurde diese gefördert. Durch die Solequellen wurde Schönebeck zum Kurort. Vom einstigen Gradierwerk stehen noch ein 350 m langer Abschnitt, über dessen Wände Sole geleitet wird, eine Windkunst, die aus 85 m Tiefe die Sole ans Tageslicht pumpte, und ein 32 m hoher Soleturm. Die Salzblumenfeste am Elbufer sind überregional bekannt.

7 Magdeburg Die Landeshauptstadt Sachsen-Anhalts besitzt einen bedeutenden Binnenhafen am Schnittpunkt von Elbe, Elbe-Havel-Kanal und Mittellandkanal. Der Elbauenpark mit seinem 60 m hohen Jahrtausendturm (1999) zieht viele Besucher an. Beliebt ist auch das Museumsschiff – der Dampfer Württemberg ging nach seiner letzten Fahrt 1974 auf der Insel Rotehorn auf Dauer vor Anker. Im Oktober 2003 wurde das Wasserstraßenkreuz Magdeburg für die Binnenschifffahrt freigegeben. Ein Meilenstein für den Verkehr war die Eröffnung eines Kanals über die Elbe.

Eine der letzten noch weitgehend intakten Flusslandschaften Mitteleuropas: Elbtalauen bei Dessau

Freizeit & Sport

Wasserwandern Die weitgehend naturbelassene Flusslandschaft erschließt man sich direkt von einem Boot. Verleihstationen: Erlebniszentrum des Vereins Rückenwind (*Wernigeröder Straße 1, 39218 Schönebeck, Tel. 03928/40 28 04; www. landkreis-schoenebeck.de*).

Kanufahrten einschließlich Kanuverleih bieten Paddelabenteuer Wittenberg (*Dorfstr. 64, 06896 Reinsdorf, Tel. 03491/88 16 77; www. paddelabenteuer.de*) an.

Passagierschifffahrten Zwischen Magdeburg und Wittenberg werden Ausflugsfahrten auf der Elbe angeboten. Infos bei Akener Fahrgastschiffahrt (*Kantorstr. 16 b, Tel. 034909/8 27 80; www.blaues-band.de/elbe*).

Elbe-Radweg Der etwa 85 km lange Abschnitt zwischen Magdeburg und Dessau führt über Wald- und Feldwege, wenig befahrene Landstraßen sowie Radwege. Info: Touristeninformation Magdeburg (*Tel. 0391/73 87 90*).

Wanderungen Naturlehrpfade bringen Besuchern die Vielfalt des einzigartigen Biosphärenreservates Mittlere Elbe nahe. Info: *www.biosphaerenreservatmittlereelbe.de.*

Wörlitzer Gartenreich

Fürst Franz von Anhalt-Dessau verwirklichte zwischen 1765 und 1810 sein Ideal eines riesigen Volksgartens nach englischem Vorbild. Der 100 Hektar große Park am Wörlitzer See, einem Altwasser der Elbe, ist einer der ersten großen Landschaftsgärten des kontinentalen Europas – und heute Monument des UNESCO-Weltkulturerbes. Die meisten Baudenkmäler wurden vom Architekten Friedrich Wilhelm von Erdmannsdorff entworfen, der sich auf Bildungsreisen durch Europa für seine Bauvorhaben inspirieren ließ. Nach seinen Plänen entstand in den Jahren 1769–1773 auch das Wörlitzer Schloss, der erste Bau des Klassizismus in Deutschland. Die Innenausstattung orientiert sich vorwiegend an antiken Vorbildern. Wer sich schnell einen Überblick im gärtnerischen Phantasiereich verschaffen will, kann die schönsten Punkte auch mit einer Gondel erreichen.

Durch die harmonische Verbindung von Gartenlandschaft und Architektur bilden die Wörlitzer Anlagen ein Gesamtkunstwerk von hohem europäischem Rang. Das herrlich gelegene Schloss Wörlitz diente dem Fürsten als Sommersitz.

Das Gotische Haus wurde ab 1773 im neugotischen Stil errichtet – im Bild die Kanalseite, deren Vorbild eine Kirche in Venedig war.

Das Muldetal Colditz • Grimma • Eilenburg

Stolz erhebt sich Schloss Rochlitz im gleichnamigen Ort südlich von Grimma über der Mulde.

Das stattliche Rathaus von Grimma wurde 1442 eingeweiht.

Genießen in schönem Ambiente

Eine gemütliche Gaststätte im Zentrum von Bad Düben ist das Restaurant **Zur Kogge** (*Friedensstraße 23, Tel. 04243/2 34 14*), das im Stil einer alten Kogge eingerichtet ist. Der Gasthof **Goldene Sonne** (*Eilenburger Chaussee 26, 04838 Doberschütz, Tel. 034244/5 04 93*) östlich von Eilenburg liegt etwas abseits, was aber seiner Beliebtheit auch bei Einheimischen keinen Abbruch tut. Ortsansässige wie Besucher schätzen die gutbürgerliche Küche. **Das Kornhaus** (*Kornhausstraße 146, Tel. 0340/6 40 41 41*) ist ein stilvollen Restaurants direkt am Elbufer von Dessau. Auf der Karte stehen regionale wie internationale Gerichte, für die vorwiegend lokale Produkte verwendet werden. Im Hotel **Kloster Nimbschen** in Grimma (*Landstr. 1, Tel. 03437/99 50, www.kloster-nimbschen.de*) gibt es gleich drei Restaurants. Eine besondere Spezialität ist das Original Nimbschener Luthermenü, das an den Reformator und seine Frau Katharina von Bora erinnert, die aus diesem Kloster geflohen war.

Schön gelegen: Hotel Kloster Nimbschen

Blühendes Muldetal bei Lastau

Die durch das Hochwasser 2002 zerstörte Hängebrücke über die Mulde erstrahlt in neuem Glanz.

Die Mulde gehört zu den längsten Nebenflüssen der Elbe. Sie entsteht südöstlich von Grimma durch den Zusammenfluss der im Erzgebirge entspringenden Quellflüsse Freiberger Mulde und Zwickauer Mulde. In ihrem Oberlauf bildet die Mulde ein markantes Durchbruchstal. Später weitet sie sich und durchfließt die ausgedehnten Muldeauen. Im Norden Dessaus mündet der Fluss nach 124 km in die Elbe.

1 Colditz Wenige Kilometer nördlich der Stadt vereinigen sich die von Süden kommende Zwickauer Mulde mit der aus Osten dazu stoßenden Freiberger Mulde zur Vereinigten Mulde. Das Städtchen ist für seine lange Steinguttradition und sein Schloss (1578–1591) bekannt, das zu den schönsten des Freistaats Sachsens zählt.

2 Grimma Die denkmalgeschützte historische Altstadt der »Perle im Muldental« wurde nach den Zerstörungen durch die Jahrhundertflut wieder weitgehend restauriert. Die Stadt ist das Zentrum des sogenannten Kloster- und Mühlentals. Eine der bekanntesten Mühlen ist die flussaufwärts liegende Schiffsmühle Höfgen, die einzige noch funktionstüchtige Mühle dieser Art in Deutschland.

3 Kollauer Wehr Das kleine Dörfchen Kollau ist ein Ortsteil von Thallwitz und liegt direkt an der hier besonders reizvollen Mulde. Nördlich des Dorfes befindet sich eine wasserbaulich imposante Anlage, das Kollauer Wehr (Bobritzer Damm), das vermutlich im Spätmittelalter von flämischen Einwandern erbaut wurde. Seit mehr als 300 Jahren wird die Mulde am Kollauer Wehr in einen Haupt- und einen als Mühlgraben bezeichneten Nebenarm geteilt. Das um eine Fischtreppe erweiterte Wehr hat neben einer wichtigen wasserwirtschaftlichen nun auch eine bedeutende biologische Funktion.

4 Eilenburg Wegen ihrer strategisch günstigen Lage an der Mulde erreichte die mehr als 1000 Jahre alte Stadt schon früh große Bedeutung für den Fernhandel. Davon zeugen neben den Resten einer wehrhaften Burg (10. Jh.) auf dem Schlossberg auch prachtvolle Kirchenbauten wie St. Nikolai und St. Marien sowie das im Stil der Frührenaissance erbaute Rathaus. Von dem im 12. Jh. errichteten Sorbenturm bietet sich eine herrliche Aussicht über weite Teile des Muldetals.

5 Zschepplin Am Steilufer der Mulde erhebt sich Schloss Zschepplin. Die von einem schönen Schlossgarten umrahmte Anlage wurde über mehrere Stilepochen hinweg errichtet. Eindrucksvoll ist vor allem der im Stil der Neorenaissance eingerichtete Festsaal.

6 Bad Düben Der innerhalb einer waldreichen Umgebung gelegene Kurort Bad Düben blickt auf eine lange Tradition als Moor- und Heilbad zurück. Das Landschaftsmuseum der Dübener Heide widmet sich besonders der Entwicklung der von der Mulde durchflossenen Region. Die sehenswerte Bergschiffmühle (16. Jh.) ist eine der letzten Schiffmühlen auf deutschen Flüssen.

Nahe der Wassermühle Höfgen bringt ein Fährmann Passagiere ans andere Ufer.

Von hier erhielt die Kunstwelt der 1920er Jahre wesentliche Impulse: Bauhaus in Dessau.

7 Naturpark Dübener Heide Der Naturpark zählt zu den landschaftlichen Höhepunkten im Einzugsbereich der Mulde. Der inselartige Baumbewuchs wechselt in der Heidelandschaft auf kleinem Raum: An feuchteren Standorten gedeihen Eschen und Erlen, auf trockeneren Böden wachsen verbreitet Kiefernbestände.

Vor allem nahe der Mulde sind Moore entwickelt, die bei den jährlichen Überflutungen durch die Mulde reichlich Wassernachschub erhalten. Eine Besonderheit sind die im Uferbereich der Mulde lebenden Elbebiber.

8 Bitterfeld Östlich von Bitterfeld durchfließt die Mulde den Muldestausee. Der bei der Renaturierung des ehemaligen Tagebaues Muldenstein entstandene Stausee ist heute ein Erholungsgebiet. Der Abbau von Braunkohle und die Chemieindustrie prägen die Umgebung der Kreisstadt. Die Einleitung von Schadstoffen beeinträchtigt die Wasserqualität der Mulde seit Jahrhunderten, doch wurde die Entsorgung in einigen Bereichen zwischenzeitlich deutlich verbessert. Doch Bitterfeld hat auch eine »edle« Seite: Die Edelstein-Schauschleiferei bietet Einblick in Herstellung und Verarbeitung von Edelsteinen.

9 Dessau Wo die Mulde in die Elbe mündet, hatte das Bauhaus 1925–1932 seine Wirkungsstätte. Von dieser berühmtesten Gestaltungsschule des 20. Jh. gingen weltweit Impulse für Architektur und Design aus. Das Bauhaus entstand 1925/26 nach Plänen von Walter Gropius und ist heute Sitz der Stiftung Bauhaus Dessau. Das Gebäude und die »Meisterhäuser« wurden von der UNESCO 1996 zum Weltkulturerbe erklärt. Der am Stadtrand gelegene Landschaftspark Luisium umrahmt ein klassizistisches Schloss. Das 9 km südöstlich von Dessau gelegene Rokokoschloss besitzt eine wertvolle Gemäldesammlung und einen schönen Park.

Freizeit & Sport

Kanufahrten Die Mulde zählt zu den weitgehenden unverbauten Flüsse Sachsens und durchfließt insgesamt 14 Natur- und Landschaftsschutzgebiete, deren Reiz sich besonders vom Wasser aus erschließt. Organisierte Bootsfahrten und Kanuvermietung über Wassersport-Sachsen (*Südstr. 80, 04668 Grimma, Tel. 034437/97 26 12; www.wassersport-sachsen.de*).

Muldestausee Der 1975/76 angelegte Muldestausee bietet ein vielfältiges Freizeitangebot, darunter neben verschiedensten

Die einzige funktionstüchtige ihrer Art: Schiffsmühle Höfgen bei Grimma

Wassersportarten und einem ufernahen Naturlehrpfad auch eine Schiffsfahrt mit der »Muldeperle«. Info über Wilfried Becker (*Karl-Marx-Straße 7, 06804 Muldenstein, Tel. 03493/5 64 34*).

Muldental-Radwanderweg Zwei Fernradwege erschließen die Mulde und ihre Zuflüsse: Der Fernradweg von Glauchau oder Meerane an der Zwickauer Mulde bis nach Bad Düben (130 km) und der Radwanderweg von Nossen an der Freiberger Mulde bis Bad Düben (ca. 120 km), beide sind durchgängig beschildert. Ausführliche Informationen erhält man über *www.fahrradreisen.de.*

Restaurants & Landgasthäuser

Das Jagdschlösschen **Boizenburg** (*Boizestraße 14, Tel.: 038847/29 99 50*) in Boizenburg-Schwartow rund 15 km nördlich von Bleckede bietet frischeste Ware vom Meer. Die Küche zeigt eine außerordentlich kreative Bandbreite – neben Salz- und Süßwasserfisch stehen auch Wildspezialitäten auf der Speisekarte. Auch die einfallsreichen Desserts lassen das anspruchsvolle Gourmetherz höher schlagen.

Das in einem Fachwerkbau von 1663 direkt an der Elbe gelegene Restaurant **Zum Alten Schifferhaus** (*Elbstraße 114, Tel. 04153/5 86 50*) in Lauenburg ist für seine Spezialitäten von der Küste Schleswig-Holsteins bekannt.

In historischem Gemäuer: »Zum Alten Schifferhaus« in Lauenburg

Nordseefisch in großer Auswahl sowie wechselnde Saisongerichte gehören zum Angebot im Hamburger Restaurant **Fischerhaus**, (*Fischmarkt 14, Tel.: 040/ 31 40 53*). Hoch im Kurs stehen Scholle in allen Variationen und Rotbarschfilet. Im Obergeschoss hat man einen herrlichen Blick über die Elbe.

Das schöne Landgasthaus **Niedersachsen** (*Soltauer Straße 3, Tel.: 04132/91 01 01*) in Amelinghausen im Herzen der Lüneburger Heide blickt auf eine über 400jährige Tradition zurück. Neben schmackhaften Fischgerichten werden bei ländlich-gemütlichem Ambiente auch Spezialitäten aus der Heide angeboten.

Einer der idyllischsten Orte im Wendland ist die einstige Fischersiedlung Schnackenburg westlich von Wittenberge.

Ein Mosaik vielfältiger Lebensräume mit artenreicher Flora und Fauna prägt den Unterlauf der Elbe. Zum Schutz vor Hochwasser wurden weite Uferabschnitte eingedeicht. Doch das Elbtal besitzt weiterhin ausreichend breite Überflutungsräume. Mit zunehmender Annäherung an Hamburg nimmt der Schiffsverkehr zu. Über Elbeseitenkanal und Elbe-Lübeck-Kanal bestehen Verbindungen zu anderen Landesteilen.

1 Tangermünde Die Stadt an der Einmündung der Tanger wird auch als das »Rothenburg des Nordens« bezeichnet: Kaiser Karl IV. machte Tangermünde neben Prag zu seiner zweiten Residenz. Die Stadt wurde Mitglied der Hanse. Trotz Zerstörungen im Dreißigjährigen Krieg ist das historische Stadtbild eindrucksvoll erhalten geblieben: Eine Stadtmauer aus Backsteinen (13. Jh.) mit vier Stadttürmen gehört ebenso dazu wie die im 17. Jh. erbauten Fachwerkhäuser.

2 Wendland Unberührte Natur und lebendige Kultur – für viele ist das Wendland ein Inbegriff der Idylle. Die Elblandschaft mit ihren Eichenhainen und Hügeln, ihren Windmühlen und Hünengräbern inspirierte viele Künstler. Typisch für das Wendland ist die Dorfform des Rundlings mit ringförmig um einen zentralen Platz gelegenen Gehöften. Gut erhaltene Fachwerkhäuser finden sich in vielen wendländischen Dörfern.

3 Hitzacker Hinter einem weiten Mäander befindet sich am steilen Elbufer der malerische Ort Hitzacker. Am Rand des von verwinkelten Gassen geprägten Ortes, an dem die Jeetzel in die Elbe mündet, erhebt sich der nördlichste Weinberg Deutschlands. Eine botanische Rarität ist die rund 300 Jahre alte Riesenkastanie.

4 Naturpark Elbufer-Drawehn Ein stilles Gebiet voller Kontraste – hier präsentiert sich das Elbufer mit parkähnlichen Landschaften, Marschen, Wäldern, Wanderdünen, Seen und Bächen. Der Fluss bildet zusammen mit seinen Nebenarmen einen wichtigen Lebensraum für zahlreiche Vogelarten. Beim alljährlichen Zug der Kraniche im November scheint sich fast der Himmel zu verdunkeln.

5 Naturpark Mecklenburgisches Elbetal Das Pendant auf der rechten Seite des Flus-

Wasser und Land verwischen im Naturpark Elbufer-Drawehn

ses umfasst eine einmalige Flusslandschaft, die sich weitgehend naturnah entwickeln konnte. Dies liegt vor allem an der ehemals abgeschiedenen innerdeutschen Grenzlage. Die Elbe wird hier von lang gestreckten Dünen begleitet. Ein Großteil des ursprünglichen Waldes wurde gerodet, einige wenige Kiefernbestände sind noch erhalten. Trotz starker Eindeichungen bestimmen Hochwasserereignisse auch weiterhin den Charakter der Region.

6 **Lauenburg** Bei der südlichsten Stadt Schleswig-Holsteins zweigt der Elbe-Lübeck-Kanal nach Norden ab. Sehenswert ist neben Fachwerkhäusern entlang der Elbstraße auch das Museum zur Elbschifffahrt. Lauenburg liegt an der Alten Salzstraße, einer der ältesten Handelsstraßen Norddeutschlands. Die stadtnahen Lauenburgischen Seen sind ein wahres Paradies für Wassersportler.

7 **Schiffshebewerk Scharnebeck** Der vom Mittellandkanal nach Norden abzweigende Elbeseitenkanal bedeutet eine wesentliche Verkürzung des Schiffsweges zwischen dem Ruhrgebiet und Hamburg. Kurz vor seiner Mündung in die Elbe befindet sich das größte Doppelschiffshebewerk Europas: Hier werden Frachtschiffe in zwei riesigen Trögen 38 m gehoben.

8 **Lüneburger Heide** Die niedersächsische Geestlandschaft südlich der Elbe ist zu jeder Jahreszeit ein Erlebnis, besonders reizvoll jedoch im Spätsommer, wenn das Heidekraut in seiner ganzen Pracht violett erblüht. Die Heideflächen wurden in den vergangenen Jahrzehnten stark reduziert: Schafzucht mit Heidschnucken und Imkerei verloren zugunsten des Ackerbaus an Bedeutung.

9 **Vierlande** Die Elbmarschniederung nördlich der Elbe zwischen Hamburg und Geesthacht wird durch Deiche geschützt und von den Altarmen der Elbe – Gose-Elbe und Dove-Elbe – durchflossen. Die Bewohner der traditionellen Hufendörfer leben vor allem vom Gemüse-, Blumen- und dem Obstanbau. Die Reitbrooker Mühle (1773–1809) ist noch in Betrieb. Die Riepenburger Mühle (1318) in Kirchwerder, die älteste Kornwindmühle Hamburgs, wurde 1990 stillgelegt.

10 **Hamburg** Die Elbmetropole ist das wirtschaftliche Bindeglied zwischen dem offenen Meer und dem deutschen Wasserstraßennetz. In Hamburg, das am innersten Teil des Mündungstrichters liegt, teilt sich der Strom in Norder- und Süderelbe. Beide Flussarme umschließen den größten Teil des Hamburger Hafens. Gemeinsam

Überraschend steil – wie hier bei Hitzacker – kann das Elbufer sein.

Lauenburg: der Schaufelraddampfer »Kaiser Wilhelm« hatte im Jahr 1900 seinen Stapellauf

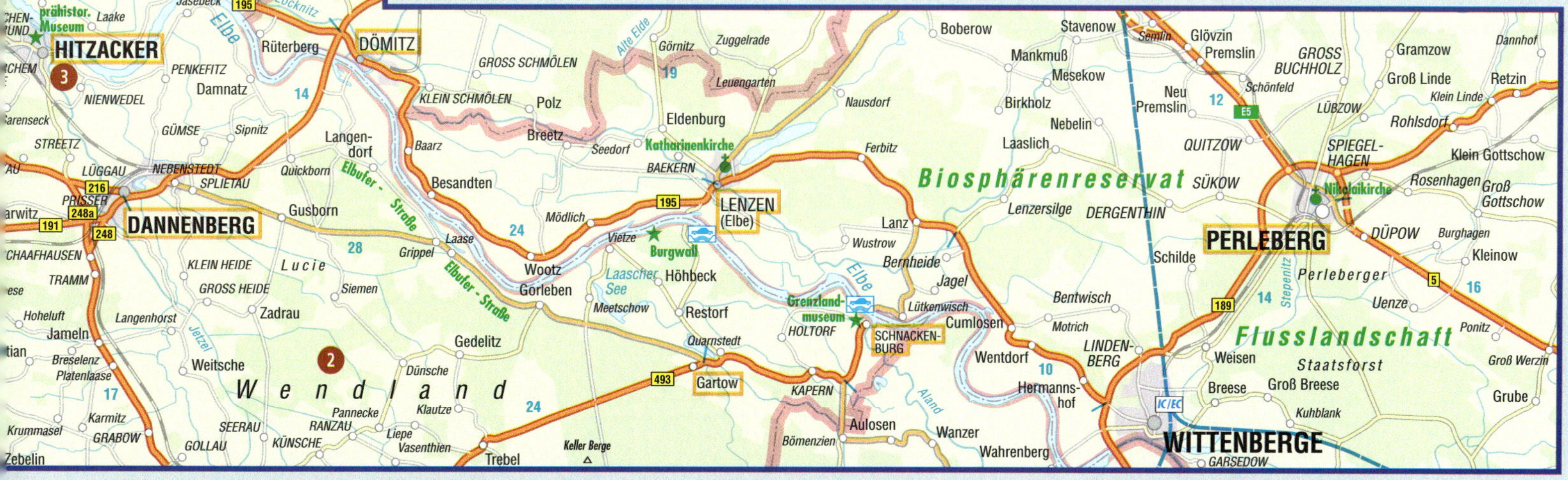

Freizeit & Sport

Hafenrundfahrten in Hamburg Die meisten Ozeanriesen in den Hafenbecken sieht man auf der »Großen Hafenrundfahrt«, die »Historische Fleetfahrt« mit einer restaurierten Barkasse führt hingegen durch die Fleete und Kanäle von Speicherstadt und Innenstadt. Info über die Hamburg Tourismus GmbH (*Tel. 040/30 05 13 70; www.hamburg-tourism.de; www.hamburg-maritim.de*).

Der **Schaufelraddampfer** *Kaiser Wilhelm* ist weltweit einer der letzten kohlebefeuerten Raddampfer in noch weitgehend original erhaltenem Zustand. Das mit einer Dampfmaschine des Jahres 1900 betriebene Schiff verkehrt von Ende Mai bis Anfang Oktober ab Lauenburg. Info: Museumsschiff Raddampfer *Kaiser Wilhelm* (*21481 Lauenburg/Elbe, Tel. 04153/59 09 84; www.personenraddampfer.de; www.raddampfer-kaiser-wilhelm.de*)

Wasserwandern Ruderer und Kanuten erhalten Infos über Wegstrecken und Anlegeplätze im Raum Tangermünde über den Tangermünder Ruderclub e. V. (*Ernst-Drong-Str.5, Tel. 039322/24 09*). Kapitäne von Motorbooten und Segler wenden sich an den Tangermünder Wassersportverein e.V. (*Mozartstr. 22, Tel. 039322/4 16 35*).

Personenschifffahrt Schiffsfahrten auf der Elbe, 3-Schleusenfahrten, Ausflüge nach Magdeburg, Brandenburg, Havelberg etc. bietet Roland Kaiser in Tangermünde an (*Goethestraße 21, Tel. 039322/36 54; www.tangermuende.de*).

Elberadweg Dresden–Cuxhaven Der Elberadwanderweg (R2) führt auf gut beschilderten Wegen entlang der Deiche, durch Auenlandschaften und malerische Dörfer. Wichtige Informationen über Streckenverlauf, Länge und Sehenswertes entlang des Weges unter *www.elberadweg.de* oder *www.elberadweg-r2.de*.

Die Elbmündung Altes Land • Stade • Glückstadt

Einst Fischerdorf, heute Villenvorort Hamburgs: Blankenese mit schmucken Häusschen am Elbhang

Typischer Baustil im Alten Land: reetgedeckte Häuser mit weißem Fachwerk und roten Ziegeln.

Restaurants mit Atmosphäre

Das **Restaurant Knechthausen** (*Bungenstraße 20–22, 21682 Stade, Tel. 04141/ 4 53 00*) präsentiert mediterrane Kochkunst in einem schönen Fachwerkhaus. Zu hausgemachter Pasta, Antipasti sowie herzhaften Fleisch- und Fischgerichten findet sich ganz bestimmt der »richtige Wein«. In der angegliederten Weinhandlung kann man regelmäßig an Weinproben teilnehmen.

Spezialität des **Restaurants Raumann** (*Am Markt 5–6, 25348 Glückstadt, Tel. 04124/9 16 90*) ist Glückstädter Matjes, der hier der Beinamen »Silber aus dem Meer« trägt. Neben Holsteiner Küche werden auch internationale Gerichte zubereitet.

Leckere Speisen genießen und beobachten, was so alles auf der Elbe los ist. Das ständig wechselnde Bild der Schifffahrt macht einen Aufenthalt im **Restaurant Elbterrassen – Am Weltschifffahrtsweg** in Otterndorf (*Schleuse 18, Tel. 04751/22 13*) zum Erlebnis.

In einem einzigartigen exotischen Ambiente kann im ältesten Gebäude von Cuxhaven, dem **Schloss-Restaurant** (*Schlossgarten 8, Tel. 0421/50 05 90*) fürstlich geschlemmt werden, ausgesuchte Weine unterstreichen die Exklusivität. Bei schönem Wetter lockt der Biergarten.

mit der seenartig aufgestauten Alster und vielen Nebenarmen bildet die Elbe ein dichtes Gewässernetz. Hamburg besitzt mehr Brücken als Venedig und Amsterdam zusammen!

11 Altes Land Zwischen der Süderelbe und Stade erstreckt sich das nördlichste geschlossene Obstanbaugebiet Deutschlands. Vor allem zur Zeit der Kirschblüte zwischen April und Mai im Frühsommer entfacht es einen besonderen Zauber. Auch Pflaumen, Äpfel und Birnen gedeihen auf den sandigen Böden der Geest. Einen besonderen Charme strahlen die reetgedeckten Bauernhäuser aus. Der parallel zur Elbe verlaufende Obstmarschenweg wird von in den Fluss mündenden Kanälen gequert. Der historische Hauptort des Alten Landes ist Jork, dessen Fachwerkhäuser von einer wohlhabenden Bauernkultur zeugen: Die Straßenfront zieren kunstvoll gegliederte Fassaden. In Jork kann man sich im Museum Altes Land über Geschichte und Brauchtum der Gegend informieren. Eine besonders schöne Backsteinkirche erhebt sich im nahen Estebrügge.

12 Stade Auf halbem Weg zwischen Hamburg und Cuxhaven liegt die mehr als 1000 Jahre alte Stadt Stade, die sich zu beiden Ufern der Schwinge unmittelbar vor deren Mündung in die Elbe erstreckt. Der Elbhafen in Stadersand vor den Toren der Stadt ist als Umschlagplatz von großer wirtschaftlicher Bedeutung für Stade, das im Mittelalter nach Hamburg die wichtigste Stadt an der unteren Elbe war. Besucher zieht es vorbei an Fachwerkhäusern zum Alten Hafen mit der Rekonstruktion eines Krans aus dem 17. Jh.

13 Glückstadt In dem Abschnitt der Elbmarschen liegt Glückstadt. Die Eindeichung war erst 1615 abgeschlossen. Eine besondere Attraktion sind jedes Jahr im Juni die Glückstädter Matjeswochen. Sie gehen auf die Tradition der Heringsfischerei in der Nordsee zurück, als viele Boote in Glückstadt ablegten. In den vergangenen Jahren erhielt die Stadt umfangreiche Fördermittel zur Sanierung und Restaurierung einiger Bauwerke aus dem 18./19. Jh. Im Rahmen einer Fahrt auf der Elbe kommen viele Besucher auf einen kurzen Abstecher in die Stadt.

14 Brunsbüttel Die Hafen- und Schleusenstadt befindet sich am Endpunkt des 1895 für den Verkehr freigegebenen Nord-Ostsee-Kanals. Der Schleswig-Holstein durchquerende Kanal ist die meistbefahrene künstliche Wasserstraße der Welt. Schiffe, die auf ihrem Weg zwischen Nordsee und Ostsee diese ca. 100 km lange Route zwischen der Kieler Förde und Brunsbüttel wählen, sparen sich mehr als 300 km Wegstrecke und die schwierige Passage um die dänische Halbinsel Jütland. Im Schleusenmuseum werden anhand von Schiffsmodellen Bau, Betrieb und Bedeutung des Nord-Ostsee-Kanals dokumentiert.

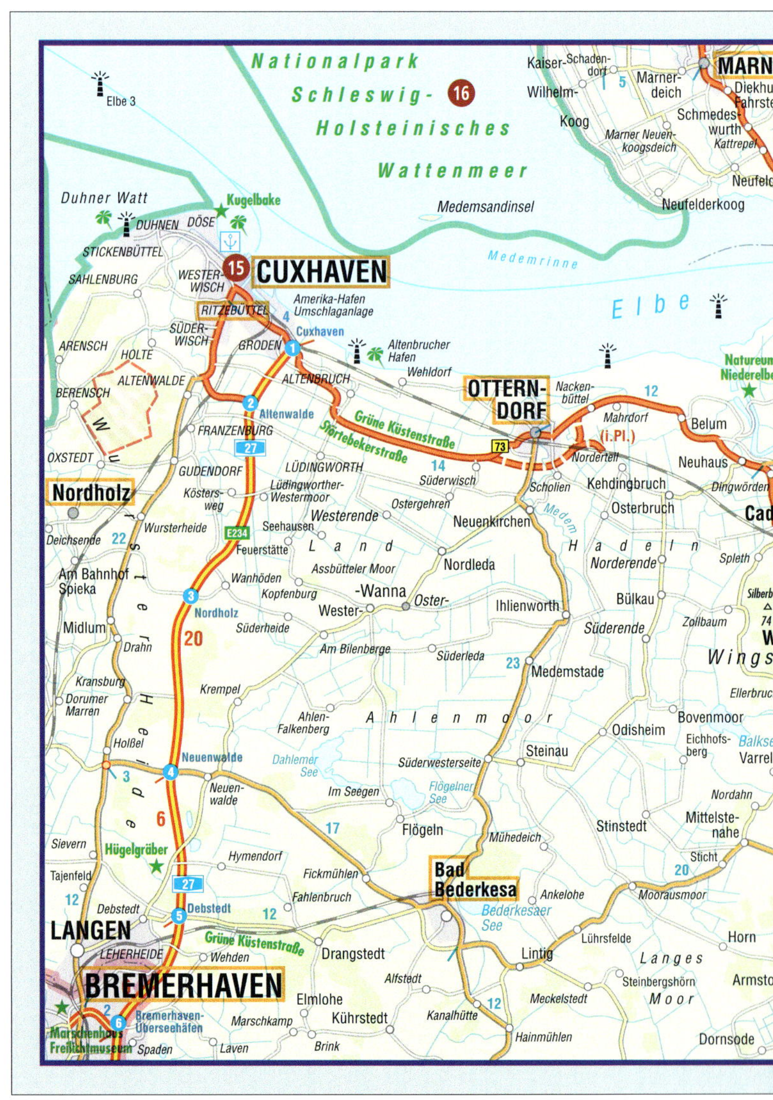

Malerisch: der von Fachwerkhäusern gesäumter Alte Hafen in Stade

Abendstimmung an der Elbe bei Brunsbüttelkoog. Die Nordsee ist nun nicht mehr fern.

⑮ **Cuxhaven** Das Nordseeheilbad an dem etwa 15 km breiten Mündungstrichter der Elbe besitzt einen der wichtigsten Fischereihäfen des Landes. Hier legen die meisten Fischerboote ab, die vor der deutschen Nordseeküste im Einsatz sind. Der frische Fischfang wird auf dem Fischmarkt verkauft oder in einer der Fabriken verarbeitet. Imposant ist der Anblick des Hafens, wenn Hochseekutter und einfache Krabbenkutter dicht nebeneinander vor Anker liegen.

⑯ **Nationalpark Schleswig-Holsteinisches Wattenmeer** Vor Cuxhaven befindet sich eine der weltweit größten zusammenhängenden Wattenflächen. Der zu den letzten Naturlandschaften Europas zählende marine Raum ist Teil des Nationalparks Wattenmeer. Das Gebiet ist Lebensraum für Tier- und Pflanzenarten.

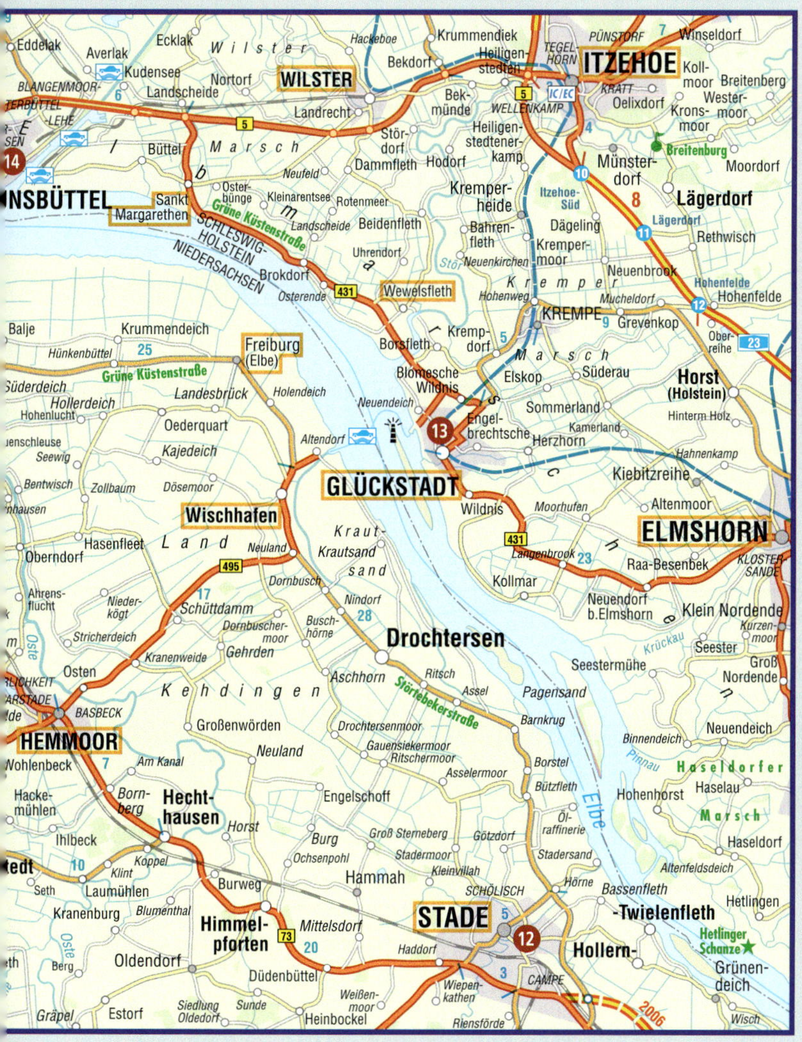

Freizeit & Sport

Wattwanderung Die Einzigartigkeit der Wattlandschaft erschließt sich auf einer Wattwanderung, die unter fachkundiger Begleitung stattfinden sollte. Neben dem Wirken der Gezeiten erfahren Teilnehmer viel Wissenswertes über Flora und Fauna des Watts. Informationen über National-park-Zentrum Cuxhaven (*Strandhochhaus Sahlenburg, Hans-Claußen-Straße 19, www.national park-wattenmeer-cuxhaven.de*).

Kanuverleih Rund um Glückstadt über Kanuverleih Blockhaus Ulf Ostermann (*Königstr. 44, Tel. 04124/75 57*). Unterwegs auf der Schwinge mit Tret-, Ruderbooten oder auch Kanus (*Neuborgstr., 21684 Stade, Tel. 04141/60 93 21*). Ausflüge auf der Braake über Tretboot- und Kanuverleih Völker (*Koogstr. 27, 25541 Brunsbüttel, Tel. 04852/63 90*) oder Kanu- und Tretbootverleih Personen-Schiffahrt-Brunsbüttel (*Wilster, Tel. 04823/9 26 10*).

Marschenrundfahrt Auf dem Wasserweg durch das Marschland mit dem Aukieker. Nützliche Informationen und Buchungen erhält man über die Personenschiffahrt Brandt (*Wilster, Tel. 04823/926 10*).

Radfahren Naturnah und per Fahrrad lässt sich der Bereich der Elbmündung erkunden. Von Cuxhaven aus startende Fahrradrouten schlängeln sich durch sehr abwechslungsreiche Landschaften hinter den Deichen durch Marschgebiete, Moorflächen und Wälder, die bis an die Strände der Nordsee reichen. Fahrradverleih im Radhaus Döse (*Strichweg 179, 27476 Cuxhaven, Tel. 0421/4 91 40*).

Gute Bademöglichkeiten: Blankeneser Elbstrand

Fernradweg Cuxhaven–Dresden: Infos erhält man über *www.elberadweg.de* oder *www.elberadweg-r2.de*.

Neptuntaufe Cuxhaven Ein Muss für jeden Küstenbesucher ist die Teilnahme an einer Neptuntaufe. Das Ritual ist ein Erlebnis für Jung und Alt. Teilnehmer melden sich an den angegebenen Treffpunkten am Strand. Anschließend gehen Neptun, sein Gefolge und alle Teilnehmer in Neptuns Reich – das Watt. Dort folgt eine Ansprache durch den Meeresgott und die Durchführung des Taufzeremoniells durch ihn. Info: Nordseeheilbad Cuxhaven GmbH (*Cuxhavener Straße 92, Tel. 04721/40 40*).

Hamburger Hafen

Der größte Hafen Deutschlands ist immer noch das wirtschaftliche Herz der Freien und Hansestadt Hamburg an der Elbe, wie selbst Landratten bei einer Hafenrundfahrt unschwer erkennen werden. Die Geschichte des Hamburger Hafens begann im 12. Jh., als Graf Adolf III. von Holstein neben der bereits seit dem 9. Jh. bestehenden bischöflichen Altstadt seine Neustadt mit einem dazugehörigen Hafen errichtete. Bald wurde Hamburg zu einer der führenden Mächte des Hansebunds. Mit dem Beginn des Überseehandels wurde Hamburg Deutschlands »Tor zur Welt«. Durch alle Wirren der Geschichte sind Handel und Schifffahrt bis heute die treibenden Kräfte geblieben. In den Hafenbecken werden alljährlich mehr als 12 000 Schiffe, heute meist Containerschiffe, aus über 90 Ländern be- und entladen – damit ist der Hamburg Hafen einer der größten der Welt.

Tradition und Moderne dicht an dicht: Blick über die St.-Pauli-Landungsbrücken, an denen einst die Überseedampfer anlegten, auf den Hafen und die Trockendocks, in denen Luxusliner und Frachter überholt werden.

Ozeanriesen dürfen sich nur durch Lotsen in den Hamburger Hafen schleppen lassen.

Hamburgs Speicherstadt. Die oft siebenstöckigen Ziegelbauten entstanden Ende des 19. Jh.

Am St.-Pauli-Fischmarkt werden schon seit 1703 zu früher Morgenstunde Fische verkauft.

Am ihrem Oberlauf bildet die Saale zahlreiche Schleifen und Kehren wie hier bei Altenbeuthen.

Die Saale

Die Saale führt durch das Herz Mitteldeutschlands, durch ein Land der Burgen und alten Städte. Ihre berühmten »hellen Strände« werden gesäumt von anmutigen Auen und Weinbergen. Nicht minder reizvoll sind die Nebenflüsse Unstrut, Ilm und Weiße Elster.

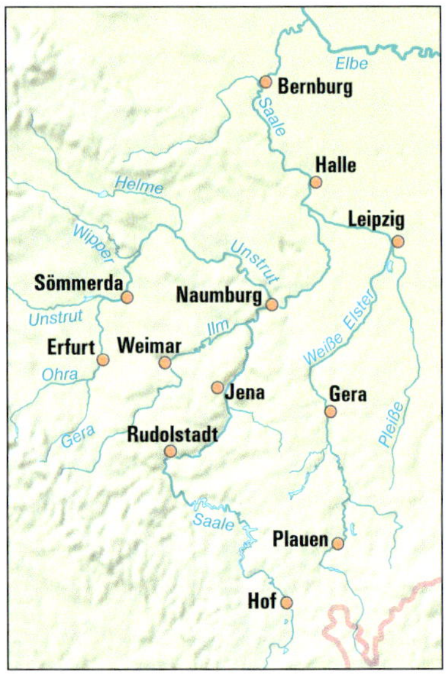

Die Saale, die zu den bedeutendsten Nebenflüssen der Elbe zählt, entspringt wie Naab, Eger und Main im Fichtelgebirge. In einem tiefen gewundenen Tal folgt sie zuerst dem natürlichen Gefälle des Frankenwaldes und des Thüringischen Schiefergebirges nach Nordwesten, verlässt dieses Gebirge bei Saalfeld und biegt dann im Vorland in nordöstliche Richtung ab. Bei Weißenfels erreicht die Saale die Leipziger Tieflandsbucht und ergießt sich nach ihrem ungefähr 427 km langen Lauf bei der kleinen Stadt Barby in die Elbe. Auf seinem Weg zur Elbe fließt der Fluss durch dunkle Wälder, enge Schluchten und malerische Stauseen. Das Tal der oberen Saale schneidet sich tief in das nur 500 bis 650 m hohe Thüringische Schiefergebirge ein. Durch die steil eingelassenen Talmäander kommt der Gebirgscharakter dieser Region überhaupt erst zum Tragen und so entstehen die gegensätzlichen Landschaftsbilder, die diesem Saaleabschnitt seinen besonderen Reiz verleihen.

Rokokoschlösschen in Dornburg an der Saale

Heute bildet die obere Saale zwischen Blankenstein und Saalfeld eine Kette von Stauseen, die kaum noch jene Urtümlichkeit vergangener Tage erkennen lassen, als der Fluss noch der Flößerei des Holzes aus dem Mittelgebirge diente. Dafür haben sich die Stauseen zu beliebten Ausflugszielen der Städter entwickelt. Der Wechsel zwischen tiefen Flußtälern und großen Stauseen verleiht dem oberen Saaletal einen ganz eigenen Charakter.

Auf Hof an den Ufern der Saale folgen alte thüringische Städte wie etwa Saalfeld und Rudolstadt.

Der Mittellauf der Saale ist mit seinen zahllosen Burgen und Schlössern und dem sanft geschwungenen Flusslauf landschaftlich außerordentlich reizvoll. Die alte Universitätsstadt Jena liegt malerisch zwischen Kalkfelsen ins Saaletal gebettet. Goethe konnte von seinen geliebten Dornburger Schlössern auf dem hohen Saaleufer ein Leben lang nicht lassen.

Nördlich folgen Merseburg und Halle, die größte Stadt an der Saale. Träge fließt nun der Fluss durch das untere Saaletal. Wenngleich Industrie und Landwirtschaft in diesem Flussabschnitt das Bild der Landschaft stärker geprägt haben als am Oberlauf, lohnen grüne Wiesen und Auenwälder, Schlösser wie in Wettin, Plötzkau und Bernburg allemal einen Besuch.

Mächtiger Stammsitz des Wettinergeschlechts: die Burg in Wettin an der Saale

Freyburg am Unterlauf der Unstrut: Hoch über der Stadt ragt Schloss Neuenburg auf.

Doch das Schönste, was der Fluss zu bieten hat, sind die Burgen, die von der Quelle bis zur Mündung zu beiden Seiten der Saale in dichter Folge wie kaum an einem anderen deutschen Fluss stehen.

Sie entstanden in der Mehrzahl um die Jahrtausendwende, als die Saale, die damals Grenzfluss zum slawischen Königreich war, mit vielen Grenzfesten gesichert wurde. Einige sind nur noch an spärlichen Erdwällen zu erahnen, manche gingen in prachtvollen Schlössern auf, andere sind zu romantischen Ruinen verfallen.

Die Saale nimmt eine ganze Reihe kleinerer malerischer Flüsse auf: Die Unstrut, an deren Ufern sich Weinberg an Weinberg reiht, zählt zu den schönsten Flüssen in Thüringen. Heimelige Ortschaften, Weinberge und Obstwiesen prägen die Landschaft dieses kleinen Flüsschens, das auf 192 km Länge vom Eichsfeld über das Thüringer Becken nach Naumburg fließt. Das Weinbaugebiet Saale-Unstrut rund um die liebenswerte mittelalterliche Stadt Naumburg ist nicht groß, doch hier werden vorzügliche Tropfen gekeltert. Weitere bekannte Nebenflüsse sind die Ilm (129 km) und die Weiße Elster (248 km), die in Leipzig die Pleiße aufnimmt und südlich von Halle in die Saale mündet.

Die Region rund um die Saale und ihre Nebenflüsse ist wie ein buntes Märchenland: mal romantisch und lieblich, mal geheimnisvoll und sagenumwittert. Die Dichte landschaftlicher Attraktionen, kultureller und historischer Höhepunkte sucht in Deutschland ihresgleichen. Malerische kleine Städte verbreiten Behaglichkeit und heißen Besucher gern willkommen.

Großes Bild oben: Die Kulisse von Bernburg an der Saale wird vom Renaissanceschloss beherrscht.

Burg Saaleck: 170 m über der Saale bietet sich ein phantastischer Blick über das Flusstal.

Blick vom Heinrichstein auf die Saaleschleife bei Lobenstein – ein landschaftliches Highlight des Flusslaufs im Thüringer Schiefergebirge

Stolze Burgen und imposante Schlösser reihen sich entlang der oberen Saale und künden von alten Adelsgeschlechtern, die Thüringen über Jahrhunderte geprägt haben. Dieser kulturelle Reichtum der Region spiegelt sich in den Residenzstädtchen mit beeindruckenden Baudenkmälern und Parkanlagen. Zwischen den Städten winden sich die Saale und ihre Nebenflüsse, wie etwa die Ilm, ihren Weg durch enge Täler.

Die obere Saale

❶ **Hof** Die im Frankenwald gelegene Stadt Hof wurde 1214 erstmals urkundlich erwähnt und ist nach einem Großbrand 1823 in einheitlichem Biedermeierstil wieder aufgebaut worden. Zu den sehenswerten Bauten der für ihre Filmtage bekannten Stadt gehört die Lorenzkirche aus dem 13. Jh. mit dem spätgotischen »Hertnid«-Altar von 1480.

❷ **Bleilochtalsperre** Der oberste der fünf Saalestauseen ist mit einem Fassungsvermögen von 215 Mio. m^3 Wasser die größte Talsperre Deutschlands. Ihre mächtige Staumauer bei Saalburg ist 59 m hoch. Unterhalb der Staumauer liegt das Ausgleichsbecken Burgkammer. Die Talsperre ist ein beliebtes Ausflugsziel der Region und bietet vielfältige Freizeitaktivitäten rund um den Wassersport.

❸ **Lobenstein** Flussabwärts liegt unterhalb der Bleilochtalsperre die Stadt Lobenstein. Sie ist das Tor zum Naturpark Thüringer Schiefergebirge. Von 1557 bis 1918 gehörte die Stadt zum Fürstentum Reuß. Etwa 200 Jahre lang war sie die Residenz des Hauses Reuß-Lobenstein. Von der Burg auf dem Burgberg blieb der als Aussichtsturm begehbare Bergfried erhalten, von dem aus man den Blick weit über das Schiefergebirge und das Saaletal schweifen lassen kann.

❹ **Naturpark Thüringer Schiefergebirge** Hier treffen ganz unterschiedliche Naturräume aufeinander, auf erstaunlich kurzer Distanz erlebt man reizvolle und gegensätzliche Landschaftsbilder: Wellige Hochflächen, vorwiegend landwirtschaftlich genutzt, bieten eindrucksvolle Panoramablicke – eine Besonderheit dieser hohen und offenen Landschaft. Typisch für das Gebiet sind auch die flachen Talmulden und die großflächigen Rodungsinseln um die Dörfer sowie die tief eingeschnittenen Täler der Saale und ihrer Nebenflüsse. Variationen der Elemente Wald, Wasser und Fels bestimmen das Bild des Saalelaufs im Naturpark. Wiesen und Weiden in romantischen Bachtälern und bewaldete Hänge sind charakteristisch für den gesamten Naturraum. Der Schieferbergbau hat – wie es der Name des Gebirges schon nahelegt – in diesem Gebiet seine Spuren hinterlassen. Die zahlreichen stillgelegten Schieferbrüche und Halden sind im Laufe der Zeit zu attraktiven Bestandteilen der Landschaft und zu Lebensräumen für seltene Tiere und Pflanzen geworden.

❺ **Schleiz** Die ehemalige Residenzstadt liegt in einer Talmulde der Wisenta, eines Nebenflusses der Saale. Die sehenswerte Stadt im Thüringischen Schiefergebirge, die sich im 12. Jh. aus einem slawischen Dorf entwickelte, gilt als das Tor zur Schleizer Seenplatte. Schleiz war für einige Zeit Wirkungsstätte von Konrad Duden und Johann Friedrich Böttger, dem Erfinder des europäischen Porzellans.

❻ **Hohenwartetalsperre** Dem mit kuppigen Höhen und dichtem Wald bestandenen Tal folgend erreicht die Saale die Hohenwartetalsperre. In der Nähe liegt 60 m über der Saale die Wisentatalsperre. Beide Stauseen haben dazu beigetragen, die naturgegebenen Reize der Landschaft im oberen Saaletal zu steigern. Die Felswände stürzen jäh in die Tiefe, während sich die von Booten belebten Wasserflächen weit ausdehnen. Es gibt idyllische Winkel und Ausbuchtungen des Stausees, die fast schon fjordartigen Charakter tragen.

❼ **Thüringer Holzland** Bei Saalfeld verlässt die Saale das Thüringische Schiefergebirge und erreicht das tiefer gelegene Thüringer Holzland. Dem Holzreichtum der Gegend entsprechend findet man noch heute hier die früher so typischen Berufe wie Leitermacher, Pechschmied und Muldenhauer. Ende des 19. Jh. kam die Porzellanindustrie in diese Region und stellt bis heute einen wichtigen Erwerbszweig für viele Einwohner dar.

❽ **Saalfeld** Urkundlich erstmals im 9. Jh. erwähnt, entwickelte sich Saalfeld nach der Stiftung eines Benediktinerklosters 1071 zu einem kirchlichen Zentrum in Thüringen. Saalfelds verkehrsgünstige Lage am Schnittpunkt der Kupferstraße und der Böhmischen Straße, der seit dem 13. Jh. einsetzende Silber- und Kupferbergbau sowie die Verarbeitung dieser Rohstoffe und der Handel beschleunigten den Aufschwung der Stadt.

Zahlreiche Baudenkmäler verschiedener Epochen prägen das Bild der Altstadt. Dieser Vielfalt wegen wird die Stadt auch als »Steinerne Chronik Thüringens« bezeichnet. Im Norden von Saalfeld liegt auf dem Schlossberg das frühere Schloss der Herzöge von Sachsen-Saalfeld. Das Wahrzeichen

Restaurants mit Atmosphäre

Das Restaurant **Lutherstube** im Hotel Zur Tanne (*Saalstraße 35–39, Tel. 03671/82 60, www.hotel-tanne.shakarnaz.de*) bietet mitten in Saalfeld in rustikaler Atmosphäre echte Thüringer Gastlichkeit. Die Küche offeriert bevorzugt original thüringische Gerichte.

Hoch über dem Saaletal mit herrlicher Aussicht auf das Schloss Heidecksburg und das historische Rudolstadt und doch in unmittelbarer Nähe zur Stadt liegt das Hotel und Restaurant **Am Marienturm** (*Marienturm 1, Tel. 03672/4 32 70, www.hotel-marienturm.de*). Egal ob auf der Panoramaterrasse, im Kaminzimmer oder im Oberrestaurant – der Marienturm bietet jeden erdenklichen Gaumenschmaus der Thüringer Küche.

Schloss Heidecksburg in Rudolstadt, eines der prunkvollsten Barockschlösser in Thüringen

Freizeit & Sport

Informationen rund um die Saale finden sich unter *www.blaues-band.de/saale*.

Schifffahrt Zahlreiche Informationen über Rundfahrten auf dem Saalestausee finden sich auf der Homepage der Stadt Saalburg (*www.saalburg-saale.de*).

Bleilochtalsperre Informationen zu Freizeitaktivitäten rund um die Talsperre finden sich unter *www.saale-touristik.de*.

Hohenwarte-Stausee Der auch als »Thüringer Meer« bezeichnete Stausee ist Teil der fünfmal hintereinander gestauten Saalekaskade (*www.stausee-hohenwarte.de*).

Windsurfen Unterricht und Surfbretterverleih bietet die Windschule Weidner in Goßwitz/Bucha-Saalthal. Wasserwanderer können auch Kanus leihen (*www.windsurfschule-hohenwarte.de*).

Freizeitparadies, Hochwasserschutz und Energielieferant: der Hohenwarte-Stausee

Wasserwandern Der wilde und ursprüngliche Oberlauf ist kaum mit dem Boot befahrbar, mit Ausnahme der Stauseen der Saalekaskade. Diese sind dafür um so reizvoller. Ab Saalfeld ist der Wasserstand dann auch im Sommer ausreichend für Kanutouren. Infos über sinnvolle Streckenabschnitte unter *www.saaleonline.de/02_Tourismus/Aktiv/Rund_ums_Wasser/Kanu*.

Schifffahrt auf der Saale und Unstrut Anbieter sind die Saale-Unstrut-Schifffahrtsgesellschaft in Naumburg (*Tel. 03445/20 28 30, www.froehliche-doerte.de*) und die Saale-Kreuzfahrten in Bad Kösen (*Parkstraße 7, Tel. 034463/2 27 66, www.badkoesen.de*).

Wandern Der Naturpark Thüringer Schiefergebirge ist ein ideales und bislang noch wenig bekanntes Wanderparadies. Ausführliche Informationen erhält man beim Naturpark Thüringer Schiefergebirge/Obere Saale (*Wurzbacher Str. 16, Tel. 036734/2 30 90 oder auch www.thueringer-schiefergebirge-obere-saale.de*).

Schloss Burgk bei Schleiz: Hinter mittelalterlicher Bausubstanz verbergen sich reich verzierte Zimmer.

Bleilochtalsperre: Keine andere Talsperre in Deutschland hat ein größeres Fassungsvermögen.

Traditionsgasthäuser & Restaurants

Der traditionsreiche **Schwarze Bär** in Jena (*Lutherplatz 2, Tel. 03641/40 60, www.schwarzer-baer.jena.de*) ist für seine Gastlichkeit und gute Küche berühmt.
Das Restaurant **Schlossberg** (*Neustraße 16a, Tel. 036427/7 04 63, www.dornburger-schloesser.de*) liegt direkt am Eingang zu den herrlichen Parkanlagen der Dornburger Schlösser und bietet eine Auswahl an landestypischen und gut bürgerlichen Spezialitäten. Der einmalige Ausblick

Weimar: Café vor dem Schloss

vom bizarren Kalkfelsen in das Saaletal ist atemberaubend.
Im Weimarer Gasthaus **Weißer Schwan** (*Frauentorstraße 23, Tel. 03643/90 87 51, www.weisserschwan.com*) verkehrten schon Goethe, Schiller und Eckermann. In diesem ältesten Gasthaus Weimars werden vor allem thüringische Spezialitäten serviert.

der Stadt, der »Hohe Schwarm« nahe der Saale mit seinen schlanken Türmen, ist der Rest eines viertürmigen Kastells der Grafen von Schwarzburg.
Hauptattraktion von Saalfeld sind die Feengrotten. Diese etwa 1 km südlich der Stadt gelegenen Tropfsteinhöhlen sind mit bunt schillernden Mineralien und Tropfsteinen angefüllt – eine faszinierende unterirdische Welt, die nicht nur bei Kindern Begeisterung auslöst.

9 Schwarzburg An der Schwarza, einem kleinen Nebenfluss der Saale, liegt im schönsten Abschnitt des Schwarzatals der Ort Schwarzburg, der einst Sitz des thüringischen Geschlechts der Grafen von Schwarzburg war. Das überaus malerisch gelegene Schloss erhebt sich majestätisch auf einem zum Fluss hin steil abfallenden Bergvorsprung.

10 Rudolstadt Nur wenige Kilometer nach der Einmündung der Schwarza in die Saale erreicht der Fluss, noch immer von bewaldeten Bergen umgeben, die ehemalige Residenzstadt Rudolstadt. Die ursprünglich karolingische Grenzstation wurde 1326 erstmals in Urkunden als Stadt genannt. Die Fürsten von Schwarzburg-Rudolstadt zogen im 18. und 19. Jh. mit ihrem Ehrgeiz, die Residenz in ein »Klein-Weimar« zu verwandeln, Dichter und Gelehrte an ihren Hof. Rudolstadt ist bis heute umgeben vom Hauch der alten Residenzstadt, in der sich Goethe und Schiller erstmals begegneten. Der deutsche Dichterfürst Goethe leitete einige Jahre am Rudolstädter Theater eine Theatergruppe.
Hoch über der Stadt thront majestätisch ihr Wahrzeichen, die Heidecksburg und zeugt von der einstigen Macht des Fürstenhauses. Es ist das am prunkvollsten ausgestattete Barockschloss Thüringens. Mit seinen reich ausgestalteten Sälen und herrlichen Stuckarbeiten zieht es wohl jeden Besucher in seinen Bann.
Zu Füßen der Heidecksburg lädt die Altstadt mit ihren verwinkelten Gassen, Kirchen und Renaissancebürgerhäusern zum Verweilen ein. Nur 12 km entfernt befindet sich das Wasserschloss Kochberg, der ehemalige Wohnsitz der Charlotte von Stein. Für Goethe war es ein beliebtes Ausflugsziel während seiner Zeit in Weimar.

11 Kahla Rund 25 km flussabwärts erreicht die Saale nach unzähligen Flusswindungen durch anmutig kuppige Landschaft das kleine Städtchen Kahla. In der noch heute durch ihre Keramikindustrie bedeutenden Stadt sind größere Abschnitte der Stadtmauer aus dem 14. und 15. Jh. erhalten. Oberhalb von Kahla steht weithin sichtbar die mittelalterliche Leuchtenburg, die einst eine der mächtigsten Burgen in Thüringen war.

12 Jena Die Universitäts- und Industriestadt Jena liegt in einem Talkessel der mittleren Saale. Die Universität, die im 17. und 18. Jh. zu den führenden im deutschsprachigen Raum gehörte, hat noch heute einen guten Ruf. Mit der Gründung der Universität 1558 wurde Jena einer der begehrtesten Studienorte in Deutschland. Ihre größte Bedeutung erlangte die Universität nach 1785 dank Goethes Förderung, die Jena zu einem führenden geistigen Zentrum in Deutschland werden ließ. 1789 wurde Friedrich Schiller an die Universität berufen, um Geschichte und Philosophie zu lehren. Unter dem Eindruck der Freiheitskriege gründeten Studenten der Universität Jena 1815 die »Jenaische Burschenschaft«, deren Mitglieder 1817 auf der Wartburg die staatliche Einigung Deutschlands forderten. Der Physiker und Mathematiker Ernst Abbe schuf in Jena die wissenschaftlichen Grundlagen für die

Schloss Kochberg im Ort Großkochberg nahe Rudolstadt war einst im Besitz der Familie der Goethe-

Das spätgotische Rathaus in Pößneck bei Saalfeld enstand 1531.

Den Saaleblick von den Dornburger Schlössern hinab genoss bereits Goethe.

feinmechanisch-optische Industrie. 1846 hatte der Mechaniker Carl Zeiss eine Werkstatt in Jena errichtet, in der Abbe seit 1866 neue Werkzeuge entwickelte. Zusammen mit dem Chemiker und Glastechniker Otto Schott schuf Zeiss die für die neuen Instrumente erforderlichen optischen Gläser.

1880 nahm die erste Jenaer Zeiss-Fabrik die Produktion auf. Bis heute ist Jena ein Zentrum der deutschen optischen Industrie. Sehenswert sind u. a. das Rathaus (13. Jh.), die spätgotische Kirche St. Michael, die Johanneskirche als älteste Kirche der Stadt.

13 Dornburger Schlösser 12 km stromabwärts am Steilufer der Saale gelegen, ist Dornburg mit seinen Schlössern und den gepflegten Parkanlagen ein beliebtes Ausflugsziel. Die Schlösser – das Alte Schloss, das Renaissanceschloss und das Rokokoschloss – wurden vor allem durch Goethes Aufenthalte bekannt.

Das Ilmtal

14 Ilmenau Die Hochschulstadt Ilmenau liegt am Oberlauf der Ilm, einem linken Seitenfluss der Saale. Die Entwicklung des Ortes wurde lange Zeit vom Silber- und Kupferbergbau bestimmt. Mitte des 18. Jh. ging die Blütezeit des Bergbaus in Ilmenau zu Ende, die Glasindustrie und die Porzellanherstellung sind seitdem die wichtigsten Wirtschaftszweige. In den Jahren ab 1776 weilte Johann Wolfgang von Goethe als Minister des Weimarer Hofes wiederholt in Ilmenau. Hier und in der malerischen Umgebung des Thüringer Waldes betrieb Goethe seine naturwissenschaftlichen Studien.

15 Weimar Es gibt wohl keine andere Stadt vergleichbarer Größe in Deutschland, die eine ähnliche Bedeutung im deutschen Geistesleben, in Kunst und Kultur erreicht hat wie Weimar. Nachdem schon Luther, Cranach und Bach hier gewirkt hatten, begründeten die großen Dichter Wieland, Goethe, Herder und Schiller die bedeutende Epoche Weimars im 18. Jh., die dem Ort den Namen «Stadt der deutschen Klassik« gab.

Ab 1547 war Weimar Hauptstadt des Herzogtums Sachsen-Weimar. Die so genannte klassische Periode der Stadt begann 1758 mit dem Regierungsantritt der Herzogin Anna Amalia, die 1772 Christoph Martin Wieland an den Hof holte. Ihr Sohn Carl August lud 1775 Goethe an seinen Hof. Weimar vermittelt trotz seiner zahlreichen, berühmten Kulturdenkmäler das Flair einen kleinen Stadt. Viele Bauten (Rathaus, Cranach-Haus, Stadtschloss, Wittumspalais, Herderkirche) lassen eine lange kulturelle und historische Tradition erkennen. Einen besonderen Akzent verleiht dem Stadtbild der Park an der Ilm, in dem sich unter anderem Goethes Gartenhaus befindet. 1997 wurden die Bauhaus-Gebäude in Weimar in die Liste des Weltkulturerbes der UNESCO aufgenommen.

16 Oßmannstedt Am Ufer der Ilm steht auf halbem Weg zwischen Weimar und Apolda in dem kleinen Örtchen das barocke Gutshaus, in dem der Dichter Christoph Martin Wieland, der Wegbereiter der deutschen Klassik, mehrere Jahre lebte und arbeitete. In dem das Haus umgebenden Park mit Rokokogarten befindet sich die Grabstätte Wielands.

17 Apolda Das kleine thüringische Städtchen liegt rund 20 km von Weimar entfernt am unteren Lauf der Ilm und am östlichen Rand des Thüringer Beckens. Größere Bedeutung erlangte der Ort durch seine Glockengießerei.

Südwestlich der Stadt befindet sich in Kapellendorf eine stattliche Wasserburg. Die fünfeckige Anlage ist ein besonders schönes Beispiel für eine gotische Niederungsburg mit Wassergraben.

Freundin Charlotte von Stein.

Freizeit & Sport

Saale-Radwanderweg Der über 400 km lange Radwanderweg ist einer der anspruchsvollsten Fluss-Radwege Deutschlands. In seinem Oberlauf ist er durch viele Anstiege gekennzeichnet – vor allem im Bereich der Saaletalsperren, wo ein wassernahes Radeln nicht möglich ist. Ab Saalfeld kann er auch Familien empfohlen werden. Informationen über Streckenverlauf und mögliche Etappen unter *www.saale-radwanderweg.de*.

Feengrotten Saalfeld Die Feengrotten in Saalfeld beeindrucken Groß und Klein. Geführte Höhlenwanderungen führen auf eine Entdeckungsreise durch diese »farbenreichsten Schaugrotten der Welt«. (*www.feengrotten.de*).

Schlossbesichtigungen Das Barockschloss Heidecksburg wird vom Thüringer Landesmuseum Heidecksburg (*www.heidecksburg.de*) in Rudolstadt betreut.

Die **Dornburger Schlösser** thronen majestätisch auf schroff abfallenden Muschelkalkfelsen hoch über dem Saaletal. Informationen über Museum Dornburger Schlösser in Dornburg (*Tel. 036427/2 22 91*).

Zeiss-Planetarium Besuchenswert sind das Zeiss-Planetarium (*www.planetarium-jena.de*) mit seiner Laser-Multivisionsshow und populärwissenschaftlichen Vorstellungen sowie das Optische Museum (*www.ernst-abbe-stiftung.de*) mit der historischen Zeisswerkstatt von 1866.

Unten: Bunt schillern die Saalfelder Feengrotten.

Auf der Rudelsburg hoch über Bad Kösen entstand das Gedicht »An der Saale hellem Strande«.

Restaurants in historischem Ambiente

In rustikaler Ritteratmosphäre kann im Burgrestaurant der **Rudelsburg** in Saaleck (*Burgstraße 33, Tel./Fax 034463/2 73 25, www.rudelsburg.com*) neben einem eher konventionellen Essen auch ein Rittermahl eingenommen werden.
Der **Ratskeller** von Naumburg (*Markt 1, Tel. 03445/20 20 63*) ist bekannt für seine gute Küche und die Saale-Unstrut-Weine. Ebenfalls am Naumburger Markt gelegen, bietet das Restaurant **Carolus Magnus** (*Markt 11, Tel. 03445/20 55 77; www.*

Naumburg: Im Hotel Stadt Aachen am Marktplatz befindet sich das Restaurant Carolus Magnus.

restaurant-carolus-magnus.de) kulinarische Weinproben an. Zu einem mehrgängigen Menü werden jeweils passende Saale-Unstrut-Weine serviert.
Im Zentrum von Halle kann man im Restaurant **Schweizer Hof** (*Waisenhausring 15, Tel. 0345/2 02 63 92*) neben deutscher Küche auch hervorragende vegetarische Gerichte genießen.

Wenn die Saale, gestärkt von der Unstrut, bei Weißenfels die sonnigen Hänge mit ihren Burgen und Rebstöcken verlässt, begibt sie sich in die weite Ebene der Leipziger Tieflandsbucht. Fruchtbare Felder, die bis an den Horizont reichen, werden nur durch kleine Dörfer unterbrochen. Die Saale, die in Halle die Weiße Elster aufnimmt, fließt nun durch das frühere Anhalt, wo fast jede Stadt an ihren Ufern einst Residenzstadt war.

Die untere Saale

1 Bad Kösen Rund 10 km von der Mündung der Unstrut entfernt liegt das einstige Flößer- und Salzsiederstädtchen, das heutige Solbad Kösen, in dem ein Gradierwerk und alte Soleförderanlagen erhalten sind. Einen guten Ruf hatte einst die evangelische Landesschule Schulpforta in Pforta, einem Ortsteil von Bad Kösen. 1543 ließ Moritz von Sachsen dort in einem aufgehobenen Zisterzienserkloster eine Fürstenschule einrichten. Die benachbarte Burg Saaleck, 1050 auf einem Felsen hoch über der Saale errichtet, bietet herrliche Ausblicke über das Saaletal.

2 Naumburg Die durch ihren Dom bekannte Stadt gehört zu den schönsten Städten Mitteldeutschlands. Sie liegt inmitten von romantischen Weinbergen südlich der Einmündung der Unstrut in die Saale. Etwa um 1000 entstand an der Kreuzung zweier Handelsstraßen die »neue Burg« der Markgrafen von Meißen. 1028–1564 war der Ort Bischofssitz. Neben dem Dombezirk als geistlicher Residenz wuchs eine Bürger- und Handelsstadt, die erst mit dem Leipziger Messeprivileg von 1506 an Bedeutung einbüßte. Imposante Bürgerhäuser, die Stadtbefestigung, der Marktplatz, der weltberühmte Dom und andere Kirchen sind heute Zeugen der ereignisreichen Geschichte.

3 Weißenfels Die einstige Residenzstadt Weißenfels liegt 17 km nordöstlich von Naumburg an der mittleren Saale vor ihrem Austritt in die Leipziger Tieflandsbucht. Die Stadt wurde im 12. Jh. am Fuß des Burgbergs als Marktsiedlung angelegt. In den Jahren 1680 bis 1746 war sie Residenz des Herzogtums Sachsen-Weißenfels. Das Stadtbild wird geprägt vom beeindruckenden Barockschloss Neu-Augustusburg, das Ende des 17. Jh. als Residenz der Herzöge von Sachsen-Weißenfels errichtet wurde.
Unterhalb des Schlosses erstreckt sich rund um den Markt die Bürgerstadt mit ihren zahlreichen hübschen Barockhäusern.

4 Merseburg Bei Weißenfels erreicht die Saale das Norddeutsche Tiefland. Weinberge und liebliche Täler weichen der flachen Leipziger Tieflandsbucht mit ihren weiten Feldern und alten Ortschaften. Die Saale, die in ihrem oberen Lauf noch in engen Kurven um die Höhen zog, fließt nun breiter und langsamer in der Ebene.
Die frühere Bischofs- und Residenzstadt Merseburg liegt auf halbem Weg zwischen Weißenfels und Halle. Um 800 bestand an der strategisch wichtigen Saale-Elbe-Grenzlinie des Frankenreichs eine karolingische Burg. König Heinrich I. gründete hier eine Pfalz, in der bis zum 13. Jh. alle deutschen Kaiser und Könige Hoftage hielten. Durch das 968 von Otto I. begründete Bistum wurde Merseburg zum Bischofssitz. Im 17. und 18. Jh. war die Stadt Residenz der Herzöge von Sachsen-Merseburg.

Ein architektonischer Höhepunkt an der »Straße der Romanik«: der Naumburger Dom

Der Braunkohleabbau machte aus Merseburg im beginnenden 20. Jh. eine Industriestadt, die im Zweiten Weltkrieg schweren Luftangriffen ausgesetzt war. Bis heute aber beherrschen Dom St. Johannes der Täufer und St. Laurentius (1015–1042) und Renaissance-Schloss (1604 erbaut), oberhalb des Saalehochufers gelegen, das Panorama dieser Stadt.

5 Halle Die Geburtsstadt G. F. Händels liegt am Westrand der fruchtbaren und braunkohlereichen Leipziger Tieflandsbucht. Halle ist zugleich kultureller wie wirtschaftlicher Mittelpunkt der Region. Die erstmals 806 erwähnte Siedlung wurde zur Erschließung der Salzquellen und an wichtigen Handelswegen an einem Saaleübergang errichtet. Durch den Salzhandel gelangte die Stadt schnell zu Reichtum. Die Universität wurde im 18. Jh. zu einem Zentrum der Aufklärung und des Pietismus. Die Franckeschen Stiftungen, südlich der Altstadt, waren ein zweites Zentrum der Aufklärung in Halle und dienten als Waisenhaus und Armenschule. In der Mitte des geräumigen Marktplatzes, über dem sich die mächtigen Türme der Kirchen erheben, steht das berühmte Händeldenkmal.

Die nördlich der Altstadt gelegene imposante Moritzburg wurde im späten 15. Jh. als Zwingburg der Erzbischöfe von Magdeburg gegen die Hallenser Bürgerschaft an einem Saalearm errichtet. An den drei Landseiten ist die Burganlage von Wassergräben umge-

Dom und Schloss geben der Saalestadt Merseburg ein besonders eindrucksvolles Panorama.

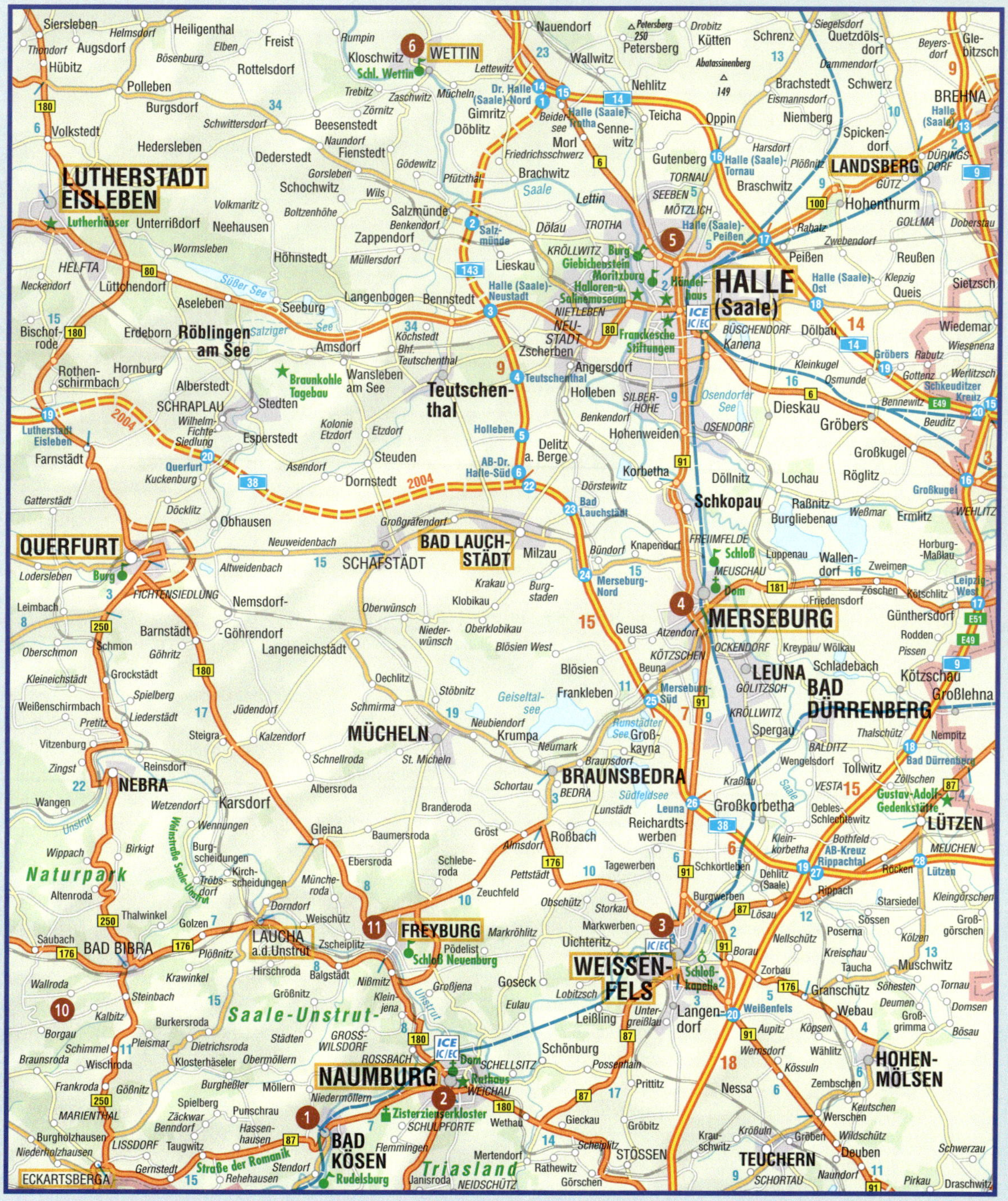

Freizeit & Sport

Allgemeine **Informationen** rund um die Unstrut finden sich unter *www.blaues-band.de/unstrut/index.htm*.

Floßfahrt Die Saale wurde in früheren Zeiten vor allem für den Holztransport genutzt. An diese Zeiten erinnern die erlebnisreichen Floßfahrten durch das mittlere Saaletal zwischen Camburg und Bad Kösen. Buchungen über Wassertouristik Tentscher Camburg in Camburg (*Naumburger Str. 21, Tel. 036421/2 24 02*).

Kanuverleiher Verschiedene Anbieter an Saale und Unstrut verleihen Boote und bieten organisierte Touren an, unter ihnen

Auf einem steilen Weinberg des Unstrutttales liegt Schloss Neuenburg

auch Saale Tours – Kanureisen auf dem Campingplatz Blütengrund in Naumburg (www.saaletours.de) sowie Bootsverleih Halle (auch führerscheinfreie Motorboote; *www. bootsverleih-halle.de*).

Dampferfahrt auf der Unstrut Die älteste Elbdampffähre verkehrt als Ausflugsdampfer zwischen Naumburg und Freyburg (*www.froehliche-doerte.de*).

Radwanderwege Tourenvorschläge finden sich unter *www.landkreis-unstrut-hainich.de/tourismus/radwandern.htm*.

Unstrut-Weinstraße Auf den Kalksteinhängen und Terrassen der Flusstäler von Saale und Unstrut gedeiht rund um Naumburg ein hervorragender Wein. Informationen unter *www.saale-unstrut-toruismus.de*.

Freyburg an der Unstrut ist das Zentrum des Weinanbaus an der Saale – rechts die im Kern romanische Neuenburg mit dem runden Bergfried.

Restaurants, Cafés & Weinstuben

Traditioneller Stil und hohe gastronomische Qualität prägen das Restaurant Brauhaus **Zum Löwen** in Mühlhausen (*Kornmarkt 3, Tel. 03601/47 10, www.brauhaus-zum-loewen.de*).
Seit 1890 befindet sich die altdeutsche Weinstube **Zum Künstlerkeller** in Freyburg/Unstrut (*Breite Straße 14, Tel. 034464/7 07 50, www.kuenstlerkeller.de*) mit den dazugehörigen Weinkellern und der Weinkelterei in Familienbesitz. Das romantische Restaurant in einer Nebenstraße des Freyburger Stadtzentrums serviert neben den eigenen Unstrutweinen eine bunte regionale Küche.

Wasserburg Heldrungen bei Bad Frankenhausen

Geschichte mit einer Kaffeepause verbinden: Im oberen Unstruttal lohnt ein Besuch der **Wasserburg Heldrungen**. Im Café kann man sich über die Historie der Burg unterrichten, die im 12. Jh. errichtet wurde und im 16. Jh. zu einer gewaltigen Festung ausgebaut wurde. Im Bauernkrieg wurde hier Thomas Müntzer die letzten Tage vor seiner Hinrichtung gefangen gehalten. In der Festung befindet sich eine Jugendherberge, ein Burgcafé und eine Gedenkstätte (*Schlossstraße 14, 06577 Heldrungen, Tel. 034673/9 12 24*).

ben. Während des Dreißigjährigen Krieges brannte die Moritzburg aus und wurde erst zu Beginn des 20. Jh. als Museum wieder errichtet. Sie beherbergt heute die Staatliche Galerie Moritzburg.

6 Wettin Rund 15 km flussabwärts steht die 961 erstmals urkundlich erwähnte Stammburg der Wettiner, des sächsischen Königsgeschlechts. Der Burgkomplex ist wegen seiner Lage und Größe (500 m lang) noch heute beeindruckend, wenngleich kaum mehr etwas von der alten Bausubstanz erhalten geblieben ist.

7 Bernburg Wenige Kilometer vor der Mündung der Saale in die Elbe liegt Bernburg, einstmals Residenz der Fürsten und Herzöge von Anhalt-Bernburg. Mit seinem Schloss und den Baudenkmälern aus verschiedenen Stilepochen in der historischen Innenstadt ist Bernburg heute ein gern besuchtes Touristenziel. Im Schutz der im 12. Jh. errichteten askanischen Festung entstanden drei unabhängige Siedlungen: die Altstadt, die Neustadt und die Bergstadt. Mit dem direkt an der Saale gelegenen Renaissanceschloss und zahlreichen sehenswerten Häusern in der Altstadt versetzt Bernburg seine Besucher in längst vergangene Epochen zurück.

Die Unstrut

8 Mühlhausen Die einstige Freie Reichs- und Hansestadt Mühlhausen liegt zwischen Hainich und Oberem Eichsfeld an der noch jungen Unstrut. Als letzte Wirkungsstätte des Volksreformators Thomas Müntzer trägt sie den Beinamen »Thomas-Müntzer-Stadt«. Mit der weitgehend erhaltenen Stadtmauer, dem Rathaus aus dem 14. Jh., den Stadtkirchen und bemerkenswert alten Bürgerhäusern besitzt Mühlhausen ein intaktes mittelalterliches Stadtzentrum.

9 Nationalpark Hainich Südlich von Mühlhausen beginnt hoch über dem Unstruttal der Nationalpark Hainich, das größte zusammenhängende Laubwaldgebiet Deutschlands. Der Hainich selbst ist ein Muschelkalk-Höhenzug mit einem unberührten Rotbuchenwald, wie er einst für Deutschland typisch war. Hier findet man noch Waldflächen, wie sie von Natur aus in Mitteleuropa ohne Einfluss des Menschen großflächig auftreten würden.

Das Bernburger Renaissanceschloss beherbergt auch ein sehenswertes Hoftheater.

10 Sömmerda Der Flussabschnitt der Unstrut zwischen Sömmerda und Freyburg wird von den Bewohnern auch gern mit der touristischen Umschreibung »Toskana des Ostens« charakterisiert. Sanft schmiegen sich die Weinberge dieses nördlichsten deutschen Weinanbaugebietes an den Fluss, der sein blaues Band durch die Landschaft zieht. Der hervorragende Wein, der hier an den sonnigen Hängen gedeiht, findet mittlerweile nicht nur in Deutschland immer mehr Liebhaber.

11 Freyburg Freyburg ist die größte Stadt im unteren Unstruttal und die Weinhauptstadt des Saale-Unstrut-Gebietes. Wein- und Sektherstellung sind hier konzentriert. Die steilen Muschelkalkhänge der Schweigenberge im Westen der Stadt sind mit ihren Trockenmauern und bis in den Spätbarock zurückreichenden Weinberghäuschen gewiss die reizvollsten der Gegend. Der Bergsporn, der sich im Südosten schützend vor die Kulisse der Stadt schiebt, trägt die erstmals 1062 errichtete Neuenburg. Während die Gebäude des Schlosses sich scheinbar harmlos über die Höhe schieben und erst aus kürzester Distanz ihre wahre Größe offenbaren, ist der mit einer barocken Haube geschmückte, auf höchster Stelle errichtete Bergfried »Dicker Wilhelm« von den verschiedensten Seiten schon von weitem sichtbar.

Die Weiße Elster

12 Plauen Plauen liegt landschaftlich malerisch eingebettet in den Tälern der Weißen Elster und deren Zuflüssen. Das wohl schönste Gebäude der Stadt ist das spätgotische Alte Rathaus am Altmarkt, an dessen Renaissancegiebel von 1548 eine prachtvolle Nürnberger Uhr prangt. Im Inneren des Rathauses illustriert das einzige Spitzenmuseum Deutschlands die Geschichte und Machart der Plauener Spitzen.

13 Vogtland Das Vogtland umfasst im weitesten Sinne das Gebiet zwischen Thüringer Wald, Fichtelgebirge und Erzgebirge. Die

Burg Wendelstein thront auf einem Gipsfelsen über der Unstrut und ist ein beliebtes Wanderziel.

Marktplatz von Plauen, dem wirtschaftlichen und kulturellen Zentrum des Vogtlandes

»Perle des Vogtlands«: Das Ufer der Weißen Elster in Greiz wird vom Oberen und Unteren Schloss beherrscht.

Landschaft wird geprägt von einer welligen, durch tiefe Täler mit steilen Hängen und vielen Windungen gegliederte Hochfläche. Die Weiße Elster bildet das größte und bedeutendste Tal in diesem Grenzland.

Sein Name »Land der Vögte« geht darauf zurück, dass hier vom Ende des 12. Jh. bis ins 15. Jh. hinein kaiserliche Reichsvögte die Macht ausübten. Bereits im Mittelalter wurden im Vogtland Tuche und Leinwand hergestellt. Und noch heute ist die Textilindustrie vielerorts sehr wichtig.

14 Greiz Von waldreichen Höhen umrahmt, war Greiz einst Sitz des kleinen Fürstentums Reuß. Das Stadtbild wird beherrscht vom Schlossberg mit dem Oberen Schloss. Rechts der Elster erstreckt sich die Altstadt mit dem klassizistischen Unteren Schloss. Im 1650 entstandenen und im 19. Jh. nach englischem Vorbild gestalteten Greizer Park steht das im frühklassizistischen Stil errichtete Sommerpalais, in dessen Räumen sich heute Museen befinden.

15 Gera Nach Verlassen des Vogtlandes erreicht die Weiße Elster als erste größere Stadt die alte Residenzstadt Gera. Gerberei, Bierbrauerei und besonders die Tuchmacherei waren traditionelle Wirtschaftszweige, deren Blüte im 18. Jh. die heute noch erhaltenen Bürgerhäuser jener Zeit bezeugen. Sie entstanden überwiegend nach dem großen Stadtbrand von 1780. Das Bier wurde früher in einem rund 8 km langen System von unterirdischen Gängen unter der Altstadt und dem Nikolaiberg gelagert. Diese »Höhler« sind heute zu besichtigen.

Der Markt von Gera gehört durch die Geschlossenheit der Bebauung zu den schönsten Marktplätzen Thüringens. Sehr bemerkenswert ist das Rathaus aus dem 15. Jh. Es zeichnet sich vor allem durch sein reich verziertes Hauptportal am achtgeschossigen Turm und die drei Nebenportale aus. In der Nähe des Rathauses steht am Nikolaiberg die im Barockstil erbaute dreischiffige Salvatorkirche. Das Innere wurde im Jugendstil ausgestattet.

16 Zeitz Die Bischofsstadt liegt am Eintritt der Weißen Elster in die Ebene der Leipziger Tieflandsbucht. Schloss Moritzburg, eine barocke Anlage, die auf den Ruinen des Bischofsschlosses entstand, dient heute als Museum. In der Schlosskirche befinden sich in einer Krypta die Särge der Herzöge von Sachsen-Zeitz. Unter der Stadt kann man ein mittelalterliches Gängesystem begehen.

17 Leipzig Rund 40 km flussabwärts, vorbei an wogenden Getreidefeldern und verträumten Ortschaften, erreicht die Weiße Elster die pulsierende Großstadt Leipzig. Hier nimmt sie die Pleiße auf und wendet sich nach Westen, um nach ca. 30 km bei Halle in die Saale zu münden.

Noch heute geben zahlreiche bedeutende Fachmessen den Takt im Wirtschaftsleben Leipzigs an. Vor den Toren der Stadt entstand 1996 die durch ihre imposante Glaskonstruktion beeindruckende Neue Messe, die die Handelstradition Leipzigs in das 21. Jh. tragen soll. Von jeher gilt Leipzig, Sitz der Deutschen Bücherei, auch als Stadt des Buches und der Musik. Diese Traditionen halten zahlreiche namhafte Verlage, der Thomanerchor und das Gewandhausorchester aufrecht. Die Universität Leipzig wurde 1409 gegründet.

In der gesamten Innenstadt laden aufwändig sanierte Passagen und Messehäuser zu einem Bummel ein. Zu den berühmtesten und schönsten Passagen zählt die Mädlerpassage.

Gasthäuser in historischem Ambiente

Das Gasthaus **Am Neumarkt** in Zeitz (*Neumarkt 15, Tel. 034412/6 16 60, www.hotel-zeitz.com*) verwöhnt seine Gäste mit einer raffinierten und phantasievollen deutschen Küche. In gemütlichem Ambiente werden Gerichte aus regionalen Produkten serviert.

Auerbachs Keller ist eine Leipziger Institution (*Mädler-Passage, Grimmaische Straße 2–4, Tel. 0341/21 61 00; www.auerbachs-keller-leipzig.de*). Die traditionsreiche Gastwirtschaft mit ihren mächtigen Kellergewölben wurde durch Goethes *Faust* weltberühmt. Serviert werden vor allem herzhafte, bodenständige Gerichte.

Leipzig: der Große Keller im weltberühmten »Auerbachs Keller«

Die Havel

Die Havel ist eine der wichtigsten Lebensadern Brandenburgs. Auf ihrem Weg fließt sie an unberührt gebliebenen Naturlandschaften, beschaulichen Orten und bedeutenden historischen Stätten vorbei.

Idyll nahe Berlin: der Schwielowsee südlich von Werder

Tief im Herzen Brandenburgs durchquert die Havel als ruhiger Binnenfluss die Mark. Ihr Quellgebiet liegt im Süden der Mecklenburgischen Seenplatte bei Dambeck, von dort sind es bis zur Mündung in die Elbe bei Havelberg 325 km. Als typisches Tieflandgewässer zeigt sie ein extrem geringes Gefälle von nur 41 m, die große Zahl der durchflossenen Seen und seenartigen Erweiterungen, die zahlreichen Verzweigungen sowie die gestauten

Fischer auf dem Trebelsee

und kanalisierten Abschnitte sind markante Kennzeichen dieses Flusstyps.

Die Havel wird gewöhnlich in drei Abschnitte gegliedert: Der Flusslauf von der Quelle bis zur Spreeeinmündung wird Obere Havel genannt, bis zur Stadt Brandenburg fließt die Mittlere Havel und von dort bis zur Mündung die Untere Havel.

Oberhalb Berlins ist die Havel eher als Flüsschen denn als Fluss zu bezeichnen. Das verträumt dahinfließende Gewässer gleitet vorbei an so malerischen Orten wie Fürstenberg und Himmelpfort. Kurz vor Berlin weichen stille, naturbelassene Landschaften mit ihren Schutzgebieten und heimeligen Dörfern dem pulsierenden Leben des Großraums Berlin. Dichte Bebauung und Industrie prägen in diesem Abschnitt das Flussbild.

Zum größten rechtsseitigen Zufluss der Elbe wird die Havel erst mit Aufnahme der Spree, die im Berliner Stadtteil Spandau in die Havel einmündet. Da sie bei Mittelwasser mehr als das Zweieinhalbfache der Wassermenge der Havel führt, müsste streng genommen die Havel unterhalb der Spandauer Zitadelle als »Spree« weiterfließen.

Die Mittlere Havel ist der belebteste und auch bekannteste Teil der Havel. Zwischen Spandau und Brandenburg durchfließt die Havel zahlreiche Becken, die während der letzten Eiszeit durch das Inlandeis geschaffen wurden – heute reiht sich in diesem Abschnitt ein See an den anderen. Kein Wunder, dass Preußens Könige hier ihr Arkadien suchten: Sie errichteten in Potsdam und Umgebung zahllose Parks und Schlösser, die oft auf die Havel und ihre Seen ausgerichtet wurden. Die Mittlere Havel umspült das so genannte Havelland, das sich nördlich dieses Flussabschnitts erstreckt. Landwirtschaft prägt die von der letzten Eiszeit geschaf-

Die eher seenartig anmutende Havel bildet die Westgrenze des Grunewaldgebietes in Berlin.

In reizvoller Lage: Strandbad von Caputh am Nordostufer des Schwielowsees

fene Region mit ihren sanft gewellten Feldern, mit Kiefern bestandenen Hügelketten und beschaulichen Dörfern.

An der Unteren Havel wird es wieder stiller. Der Schiffsverkehr nimmt ab und der Fluss führt wieder durch naturbelassene Landschaften wie den Naturpark Westhavelland. Seit jeher ist die Havel eine der brandenburgischen Hauptlebensadern. Bereits um 1300 wurden in den Städten Brandenburg und Rathenow Mühlenstauen und Flutrinnen für die Schifffahrt angelegt. Im vorigen Jahrhundert begann der Bau eines Kanalsystems, das den Fluss heute mit der Elbe und dem Mittellandkanal sowie mit der Müritz und Oder verbindet. Aber nicht nur für Industrie, Landwirtschaft und Schifffahrt hat die Havel einen hohen Stellenwert, auch Angler, Wassersportler und Erholungssuchende schätzen ihre Reize.

Überragende Bedeutung besitzt die Havel als Biotopverbindung zwischen den Auen des Spreewaldes und denen der Havelniederung und Elblandschaft. Dabei stellt der Havelunterlauf mit seinen Nebenarmen, Altwässern und Auenwäldern ein noch weitgehend intaktes Flussökosystem dar.

Die Zeit ist auch an der Havel nicht spurlos vorübergegangen: Industrie und moderner Lebensstil prägen heute vielfach ihr Gesicht. Die Spuren vergangener Tage sind jedoch noch vielfach vorhanden und laden zur lohnenswerten Suche ein. Weite Teile des Flusses blieben in DDR-Zeiten nahezu unberührt, stehen heute unter Naturschutz und bieten seltenen Tier- und Pflanzenarten ein Zuhause.

Großes Bild oben: Auf einer Insel der seenartig erweiterten Havel liegt die Altstadt von Werder mit der Heiliggeistkriche und der Bockwindmühle.

Bei Havelberg mündet die Havel in die Elbe: Blick auf den hoch über dem Fluss gelegenen Dom.

Der Oberlauf der Havel Fürstenberg • Ravensbrück • Zehdenick

Auf ihrem Weg nach Berlin durchfließt die Havel den Stolpsee. Sonnenuntergang nahe dem Ort Himmelpfort, der seinen Namen einem ehemaligen Kloster verdankt.

Von den Mecklenburgischen Seen kommend, fließt das noch kleine Flüsschen Havel in seinem Oberlauf südwärts. Auf dem Weg nach Berlin durchquert die Havel eine stille und romantische Landschaft, in der die Natur mit allen Sinnen zu erleben ist. Vorbei an historischen Ortschaften und beschaulichen Dörfern gelangt man in die Hauptstadtregion.

1 Havelquelle bei Dambeck Die Wiege der Havel ist noch nicht annähernd so alt wie sie selbst: Als vor rund 600 Jahren zwischen den Dörfern Ankershagen und Klockow ein Damm aufgeschüttet wurde, trennte man die junge Havel von ihren Quellseen ab und verlegte ihre Geburtsstätte auf eine südlich des Dammes gelegene Quellwiese im Gebiet des heutigen Nationalparks Müritz. Im 2 km von der Quelle entfernt liegenden Ankershagen erinnert das Heinrich-Schliemann-Haus an den Entdecker Trojas.

2 Fürstenberg an der Havel Kurz nach Passieren der Grenze zu Brandenburg fließt die Havel auf ihrer noch jungen Reise zur 750 Jahre alten Stadt Fürstenberg. Mitte des 12. Jh. errichteten die Markgrafen von Brandenburg auf der Hauptinsel der Stadt eine Burg als vorgeschobenen Stützpunkt auf slawischem Gebiet. Bis zum Bau der Schleuse 1836 diente Fürstenberg als Umschlagplatz für Waren vom Schiff auf die Fuhrwerke und umgekehrt. Mit dem Bau der Berliner Nordbahn 1877 verlor die Stadt zwar ihre Bedeutung als Handelsplatz, jedoch entdeckten die Berliner Sommerfrischler Fürstenberg mit seinen vielen Seen und seiner reizvollen Landschaft als Naherholungsgebiet für sich.

Die Stadtpfarrkirche St. Marien von Gransee westlich von Zehdenick stammt aus dem 15. Jh.

3 Fürstenberger Seenland Ausgedehnte Wälder, durchsetzt mit zahlreichen kleinen und großen Seen, machen den Reiz dieser Region aus, die mit ihrem naturnahen Flusslauf und den Auwäldern vielen Tierarten den idealen Lebensraum bietet. Beim Wasserwandern lassen sich Fischotter, Biber, Seeadler und Eisvogel beobachten.

4 Ravensbrück Am Ende des Schwedtsees liegt – völlig abgelegen und in schon bedrückender Ruhe – die Gedenkstätte des Frauenkonzentrationslagers Ravensbrück. Zwischen 1939 und 1945 inhaftierte die SS in Ravensbrück über 130 000 Frauen und Kinder sowie rund 20 000 Männer. Heute bewahrt die Mahn- und Gedenkstätte Zeugnisse und Spuren, fördert Erinnerung und Forschung und gestaltet hier einen aktiven Lern- und Begegnungsort. Einen Abstecher lohnt der Lychener See, der nicht zum Fürstenberger Seenland gehört.

5 Himmelpfort Hinter Ravensbrück macht der Fluss einen Bogen zum Stolpsee mit dem Ort Himmelpfort, der seinen Namen der Gründung des Zisterzienserklosters Coeli Porta im Jahre 1299 zu verdanken hat. Teile des Klosterkomplexes, darunter der gotische Backsteinbau aus dem 14. Jh., sind erhalten geblieben.

6 Zehdenick Auf der Krummen Havel kommt man nach Zehdenick, das durch seine Ziegelindustrie Ende des 19. bis Mitte des 20. Jh. geprägt wurde. Auffallend sind unmittelbar nördlich von Zehdenick die rund 50 Seen beiderseits der Havel: ehemalige, inzwischen mit Wasser gefüllten Tongruben, die heute beliebte Badeseen und Anglerparadiese sind. Der reich vorhandene Ton diente seit den Gründerjahren als wichtiger Rohstoff für die Herstellung von Ziegeln. In unmittelbarer Nähe zu den Tongruben entstanden damals Ziegeleien, die ihre Produkte über die Havel in das aufstrebende südlich gelegene Berlin verschifften.

Hier wurde der Fluss wurde mehrmals begradigt und mit einer Schleuse und einem Hafen ausgestattet. Am Stadtrand teilt sich der Fluss: Die Schnelle Havel ist längst verwachsen und der Natur überlassen, parallel

Freizeit & Sport

Wasserparadies Fürstenberger Seenland »Erleben wie Stille klingt« – so lautet der Slogan des Seenlandes. Der Wasserreichtum der Gegend lässt sich am besten vom Wasser aus erkunden, egal ob mit dem eigenen Kanu, einem gemieteten Haus- oder Motorboot (auch ohne Führerschein möglich!), auf einem Fahrgastschiff, einem Floß oder mit dem »Kaffenkahn« – einem historischen Lastensegler.

Kanuverleih Kanustation Fürstenberg Campingplatz am Röblinsee *(Röblinsee Nord 1, Tel. 03 3093/3 82 78)*, Haus an der Havel *(Schliemannstr. 6, Tel. 033093/ 3 90 69)* oder Nordlicht Tour & Kanu GmbH *(Brandenburger Str. 33, Tel. 033093/3 71 86; home.snafu.de/nordlicht.reisen)*.

Kaffenkahn-Charter Haus an der Havel in Fürstenberg *(Adresse s. o.)*

Hausbootsverleih Locaboat in Fürstenberg *(Dorfstr. 26, Tel. 033093/ 3 91 63)*

Flöße Floßverleih Campingplatz am Röblinsee *(Adresse s. o.)*

Kanuverleih Lychen Die Firma Treibholz bietet auch Kanusafaris und Floßfahrten an *(Schlüßhof 2, Tel. 039888/4 33 77; www.treibholz.com)*.

Wassersportzentrum Oranienburg Hier lassen sich Motorboote, Segelyachten, Drachenboote mieten. Info über Der Bootsverleiher *(Speyerer Str. 13c, Tel. 03301/53 95 90; www.wassersportzentrum-oranienburg.de)*.

Draisinenfahrten Auf stillgelegten Bahnstrecken kann man Draisinenfahrten unternehmen. Informationen über Fürstenberger Seenland *(Am Bahnhof, Tel. 033093/3 22 54, www.fuerstenberger-seenland.de)* oder Tourismus Service Templin *(Obere Mühlenstraße 11, Tel. 03987/26 31)*.

Radfernweg Berlin–Kopenhagen Ein 150 km langes Teilstück dieses Radfernweges führt von Berlin entlang der Havel nach Neustrelitz. Informationen über *www.info-oberhavel.de*.

Nordöstlich von Zehdenick liegt Templin, dessen ältestes Gebäude die gotische Georgenkapelle ist.

Schloss Oranienburg in der gleichnamigen Stadt ist die älteste barocke Schlossanlage der Region.

Blick auf Lychen am Lychener See, der Teil der Oberen-Havel-Wasserstraße ist.

zu ihr verläuft der 1884 fertig gestellte und für die Schifffahrt relevante Voss-Kanal. Westlich von Zehdenick liegt das Städtchen Gransee mit der gut erhaltenen Stadtmauer und der Pfarrkirche St. Marien (14.–16. Jh.) am gleichnamigen See. Nordöstlich lockt am Templiner See Templin mit seinem mittelalterlichen Stadtbild, das von zahlreichen Türmen geprägt ist.

7 Liebenwalde Die Havelstadt liegt am Knotenpunkt des märkischen Wasserstraßensystems: Hier fließt der Voss-Kanal in den Malzer Kanal und dieser südlich der Stadt in den größeren Oder-Havel-Kanal. Durch die zahlreichen Kanäle und Wasserwege hat sich Liebenwalde nicht nur für viele Berliner Ausflügler zu einem attraktiven Wassersportzentrum entwickelt. Die Endstation der Heidekrautbahn ist auch für Tagesausflügler aus Berlin ein Erlebnis.

8 Oranienburg Ihrem Namen zum Hohn fließt das Wasser der Schnellen Havel flach und ruhig in vielen Bögen gemächlich Oranienburg entgegen. Der Name geht auf eine Schenkung des Amtes Bötzow durch den Kurfürsten Friedrich Wilhelm an seine Gemahlin Louise Henriette (Prinzessin von Oranien) im Jahre 1650 zurück. Diese erteilte den Auftrag, Schloss Oranienburg zu bauen. Bald nannte sich der schnell wachsende einstige Fischerort Bötzow nach dem königlichen Gemäuer Oranienburg. Das Dorf wurde zur Stadt, doch das Schloss fiel dem Desinteresse späterer Könige und nach seinem Verkauf der industriellen Fremdnutzung zum Opfer. 1998/99 wurde es in Vorbereitung einer Oranier-Ausstellung originalgetreu saniert. Die Stadt am westlichen Ufer des Lehnitzsees, der seit über 300 Jahren mit der Havel und anderen märkischen Gewässern durch Kanäle verbunden ist, ist ein Zentrum für Wassersportenthusiasten.

9 Sachsenhausen Das KZ Sachsenhausen in einem Vorort der Stadt wurde im Sommer 1936 errichtet. Die von SS-Architekten am Reißbrett als idealtypisches KZ konzipierte Anlage sollte dem Weltbild der SS architektonischen Ausdruck geben und nahm als Modell- und Schulungslager der SS und Konzentrationslager in unmittelbarer Nähe zu Berlin eine Sonderstellung im System der nationalsozialistischen Konzentrationslager ein. Zwischen 1936 und 1945 waren hier mehr als 200 000 Menschen inhaftiert. Zehntausende kamen durch Hunger, Krankheit, Zwangsarbeit und Misshandlungen um oder wurden Opfer von systematischen Vernichtungsaktionen der SS.

10 Velten Südlich von Oranienburg stößt die Havel auf den 650 Jahre alten Ort Velten, der früher eine Hochburg der Kachelofenherstellung war. Der erste Ofenbetrieb wurde bereits 1835 gegründet, mit dem rasant gestiegenen Wohnungsbau in der nahe gelegenen Metropole Berlin schossen in Velten ab 1870 die Ofenfabriken wie Pilze aus dem Boden, um 1900 gab es rund 40 Fabriken.

11 Niederneuendorf und die Berliner Seenkette Die Havel erreicht die Berliner Stadtgrenze am Niederneuendorfer See. Mit ihm beginnt die 22 km lange Seenkette, die das Bild des Flusses in Berlin prägt. An seinen Ufern liegen die beschaulichen Orte Niederneuendorf und gegenüber Heiligensee.

Weiter südlich stößt der 4 km lange Tegeler See einschließlich seiner sieben Inseln und dem gleichnamigen Dorf an den Hauptfluss. Das Tegeler Schloss mit Museum, dem dazugehörigen Park sowie auf der Halbinsel Reiherwerder die Villa der Berliner Großindustriellenfamilie Borsig sind lohnenswerte Ausflugsziele.

12 Spandau Stromabwärts an Industrieanlagen und der Insel Eiswerder vorbei gelangt man zur Spandauer Schleuse mit der angrenzenden mächtigen Zitadelle. An der Stelle der Befestigung stand schon im 13. Jh. die Residenz der askanischen Markgrafen. Nach der Verlegung des Hohenzollern'schen Sitzes in das neue Berliner Schloss entwickelte sich Spandau über die Jahrhunderte hinweg zu einer Festungs- und Garnisonsstadt.

Die Bevölkerung wuchs angesichts der immensen Rüstungsschmieden, die hier seit dem 18. Jh. bis hin zum Ende des Zweiten Weltkriegs angesiedelt waren. Kurz nach der Spandauer Schleuse mündet die Spree in die Havel.

Rustikale Gasthöfe & Restaurants

Der gemütliche **Gasthof Velten** *(Bahnstraße 6, Tel. 03304/50 26 64)* liegt nur fünf Gehminuten vom Ofenmuseum Velten entfernt. Die Speisen sind gutbürgerlich und rustikal, mit wechselnden kulinarischen Abstechern rund um die Welt. Das rustikale Restaurant **Am Rosengarten** *(Dr.-Kurt-Schumacher-Straße 6, Tel. 03301/5 30 80) in Oranienburg* bietet Berliner und brandenburgische Hausmannskost, die von vielfältigen Kartoffelgerichten über Fischgerichte bis hin zu Wildspezialitäten reicht.

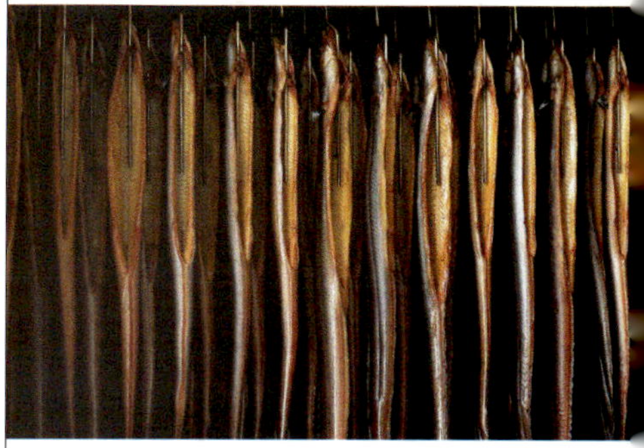

Eine Delikatesse und immer einen Ausflug wert: Räucheraal aus den Havelseen

Das 1989 eingerichtete Restaurant **Kolk** *(Hoher Steinweg 7, 13597 Berlin-Spandau, Tel. 030/3 33 88 79)* in der einstigen Feuerwache Spandau verwöhnt mit moderner Küche, aber auch fast vergessenen deutschen Spezialitäten und einer täglich wechselnden saisonalen Auswahl an Gerichten.

Der Glindower See südlich von Werder/Havel ist zusammen mit den anderen Havelseen ein Paradies für alle Wasserwanderer.

Restaurants mit Tradition

Oberhalb der Fähre zur Pfaueninsel liegt auf einer Hügelkette das historische Aussichtsrestaurant **Blockhaus Nikolskoe** *(Nikolskoer Weg 15, Berlin, Tel. 030/ 8 05 29 14)* im russischen Blockhaustil. Das direkt dem Schloss Sanssouci und der alten Mühle gegenüberliegende Restaurant **Mövenpick** in Potsdam *(An der Historischen Mühle 2, Tel. 0331/28 14 93)* besticht neben seiner Lage durch sein elegant-gemütliches Ambiente.

Werder: Hotel-Restaurant »Zur Insel«

Direkt im Zentrum des mittelalterlichen Ortskerns von Werder gelegen, konzentriert sich das Hotel-Restaurant **Zur Insel** *(Am Markt 6, Tel. 03327/6 61 60)* auf Fischgerichte und Wildspezialitäten.
Das originell eingerichtete preußische Traditionslokal **Bismarck-Terrassen** *(Bergstraße 20, Tel. 03381/30 09 39)* in Brandenburg/Havel liegt direkt am Aufgang zum Marienberg. Die Bismarck-Terrassen bieten typische brandenburgische Spezialitäten.

Von Berlin bis zur Stadt Brandenburg durchfließt die Havel eine Vielzahl aufeinander folgender Seen. In der Mitte dieses Flussabschnitts liegt das »preußische Arkadien«, das die Preußenkönige mit ihren Schlössern und Parkanlagen rund um Potsdam schufen. Den Trubel Berlins und die Eleganz Potsdams hinter sich lassend, fließt die Havel gemütlich durch das noch ursprüngliche, mal raue, mal liebliche Havelland.

13 Wannsee Kurz bevor die Havel Berlin verlässt, durchfließt sie noch den Großen Wannsee, an dessen Beginn sich die Insel Schwanenwerder mit ihren vielen Gründerzeitvillen aus dem Wasser hebt. Gegenüber dem Grunewald reiht sich am anderen Wannseeufer eine Villa an die andere, darunter die Villa Lemm des ehemaligen britischen Stadtkommandanten und die Wannseevilla.
14 Pfaueninsel Inmitten der Havel spiegelt die seit 1924 unter Naturschutz stehende Pfaueninsel ihre Schönheit im Wasser. Der Garten am Schloss wurde vom Landschaftsarchitekten Peter Joseph Lenné gestaltet.
15 Glienicker Brücke Die Glienicker Brücke markiert den Austrittspunkt des Flusses aus dem Berliner Stadtgebiet. Die 1907 erbaute Brücke durfte nach dem Mauerbau nur noch von alliierten Offizieren und Diplomaten betreten werden und war Schauplatz spektakulärer Agentenaustauschaktionen zwischen den gegnerischen Seiten des Kalten Krieges.
16 Potsdam In der ehemaligen Residenzstadt fließt zunächst der Griebnitzsee in die zum Tiefen See sich weitende Havel. Den Tiefen See verlassend, wird die Havel zum Stadtzentrum hin wieder schmaler und teilt sich in die Alte Fahrt und in die Neue Fahrt. An deren Südufer endet der lange Weg des südbrandenburgischen Flüsschens Nuthe.
17 Caputh Der Templiner See mit der Halbinsel Hermannswerder, den Badeplätzen, Bootshäusern und dem langen bewaldeten Ostufer bildet den Anfang der Potsdamer Seenkette inmitten der hügeligen Umgebung. Am Übergang zum Schwielowsee wird der Fluss von einer 150 Jahre alten Havelfähre gekreuzt. Schloss Caputh ist das ältestes erhaltene Hohenzollernschloss und widmet sich der Zeit des Großen Kurfürsten.
18 Glindow Glindow zieht sich weit um den Schwielowsee herum. Mitte des 19. Jh. wurde es durch seine reichhaltigen Tonvorkommen das Zentrum märkischer Ziegelherstellung. Über den Wasserweg konnte auch der hohe Ziegelbedarf der Baustellen in Berlin und Potsdam kostengünstig gedeckt werden.

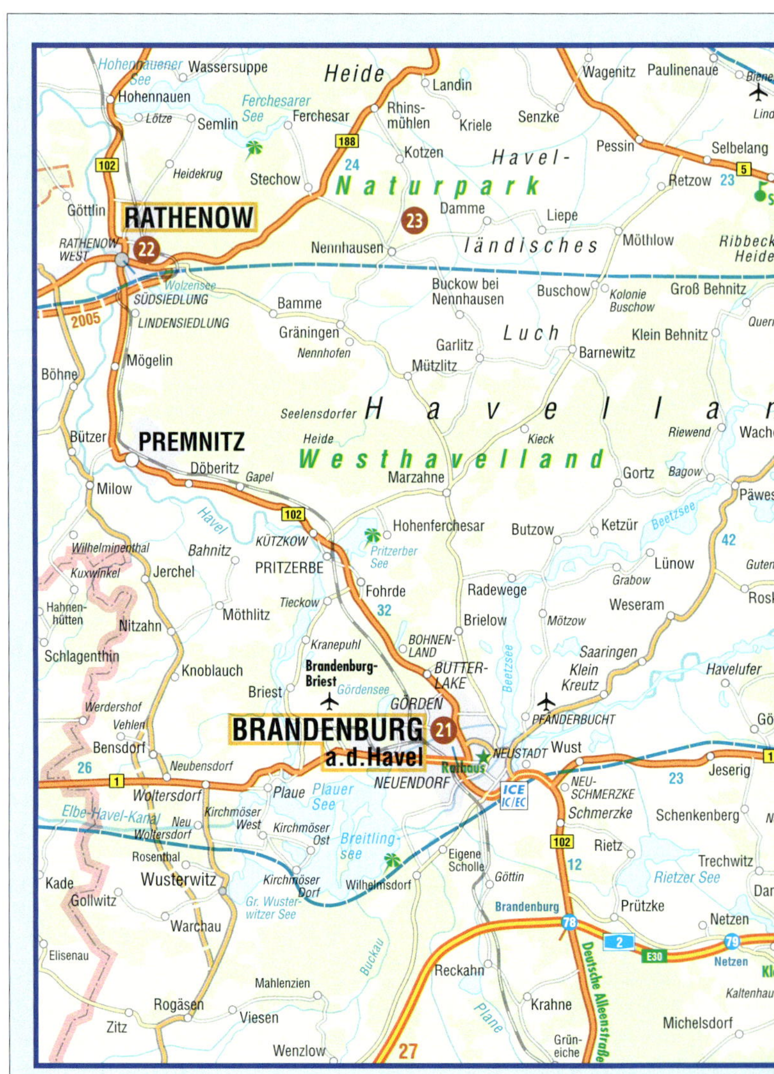

Das Schloss auf der Pfaueninsel entstand 1794–1797 als Rückzugsort für Friedrich Wilhelm II.

Die Bockwindmühle bei Werder ist typisch für das Havelland westlich von Berlin.

⑲ **Werder** Inmitten des breiten Havelstroms liegt verträumt die schöne, mittelalterliche Inselstadt Werder. Vier Seen und die Havel umschließen die Stadt, deren ältester Teil, die Havelinsel, von der Havel umschlossen wird. Der Ort ist für seine großen Obstanbaugebiete und die Weinlage am Wachtelberg berühmt.

⑳ **Paretz** Ende des 18. Jh. kaufte Friedrich Wilhelm III. das Anwesen und ließ das Dorf samt Häusern komplett umgestalten, um hier bis 1806 im ebenfalls neu erbauten Schloss die Sommer zu verbringen. Das Schloss sollte dem Königspaar einige unbeschwerte Sommerwochen auf dem Land ermöglichen.

㉑ **Brandenburg an der Havel** Die älteste Stadt der Mark Brandenburg und das touristische Wassersportzentrum kann auf fast 1100 Jahre Stadtgeschichte zurückblicken. Eingebettet in die wald- und seenreiche Landschaft der Havel, erlebte die Stadt als »Chur- und Hauptstadt der Mark Brandenburg« ihre Blütezeit. Noch heute wird in den Straßen der drei mittelalterlichen Stadtkerne Dom, Alt- und Neustadt mit ihren prächtigen Backsteinkirchen das Mittelalter lebendig.

㉒ **Rathenow** Die fast 800jährige Stadt war eines der ersten Zentren der optischen Industrie in Deutschland. Zu den Sehenswürdigkeiten der im Krieg stark zerstörten Stadt zählen der wieder aufgebaute Bismarckturm und ein weltweit einzigartiges Großfernrohr.

㉓ **Naturpark Westhavelland** Die Havel ist das prägende Element des Naturparks und eröffnet Wassersportlern paradiesische Möglichkeiten. Neben Fließgewässern und Seen bestimmen Moore die Landschaft.

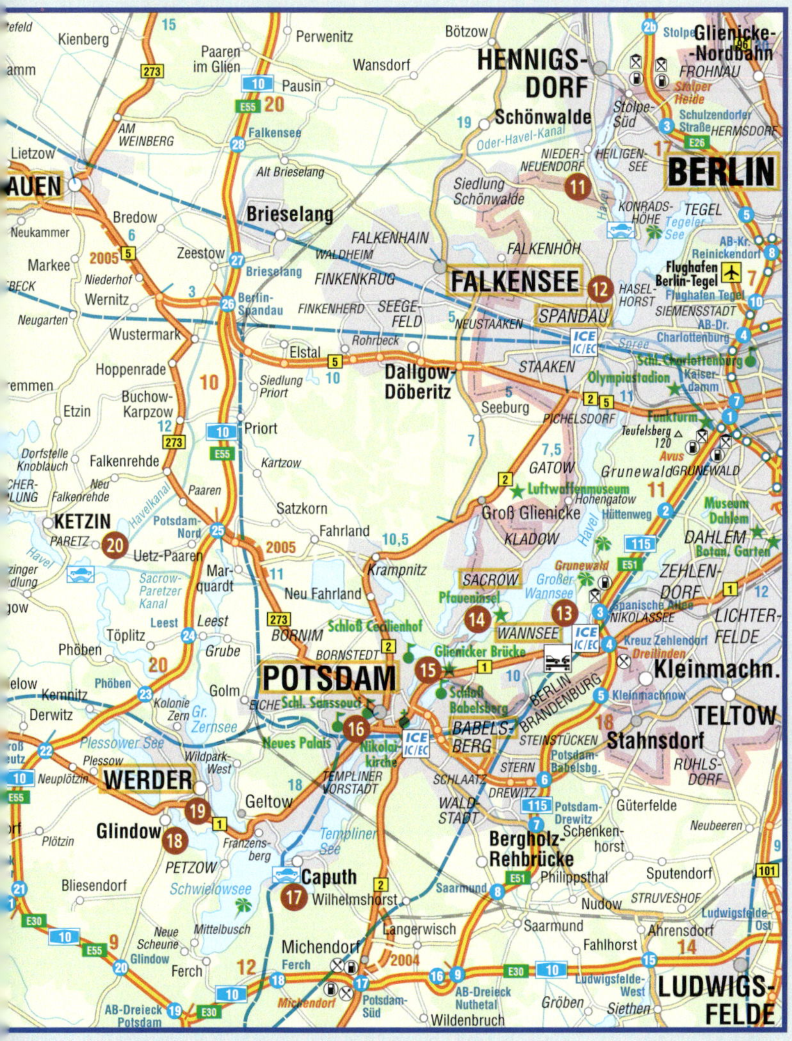

Freizeit & Sport

Strandbad Wannsee Das am Ostufer des Großen Wannsees gelegene städtische Strandbad (Frühjahr bis Herbst geöffnet) ist das größte seiner Art in Europa *(Wannseebadweg 25, Berlin-Zehlendorf, Tel. 030/ 8 03 56 12)*. Informationen zu den Badeseen Brandenburgs über: *www.brandenburg.de/land/mlur/badestellen.*

Motorbootverleih Verschiedene Bootsverleiher bieten geführte, aber individuell geplante Bootstouren in und um Potsdam sowie in Werder an. Info bei FCBC Boots-Charter in Potsdam *(Berliner Straße 50, Tel. 033/2 00 89 62)*. Motor- und Ruderbooten sowie Kanus, Canadier und Kajaks vermietet das Wassersportfachgeschäft G. Krüger & M. Till in Werder/Havel *(Unter den Linden 17, Tel. 03327/4 24 24; www.wassersport werder.de)*.

Segeln Folgende Segelschulen vermieten Boote und offerieren Segelkurse: Segelschule Griebnitzsee in Potsdam *(Karl-Marx-Str. 71, Tel. 0331/71 93 40)*; Sportbootschule Caputh *(Weberstr.82, Tel. 033209/7 05 17; www.sbs-caputh.de)*, die auch sonstige Boote vermietet.

Kanu-Wanderungen Auf den Seen rund um die Stadt Brandenburg lassen sich diese von der Ferien- und Freizeitanlage Lehnin in Brandenburg *(Prignitzstraße 1, Tel. 03381/30 17)* organisieren.

Ausflugsfahrten Grachtenfahrten, Seerundfahrten und Ausflugsfahrten Richtung Berlin bietet die Reederei Alfons Röding in Brandenburg a. d. Havel an *(Neuendorfer Straße 46, Tel. 03381/52 23 31, www.fgs-havelfee.de)*.

Angeln Auskunft zum Erwerb von Angelkarten, zu Angeleinschränkungen und Schonzeiten, Bootsverleihern sowie Übernachtungsmöglichkeiten vermittelt der Landesangelverband Brandenburg e.V. *(Tel. 0331/7 43 01 30; www.landesangler verband-bdg.de)*.

Im Sommer gut besucht: das Strandbad Wannsee im Südwesten Berlins

Wasserski Verleih von Skiern in Caputh bei Club »Preußen« e. V. *(Tel. 033209/7 03 33)* oder Skiteam Moisl *(Am Strandbad Templin, Ringstr. 14, Tel. 033209/7 06 71)*.

Naturpark Westhavelland Der Naturpark Westhavelland ist zum Kanuwandern und Freizeitangeln besonders attraktiv. Info über *Naturwacht Westhavelland, Dorfstraße 5, Tel. 033872/7 00 25.*

Potsdam

Die Hauptstadt des Landes Brandenburg ist gleichzeitig seine größte touristische Attraktion. Die mehr als 1000 Jahre alte Stadt an den Seen der Havel erlebte ihren Aufschwung, als sich ab 1640 die Hohenzollern dort ihre neben Berlin wichtigste Residenz errichteten. Einzigartig ist die Ensemblewirkung der Parkanlagen, die über Jahrhunderte unter preußischen Kurfürsten, Königen und Kaisern entstanden. Seit 1990 steht das Schlossgelände Sanssouci als Weltkulturerbe unter dem Schutz der UNESCO. Neben den Schlössern und Parks sind es vor allem die barocken Stadtanlagen, das Holländische Viertel, die russische Siedlung Alexandrowka und die hübschen Villenvororte, die Potsdam sein einzigartiges Flair verleihen. In den vergangenen Jahren sind erhebliche Anstrengungen zur Wiederherstellung des alten Glanzes unternommen worden.

Nördlich der Potsdamer Altstadt am Heiligen See erstreckt sich der Neue Garten. Das Marmorpalais am Seeufer diente König Friedrich Wilhelm II. als repräsentativer Sommersitz.

Schloss Sanssouci (»Ohne Sorgen«) sollte für König Friedrich II. ein Ort der Entspannung, des Philosophierens und des Kunstgenusses sein.

Spektakuläre Agentenausstauch-Aktionen rückten die Glienicker Brücke über die Havel in den Mittelpunkt des Interesses zwischen Ost und West.

Sonnenuntergang am größten See Berlins: Der Müggelsee wird von der Spree durchflossen.

Die Spree

Die Spree ist ein Fluss der Gegensätze. Dem Naturreichtum des Spreewalds stehen die »Mondlandschaften« der Braunkohlentagebaue in der Lausitz und der kanalisierte Fluss in Berlin gegenüber.

Zu den Flüssen, die nicht so recht zu wissen scheinen, wohin sie ihre Fluten tragen sollen, zählt die Spree: Auf ihrer rund 380 km langen Reise durchquert sie Sachsen, Brandenburg und Berlin und ändert dabei ungewöhnlich oft ihre Fließrichtung. Die Spree entspringt im Lausitzer Bergland unweit der tschechischen Grenze und mündet in Berlin-Spandau in die Havel. Auf ihrem Weg dorthin durchfließt sie abwechslungsreiche Landschaften, die mal still und natürlich sind wie im Spreewald, mal bizarr und doch beeindruckend wie die »Mondlandschaften« der Lausitz oder aber hektisch und betriebsam wie das Berliner Stadtgebiet. Der Flusslauf der Spree lässt sich in einen oberen Abschnitt zwischen Quelle und Spreewald und in einen unteren Teil zwischen dem Spreewald und der Mündung in die Havel gliedern. In ihrem Oberlauf ist die Spree ein Flüsschen, das über weite Strecken den Charakter eines Baches trägt. Ausgehend von den Höhen des Lausitzer Berglandes fließt die Spree zunächst nach Norden und erreicht in einem tief eingeschnittenen Tal Bautzen. Hier, im Herzen der Oberlausitz, gelangt die Spree allmählich in flachere Regionen: Das Gefälle des Flusses und damit auch Fließgeschwindigkeit nehmen ab.

Im Spreewald noch heimisch: der Fischotter

Kurz vor Spremberg verlässt die Spree Sachsen und erreicht die brandenburgische Niederlausitz, die wie auch die südlich gelegene Oberlausitz von flachen Hügeln, wogenden Getreidefeldern, dunklen Kiefernwäldern und verträumten Dörfern geprägt ist. Doch unter dieser Idylle lagern große Vorkommen an Braunkohle, deren Abbau einige Teile der Lausitz landschaftlich für immer verändert hat. Immer wieder wird die dörfliche Beschaulichkeit von den Gruben der Tagebaue unterbrochen, von denen nur noch wenige in Betrieb sind. Und in wenigen Jahren schon sollen sich dort, wo vor kurzem noch Bagger lärmten, Erholungssuchende an der neuen Lausitzer Seenkette vergnügen können.

Die Lausitz ist die Heimat der Sorben, die als einzige ethnische Minderheit Deutschlands slawischen Ursprungs sind. Die Sorben der Ober- und Niederlausitz unterscheiden sich in ihrer Konfession und in ihrer sprachlichen Nähe zu anderen slawischen Sprachen.

Unterhalb von Cottbus wendet sich die Spree nach Westen und ergießt sich in eine europaweit einmalige Niederungs- und Auenlandschaft – den Spreewald, in dem

Unter Brandenburgs 3000 Seen ist er der größte: der Scharmützelsee, hier bei Bad Saarow

Moderne Architektur am Berliner Spreebogen: SORAT-Hotel und Bundesinnenministerium

die Spree den Charakter eines Flussdeltas annimmt. Dieses Gebiet wird von rund 1300 km Wasserläufen durchzogen.

In den über 300 intakten Gewässern tummeln sich so Seltenheiten wie Quappe und Bachneunauge, die Wälder bieten Lebensraum für Schwarzstörche und Seeadler. Dieses durch seinen Artenreichtum und Erscheinungsbild einmalige Ökosystem wurde zu einem Biosphärenreservat erklärt.

Nördlich des Spreewaldes nimmt die Spree wieder ihren eigentlichen Flusslauf an. Sie durchfließt nun in gemächlichem Tempo einige Seen, kleine Ortschaften, die an Eigenart und Ursprung nur wenig verloren haben, säumen ihre Ufer.

Nachdem die Spree in mehreren großen Bögen mal der Oder, mal der Elbe zugestrebt ist, richtet sie sich nördlich von Beeskow endgültig der Havel zu. Bei Fürstenwalde erreicht die Spree das Berliner Umland, die beschaulichen Wiesen und Auen beiderseits des Flusses weichen nun zunehmend Gewerbegebieten, Verkehrswegen und Wohngebieten. In Berlin fließt die Spree zunächst in den Müggelsee und erreicht nach 45 km durch das Berliner Kanal- und Schleusensystem die Havel.

Die Spree ist in weiten Teilen noch ein sehr natürlicher Fluss. Nur im letzten Drittel ist sie schiffbar und durch den Oder-Spree-Kanal mit der Oder verbunden.

Auf nahezu allen Flussabschnitten bietet die Spree zahlreiche Attraktionen für Wasserwanderer, Naturfreunde, aber auch für historisch Interessierte. Ihr besonderer Reiz liegt in der Vielfalt und den Kontrasten, die es links und rechts des Flusslaufs zu entdecken gilt.

Großes Bild oben: Fließe im Spreewald, der seit 1990 unter dem Schutz der UNESCO steht.

Auf einer Insel am Zusammenfluss von Spree und Dahme liegt die Altstadt von Köpenick.

Den einzigartigen Zauber des Spreewalds entdeckt man am besten auf einer gemächlichen Kahnfahrt, wie hier im Örtchen Lehde.

In ihrem Oberlauf durchströmt die Spree die Lausitz – die Heimat der Sorben. Auf ihren ersten Kilometern noch wildromantisch, wird sie zusehends ruhiger und zieht vorbei an stolzen und ehrwürdigen Städten wie Bautzen und Cottbus. Auf halber Strecke macht die Spree eine Pause und verliert sich anschließend in den unzähligen Wasserarmen des einem verwunschenen Urwald gleichenden Spreewalds.

1 Oberlausitzer Bergland Das Quellgebiet der Spree präsentiert sich als eine vielgestaltige Mittelgebirgslandschaft mit granitenen Bergrücken, vulkanischen Kuppen und malerischen Tälern.

2 Bautzen Nach rund 25 km erreicht die noch junge Spree bei Bautzen am Fuß des Oberlausitzer Berglandes das Tiefland. Eindrucksvoll ragt die Kulisse des 1000-jährigen Bautzen mit seinen malerischen Türmen aus der vielgestaltigen Landschaft. Trotz oder gerade wegen seiner bewegten Geschichte, der Zerstörung und dem Wiederaufbau hat Bautzen sich ein einzigartiges Gesicht bewahrt. Zu den architektonischen Meisterwerken der hoch über der Spree gelegenen Altstadt zählen die Ortenburg, das barocke Rathaus, die stolzen, barocken Bürgerhäuser, der Reichenturm und der gotische Petridom. Wahrzeichen der Stadt ist die Alte Wasserkunst, die der Wasserversorgung diente und heute Sitz des Technischen Museums ist.

3 Oberlausitzer Heide- und Teichlandschaft Slawische Siedler nannten die nördlich von Bautzen gelegene Landschaft wegen ihrer vielen Moore, Sümpfe, Tümpel und Gewässer »Luza« (»Sumpfland«), eine treffende Charakterisierung dieses von der Spree durchflossenen Naturraums. Aus dem sorbischen »Luza« ging die heutige Bezeichnung »Lausitz« hervor.

Die Region ist das größte Teichgebiet Deutschlands: Von den über 1000 Teichen gehören 343 Teiche zu einem Biosphärenreservat und sind das Ergebnis jahrhundertelangen menschlichen Schaffens. In den verschiedenen Vegetationszonen trifft man auf eine mannigfaltige Flora und Fauna. So können hier seltene Vogelarten wie Kraniche, Seeadler, Wespenbussarde oder die Große Rohrdommel beobachtet werden. Zu den floristischen Kostbarkeiten zählen der Sonnentau, die Glockenheide und Orchideen.

4 Talsperre Spremberg Aus der weitgehend flachen Landschaft ragen unvermittelt hohe Erdwälle auf, die zum Komplex der mitten im Tiefland gelegenen Talsperre gehören. Sie wurde zwischen 1958 und 1965 erbaut, das künstliche Meer hat eine 2,2 km lange Staumauer und einen 3,7 km langen Erdstaudamm. Sie dient dem Hochwasserschutz des Spreewalds und zur Sicherung der Brauchwasserversorgung der Braunkohlenkraftwerke und hat außer-

Restaurants mit Tradition

Inmitten der 1000-jährigen Altstadt Bautzens liegt in direkter Nachbarschaft zum Rathaus das Hotel und Restaurant **Goldener Adler** (*Hauptmarkt 4, Tel. 035 91 / 4 86 60*), das sich in einem1540 erbauten Haus befindet. Restaurant mit Weinkeller und Bierstube.

Eines der beliebtesten Gasthäuser im Spreewaldgebiet ist das Gasthaus **Zum grünen Strand der Spree** in Lübbenau (*Dammstraße 77, Tel. 035 42 / 24 23*). Es befindet sich an einem der Hauptknotenpunkte des Spreewälder Wasserwegenetzes und wird gern von Kahnfahrern angesteuert.

Gleich mehrere romantische Restaurants bietet das Hotel **Zur Bleiche** in Burg (*Bleichestraße 16, Tel. 03 56 03 / 620*) an. Auf der Karte finden sich Spezialitäten aus der Spreewälder Küche wie auch internationale Gerichte.

Etwas westlich des Köthener Sees findet man in dem kleinen Ort Märkisch Buchholz das **Restaurant Bärengewölbe** (*Dorfstraße 16, Tel. 03 37 65/80 39 6*). Auf der Karte stehen regionale Gerichte wie etwa die Spreewald Buletten oder das Spreewälder Gurkenhähnchen.

Typische Spreewaldlandschaft: ein urwüchsiges Labyrinth aus Grün und Wasser, Gärten und Äckern

Brunnen am Altmarkt im Zentrum von Cottbus, dem Hauptort der Niederlausitz

dem einen hohen Freizeit- und Erholungswert für die ganze Region.

5 IBA Fürst-Pückler-Land Zwischen Spremberg und Cottbus scheint die Spree einen fremden Planeten zu durchfließen. Links und rechts des Flusses erstrecken sich bizarre Landschaften: Der jahrzehntelange Braunkohlenbergbau hat seine Narben in der Landschaft hinterlassen. Mit der internationalen Bauausstellung Fürst-Pückler-Land soll diese geschundene Landschaft nun wieder erlebbar gemacht und eine Seenkette geschaffen werden. Ausgehend vom historische Kern des Fürst-Pückler-Parks in Bad Muskau sollen die landschaftlichen Visionen Pücklers Anregungen für eine lebendige und kreative Auseinandersetzung mit den umliegenden Landschaftsräumen geben.

6 Cottbus Die grüne Stadt an der Spree ist das Paradies für Parkliebhaber. Vor den Toren der Stadt stoßen der neue Spreeauenpark, der Tierpark und der weltberühmte Landschaftspark Branitz des Fürsten Hermann von Pückler-Muskau aufeinander. Die alten und neuen Parkanlagen, die bis in die Innenstadt reichen, entwickelten sich zum Markenzeichen der Stadt.

7 Lübben Nördlich von Cottbus wendet sich die Spree nach Westen und spaltet sich im Spreewald in unzählige Seitenarme auf. Lübben inmitten des Biosphärenreservats gelegen, wird auch gern als »Tor zum Oberen und Unteren Spreewald« bezeichnet. Zu den Sehenswürdigkeiten der Stadt zählen das Schloss, das Ständische Landhaus und das Neuhaus.

Im Spreewald lebt eines der kleinsten Völker Europas – die Sorben. Sämtliche Orts- und Straßennamen sind in der Lausitz zweisprachig, in den meisten Schulen wird auch sorbisch unterrichtet. Berühmt sind die Sorben vor allem für die aktive Pflege ihres reichhaltigen Brauchtums, das vor allem in der Frühlings- und Osterzeit vielfältig und originell ist.

Freizeit & Sport

Kanufahren Wer den Spreewald auf eigene Faust entdecken möchte, kann sich ein Kanu mieten. Über Kahn- und Bootsanbieter und vieles andere mehr informiert der Tourismusverband Spreewald in Raddusch (*Lindenstraße 1, Tel. 03 54 33/722 99, www.spreewald.de*).

Kahnfahrten im Spreewald Nur auf einer Kahnfahrt erschließt sich die Einzigartigkeit des Spreewalds. Der Fährmann vermittelt beim Staken viel Wissenswertes über den Alltag der Spreewaldbewohner. Verschiedene Anbieter finden sich unter *www.luebbenau-online.de*.

Spree-Radweg Ein 410 km langer ausgeschilderter Radweg führt entlang des Flusses von seiner Quelle bis nach Berlin. Alle wichtigen Informationen finden sich auf der Website *www.spreeradweg.de* und *www.deutschlandtourismus.de/radfahren/route19.html*.

Paradiesische Verhältnisse für alle Wassersportler

Talsperre Spremberg Wissenswertes über die Freizeitmöglichkeiten rund um den Spremberger See finden sich unter *www.spremberg.de/talsperre-spremberg*.

Ein reizvolles Erlebnis und ein Kontrast zur nahen Großstadt Berlin ist eine Flusskreuzfahrt auf der Dahme, die in Köpenick in die Spree mündet.

Restaurants & Ausflugsgaststätten

Das in zentraler Lage von Fürstenwalde gelegene **Hotel Kaiserhof** hält mit seinem ebenso eleganten wie auch gemütlichen Hotelrestaurant Voltaire (*Friedrich-Engels-Straße 1A, Tel. 033 61/55 00, www.kaiserhof.de*) sowohl regionale als auch internationale Gerichte bereit. Der Küchenchef steht für eine moderne, frische Küche.

In Bad Saarow liegt auf einer Halbinsel im Scharmützelsee das **Landhaus Alte Eichen** (*Alte Eichen 21, Tel. 03 36 31/41 15, www.landhaus-alte-eichen.de*). Das liebevoll ausgestattete Restaurant bietet Brandenburger Spezialitäten, und auf der Terrasse kann man bei herrlicher Aussicht auf den See Kaffee und Kuchen genießen. Die Hotelzimmer des ruhig gelegenen Hauses sind geschmackvoll eingerichtet, und auf der hauseigenen Liegewiese am See kann herrlich entspannen.

Rund um den Müggelsee in Berlin-Köpenick laden zahlreiche Ausflugsgaststätten zur Rast ein, so auch die **Müggelseeterrassen Rübezahl** (*Am Großen Müggelsee, Tel. 030/65 88 24 70; www.mueggelseeterras sen.de*). Hier legen die Schiffe der Stern und Kreisschifffahrt an. Das traditionsreiche Ausflugslokal mit Biergarten bietet deftige regionale Küche sowie ein reichhaltiges Kuchenangebot.

Vom Spreewald kommend, zieht die Spree eine große Schleife durch das Brandenburger Land, als müsste sie noch einmal tief Luft holen, bevor sie in das bunte Leben Berlins eintaucht. Durch verträumte märkische Landschaften fließend, erreicht die Spree kurz vor Fürstenwalde das Berliner Urstromtal, eine breite, von den Wassermassen der letzten Eiszeit geschaffene Niederung.

1 Beeskow Das beschauliche Städtchen an der Spree ist ein Ort von höchst malerischem Reiz. Beeskow wurde um 1253 gegründet, als an der alten Handelsstraße zwischen Frankfurt/Oder und Leipzig am Spreeübergang eine Burganlage errichtet wurde. Noch heute strahlt die Kreisstadt mittelalterlichen Charme aus. Das Stadtzentrum wird auf drei Seiten von einer restaurierten mittelalterlichen Stadtmauer umgeben. Liebevoll sanierte Häuser prägen das Bild rund um den Marktplatz. Aus allen vier Himmelsrichtungen kommend, sieht man schon von weitem die Marienkirche: Als eine der schönsten und größten Backsteinkirchen Brandenburgs bildet sie den Mittelpunkt der Stadt.

Vom Bergfried der Burg eröffnet sich ein freier Blick auf die Spreelandschaft, denn Beeskow liegt inmitten des Oder-Spree-Seengebietes. Wassersportler finden hier ideale Voraussetzungen für Ihre Kanuwanderfahrten von Berlin zum Schwielochsee oder weiter bis zum Spreewald.

2 Oder-Spree-Seengebiet Rund um Beeskow, mit der Spree als Rückgrat, erstreckt sich das Oder-Spree-Seengebiet. In dieser landschaftlich vielfältigen Region befinden sich allein zwei Naturparks (Schlaubetal im Osten, Dahme-Heideseen im Nordwesten). Klare stille Seen, eingebettet in dunkle Wälder, glitzern im Sonnenlicht. Als schönstes Bachtal Brandenburgs ist das Schlaubetal bekannt. Auf einer Länge von 20 km schlängelt sich die Schlaube durch Wälder und Schluchten, durchfließt Seen und Teiche, lässt Bäche und Moore hinter sich, säumt Wiesen und Binnendünen. Zeugnisse der Kulturgeschichte sind die seit dem 15. Jh. entstandenen Wassermühlen, die heute – unter Denkmalschutz stehend – touristische Anziehungspunkte bilden. Über 1000 Pflanzenarten, darunter 13 Orchideenarten und bedeutende Farne, sowie fast 200 Vogelarten sind bis heute in den beiden Naturparks nachgewiesen worden.

3 Fürstenwalde Am äußersten östlichen Rand des Berliner Umlandes gelegen, kann Fürstenwalde auf eine reiche und nicht unbedeutende Geschichte zurückblicken. Die Stadt wurde Mitte des 13. Jh. im Zuge der deutschen Ostexpansion gegründet und erlebte ihre erste Blütezeit im Mittelalter, als die Bischöfe von Lebus 1385 Fürstenwalde zu ihrem Sitz erkoren. Nach der Reformation und in Folge des Dreißigjährigen Kriegs erlebte die Stadt einen langen quälenden Niedergang.

Erst durch den Anschluss an die Eisenbahnlinie Berlin–Frankfurt/Oder 1842 und die einsetzende Industrialisierung wurde Fürstenwalde wieder zu einer bedeutenden Stadt zwischen Berlin und Frankfurt/Oder. Mit der Ansiedlung großer Maschinenbaufirmen stieg Fürstenwalde zu einer der wichtigsten Industriestädte der Mark auf. Sichtbares Zeichen der Stadt ist bis heute der mächtige Dom, der nach schweren Kriegsschäden erst 1995 wieder eingeweiht werden konnte.

In der Nähe Fürstenwaldes zeugen die zwei Markgrafensteine auf den Rauener Bergen (153 m) von der letzten Eiszeit. Diese größten und bekanntesten Findlinge dieser Art im norddeutschen Raum liegen zugleich auf der größten deutschen Binnendüne.

4 Bad Saarow-Pieskow Südlich der Berge liegt der fast 100 Jahre alte Kurort Bad Saarow am Scharmützelsee, dem mit 10 km längsten und fast 14 km^2 größten der rund 3000 Seen der Mark Brandenburg. In Anlehnung an die bekannte Villenkolonie Wannsee wurde am Nordufer des Sees ab 1906 eine Wohnkolonie errichtet. Mit dem Bau eines Moorbades, der Erschließung einer Heilquelle (1927) und der Anlage von einem Kurpark und anderen Freizeiteinrichtungen wurde der Ort zu einem beliebten Kurort der Berliner Prominenz.

5 Erkner Der Ort liegt in idyllischer Lage im Berliner Urstromtal, am Rande einer eiszeitlichen Endmoränenerhebung. Eingebettet in die wald- und gewässerreiche Landschaft zwischen Dämeritz- und Flakensee sowie Spree und Löcknitz und umgeben von Berliner und Brandenburger Forsten ist Erkner das Tor in die Erholungsgebiete südöstlich von Berlin. In unmittelbarer Nähe des Ortszentrums erinnert in der ehemaligen Villa Lassen das Gerhart-Hauptmann-Museum an den großen deutschen Dichter. Zusammen mit seiner Familie hatte er von 1885 bis 1889 die Villa bewohnt. Südwestlich von Erkner durchfließt die Spree den Dämeritzsee, um dann wenige Kilometer weiter den Großen Müggelsee zu durchqueren.

6 Großer Müggelsee Nur wenige europäische Großstädte verfügen über ein derartig ausgedehntes Wald- und Seengebiet innerhalb ihrer Stadtgrenzen wie Berlin. Viele Stunden können die Ausflugsschiffe auf den Gewässern fahren, ohne Köpenick zu verlassen. Allein der Große Müggelsee, der größte See Berlins, hat eine Ausdehnung von 779 ha, ist 4,3 km lang, 2,6 km breit und bis zu 8 m tief. Eine Dampferfahrt erweckt daher bisweilen den Eindruck, auf hoher See zu sein. Wassersport hat hier eine lange Tradition. Neben den Bootshäusern der Sportvereine haben sich Werften, Bootsverleih- und Charterfirmen sowie Surf- und Segelschulen niedergelassen, moderne Marinas sind entstanden.

7 Müggelberge Von den Müggelbergen, 115 m hoch und zugleich Berlins höchste natürliche Erhebung, grüßt der Müggelturm herüber, ein Bauwerk aus Beton, Stahl und Glas mit einem Aussichtsplateau unter seinem Dach, das sich 30 m in die Höhe reckt. Bei klarem Wetter reicht der Blick bis nach Königs Wusterhausen und zur alten Hussitenstadt Bernau hinüber. Zu seinen Füßen liegt der sagenumwobene Teufelssee, leuchtet das Grün ausgedehnter Wälder, das zu den blinkenden Gewässern einen Kontrast bildet.

8 Köpenick In Köpenick mündet die Dahme, die über weite Strecken südlich von Berlin durch eine Seenkette fließt, in die Spree. Auf einer von ihr umflossenen Insel liegt die Keimzelle des historischen Köpenick. Erst 1920 wurde die vorher selbstständige Stadt Köpenick nach Berlin eingemeindet. Köpenick, das übrigens älter als Berlin ist, zählt zu den größten und landschaftlich attraktivsten Stadtteilen Berlins. Bei einem Bummel durch den Fischerkiez mit den hübschen, teilweise bis zu 200 Jahre alten Häusern fühlt man sich in längst vergangene Zeiten zurückversetzt. Ähnlich malerisch ist die Altstadt mit ihren schmalen, kopfsteingepflasterten Gässchen. Der historische Kern, eng und verwinkelt, wird seit Jahren restauriert.

9 Berlin Auf ihrem Weg durch Berlin führt die Spree den Besucher an wichtigen alten und neuen Bauwerken der Stadt vorbei. Zu den wichtigsten Stationen vor allem in Berlin-Mitte zählen das Nikolaiviertel, der Berliner Dom und die Museumsinsel. Ab der Friedrichsbrücke folgen am Reichstagsufer das Bundespresseamt, der Reichstag, der Spreebogen mit Bundesministerien und Kanzleramt und beim Tiergarten Schloss Bellevue. Nach zwei weiteren Mäandern strömt die Spree kurz vor der Einmündung in die Havel noch an Schloss Charlottenburg vorbei.

Theodor Fontane nannte ihn das »Märkische Meer«, den wunderschön gelegenen Scharmützelsee, der einen Teil des rund 90 km^2 großen Seengebietes südlich von Fürstenwalde bildet

Freizeit & Sport

Schiffstouren auf der Spree Informationen und Buchungsmöglichkeiten für Schifffahrten in Berlin und Umgebung bietet die Stern und Kreisschifffahrt GmbH Berlin (*Tel. 030 / 536 36 00, www.sternundkreis.de*).

Sightseeing auf dem Wasser: Spreeschiff vor der Alten Nationalgalerie in Berlin

Scharmützelsee Adressen und Tipps rund um das Thema Freizeit am See finden sich unter *www.scharmuetzelsee.de und auch unter www.scharmuetzelsee.info*.

Müggelsee Eine Sammlung an Informationen rund um den Berliner Müggelsee bietet *www.am-mueggelsee.de*.

Radfahren Alle wichtigen Informationen zu Radwegen sind unter *www.beeskow-tourismus.de*.

Berlin – Spree-Athen

Spree-Athen nannten die Berliner ihre Stadt im 17. Jh. Der »geistige Vater« der Museumsinsel war Friedrich Wilhelm I. Nach seinen Ideen entstanden auf der nach Norden an das Alte Museum (1830) angrenzenden Spreeinsel über fast 100 Jahre das Neue Museum (1843–46), die Alte Nationalgalerie (1862–1865), das Bode-Museum (1897–1904) und das Pergamonmuseum (1904–1930), von so namhaften Architekten wie Schinkel, Stüler und von Ihne entworfen. Die nach schweren Zerstörungen im Zweiten Weltkrieg ab 1976 restaurierte Museumsinsel konnte nach der Wende die über West- und Ostberlin verstreuten Sammlungen wieder zusammenführen. 1999 wurde die Museumsinsel als Weltkulturerbe der UNESCO aufgenommen. Eine Archäologische Promenade soll zukünftig unterirdisch die Museumsbauten miteinander verbinden.

Alt und neu liegen in Berlin oft nah beisammen. Im Hintergrund: der Fernsehturm, 365 Meter hoch und 1969 vollendet. Im Vordergrund: das neobarocke Bodemuseum auf der Museumsinsel. Das Ensemble ist UNESCO-Weltkulturerbe.

Jahrzehntelang Ödland an der Mauer, nun ein pulsierendes neues Stadtviertel: der Potsdamer Platz

Nicht original alt, aber ein sehr stilvolles Idyll inmitten der Stadt: das Nikolaiviertel am Spreeufer

Nahe Küstrin mündet die Warthe, ein 762 km langer paralleler Nebenfluss, in die Oder.

Die Oder

Breite, grüne Auen, dunkle Wälder und geheimnisvolle Moore prägen das Land an Oder und Neiße. Die abgeschiedene Grenzlage des Odertals schuf eine der ursprünglichsten Landschaften Deutschlands, in der die Zeit stillzustehen scheint.

Die Oder entspringt im Odergebirge der tschechischen Ostsudeten und durchfließt die Mährische Pforte bis zur tschechisch-polnischen Grenze. Der weitaus größte Teil des Flusslaufs liegt auf polnischem Boden, wo die Oder durch ganz Schlesien fließt. Bei Küstrin erreicht die Oder schließlich Deutschland. Von der Quelle bis zur Mündung in die Ostsee bei Swinemünde legt die Oder dabei 910 km zurück, davon 162 km als deutsch-polnischer Grenzfluss. Zusammen mit der Lausitzer Neiße, einem ihrer linken Nebenflüsse, bildet die Oder seit dem Ende des Zweiten Weltkriegs auf diesem Abschnitt die deutsche Ostgrenze.

Zusammenfluss von Oder und Neiße bei Ratzdorf

In der stillen Landschaft entlang von Oder und Neiße geht es ruhig und gelassen zu. Nur wenige Brücken überspannen den ruhig dahinfließenden Grenzfluss. Altehrwürdige Städte wie Görlitz und Frankfurt a. d. Oder künden mit ihren sorgfältig restaurierten Baudenkmälern von ihrem einstigen Reichtum. Vorbei an alten Baumalleen und fruchtbaren Feldern fließt die Oder in Richtung Norden. Sie wird dabei begleitet von mittelalterlichen Wehranlagen, Feldsteinkirchen und norddeutscher Backsteingotik. Die kleinen Ortschaften sind mit ihrem Fachwerk, romantischen Hinterhöfen und winkligen Gassen besuchenswerte Kleinode.

Das Oderland ist altes Kolonistenland, das die preußischen Könige erst urbar gemacht und anschließend besiedelt haben. Bis heute kann man zahllose alte Kolonistendörfer beispielsweise im Oderbruch besuchen, deren liebevoll gepflegte Fachwerkhäuser aus den ersten Jahren der Besiedelung stammen. Das im 18. Jh. trocken gelegte Oderbruch hat sein Gesicht seitdem behalten: hohe Hecken, Streuobstwiesen und weite Felder. Über dem Strom kreisen Störche, Kormorane und Reiher. Weiden markieren die Wege durch die Landschaft, vorbei an einem Labyrinth von Entwässerungsgräben, über Deiche und kopfsteingepflasterte Dorfstraßen. Das Oderbruch ist eine Gegend der stillen Reize.

Das Lebuser Land rund um die alte Bischofsstadt Lebus ist die Landschaft, die Theodor Fontane so anschaulich beschrieb. Wenig hat sich seitdem in diesem

Der wasserreiche Nationalpark Unteres Odertal ist Teil eines deutsch-polnischen Naturschutzprojektes.

In der Oderbruch-Niederung bei Reitwein: Blick in Richtung Polen

Landstrich verändert. Das Oderbruch und das vorgelagerte Lebuser Land bilden zwei Gegensätze, die jeden Besucher in ihren Bann ziehen. Hier jene Höhen, von denen man weit über die Oder hinwegblicken kann, dort die ausgedehnten Acker- und Weideflächen. Die Oder war seit jeher die Lebensgrundlage der Menschen in dieser Region. Lange Zeit war es der Fischfang und später der Handel. Mit dem Zusammenwachsen Europas werden alte Brücken wieder aufgebaut, durch die Grenzziehung geteilte Städte arbeiten mit ihren östlichen Nachbarn eng zusammen.

Einen eindeutigen Gewinner gab es durch die Grenzziehung nach dem Krieg: die Natur. Die Abgeschiedenheit des Odertals machte diese Region in Mitteleuropa einzigartig. Unbehelligt konnten sich großflächig Auen, Wälder, Wiesen und Moore ihre artenreiche Flora und Fauna bewahren. Hier, wo die Zeit wundersamerweise stehen geblieben zu sein scheint, konnte sich eine Natur entwickeln, die die Visionen der Naturschützer einholte: Sie brauchten nur noch Gebiete abzustecken, um sie zu Natur- und Nationalparks zu erklären. Zusammen mit der Neiße bildet die Oder heute das Rückgrat für grenzenlos ineinander fließende Naturlandschaften von der tschechischen Grenze bis zur Mecklenburger Bucht an der Ostsee.

Alte Alleen führen unter einem hohen Himmel höchst abwechslungsreich und in engem Kontakt zur Natur durch die romantischen Landstriche und zu den kulturellen und touristischen Sehenswürdigkeiten dieser Region. Eine heile Welt zum Wandern, Entdecken und Erholen.

Großes Bild oben: Sonnenaufgang in den Flussauen bei Frankfurt an der Oder

Fachwerkkirche aus dem 16. Jh. in Rießen im Schlaubetal westlich von Eisenhüttenstadt

Die Lausitzer Neiße Zittau • Görlitz • Bad Muskau

Am Fuße eines eigentümlichen Sandsteinfelsens: der Luftkurort Oybin im Zittauer Gebirge

Das 1845 errichtete Rathaus und der Marsbrunnen aus dem 16. Jh. in Zittau

Als Nebenfluss der Oder bildet die Lausitzer Neiße den südlichen Teil der deutsch-polnischen Grenze. Zwar ist die Neiße kein großer und bedeutender Fluss, doch beeindruckende Stadtanlagen und reizvolle Naturlandschaften reihen sich an ihr wie an einer Perlenkette entlang. Städte wie Görlitz und Guben künden von den Umbrüchen in dieser Grenzregion, die wieder in die Mitte Europas gerückt ist.

1 Zittau Wo die Lausitzer Neiße von Tschechien nach Deutschland wechselt, liegt im Dreiländereck mit Polen und Tschechien Zittau. Einst für den Handel bedeutend, ist Zittau heute Hochschulstadt und wichtiges Kultur- und Industriezentrum der Region. Vor allem aber besitzt die Stadt eine wunderschöne Altstadt mit klassizistischen Bauten Karl Friedrich Schinkels. Naherholungsgebiet der Stadt ist das Zittauer Gebirge.

2 Kloster Marienthal Der Barock der Anlage konkurriert mit der Schönheit seiner idyllischen Lage im Neißetal. Das Kloster wurde 1234 als erstes Zisterzienserinnenkloster in Sachsen gegründet und erhielt im 17. und 18. Jh. sein heutiges Aussehen.

3 Görlitz Deutschlands östlichste Stadt lag am Kreuzungspunkt wichtiger Handelsstraßen. Die Stadt entwickelte sich rasch zu einer bedeutenden Siedlung.

Ab 1346 spielte die Stadt eine führende Rolle im Oberlausitzer Sechsstädtebund. Görlitz verdankte seinen Reichtum, der sich in großartigen Bauten der Gotik und der Renaissance spiegelt, der langen Zugehörigkeit zu Böhmen.

1945 fielen die östlichen Stadtteile an Polen und tragen seitdem den Namen Zgorzelec. Heute ist Görlitz eine der wichtigsten Ost-West-Verbindungen in Europa.

Wenn sich manch Oberlausitzer Städtchen als »Perle der Oberlausitz« bezeichnet, dann ist Görlitz zweifelsohne das Kronjuwel, denn es hat den Zweiten Weltkrieg beinahe unbeschadet überstanden.

Die zahllosen prächtigen Bauten aus Mittelalter und Renaissance verleihen der Stadt ein einmaliges architektonisches Gepräge. Das städtebauliche Ensemble des Untermarkts steht mit 1600 Gebäuden unter Denkmalschutz. Ein Beispiel der Spätgotik ist die Frauenkirche mit einem schön gestalteten Westportal.

4 Bad Muskau Das ganz im Nordosten der Oberlausitz gelegene Bad Muskau ist untrennbar mit dem Namen von Hermann Fürst von Pückler-Muskau (1785–1871) verbunden, der sich mit den hiesigen Parkanlagen einen Platz im Olymp der Gartengestalter sicherte.

Die Parkanlagen, die von 1815 an nach den Plänen des Fürsten gestaltet wurden, erstrecken sich über einen großen Teil der Neißeaue sowohl auf deutschem wie auf polnischem Gebiet. Dem Exzentriker schwebte die Verbindung seines Schlosses

Restaurants mit historischer Atmosphäre

Deftiges Essen und gutes Bier genießt man im **Historischen Wirtshaus Dornspachhaus** in Zittau *(Bautzener Straße 2, Tel. 03583/79 58 83)*. Im ältesten Bürgerhaus der Stadt sitzt man gemütlich in der schön gestalteten Gaststube oder im Sommer im romantischen Arkadenhof mit Blick auf die nach Plänen Karl Friedrich Schinkels erbaute Johanniskirche.

Ein Gewölberestaurant mit ganz witziger Dekoration besitzt der restaurierte **Gutshof Hedicke** in Görlitz-Ludwigsdorf *(Neißetalstraße 53, Tel. 03581/3 80 00, www.gutshof-hedicke.de)*. Bei klassischer Musik speist man ausgezeichnet in dem anheimelnden Ambiente 200 Jahre alter Pferdestallgewölbe. Die Gastgeber begeistern mit einer individuellen und leichten Gourmetküche.

Mit erlesenen kulinarischen Köstlichkeiten der märkischen Küche verwöhnt das Restaurant im Hotel **Prinz Albrecht** in Neuzelle (*Frankfurter Straße 34, Tel. 033652/8 13 22*). Auf der Karte stehen auch die schmackhaften Biere und »Geistvolles« aus der **Neuzeller Klosterbrauerei.** Biere und Schnäpse können auch direkt bei der Klosterbrauerei erworben werden (Brauhausplatz 1, Tel. 033652/81 00, www.klosterbrauerei.com.).

Nördlich von Görlitz fließt die Neiße durch einen der schönsten Landschaftsgärten Europas: Fürst Pücklers Parkanlagen in Bad Muskau

Kloster St. Marienthal bei Ostritz ist das älteste Zisterzienserinnenkloster Deutschlands.

als »vergrößerter Wohnung« mit dem Park als »idealisierter Natur« vor.
Als ihm 1845 das Geld ausging, musste er Schloss und Park verkaufen, vieles blieb deshalb unrealisiert. Trotz Zerstörungen im Zweiten Weltkrieg kann man auch heute noch auf eindrucksvolle Weise das Genie des Fürsten im Wechsel von belebten und ruhigeren Parkabschnitten, von Grünzonen und Wasserflächen, Natur und Bauwerken erkennen.
Das 1980 wieder aufgebaute Schloss gründet auf einer Burg des Deutschritterordens aus dem 14. Jh. Das aus dem 16. Jh. stammende Neue Schloss, das 1945 ein Raub der Flammen wurde, wird seit 1994 wiedererrichtet.

5 Forst Im 19. Jh. hatten sich zahllose große Textilfirmen in Forst angesiedelt, die die früher berühmten Forster Stoffe produzierten. Die größte Attraktion der Stadt ist heute der Rosengarten auf der inmitten der Neiße gelegenen Wehrinsel, in dem man sich vom Anblick und Duft der rund 30 000 Rosenstöcke bezaubern lassen kann.

6 Guben Die Stadt liegt eingebettet in die Gubener Berge, die das Flusstal malerisch begrenzen.
Ähnlich wie Forst wurde Guben im 19. Jh. ein Zentrum der Textilindustrie, weltberühmt waren die Gubener Hüte. 1945 wurde die beiderseits der Neiße gelegene Stadt durch die neue deutsch-polnische Grenze geteilt. Der Fluss, vorher die Mitte der Stadt, wurde nun zu einer trennenden Barriere.

7 Neuzelle Unweit der Mündung der Lausitzer Neiße in die Oder liegt auf der Hochfläche über dem Fluss das brandenburgische Barockwunder Neuzelle. Das ehemalige sehenswerte Zisterzienserkloster mit seiner üppig ausgestalteten Barockkirche und dem weitläufigen Klosterkomplex ist heute ein besonders beliebtes Ausflugsziel.

Freizeit & Sport

Wasserwandern Eine fünftägige geführte Kanuwanderung zwischen Guben und dem Zusammenfluss der Neiße bis zum Oderbruch bietet Albatross Outdoor Natur- und AktivReisen im Spreepark Beeskow (*Bertholdplatz 6, Tel. 03366/15 33 75, www.albatros-outdoor.de*), das auch Kanus verleiht.

Ein richtiges Abenteuer: Kanuwandern

Oder-Neiße-Radweg Eine Radtour, zwei Flüsse, drei Bundesländer – so präsentiert sich der 465 km lange Fernradweg entlang der Grenze zu Polen, der vielfach auf oder enlang der Deiche führt. Infos gibt es bei *www.oder-neisse-radweg.de*. Fahrradverleih über Albatross Outdoor Natur- und AktivReisen (*www.albatros-outdoor.de*).

Klosterführungen Von Mitte April bis Ende Oktober werden Führungen durch das **Kloster Marienthal** angeboten. Informationen über Zisterzienserinnenabtei Klosterstift St. Marienthal in Ostritz (*Tel. 035823/7 72 38; www.kloster-marienthal.de*).
Das märkische Barockwunder **Kloster Neuzelle** kann ebenfalls besichtigt werden. Buchung über Stiftung »Stift Neuzelle« in Neuzelle (*Stiftsplatz 7, Tel. 033652/81 40, www.kloster-neuzelle.de*).

Zur Hansezeit war das Städtchen Oderberg nördlich von Bad Freienwalde ein Wirtschaftszentrum. Heute ist es ein beliebtes Ausflugsziel an der Alten Oder.

Bei Eisenhüttenstadt nimmt die Oder die Lausitzer Neiße auf und strebt als deutsch-polnischer Grenzfluss der Ostsee zu. Die Oder ist nun ein breiter Strom, der dennoch nur gemächlich dahinfließt. Vorbei an kleinen Ortschaften mit Feldsteinkirchen und Fachwerkhäusern gleitet die Oder in den Gemüsegarten des Oderbruchs und die Auenwälder des Unteren Odertals. Stille und Erhabenheit prägen diese Landschaft.

1 Eisenhüttenstadt Südlich von von Eisenhüttenstadt erreicht die Oder Deutschland und wendet sich nun nach Norden. Die Stadt wurde ab 1951 als Planstadt rund um einen neu errichteten Stahlwerkskomplex errichtet. Der vorübergehend Stalinstadt benannte Ort zeichnet sich durch sein vollständig im stalinistischen Zuckerbäckerstil errichtetes Stadtzentrum aus.

2 Oder-Spree-Seengebiet Zwischen Eisenhüttenstadt und Frankfurt a. d. Oder weitet sich die grüne Oderlandschaft zum Oder-Spree-Seengebiet, einem zusammenhängenden System natürlicher Flussläufe, historischer Kanäle und Seen. Kleine Nebenflüsse der Oder durchfließen enge Täler, so dass man sich in Mittelgebirgslandschaften versetzt fühlt. Dann wieder reihen sich glitzernde Seen aneinander und laden zur Entspannung ein.

3 Frankfurt an der Oder Die größte Stadt an Deutschlands Ostgrenze und zugleich der wichtigste Grenzübergang nach Polen liegt an der Stelle wichtiger Fernhandelsstraßen und entstand um 1226 als Kaufmannssiedlung. Frankfurt wurde schnell reich, angesehen und mächtig, aus Jahrmärkten entwickelten sich im 14. Jh. Messen. 1506 eröffnete mit der Viadrina Brandenburgs erste Universität. In der Geburtsstadt des Dichters Heinrich von Kleist lebt die Idee von der Brückenstadt zwischen West und Ost: Die alte Universität »Viadrina« wurde zur Europa-Universität. Wahrzeichen der Stadt ist die St.-Marienkirche, eine einzigartige Hallenkirche der norddeutschen Backsteingotik, deren wertvolle mittelalterliche Glasfenster nach fast 60 Jahren russischen Exils an ihren Heimatort zurückgekehrt sind.

4 Oderbruch Im Gefolge der letzten Eiszeit ließen Massen von Schwemmsand entlang des Stroms eine Auen- und Sumpflandschaft entstehen, die regelmäßig zweimal im Jahr überflutet wurde. Der Garten Eden wartete darauf, urbar gemacht zu werden, Preußenkönig Friedrich II. wagte vor über 250 Jahren das für damalige Verhältnisse gewaltige Projekt: Die Oder erhielt über 20 km ein neues, begradigtes Flussbett, ausgedehnte Sumpfgebiete wurden trockengelegt. Von Oderberg im Norden über Wriezen bis Lebus im Süden entstand über 60 km Länge und 17 km Breite die größte Eindeichung an einem deutschen Strom. Aus sumpfiger Wildnis wurde der »Gemüsegarten Berlins«.

5 Nationalpark Unteres Odertal Zwischen Hohensaaten im Süden und Gartz im Norden erstreckt sich der Nationalpark Unteres Odertal, der das gesamte untere Odertal über 60 km einschließt. Die 2 bis 4 km breiten deutschen Flussauen werden von vielen Altarmen durchzogen ist. Hier werden alljährlich ein paar tausend Hektar Wiesen und Weiden, Auenwälder und Moore überflutet.

6 Stolpe An den Oderhängen wurde im 12. Jh. eine Burganlage errichtet, von der nur noch der Turm steht, ein mächtiger Bergfried mit 5 m dicken Mauern. Von hier aus hat man einen weiten Blick in die

Bei Köstrin präsentiert sich die Oder bei Sonnenuntergang von besonderer Schönheit.

Restaurants & Ausflugsgaststätten

Im obersten Stockwerk des im Stadtzentrum von Frankfurt an der Oder liegenden Oderturms bietet das Restaurant **Turm 24** (*Logenstraße 8, Tel. 0335/50 45 17*) nicht nur vielfältige regionale und internationale Gerichte, sondern auch eine beeindruckende Aussicht über die Stadt und ihre Umgebung.

Was sich für abwechslungsreiche und interessante Gerichte aus einer unscheinbaren Knolle zubereiten lassen, führt das **Kartoffelhaus** (*Holzmarkt 7, Tel. 0335/ 52 96 30*) in Frankfurt an der Oder aufs Schönste vor.

Direkt an der Oder, nicht hinterm, sondern auf dem Deich, liegt der kleine, aber urig gemütliche Gasthof **Zollbrücke** in Zäckericker Loose östlich von Bad Freienwald nahe der Grenze (*Am Oderdamm 7–8, Tel. 033457/51 16*). Man fühlt sich fast wie in einer anderen Welt: sanftes Rauschen der Oder, das Tuckern ein paar alter Schubkähne oder von vorbeiziehenden Kranichen und Wildgänsen.

Gegenüber dem Stadtzentrum von Oderberg an der Alten Oder und dem Oderberger See kann man schön am Wasser sitzen und regionale Gerichte kosten im Restaurant (und Pension) **Grüne Aue** (Herrmann-Seidel-Straße 1, *Tel 033369/ 7 36 20*). Das Haus verfügt über einen Biergarten und einen Anlegesteg für Boote.

Trockenpolder, die Teil des zu Beginn des 20. Jh. nach niederländischem Vorbild geschaffenen Poldersystems sind.

7 Criewen Das 1820 errichtete Schloss Criewen ist von einem englischen Landschaftspark, gestaltet von Peter Joseph Lenné, umgeben. Im Schloss befindet sich heute die Nationalparkverwaltung des Nationalparks Unteres Odertal. Die Dorfkirche ist eine 700 Jahre alte Feldsteinkirche.

8 Schwedt An der parallel zur Oder verlaufenden Hohensaaten-Friedrichsthaler-Wasserstraße liegt Schwedt, das wirtschaftliche und kulturelle Zentrum der Uckermark. 1685 wurde die Stadt nach einem verheerenden Brand in regelmäßigem Grundriss neu angelegt. Den Hauptzweig des Wirtschaftslebens bildete die Tabakverarbeitung, dokumentiert im Tabakmuseum.

9 Gartz Flussabwärts verzweigt sich die Oder in mehrere Arme und die Flussaue wird zusehends breiter. Bei Gartz erreicht das Odertal seine größte Breite, die Oder fließt nun bis zu ihrer Mündung auf polnischem Boden. Das Ortsbild des kleinen beschaulichen Gartz wird von der alten Stadtmauer, dem Stettiner Tor, dem historischen Rathaus und der alles dominierenden Kirche St. Stephanus geprägt. An den Silberbergen und den Geesower Hügeln erreichen die Oderhänge zum Teil bis zu 50 m Höhe. Die durch jahrhundertelange extensive Beweidung entstandenen Trockenrasen stehen heute unter Naturschutz.

Norddeutsche Backsteingotik in Vollendung: das Rathaus in Frankfurt an der Oder

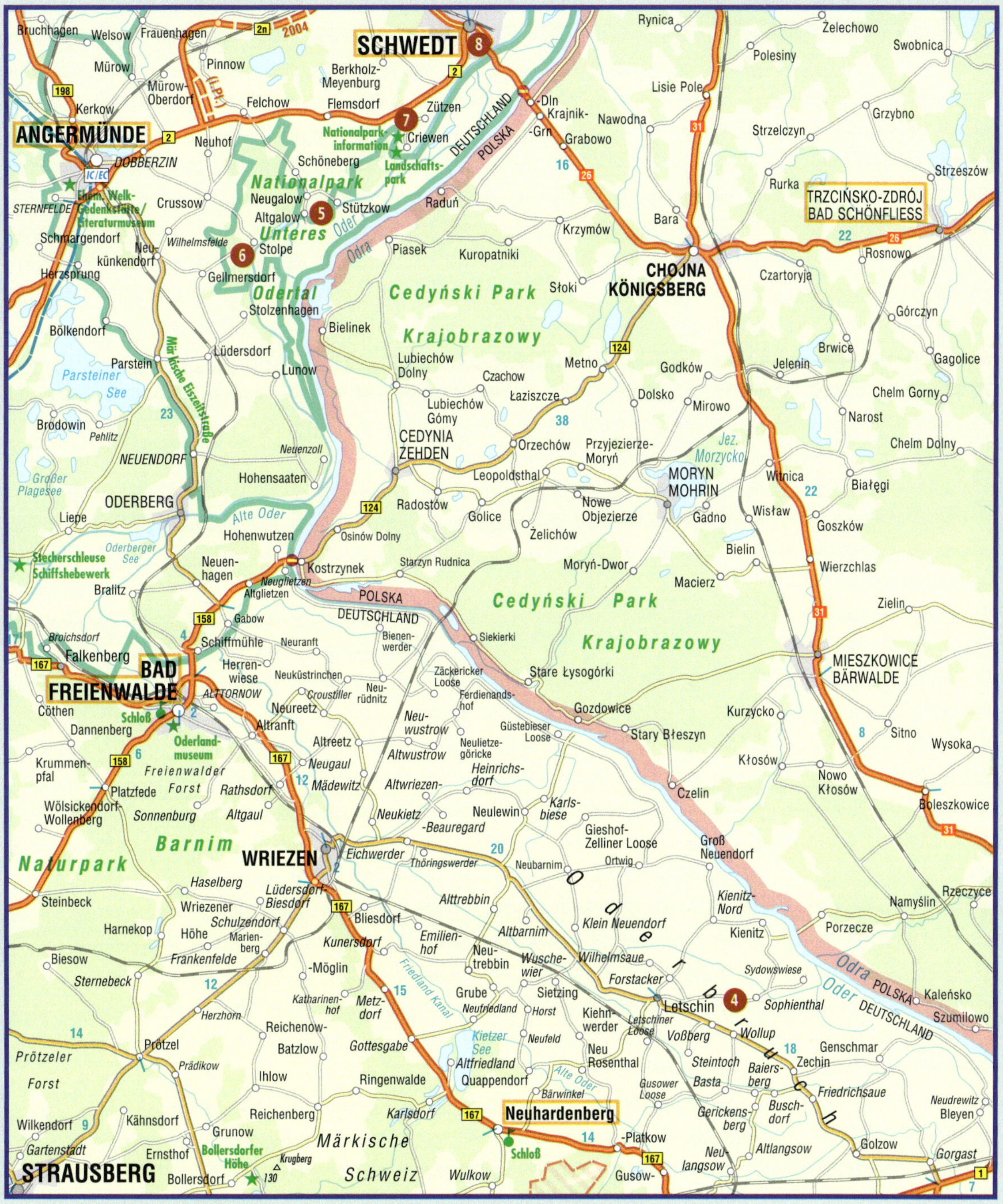

Freizeit & Sport

Bootsverleih Verleih von Motor- oder Ruderbooten für Fahrten auf der Hohensaaten-Friedrichsthaler-Wasserstraße oder auf der Oder im Sportzentrum Rotation in Schwedt/Oder (*Tel. 03332/25 13 30*) oder Seesportclub Schwedt/Oder e.V (*Tel. 03332/51 46 89, Infos: www.unteres-odertal.de.*)

Kanu- und Bootsverleih organisiert der Fremdenverkehrsverein »Am Unteren Odertal e.V.« in Schwedt/Oder (*www.unteres-odertal.de*).

Ein Netz von Kanustationen entlang der Oder unterhält auch der Uckermärkische Kanu- und Fahrradverleihring Bodo Butzke (*www.kanufahrradverleihbutzke.de*).

Schiffshebewerk Niederfinow: seit 1934 wichtiger »Schiffs-Fahrstuhl« am Oder-Havel-Kanal

Radfahren im Oderbruch Das Oderbruch lässt sich wegen seiner ebenen Fläche gut mit dem Fahrrad erkunden. Auskünfte erteilt der Tourismusverband Märkisch-Oderland e.V. in Seelow (*www.mol-t.de*).

Radfahren im Unteren Odertal Fahrräder kann man in Criewen, Gartz, Lunow, Mescherin, Stolpe und Schwedt ausleihen. Infos erhält man unter (*www.unteres-odertal.de*).

Schiffshebewerk Niederfinow Am Oder-Havel-Kanal westlich von Bad Freienwalde liegt das Schiffshebewerk, durch das der Höhenunterschied von Oder und Havel überwunden wird . Informationen gibt es unter *www.schiffshebewerk.de*.

Nationalpark Unteres Odertal

Der in der dünn besiedelten Uckermark gelegene östlichste Nationalpark Deutschlands gehört zu den artenreichsten Lebensräumen des Landes. Hier finden viele Pflanzen- und Tierarten der Steppenzone ihre nordwestlichste Verbreitungszone. Auf rund 60 km Länge erstreckt sich der grenzüberschreitende Nationalpark auf deutscher und polnischer Oderseite zwischen Hohensaaten im Süden und Stettin im Norden.
Jedes Jahr überschwemmt das Hochwasser der Oder weite Auenwälder, Moore und Wiesen. Diese Feuchtgebiete sind vor allem für Wasservögel ein bevorzugter Lebensraum: So sammeln sich während der Zugzeiten der Vögel Tausende von Gänsen, Enten, Schwänen, Kranichen und Störchen im Park. Mehr als 120 Vogelarten brüten hier, darunter u. a. die vom Aussterben bedrohten Wachtelkönige.

So gut wie unverbaut und stellenweise von kilometerweiten Flussauen durchzogen ist der Nationalpark Unteres Odertal. Seine Grenzlage ist ein Segen für Pflanzen und Tiere gleichermaßen.

Auch unter den 230 Vogelarten des Parks eine Rarität: der Fischadler

Das untere Odertal ist Lebensraum und Brutgebiet des Schwarzstorchs.

Der Nationalpark ist Rückzugsgebiet für die letzten Großen Brachvögel Brandenburgs.

Donauwörth liegt an der Einmündung der Wörnitz in die Donau.

Die Donau

Über 2860 km verbindet Europas zweitlängster Fluss den Schwarzwald mit dem Schwarzen Meer. Der Strom diente zu allen Zeiten als wichtiger Verkehrsweg und war von der Steinzeit bis in die Gegenwart Heimat vieler Völker und Kulturen.

Eine Reise entlang der Donau ist eine Reise durch unterschiedlichste Landschaften. Nachdem sich Brigach und Breg in Donaueschingen zur Donau vereinigen, stellt sich ihr mit der Schwäbischen Alb sofort ein ernstes Hindernis in den Weg. Entsprechend großartig geriet der Donaudurchbruch zwischen Tuttlingen und Sigmaringen, der mit bis zu 300 m hohen, senkrechten Kalkwänden beeindruckt. Der Naturpark Obere Donau bietet denn auch Bootsfahrern, Wanderern und Radlern ein romantisches Paradies zum Entspannen und Erholen.

In Sigmaringen schafft die Donau schließlich zwischen dem Mühlberg und dem Schlossfelsen den letzten Durchbruch und nimmt knapp 4 km weiter bei Sigmaringendorf die Lauchert, das »Blaue Band der Schwäbischen Alb«, auf. Zwiefaltener Ache, Große Lauter und die aus dem Blautopf gespeiste Blau liefern der Donau weiteres Wasser von der Schwäbischen Alb, während Ablach, Kanzach und Riß die oberschwäbische Moränenlandschaft entwässern.

Donaueschingen: Allegorien an der Donauquelle

Ab Ulm war die Donau einst schiffbar, ab hier brachten die Ulmer Schachteln über Jahrhunderte Güter und Personen von Ulm bis nach Wien. Von Ulm flussabwärts weitet sich das Donautal, der Fluss nimmt an Mächtigkeit zu, denn nun stoßen von Süden in kurzen Abständen die mächtigen Zuflüsse aus dem Alpenvorland dazu: südwestlich Ulms die Iller und dann Günz, Mindel, Zusam, Lech, Paar und Ilm.

Beim Kloster Weltenburg gibt es mit den Ausläufern der Fränkischen Alb das nächste Hindernis. Senkrechte Kalkwände von eindrucksvoller Höhe zwängen hier den Strom in ein schmales Bett, das nur per Schiff erobert werden kann. Unmittelbar hinter der Weltenburger Enge mündet bei

Dem Athener Parthenontempel nachempfunden: die Walhalla bei Donaustauf

Kloster Weltenburg – grandios gelegenes Hauptwerk des süddeutschen Barock

Kelheim die Altmühl und damit auch der Main-Donau-Kanal in die Donau, die nun endgültig zur internationalen Wasserstraße und für die Schifffahrt zur Verbindung zwischen Schwarzem Meer und Nordsee wird.

Kurz vor oder in Regensburg münden die Schwarze Laaber, die Naab und der Regen. Von Süden kommen hinter Regensburg die Große Laaber, die Isar, die Vils und vor allem der mächtige Inn als Verstärkung dazu. In der Drei-Flüsse-Stadt Passau sorgt der Inn dafür, dass die Donau nun schon fast 350 m breit ist und zusätzlich verstärkt von der von Norden einmündenden Ilz als Strom Richtung Österreich fließen kann.

In der Antike diente die Donau den Römern als Verkehrsweg. Die bayerischen Bischöfe brachten von Passau aus das Christentum Donau abwärts, im Gegenzug versuchten die Türken, ihren Einfluss über Wien hinaus auszudehnen. Entsprechend wuchsen an den Ufern der Donau über die Jahrhunderte hinweg eindrucksvolle Städte mit kulturellen Sehenswürdigkeiten von überraschender Vielfalt. Regensburg ist eine römische Gründung, Passau war einer der einflussreichsten Bischofssitze Europas, und das Kloster Weltenburg zählt zu den ältesten Klöstern Bayerns. In Ulm bauten die Bürger den höchsten Kirchturm der Welt, und in Sigmaringen verewigten sich die Fürsten von Hohenzollern mit einem Prunkschloss auf den Felsen des Donaudurchbruchs. An oder auf der Donau zu reisen ist heute ein uneingeschränktes Vergnügen. Ob Naturfreund, Kunstliebhaber oder Gourmet – für jeden bietet die Donau ein Fest für alle Sinne.

Großes Bild oben: der eindrucksvolle Donaudurchbruch bei Weltenburg

Kelheim: Die 45 m hohe Befreiungshalle erinnert an die Kriege gegen Napoleon.

Das vorwiegend barocke Kloster Beuron wurde im 11. Jh. gegründet.

Eine besonders spektakuläre Landschaftskulisse im Urdonautal sind die Dohlenfelsen.

Der Oberlauf der Donau bietet dem Wanderer ein Naturtheater ohnegleichen. Immer wieder steigen fahlgraue Kalkwände senkrecht aus dem schwarzen Donauwasser. Zwischen Sigmaringen und Ulm windet sich der Fluss in 1000 Schleifen durch die Wiesen. Mittelalterliche Burgen, alte Klöster und stolze Städte säumen die Ufer.

Von Felszinnen umgeben und unweit von Sigmaringen im oberen Donautal gelegen: Burg Wildenstein

1 Donaueschingen In der Residenzstadt der Fürsten von Fürstenberg lassen die Geografen die Donau dort beginnen, wo die Schwarzwaldbäche Brigach und Breg zusammenfließen. Daneben aber gibt es auch noch die bürgerliche und die fürstliche Quelle. Die bürgerliche findet sich ganz weit oben im Schwarzwald. Die fürstliche Quelle dagegen sprudelt direkt im Donaueschinger Schlosspark, wo Fürst Karl Egon III. 1875 eine kleine Quelle fassen ließ und gleichzeitig den Anspruch erhob, dies sei die eigentliche Donauquelle. Im fürstlichen Schloss finden sich bedeutende Sammlungen zur Wohnkultur und zum Kunstgewerbe in Renaissance und Barock. Die Hofbibliothek in der Haldenstraße ist berühmt für ihre über 500 Inkunabeln und eine Handschrift des Nibelungenliedes aus der zweiten Hälfte des 13. Jh. Die Pfarrkirche St. Johann ist ein zweitürmiger Barockbau von 1747.

2 Immendingen Hier trifft die Donau auf stark zerklüftetes, wasserdurchlässiges Kalkgestein, das das Donauwasser gurgelnd in die Tiefe zieht. Es durchströmt ein System von Kavernen und Karstgängen, um 12 km weiter südlich nach einem Höhenverlust von 185 m als Deutschlands größte Quelle mit einer Schüttung bis zu 25 000 l pro Sekunde im Aachtopf wieder aufzutauchen.

3 Beuron Die Benediktinererzabtei liegt reizvoll in einer Talweitung der Donau und eingerahmt von mächtigen Kalkwänden der Schwäbischen Alb. Sehenswert ist die barocke Klosterkirche von 1738. Oberhalb von Beuron thront auf senkrechten Felsmauern die Feste Wildenstein. Sie vermittelt noch heute das Bild einer mittelalterlichen Trutzburg. Auf der gegenüberliegenden Talseite liegt die im 11. Jh. errichtete Burg Werenwag. Um 1260 hatte hier der Dichter und Minnesänger Hugo von Werenwag seine Residenz.

4 Naturpark Obere Donau Das Durchbruchstal der Oberen Donau ist dank seiner landschaftlichen Schönheit und Naturvielfalt ein einzigartiges Juwel. Es bietet vielfältige Nutzungsmöglichkeiten auf über 3500 km Wander- und Radwegen. Kletterer und Kanufahrer müssen allerdings strenge Auflagen beachten.

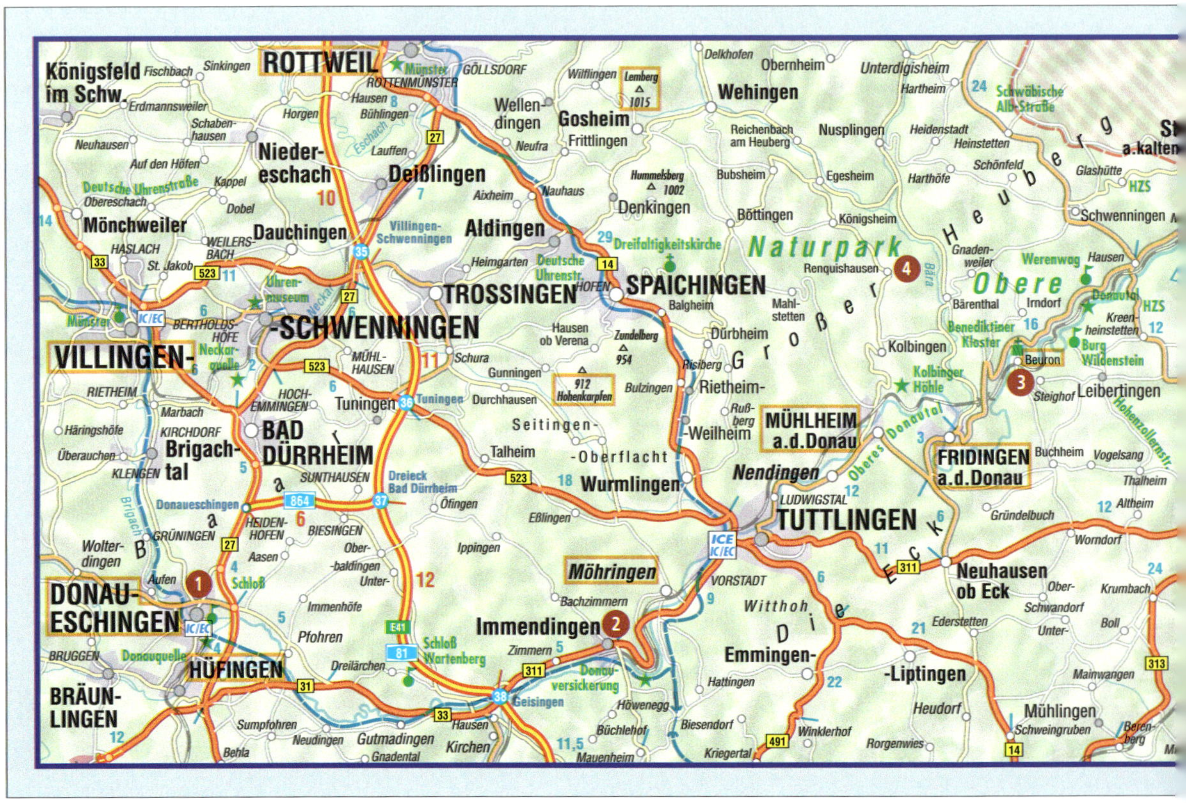

Kalksteinfelsen und bewaldete Steilhänge sind typisch für das Donautal.

Auf einem steilen Felsen über der Donau thront das – auch innen prachtvolle – Sigmaringer Schloss.

5 Sigmaringen Mittelpunkt des hohenzollerischen Residenzstädtchens ist nach wie vor das Schloss. Seine Vorgängerburg war schon im Mittelalter eine starke Festung. Als sie 1893 in Flammen aufging, nutzte Fürst Leopold die Gelegenheit, das Schloss in seiner heutigen Gestalt neu erstehen zu lassen. Heute ist es als Museum zugänglich. Die fürstliche Sammlung enthält oberdeutsche Kunstwerke von beachtlicher Qualität sowie eine umfangreiche Waffensammlung aus dem 15. bis 19. Jh. Die barocke Pfarrkirche St. Johann Evangelist stammt von 1763.

6 Hundersingen Am Rand des weiten Donautals etwas östlich von Sigmaringen siedelten bereits zur Hallstattzeit, also um etwa 1000 v. Chr., die Kelten. Sie bauten die berühmte Heuneburg, eine Wehranlage, in der man bis heute nicht weniger als 20 einzelne Siedlungsschichten und 15 übereinander liegende Mauerfundamente fand.

7 Ulm Die ehemalige Freie Reichsstadt am linken Donauufer begann den Bau ihres großartigen Münsters im Jahre 1377. Bei den enormen Maßen dauerte es bis 1471, bis auch nur die Gewölbe der drei Schiffe geschlossen werden konnten. Erst 1890 wurde der riesige Hauptturm nach den alten Plänen fertig gestellt. Reste der kostbaren Ausstattung sind ebenso imposant wie der Blick von der 143 m hohen Helmkranzgalerie. Das prächtige Rathaus stammt aus der Mitte des 14.Jh., seine Astronomische Uhr wurde 1520 gebaut. Der Metzgerturm ist mit einer Neigung von 2,05 m der »schiefe Turm von Ulm«. Immer einen Besuch wert ist das Fischer- und Gerberviertel an den Ufern der Blau.

Restaurants in historischem Ambiente

Das heimelige Speiselokal Gasthof **Kreuz**, (*Rathausstr. 15, Tel. 07571/5 18 12*) in Inzigkofen liegt direkt am Eingang zum Inzigkofer Schlosspark, in dem sich alte Wassermühlen und eine sehenswerte Teufelsbrücke verstecken. Der Gasthof bietet gutbürgerliche Küche in angenehmer Atmosphäre.

Der rustikale Gasthof **Bären** in Sigmaringen (*Burgstr. 2, Tel. 07571/1 28 62*) bietet schwäbische Hausmannskost ebenso wie internationale Spezialitäten. Wer es gut trifft, kommt gerade richtig zu einer Fisch- oder Wildwoche.

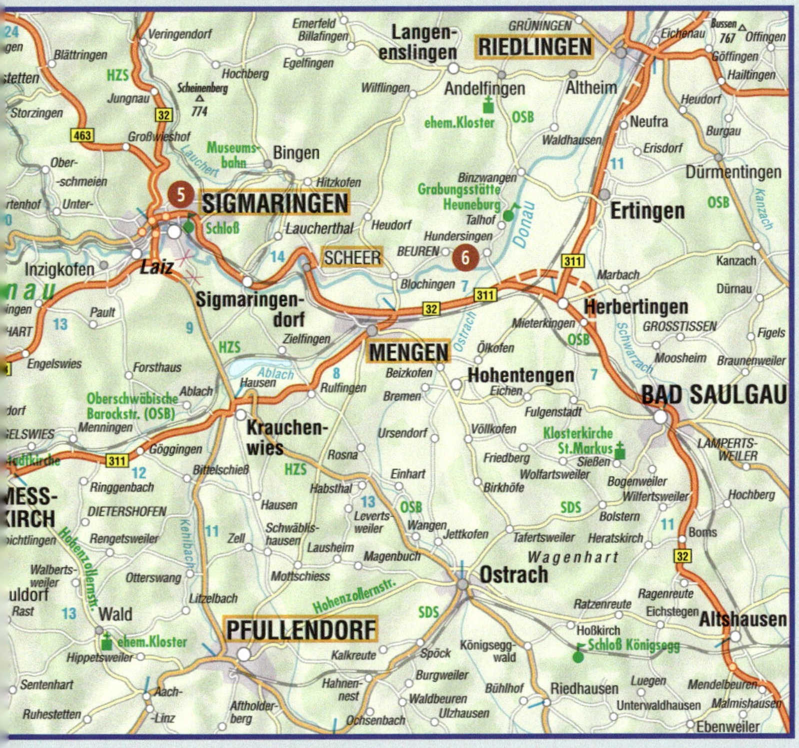

Freizeit & Sport

Zur **Donauversickerung** bei **Immendingen** führt ein markierter Rundweg. Um zu ihm zu kommen, biegt man von der B 31/33 rechts in Richtung Engen ab und folgt dem Wegweiser zum Wanderparkplatz Donauversickerung. Von dort geht es der Markierung nach zu den Versickerungsstellen. Info bei: Gemeindeverwaltung, *78194 Immendingen, Tel. 07462/2 40*

Im Tuttlinger Stadtteil **Möhringen** warten ein **Wildgehege**, ein 4,7 km langer **Landwirtschaftlicher Lehrpfad** auf dem Witthoh und ein 8 km langer **Geologischer Lehrpfad** am Sonnenbuckel auf Besucher. Info: Verkehrsamt, *Rathausstr. 1, 78532 Tuttlingen, Tel. 07461/9 92 03*

Berühmtester **Aussichtspunkt** über der jungen Donau mit Blick auf die Durchbruchfelsen ist der **Knopfmacherfelsen** westlich von **Beuron**. Sehenswert ist die Klosterkirche. Alles Wissenswerte über den **Naturpark Obere Donau** erfährt man im Haus der Natur, *Wolterstr. 16, 88631 Beuron, Tel. 07466/928 00*

Wer die **Obere Donau** vom **Wasser** aus erleben möchte, kann Kanus in Beuron und Hausen i. T. mieten bei Bootsvermietung Brandenburger, *Tel. 07466/15 25, E-mail: info@brandenburger-bootsvermietung.de.* Bitte beachten: Wegen der ökologischen Bedeutung des Naturparks Obere Donau und der zahlreichen seltenen Vogelarten sind Bootsfahrten von Februar bis Ende September stark eingeschränkt. Pro Tag steht privaten und gewerblichen Nutzern nur ein bestimmtes Kontingent an Bootsfahrten zur Verfügung, auch ein Befahrungsschein ist notwendig. Nähere Informationen erhält man bei der Bootsvermietung Brandenburger (siehe oben) oder im Haus der Natur in Beuron bzw. unter www.naturpark-obere-donau.de

Die **Keltensiedlung Heuneburg** bei **Hundersingen** ist durch einen 8 km langen Archäologischen Rundwanderweg erschlossen. Info: Gemeindeverwaltung, *88518 Herbertingen, Tel. 07586/13 95*

Naturpark Obere Donau

Eine geologische Sensation ersten Ranges in dem 1980 gegründeten Naturpark südlich und nördlich der oberen Donau sind die faszinierenden Donauversickerungen bei Immendingen und Friedingen, an denen das Flusswasser mitunter komplett verschwindet, um Kilometer entfernt ebenso eindrucksvoll wieder ans Tageslicht zu treten. Drei Viertel des Naturparks gründen auf harten, von der jungen Donau tief zerfurchten Weißjurakalken, die oft als bizarre Felsen aufragen und damit den Naturpark zu einem Paradies für Kletterer machen. Auf den ertragsarmen Böden, auf denen alle Niederschläge rasch versickern, finden sich Trocken-, Hecken- und Heidelandschaften, in denen seltene Reliktpflanzen überdauern konnten. Das Donautal ist mit seinen Felsen ein Paradies für Uhus, Wanderfalken und andere rare Felsbrüter.

Der Donaudurchbruch durch die Schwäbische Alb ist einer der landschaftlich eindrucksvollsten Abschnitte des 2860 m langen Flusses.

Den seltenen Eisvögeln kann man im Naturpark Obere Donau noch begegnen.

Auch der Uhu hat an den waldreichen Donauufern seinen Lebensraum gefunden.

Dohlen leben in Verbänden. Eine große Kolonie ist bei Sigmaringen beheimatet.

Das Tal der Iller Breitachklamm • Oberstdorf • Kempten

Das kleine Immenstadt bei Sonthofen ist ein beliebter Fremdenverkehrsort mit einem intakten alten Stadtkern.

In besonders idyllischer Lage: der Niedersonthofener

Breitach, Stillach und Trettach sind die Allgäuer Bergbäche, die sich bei Oberstdorf zur Iller vereinen. Bis unterhalb von Kempten präsentiert sich der junge Fluss als gezähmte Zier der Allgäuer Voralpenlandschaft. Der Illerdurchbruch bei Altusried zeigt dann, welche Kraft ursprünglich im Wasser aus den Bergen steckte.

Kempten ist über 2000 Jahre alt. Das wappengeschmückte Rathaus stammt aus dem 14. Jh.

1 Kleinwalsertal Widderstein und Hoher Ifen liefern der Breitach ihr Quellwasser, Mittelberg, Hirschegg und Riezlern sind die Hauptorte des zu Österreich gehörenden Gebirgstales. Doch seit 1891 ist das gesamte Tal deutsches Zollanschlussgebiet. Ganz hinten im Talschluss liegt der Weiler Baad, von dem aus man den 2536 m hohen Widderstein besteigen kann.

2 Breitachklamm Am Nordrand des Kleinwalsertales hat sich die Breitach bis zu 100 m tief in die Kalkfelsen gegraben und eine großartige, über 1,5 km lange Klamm gebildet. Seit 1905 ist sie teils auf einem aus dem Fels gesprengten Weg begehbar.

3 Oberstdorf Knapp 3 km unterhalb der Ortsmitte vereinen sich Breitach, Stillach und Trettach zur Iller. Den eigentlichen Reiz von Oberstdorf aber macht seine Lage vor der herrlichen Kulisse des Allgäuer Hauptkammes aus. Wahrzeichen des einstigen Bauerndorfes ist der spitze Turm seiner neugotischen Pfarrkirche. Das große Kur- und Kongresszentrum beweist, dass die Allgäuer den Sprung zum derzeit modernen Wellness-Tourismus nicht verschlafen haben. Südlich des Kurorts kann man die Heini-Klopfer-Skiflugschanze besichtigen. Der beliebteste Ausflug von Oberstdorf aus ist die Seilbahnfahrt unmittelbar aus dem Ort hinauf auf das 2224 m hohe Nebelhorn. Auf dem Weg nach Kempten lohnt ein Abstecher nach Sonthofen und Immenstadt.

4 Kempten Die Allgäuer Metropole, die sich auf den Illerterrassen beiderseits des Flusses ausbreitet, steht auf uraltem Siedlungsgebiet. Aus dem keltischen Kambodounon wurde am rechten Hochufer der Iller das römische Cambodunum, das zu den bedeutendsten Städten der Provinz Raetiens zählte. Die Ausgrabungen sind in einem Archäologischen Park zusammengefasst worden.

Das heutige Kempten entstand aus zwei unterschiedlichen Siedlungen: der Bürgerstadt an der Iller und der hoch gelegenen Stiftsstadt. Die Bürgerstadt war seit 1289 Freie Reichsstadt, zusammengelegt wurden die beiden Siedlungen erst unter bayerischer Herrschaft 1803. Prachtstück der Stiftsstadt ist die ehemalige Residenz der Fürstäbte mit ihren Rokoko-Prunkräumen. Die ehemalige Stiftskirche mit der eindrucksvollen Doppelturmfassade besticht mit reicher Barockausstattung. Prunkstück der Altstadt ist der von stattlichen Patrizierhäusern umrahmte Rathausplatz.

5 Illerdurchbruch bei Altusried Bis zu 100 m hoch sind die Steilwände, die die Iller aus den Moränen herauserodierte. Ausgangspunkt für eine Wanderung durch die Schlucht ist die Haldenmühle, am Mühlenweiher kann man auch baden.

6 Maria Steinbach Wenig südlich von Lautrach liegt am linken Illerufer ein ganz besonderes Schatzkästlein. Die 1753 fertig gestellte Wallfahrtskirche St. Maria erhielt ihre prächtige Ausstattung im schwäbisch-bayerischen Rokokostil bis 1764. Baumeister war J. M. Fischer, die Innenausstattung stammt von F. X. Feuchtmayer und J.G. Üblherr.

Weinstuben & Restaurants

Das Angebot des Restaurants **im Kurhaus** in Oberstdorf *(Prinzenstr. 4, Tel, 08322/ 57 90)* mit einer international ausgerichteten Küche berücksichtigt auch die Wünsche der Kurgäste.
In dem gemütlichen Restaurant **Alte Post** in Sonthofen *(Promenadestr. 5, Tel. 08321/ 25 08)* dominieren schwäbische Hausmannskost und regionale Spezialitäten.
Restaurant **Fürstenhof** in Kempten *(Rathausplatz 8, Tel. 0831/2 53 60):* Der Fürstenhof taucht schon 1187 in einer Chronik der damaligen Freien Reichsstadt auf. Ende des 16. Jh. bereits erhielt das Haus seine heutige Form.
Das Traditionshaus **Restaurant-Weinhaus Knöringer** in Memmingen *(Am Weinmarkt 6–8, Tel. 08331/27 15)* bietet gute schwäbisch-bürgerliche Küche.

Am Marktplatz in Memmingen: Im Steuerhaus mit seinen Arkaden befindet sich ein hübsches Café.

See bei Martinszell

7 Memmingen Herzog Welf VI. gründete die Stadt am rechten Ufer der Iller 1128, hier kreuzten sich im Mittelalter die großen Fernstraßen von Salzburg in die Schweiz und vom Fernpass nach Ulm. Früher Reichtum machte aus der Siedlung bis zum Ende des 13. Jh. eine Freie Reichsstadt. Fotogenstes Objekt der Stadt aber ist das Sieben-Dächer-Haus von 1601. Der Fachwerkbau hat sieben, sich jeweils überlappende Dächer, unter deren Vorsprüngen die Gerber ursprünglich ihre Felle zum Trocknen aufhängten.

8 Rot Der Klosterweiler liegt nur wenige Kilometer westlich der Iller in einem sanften Wiesental und besticht mit einer prächtig ausgestatteten, ehemaligen Klosterkirche von 1782. Ihr Inneres zeigt mit Fresken und Stuck die ganze Pracht des ausgehenden Barock.

9 Kellmünz Die Siedlung hoch über dem Illerufer markiert die Lage des römischen Kastells Caelius mons. Seine Lage und sein Name sollten an einen der sieben Hügel Roms erinnern.

10 Illertissen Bronzezeitliche und alemannische Funde bezeugen, dass die Region um das kleine Städtchen altes Siedlungsgebiet ist. Ein Renaissanceschloss aus dem 16. Jh. thront sichtbar über dem Flusstal und der Altstadt mit dem Rathaus.

11 Ulm-Wiblingen Der südliche Stadtteil von Ulm liegt im Mündungswinkel von Iller und Donau. Hier darf niemand einen Besuch des ehemaligen Benediktinerklosters St. Martin versäumen. Die 1783 nach Plänen von J. M. Fischer fertiggestellte, prächtige Klosterkirche präsentiert sich als kuppelüberdeckter Zentralraum, seine Ausstattung zeichnet sich gleichermaßen durch große Pracht und vornehme Zurückhaltung aus.

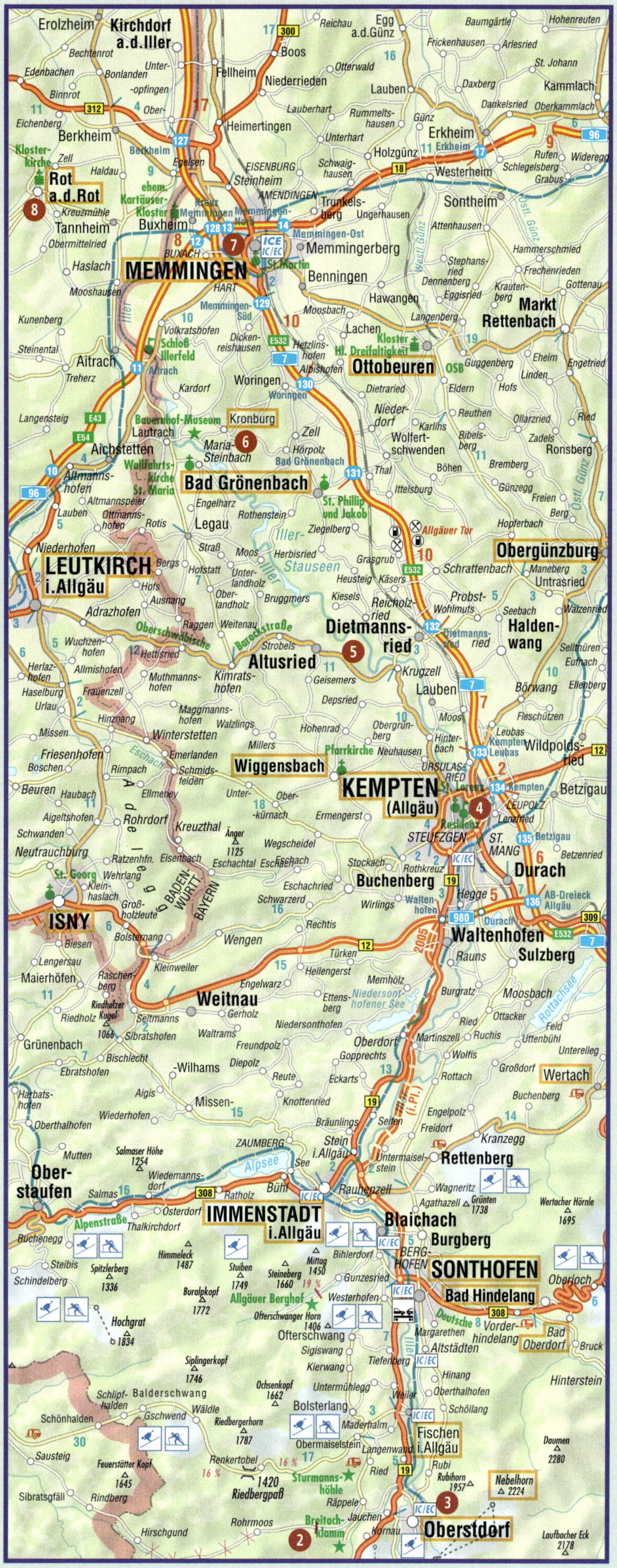

Freizeit & Sport

Flusswandern Geführte Kanutouren auf Iller und Donau bietet SportivTouren Michael Glöckle in Ulm (*Dorfstrasse 20, Tel. 0731/9 70 92 98*)

Kanukurse Die Firma Kiechle Outdoor & Rafting bietet zusammen mit der Wildwasser- und Kanuschule Allgäu Kanu- und Kajakgrundkurse am Alpsee an (*Bachgasse 1, 89269 Vöhringen, Tel. 07306/63 91, www.kiechle-rafting.de*).
Wildwasser- und Kanuschule Allgäu Guenter Schroeter in Oberstdorf (*Kirchstr. 6, Tel. 08322/9 82 62*).

Angeln: Tages- und Wochenkarten für die Iller erhalten Sie bei Franz Nick (*Hauptstraße 13, 87463 Überbach, Tel. 08374/ 89 61*) oder bei Rolf Stahl (*Untere Au 117, 87764 Legau, Telefon 08330/12 96*).

Alpseen Wenig westlich von Immenstadt warten mit dem Großen und dem Kleinen Alpsee zwei hervorragende Wassersportzentren auf Besucher. Informationen erteilt das Verkehrsamt in Immenstadt (*Tel. 08323/8 04 80, www.immenstadt.de*).

Wildromatisch: Breitachklamm bei Oberstdorf

Klamm-Wanderungen Im Oberstdorfer Ortsteil Tiefenbach liegt der Eingang zur wilden Breitachklamm (Sommer: 8–16 Uhr, Winter 8–15 Uhr). Informationen über die Kurverwaltung in Oberstdorf (*Tel. 08322/ 70 00, www.fuehrer.oberstdorf-online.de;*). Im Sonthofener Ortsteil Winkel befindet sich der Eingang zur eindrucksvollen **Starzlachklamm** (Mai–Okt. 9–19 Uhr). Informationen über das Verkehrsamt Sonthofen (*Tel. 08321/7 62 91*).

Von der bayerischen Grenze bis Regensburg strömt die Donau an vielen geschichtsträchtigen Orten vorüber. Gleichzeitig beginnt hier das »Arbeitsleben« der Donau: Jetzt muss sie Kernkraftwerke kühlen, Industrieabwässer schlucken, Schiffe tragen und Schleusen dulden. Ab Ulm ist die Donau den Bedürfnissen der Energiewirtschaft, ab Kelheim zudem denen der Schifffahrt angepasst worden.

1 Donauwörth An der Mündung der Wörnitz in die Donau querte im Mittelalter eine Reichsstraße die Donau, an der bis 1307 eine Freie Reichsstadt heranwuchs. Prächtige Achse der historischen Altstadt ist denn auch bis heute die Reichsstraße mit dem Renaissance-Stadtschloss Fuggerhaus (1543) und dem alten Stadtzoll (1418). Zusammen mit behäbigen Bürgerhäusern dokumentieren sie die donauschwäbische Bauweise. Die spätgotische Hallenkirche Maria Himmelfahrt birgt prächtige Wandmalereien und ein kostbares Sakramentshäuschen von 1503.

2 Leitheim Barocken Luxus in Reinkultur bieten das Lustschloss und die Privatkirche, die Abt Elias Goetz vom Zisterzienserkloster Kaisheim ab 1685 für sich errichten ließ. Ab 1750 wurde das Ganze mit luxuriösem Rokoko neu gestaltet, so dass heute kostbarster Stuck und schönste Freskomalerei zu bestaunen sind.

3 Neuburg an der Donau Seine historische Altstadt thront auf einem Jurafelsen hoch über dem Donauufer. Krone der Stadt ist das Renaissanceschloss, das Pfalzgraf Ottheinrich bis 1545 bauen ließ.

4 Ingolstadt Die alte Herzogstadt war Residenz der Wittelsbacher und Landesfestung. Entsprechend imposant ist das Neue Schloss aus dem 15. Jh. Nicht weniger eindrucksvoll zeigt sich der riesige Backsteinbau des gotischen Liebfrauenmünsters. Den größten Schatz der Stadt jedoch birgt die kleine Rokokokirche Maria de Victoria. Ihre 490 m^2 große Decke bemalte Cosmas Damian Asam 1734 mit einem einzigen Riesenfresko.

5 Weltenburg Am Durchbruch der Donau durch den Jura beeindrucken den Besucher nicht nur bis zu 75 m hohe, senkrechte Kalkwände, sondern auch die Pracht der Kirche des ältesten Benediktinerklosters von Bayern. Ihre Barockkirche

Neuburg an der Donau: Blick über den Fluss auf das trutzige Schloss der Pfalzgrafen

Freizeit & Sport

Personenschifffahrt Über Schifffahrtsmöglichkeiten auf Donau und Altmühl und über Fahrten durch den Donaudurchbruch informiert die Altmühltal Personenschifffahrt GmbH (*www. schifffahrt-kelheim.de*)

Donauradweg Der Radweg verläuft zwischen Neu-Ulm und Höchstädt an der Donau und ist insgesamt 434 km lang. Infos unter *www.bayerninfo.de*

Familientauglich: Kanutour auf der Donau

Angeln Nützliche Informationen erteilt die Städtische Tourist-Information Donauwörth (*Rathausgasse 1, Tel. 0906/78 91 51, www.donauwoerth.de*).

Flusswandern Kanufahrten auf Donau, Wörnitz, Zusam, Kessel, Schmutter bieten u. a. die in Donauwörth ansässigen Veranstalter wie Purtec Kanu-Laden (*Alte Augsburger Str. 12, Tel. 0906/80 86*) und auch Sport Schneller (*Rainer Str. 25, Tel. 0906/80 72*) an. Letzterer veranstaltet zudem Wochenend-Paddelkurse.

Kanuverleih Infos über Bootsvermieter in Kehlheim über das Verkehrsamt Kelheim (*Rathaus, Tel. 09441/70 12 34*)

Floßfahrten Informationen über Gruppenfahrten auf der Donau erteilt Herr Bürger (*Tel. 09097/239*).

Günzburger Legoland Der Freizeitpark für die ganze Familie bietet Attraktionen für Jung und Alt – der Nachwuchs ist einen Tag lang beschäftigt. Infos zu Öffnungszeiten und Preisen bei Legoland in Günzburg (Tel. 08221/70 07 00, *www.legoland.de*).

Spaziergang in die Vorzeit Das Kelheimer Archäologische Museum (April–Okt. 10–16 Uhr) zeigt Exponate zur Geschichte des Raumes. Info: Archäologisches Museum (*Ledergasse 11, Tel. 09441/1 04 92*).

Fürstliches in Regensburg Der Kreuzgang des ehemaligen Klosters St. Emmeram und das Schloss der Fürsten von Thurn und Taxis sind mit Führung zugänglich. Führungen von April–Okt. täglich 11, 14, 15 und 16 Uhr; Nov.–März Sa, So, Feiertage 10, 11, 14 und 15 Uhr. Informationen über das Fürstliche Schloss Thurn und Taxis in Regensburg (*Emmeramplatz 5, 93047 Regensburg, www.thurnundtaxis.de*).

Donauwörth an der Romantischen Staße: die gotische Stadtpfarrkirche und das Tanzhaus aus dem 16. Jh.

schufen die Brüder Asam als Gesamtkunstwerk im Sinne einer himmlischen Theaterinszenierung. Den Donaudurchbruch kann man per Kahn, zu Fuß oder mit dem Motorschiff erleben.

6 Kelheim Die Hafenstadt an der Mündung der Altmühl in die Donau wird überragt von der monumentalen Befreiungshalle auf dem schon in vorgeschichtlicher Zeit besiedelten Michelsberg. Der 45 m hohe Rundbau wurde von Ludwig I. von Bayern nach einer Griechenlandreise ab 1836 errichtet. Von der obersten Galerie bietet sich eine prächtige Sicht auf Donau und Altmühltal.

Das Kelheimer Archäologische Museum im spätgotischen Herzogkasten präsentiert die Geschichte des Kelheimer Raumes vom Neandertaler bis zum Mittelalter.

7 Regensburg Das von den Römern am nördlichsten Punkt der Donau errichtete Castra Regina bildet noch heute das Fundament der gut erhaltenen Altstadt mit ihren vielen an Italien erinnernden Geschlechtertürmen. Bester Ausgangspunkt für einen Stadtspaziergang ist die Steinerne Brücke aus dem 12. Jh., ein Meisterwerk hochmittelalterlicher Ingenieurkunst. Am Südrand der Altstadt verdient die ehemalige Klosterkirche St. Emmeram einen Besuch. Ihre romanische Vorhalle entstand um 1170. Die romanische Kirche selbst barockisierten die Brüder Asam bis 1733. Die ehemaligen Stiftsgebäude von St. Emmeram bauten die Fürsten von Thurn und Taxis zum großzügigen Residenzschloss aus.

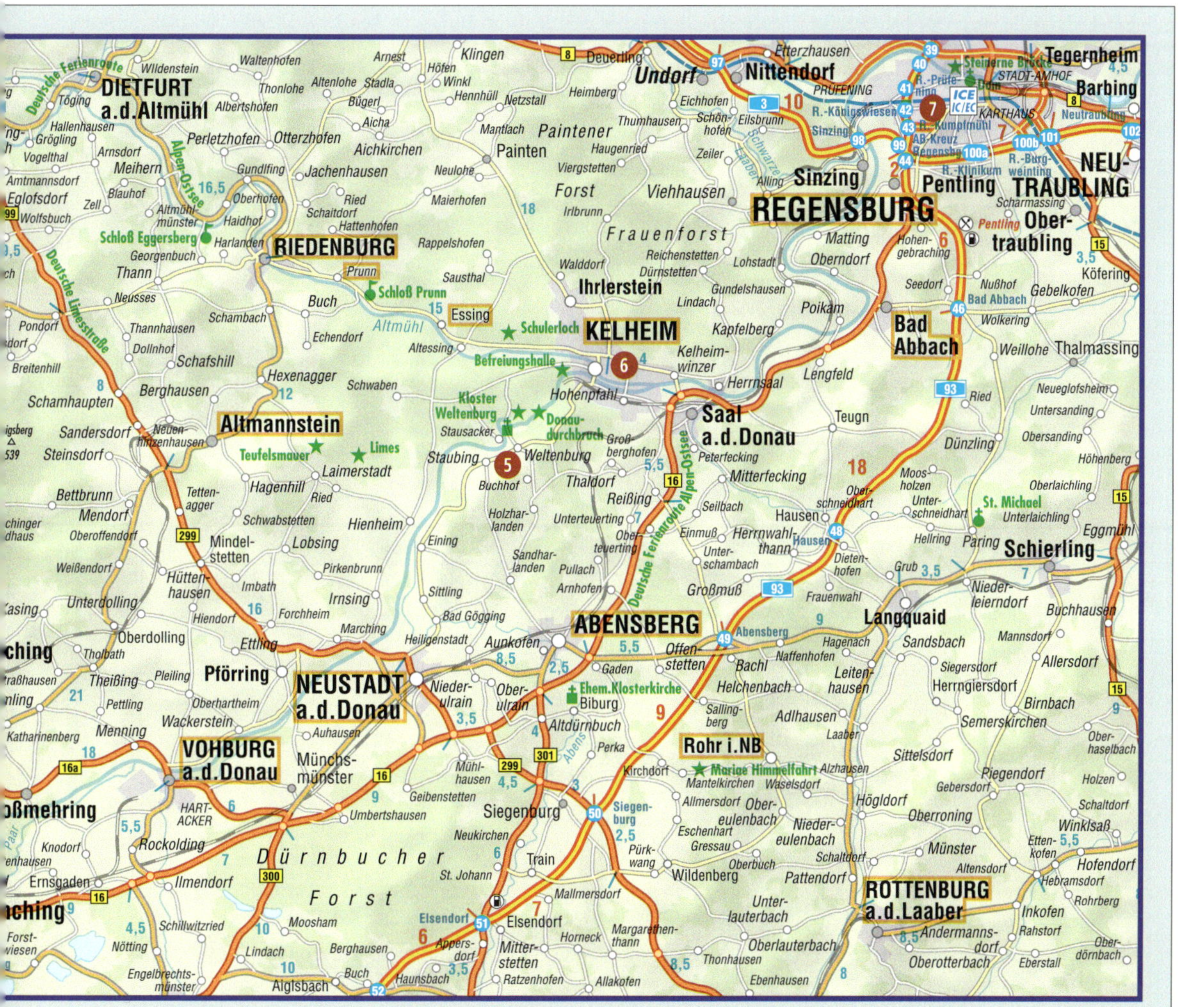

Restaurants in historischem Ambiente

Die historische Brauerei Gasthof **Zur Münz** in Günzburg (*Marktplatz 25, 89312 Günzburg, Tel. 08221/47 23*) gab es bereits im 16. Jh. Geblieben ist der stilvolle Rahmen, in dem man bayerische Spezialitäten, vegetarische Küche oder auch Fischspezialitäten genießen kann.

Restaurant **Kirchbauer Hof** in Neuburg/Bittenbrunn *(Monheimerstr. 119, Tel. 08431/25 32):* Der Gasthof entstand 1880 aus einem ehemaligen Bauernhof. Geboten wird bürgerliche Küche mit regionaler Betonung. Fische gibt es aus eigenem Fischwasser.

Das Restaurant **Rappensberger** in Ingolstadt (*Harderstr. 3, Tel. 0841/31 40*) befin-

Südländisches Flair: Straßencafés in Regensburg

det sich in einem Haus aus dem ausgehenden 16. Jh. und bietet bürgerliche Küche.

In dem Gasthaus **Hugl** in Ingolstadt *(Schutterstr. 6, Tel. 0841/3 20 00)* gegenüber dem Rathaus geht es urbayerisch zu.

Im ältesten bayerischen Kloster gab es von jeher eine eigene Klosterbrauerei. Sie produziert ein hervorragendes dunkles Bier, das im Restaurant Klostergarten im **Kloster Weltenburg** (*Tel. 09441/36 82*) am besten schmeckt.

Ratskeller im Gasthof **Stockhammer** in Kelheim (*Am Oberen Zweck 2, Tel. 09441/32 54*): Der über 200 Jahre bestehende Gasthof bietet in seinem Ratskeller mit von steinernen Säulen getragenem Gewölbe angenehme Gemütlichkeit.

Regensburger Wurstkuchel Am Südrand der Steinernen Brücke steht neben dem Salzstadel von 1620 die kleine historische Wurstküche. Hier gibt es fein gebrutzelte Bratwürste, die man am Donauufer verzehren kann.

Das Altmühltal Altmühlsee • Solnhofen • Eichstätt

Die »12 Apostel« bei Solnhofen zählen zu den bekanntesten Felsformationen im Altmühltal.

Eindrucksvoll über der Altmühl gelegen und 1037

Der Naturpark Altmühltal wird vom Wechsel zwischen schroffen Felspartien und sanften, wacholderbewachsenen Hängen geprägt. Vor zwei Jahrtausenden lag hier die Nordgrenze des Römerreiches; in der erdgeschichtlichen Vorzeit lernte im damaligen Jurameer der Urvogel Archaeopteryx das Fliegen. Heute ist die Altmühl einer der beliebtesten deutschen Wanderflüsse.

1 Altmühlsee Der 4,5 km² große See ist Teil des Überleitungssystems von Donau- und Altmühlwasser in das regenarme Regnitz-Main-Gebiet. Sein nordwestliches Ende ist eine geschützte Flachwasserzone, die restliche Seefläche darf wassersportlich genutzt werden.

2 Graben Wenig nördlich von Treuchtlingen ist das Vorbild für den Rhein-Main-Donau-Kanal zu sehen: die Fossa Carolina, ein unter Karl dem Großen 793 begonnener Verbindungskanal von der schwäbischen Rezat zur Altmühl. Der karolingische Kanal ist damit der erste Versuch einer schiffbaren Verbindung zwischen Main und Donau.

3 Pappenheim Woran man seine Pappenheimer erkennt, das wusste Reichsmarschall Gottfried Heinrich von Pappenheim, dessen Stammburg heute als mächtige Ruine über dem malerischen Städtchen an glanzvollere Zeiten erinnert. Immerhin ist die St. Gallus-kirche im Friedhof an der Altmühlbrücke der älteste Bau Frankens, der im 9. Jh. als Filiale des Klosters St. Gallen begonnen wurde. Ihr spätgotischer Flügelaltar entstand um das Jahr 1520, das Sakramentshäuschen 1486.

4 Solnhofen Was die Jurasteine für Schätze bergen, ist nirgendwo so schön wie im Bereich der Solnhofener Lithosteinbrüche zu sehen. Seit der Erfindung der Lithographie durch Alois Senefelder werden hier Schieferplatten und Plattenkalk in seltener Reinheit gebrochen. Im Bürgermeister-Müller-Museum im Rathaus ist die Geschichte der Lithographie dokumentiert sowie eine Fülle von Fossilien zu sehen. Nicht minder informativ ist das Museum auf dem Maxberg im nahen Mörnsheim. Gezeigt wird dort die Geologie des Plattenkalks und die Verwendung der Platten seit Römerzeiten bis zur Nutzung für die Lithographie.

5 Eichstätt Der Hauptort des Oberen Altmühltals war seit dem 8. Jh. Bischofssitz und bis 1802 fürstbischöfliche Residenzstadt. Um den Dom gruppiert sich die geistliche Stadt, deren barockes Bild von drei Hofbaumeistern geprägt wurde: Jakob Enge schuf den Westflügel der Residenz, Gabriel de Gabrieli den Südflügel, die Sommerresidenz und den Residenzplatz. Maurizio Pedetti zeichnet für das Treppenhaus in der Residenz und den Marienbrunnen am Residenzplatz verantwortlich. Der Dom hat romanische Türme, ein gotisches Schiff und eine barocke Westfassade. Sein bedeutendstes Ausstattungsstück ist der 9,5 m hohe, um 1490 gestiftete und aus Kalkstein gearbeitete Pappenheimer Altar. Die schöne barocke Fürstbischöfliche Residenz ist heute als Museum zugänglich. In der Willibaldsburg sind das Jura-Museum und das Ur- und Frühgeschichtliche Museum untergebracht. Mittelpunkt der bürgerlichen Stadt ist das spätgotische Rathaus von 1444 mit dem Willibaldsbrunnen.

6 Kastell Vetoniana bei Pfünz Wie die Römer einen Flussübergang sicherten, ist

erstmals erwähnt: Burg Prunn bei Riedenburg

Das Jura-Museum auf der Willibaldsburg in Eichstätt zeigt auch ein fossiles Archaeopteryx-Skelett.

am Beispiel des Kastells Vetoniana besonders gut zu sehen. Das 42 m über der Talsohle gelegene Kastell für 500 Soldaten sicherte den Übergang über die Altmühl an der Stelle, an der noch heute die uralte Steinbrücke steht. Aus den römischen Ruinen wurde ein karolingisches Königsgut und schließlich ein Barockschlösschen der Bischöfe von Eichstätt.

❼ **Beilngries** In dem nahezu ein Jahrtausend alten Städtchen sind noch Teile des Mauerrings, des Stadtgrabens, der Türme und Wehrgänge aus dem 15. Jh. erhalten. Auf einem Bergsporn thront das spätmittelalterliche Schloss Hirschberg. Im frühen 11. Jh. war hier der Sitz der Grafen von Hirschberg, 1305 fiel die Burg an das Hochstift Eichstätt und wurde bis 1764 zur Sommerresidenz der Fürstbischöfe ausgebaut. Im Felsenkeller vermittelt ein Brauereimuseum alte Brautechnik.

❽ **Riedenburg** Die gut erhaltene Rosenburg geht auf das 13. Jh. zurück, die Wohnbauten stammen aus dem 16. Jh. Heute ist auf der Burg der Bayerische Jagdfalkenhof untergebracht.

❾ **Burg Prunn** Die schönste Burg im ganzen Altmühltal thront auf einem 70 m hohen Fels unmittelbar über dem Fluss. Errichtet wurde die Burg von Graf Wernherus de Prunne schon vor 1037. Ende des13. Jh. entstand der mächtige, quadratische Bergfried mit seinen 3 m dicken Buckelquadermauern.Die ehemalige Wachstube zieren spätgotische Fresken. Heute ist die Burg als Burgmuseum zugänglich.

Restaurants & Brauereigasthöfe

Mitten im Herzen Eichstätts kann man im **Domherrnhof** (*Domplatz 5, Tel. 08421/ 61 26*) im Restaurant elegant schlemmen oder in der Schänke ein gemütliches Mahl zu sich nehmen.

Restaurant **Ferdinandhof** in Schernfeld/ Eichstätt (*Ferdinandsfeld 1, Tel. 08421/ 63 38*): Im alten Vierseithof an der B13 wird als Hauptattraktion das Essen vom »Heißen Stein« geboten: Fleisch oder Fisch werden hier auf heißem Basaltstein gegart.

In der gemütlichen Ofenstube des Restaurant **Gallus** in Beilngries (*Neumarkter Str. 25, Tel. 08461/2 47*) kocht der Hausherr persönlich.

Der an einem stillgelegten Seitenarm der Altmühl gelegene Brauereigasthof **Schneider** in Essing (*Altmühlgasse 10, Tel. 09447/3 54*) bietet von seiner Terrasse aus eine hübsche Aussicht auf die Jurafelsen. Die anspruchsvolle, täglich wechselnde Tageskarte bietet Interessantes zu angemessenen Preisen.

Freizeit & Sport

Flusswandern Für eine eigene Bootstour auf der Altmühl gibt es alle Auskünfte bei: Zentrale Tourist-Information Naturpark Altmühltal in Eichstätt (*www.naturpark-altmuehltal.de*).

Schifffahrt Über das Angebot der Personenschifffahrt informiert die Personenschifffahrt im Altmühltal in Kelheim (*www.schiffahrt-kelheim.de*).

Vogelinsel im Altmühlsee Der nordwestliche Teil des Altmühlsees ist Flachwasserzone und ausgewiesenes Vogelschutzgebiet mit absolutem Betretungsverbot. Donnerstags (16 Uhr) und am Wochenende (9 und 16 Uhr) aber gibt es Führungen unter fachkundiger Leitung. Info: Verkehrsamt Gunzenhausen (*Tel. 09831/97 95*).

Fossiliensuche Im Gemeindesteinbruch von Solnhofen kann man auf Fossiliensuche gehen. Welche Prachtstücke in den Steinen verborgen sind, zeigt das Bürgermeister-Müller-Museum und das Museum beim Solnhofener Aktien-Verein. Informationen über das Verkehrsamt Solnhofen (*Tel. 09145/4 77*).

Naturpark Altmühltal Im Parkgebiet sind über 300 Höhlen bekannt. Gleich drei finden sich im Bereich der Gemeinde Essing: die Klausenhöhle, das Schulerloch und die Kastlhanghöhle. Das Schulerloch ist eine 400 m tiefe Tropfsteinhöhle, die im Sommer täglich geöffnet ist. Info: Verkehrsamt Essing (*www.essing.de*).

Urdonau-Dampfbahn In Dollnstein zweigt das Wellheimer Trockental ab, durch das bis vor 700 000 Jahren die Urdonau floss. Heute belebt zwischen Dollnstein und Rennertshofen die Urdonau-Dampfbahn das ehemalige Flussbett. Infos über den Fremdenverkehrsverein Dollnstein (*www.dollnstein.de*).

Greifvogelflugschau Auf Schloss Rosenburg wartet das Burg- und Falknereimuseum mit einer Greifvogelflugschau auf Besucher. In der Fasslwirtschaft steht die mit beinahe 8 t größte Bergkristallgruppe der Welt. Info über *www.riedenburg.de*.

Römische Altmühlbrücke bei Pfünz

Burg Falkenberg im Oberpfälzer Wald thront hoch über der Waldnaab auf einem Granitblock.

Die Burgruine von Kallmünz stammt aus dem

Drei Bergregionen liefern der Naab und ihren Nebenflüssen das Wasser: Der Oberpfälzer Wald speist die Waldnaab, die Pfreimd und die Schwarzach, aus dem Fichtelgebirge kommen die Fichtelnaab und die Heidenaab, der Oberpfälzer Jura schließlich steuert die Vils und die Lauterach bei. Westlich von Regensburg mündet die Naab schließlich nach 165 km in die Donau.

1 Ochsenkopf An der Südseite des 1024 m hohen Ochsenkopfes entspringt die Fichtelnaab. Der zweithöchste Gipfel des Fichtelgebirges ist berühmt für seine Aussicht.

2 Tirschenreuth Der Hauptort an der Waldnaab mit seinem rechtwinkligen Straßenplan und dem lang gezogenen Marktplatz erhielt sein Stadtrecht bereits 1364. Das Rathaus ist ein Renaissancebau von 1583, die Pfarrkirche geht auf das 13. Jh. zurück. In der Wallfahrtskirche Zur Schmerzhaften Muttergottes gibt es einen spätgotischen Flügelaltar mit der seltenen Darstellung des Kalvarienberges zu entdecken. In der Nähe ragt hoch über der Waldnaab Burg Falkenberg auf.

3 Windischeschenbach Das Städtchen am Zusammenfluss von Fichtel- und Waldnaab wird überragt von der Burg Neuhaus mit viergeschossigem Wohnbau mit Wehrgang und Seitenflügel und einem 23 m hohen, runden Bergfried.

4 Neustadt an der Waldnaab Hier residierten von 1558 bis 1806 die Fürsten Lobkowitz. Ihr altes Schloss mit seinen drei Pfeilerarkaden und dem hohen, spitzen Giebel ziert den lang gestreckten Marktplatz. Das Neue Schloss im Stil des italienischen Barock wurde nur noch in Teilen fertig gestellt. Jenseits der Waldnaab liegt auf halber Höhe die von der Fürstenfamilie 1735 gestiftete Wallfahrtskirche St. Felix. Sie überrascht mit einem kleeblattförmigen Chor für die Mönche und einem quadratischen Raum mit abgerundeten Ecken für die Laien. Die Decke der Kirche ist mit zahlreichen Szenen aus dem Leben des hl. Felix ausgemalt.

5 Weiden Der Hauptort der nordöstlichen Oberpfalz erhielt sein Stadtrecht bereits 1241 und seinen Reichtum durch die Lage an der Kreuzung der Goldenen Straße (Prag–Nürnberg) und der Handelsstraße Regensburg–Leipzig.
Weidens Stadtbild ist bis heute geprägt von malerischen Giebelhäusern aus dem 16. und 17. Jh. Sie säumen den breiten Straßenmarkt, der die annähernd rechteckige Altstadt durchschneidet. Seine Mitte ziert das bis 1545 im Renaissancestil errichtete Rathaus, dessen achteckiger Turm noch aus dem 16. Jh. stammt. Die Pfarrkirche St. Michael war ursprünglich eine gotische Hallenkirche, wurde jedoch bis 1762 neu im Barockstil gestaltet.

6 Pfreimd Der Ort an der Mündung des gleichnamigen Nebenflusses der Naab war ab 1332 die Residenz der Landgrafen von Leuchtenberg. Reste ihres einstigen Schlosses dienen heute als Rathaus. Die Pfarrkirche ist ein Schmuckstück für sich, sie entstand bis 1688 als katholisches Bollwerk in der »Front zu Luthertum und Kalvinismus«. Die wenig östlich im Tal der

Hoch über dem Fluss thront die malerische Altstadt von Nabburg, das auf eine über 1000jährige Geschichte zurückblickt.

Restaurants in historischem Ambiente

Die Küche des **Oberpfälzer Hof** in Windischeschenbach (*Hauptstr. 1, Tel. 09681/7 88*) ist so solide wie das mächtige Haus. Geboten wird gediegene heimische Kost mit gutem Preis-Leistungs-Verhältnis.
Das Gebäude des Gasthofs **Weißer Schwan** in Windischeschenbach (*Pfarrplatz 1, Tel. 09681/12 30*) stammt aus dem Jahre 1850 und bietet preiswerte regionale Küche mit guten Wildgerichten.
Das Hotel-Restaurant **L'Escargot** in Weiden (*Frauenrichter Str. 173; Tel. 0961/6 70 71 11; www.hotel-europa-weiden.de*) zählt zu den besten der Region, auf der Karte stehen italienische und französische Gerichte, die mit frischen regionalen Zutaten zubereitet werden.
Das urwüchsige Oberpfälzer Speiselokal **Zur Post** in Schwandorf (*Marktplatz 5, Tel. 09431/16 85*) bietet Herzhaftes aus der regionalen Küche – und das in üppigen Portionen.
Zum Goldenen Löwen (*Alte Regensburger Str. 18, Tel. 09473/3 80*): Den »Luber« gibt es in Kallmünz bereits seit 1903, seine urgemütlichen, alten Räume verraten schon, das hier Solides angeboten wird.
Wer die Feinheiten der regionalen Küche kennen lernen möchte, kann dies mit »Voressen« und »Vortrunk« beginnen, die Frage ist dann nur, wie weit er bei den Hauptspeisen noch kommt.

13. Jh. Die Naabbrücke wurde 1550 errichtet.

Pfreimd gelegene Burg Trausnitz stammt aus dem 13. Jh. 1322 saß hier Herzog Friedrich, der Schöne von Österreich, nach seiner Niederlage gegen die Bayern in Gefangenschaft.

7 **Nabburg** Seine Altstadt thront auf einer steilen Bergzunge auf dem rechten Steilufer über der Naab. Die Siedlung war bereits im 10. Jh. wie eine Burg befestigt, im 15. Jh. waren die Befestigungen erneuert und verstärkt worden – was jedoch weder gegen die Hussiten noch im Dreißigjährigen Krieg wirklich half. Die Pfarrkirche aus der ersten Hälfte des 14. Jh. präsentiert sich als hohe, dreischiffige Basilika mit zwei Chören.

8 **Schwandorf** Trotz großer Kriegsschäden präsentiert sich heute Schwandorfs historischer Marktplatz wieder nahezu unversehrt. Stattliche Bürgerhäuser – mit schönen Schwung- oder Treppengiebeln – geben ihm ebenso seinen Reiz wie die Nordseite der Pfarrkirche St. Jakob. Sie entstand um 1400 als gotische Hallenkirche. Ihren massiven Turm erhielt sie 1483, die barocke Haube kam dagegen erst im 17. Jh. dazu. Das doppeltürmige Marienmünster auf dem 408 m hohen Kreuzberg wurde im Krieg ebenfalls zerstört, doch schon 1952 wiedererrichtet.

9 **Kallmünz** Die »Perle der Oberpfalz« an der Mündung der Vils in die Naab präsentiert sich als romantisches Ensemble aus Fluss, hoch darüber thronender Burg und an den Berghang geduckte Häuser. Der steile Bergsporn zwischen Vils und Naab diente schon den Kelten als Fliehburg, die erste Burg ist für das Jahr 983 belegt. Ab dem 12. Jh. diente sie den Wittelsbachern als Vogtei, im Dreißigjährigen Krieg wurde sie von den Schweden zerstört. Erhalten blieben bis heute Teile der spätgotischen Zwingmauer sowie des inneren, turmbewehrten Rings aus dem 13. Jh. Vom alten Bergfried kann man heute wieder die Aussicht genießen.

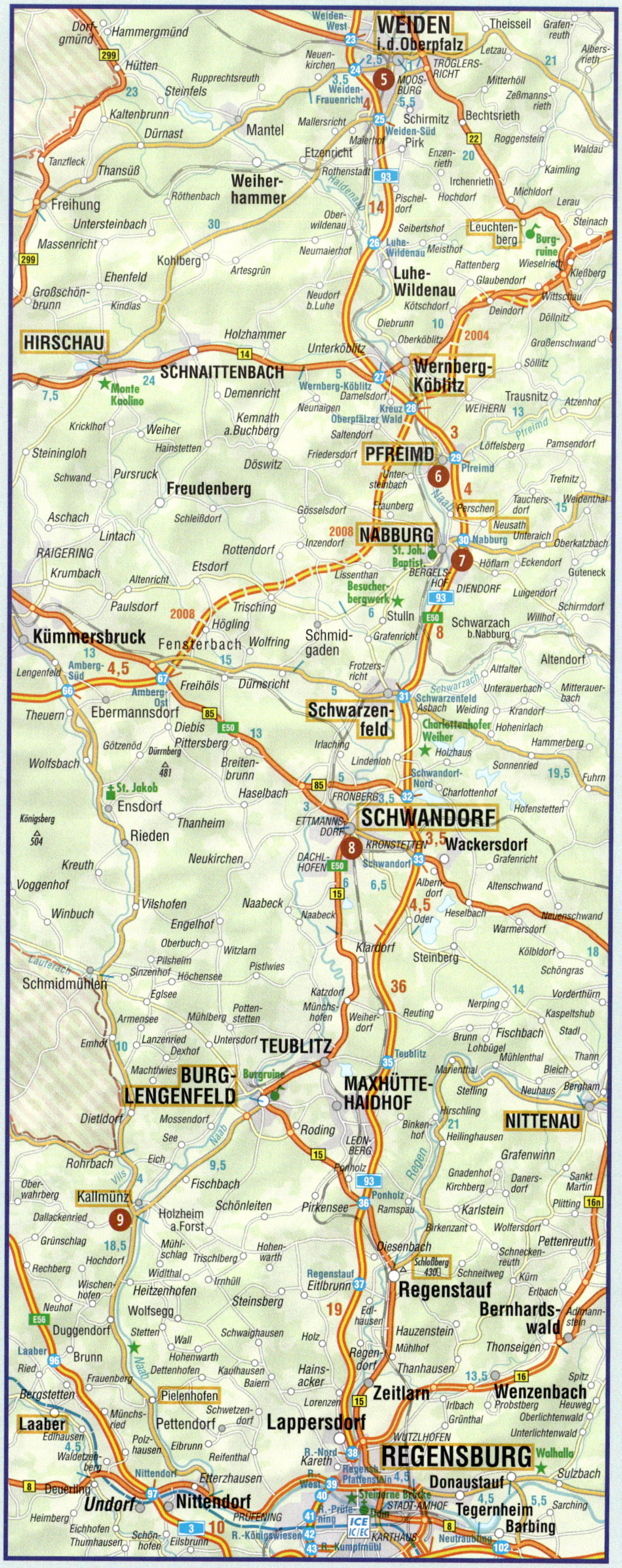

Freizeit & Sport

Flusswandern Kanus und Boote verleiht Nautilus Kanuverleih in Niedertraubling (*Embacher Str. 10, Tel. 09401/5 12 95; www.kanu-outdoor.de*) mit detaillierter Streckenbeschreibung. Der Kanuverleih Penk an der Naab wird über den Trekking- und Kanuladen in Regensburg (*Obere Bachgasse 13/14; Tel. 0941/56 77 77; www.trekking-kanu-laden. de*) organisiert.

Naabtal-Radweg Der 100 km lange markierte Radweg zwischen Mariaort und Luhe-Wildenau führt entlang der Naab an den historisch interessanten Orten vorbei.

Oberpfälzer Seenland Zwischen Schwarzenfeld und Schwandorf erstreckt sich eine Seenlandschaft. Über die Wassersportmöglichkeiten informiert der Zweckverband Oberpfälzer Seenland in Wackersdorf (*Im Büropark Werk 1, Tel: 09431/75 93 40; www.oberpfaelzer-seenland.de*)

Drachenbootfahrten Auf dem Steinberger See bietet sich ein Seefahrterlebnis. Das 21-Personen-Boot wird von 14 Mitfahrern gepaddelt. Infos unter Movin'G'round in Steinberg (*Am Steinberger See, Tel. 09431/75 92 42; www.movinground.de*).

Der **Oberpfälzer Burgenweg** ist insgesamt zwar 180 km lang, doch eines der schönsten Teilstücke ist der Weg entlang der Waldnaab zwischen Falkenberg und Windischeschenbach. Die insgesamt 16 km lange Strecke führt durch das Naturschutzgebiet Waldnaabtal mit seinen wuchtigen

Flusswandern auf der Naab

Granitfelsformationen. Die Burg Neuhaus aus dem 13. Jh. lockt mit einem Heimatmuseum (April–Nov. Sa, So 14–18 Uhr).

Das **Weidener Keramikmuseum** ist eine Zweigstelle der Neuen Sammlung München. Hier werden Keramikobjekte aus sechs bayerischen Staatsmuseen gezeigt. Auskünfte erteilt das Fremdenverkehrsamt Weiden (*Altes Rathaus, Tel. 0961/8 14 11*).

Das Tal des Regen Großer Arber • Zwiesel • Regen

Wie eine Bildung der Natur wirkt der bei Anglern beliebte, idyllisch von dichtem Wald umgebene Stausee bei Regen im Bayerischen Wald.

Den Regen gibt es gleich fünfmal: Im Böhmischen entspringen der Große und der Kleine Regen, die in Zwiesel zusammenkommen und als Schwarzer Regen weiter fließen. Aus dem Kleinen Arbersee fließt der Weiße Regen, der sich mit dem Schwarzen Regen bei Blaibach endlich zum Regen vereint, der im Regensburger Stadtgebiet in die Donau einmündet.

1 Großer Arber Der 1456 m hohe »König des Bayerwaldes« speist auf seiner Nordseite den Weißen Regen und auf seiner Südostseite den aus Tschechien kommenden Großen Regen. Von seinem unbewaldeten Gipfel bietet er dem Besucher einen weiten ungehinderten Rundblick über das unendliche Waldmeer.

2 Zwiesel Die traditionsreiche Glasmacherstadt liegt am Zusammenfluss (= Zwiesel) des Großen und des Kleinen Regen. Als Mittelpunkt der Glasbläserei im Bayrisch-Böhmischen Wald erhielt sie bereits 1471 das Marktrecht.

3 Regen Das Ortsbild der Kreisstadt am Schwarzen Regen ist bis in die Gegenwart beherrscht von der Pfarrkirche St. Michael, deren schlanker romanischer Turm bis auf den Anfang des 13. Jh. zurückgeht. Optischer Gegenpol zur Pfarrkirche ist die

Cham: Das Biertor ist der Reste einer eines doppelten Mauerringes aus dem 14. Jh.

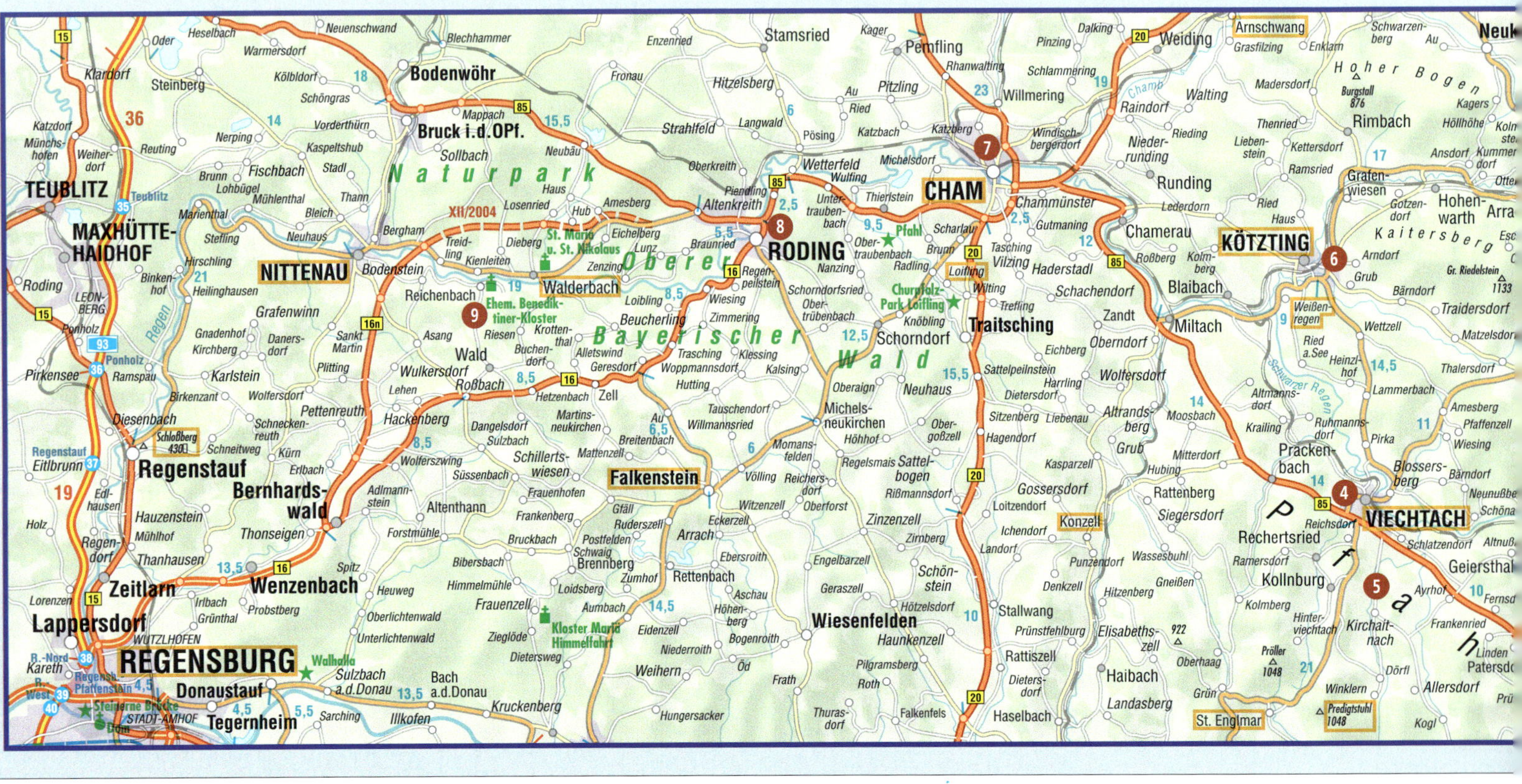

Der Nordturm der Stadtpfarrkirche St. Michael in der Kreisstadt Regen ist noch original romanisch (1270).

Burgruine Weißenstein auf einem Quarzfelsen des Pfahls. Gebaut wurde die Burg ab der Mitte des 12. Jh., dem Verfall überlassen ist sie seit 1742.

4 Viechtach Das 900-jährige Städtchen am Schwarzen Regen hat ein barockes Rathaus aus dem 17. Jh. und eine Rokoko-Pfarrkirche von 1760. Die frühere Spitalkirche aus dem 14. Jh. beherbergt heute ein Kristallmuseum.

5 Pfahl Der Pfahl, ein weithin sichtbares Quarzriff, gehört zu den bedeutendsten geologischen Naturdenkmälern Bayerns. Am markantesten ist der »Große Pfahl« bei Viechtach an der B 85 Richtung Cham sowie bei der Burgruine Weißenstein (Regen) und bei Schloss Thierlstein (Cham).

6 Kötzting Das Städtchen am Weißen Regen war einst Stiftungsgut des Klosters Rott am Inn und besitzt noch heute unmittelbar am Weißen Regen eine intakte Kirchenburg, bestehend aus dem Schloss, der Pfarrkirche, der Kapelle St. Anna und dem bewehrten Friedhof. Über dem Zusammenfluss von Weißem und Schwarzem Regen thront die Wallfahrtskirche Weißenregen. Sie entstand um 1750, um dem geschnitzten Gnadenbild aus dem 14. Jh. einen würdigen Rahmen zu geben.

7 Cham Das heutige Cham gründete 1220 Herzog Ludwig, der Kelheimer. Von der mittelalterlichen Stadtbefestigung sind noch der Straubinger Turm und das Biertor aus dem 14. Jh. erhalten. Das spätgotische Rathaus schmückt sich mit einem Stufengiebel und einer Uhr mit Tierkreiszeichen. In Chammünster war die heutige Pfarrkirche (13.–15. Jh.) einst das Münster der 748 gegründeten Benediktinerabtei.

8 Roding Der Ort wurde schon 844 als Königshof erwähnt. Interessant ist der ehemalige Karner aus dem 12. Jh. Das Rathaus stammt von 1755 und beeindruckt mit geigenförmigen Fenstern und einem geschweiften Giebel.

9 Reichenbach Auch diese Klosterkirche aus dem 12. Jh. ist im Grunde romanisch. Heute beeindruckt die dreischiffige Pfeilerbasilika mit zwei spätromanischen Spitztürmen vor allem durch ihre prachtvolle Barockausstattung.

Gasthöfe & Restaurants

Das traditionsreiche Restaurant **Zur Waldbahn** am Bahnhof in Zwiesel bietet Gutbürgerliches und Vegetarisches zu vernünftigen Preisen. (*Bahnhofsplatz 2, Tel. 09922/30 01*). Im Winter kann man sich an einen alten Kachelofen setzen, im Sommer gibt es eine Gartenterrasse.

Der etwas außerhalb gelegene Gasthof **Wieshof** in Regen (*Poschetsrieder Str. 2, Tel. 09921/43 12*) ist rustikal eingerichtet und serviert gutbürgerliche Küche zu angemessenen Preisen.

Das Hotel-Restaurant **Schmaus** in Viechtach (*Stadtplatz 5, Tel. 09942/16 27*) am Marktplatz bietet in dezent eleganter Atmosphäre eine gutbürgerliche Küche mit regionalem und internationalem Angebot. Auch Fischfreunde kommen hier voll und ganz auf ihre Kosten.

Gemütliche Kaffee- und Kuchenpause in der Glasmacherstadt Zwiesel im Bayerischen Wald

Im zweistöckigen Altstadtrestaurant **Bräupfandl** in Cham (*Lucknerstr. 11, Tel. 09971/2 07 87*) kann man sich aussuchen, ob man in altdeutscher oder in Biedermeier-Umgebung speisen möchte.

Der Name des Berggasthofs **Ödenturm** in Chammünster-Chameregg (*Tel. 09971/38 80*) geht auf die Ruine einer alten Burg zurück. Von der Aussichtsterrasse genießt man einen weiten Blick über die Wälder.

Freizeit & Sport

Regenschleife bei Chamerau Zwischen Chamerau und Chammünster kann man die großen Schleifen des Regen im weiten Wiesengelände unmittelbar erleben, der Satzdorfer See bietet darüber hinaus ein weitläufiges Freizeitgelände. Informationen über Tourist-Information in Cham (*Propsteistr., Tel. 09971/80 34 93*).

Flusswandern Die klassische Regen-Kanustrecke startet vor Pulling bei Blaibach und führt in fünf bequemen Tagesetappen bis nach Regensburg. Von Frühjahr bis Herbst ist der Regen auch für ungeübte Paddler problemlos befahrbar. Informationen über *www.regental.de/freizeit/kanuwa.htm*.

Kanuverleihstationen Bootsverleiher im Bayerischen Wald findet man unter *www.bayerischer-wald.de/html/Bootswandern*. Der Prospekt Bootswandern auf dem Regen ist erhältlich bei der Tourist-Information Landratsamt Cham (*Rachelstraße 6, Tel.: 09971/7 84 32; www.landkreis-cham.de*). Einen Kanuverleih für die Flüsse Regen und Naab bietet auch Regental-Kanu in Nittenau an (*Steflinger Weg 14, Verleihstation Am Burghof 16, Tel. 09436/27 40; www.bootwandern.de*).

Spaß für Kinder: geführte Bootswanderung

Wandern Der Naturpark Bayerischer Wald, der nahtlos an den Nationalpark angrenzt und bis zur Donau reicht, bietet eine Vielzahl an Wandermöglichkeiten an. Informationen über *www.naturpark-bayerwald. de*.

Glasbläserei Das Glasmuseum Frauenau zeigt Gläsernes von den Sandkerngläsern aus vorchristlicher Zeit bis zum modernen Studioglas (Mai–Okt. 9–17 Uhr, Winter 10–16 Uhr).

Regensburg

An alten Handelswegen entlang der Donau liegt die Bischofsstadt Regensburg. Erst keltische Siedlung, dann römisches Legionslager, war Regensburg ab dem 6. Jh. herzogliche Residenz. Der hl. Bonifatius erhob die Stadt 739 zum Bischofssitz. Ab 1245 stieg die Freie Reichsstadt zur wohlhabendsten und bevölkerungsreichsten Stadt im süddeutschen Raum auf. 1810 kam Regensburg zu Bayern. Die Altstadt prägen zahlreiche Kirchen wie St. Ulrich, St. Johann, St. Emmeram und St. Jakob, mediterran anmutende Geschlechtertürme und Patrizierhäuser aus dem 13. und 14. Jh. Zwischen 1663 und 1806 tagte hier der »immerwährende Reichstag«, das erste repräsentative Beschlussorgan auf deutschem Boden. Der Dom St. Peter wurde 1270 begonnen und 1525 fertig gestellt. Kostbarste Ausstattungsstücke sind die Glasfenster aus dem 14. Jh.

Der Regensburger Dom St. Peter, der Ende des 13. Jh. begonnen wurde, und die 310 m lange Steinerne Brücke aus dem 12. Jh. sind Höhepunkte der mittelalterlicher Baukunst in Deutschland.

Blick auf den Dom, Wirkungsstätte der weltbekannten »Regensburger Domspatzen«. Seine 105 m hohen Türme wurden 1869 vollendet.

Ein Schmuckkästchen ist der Regenburger Haidplatz: hier ein Blick auf einen der für die Donaustadt typischen Geschlechtertürme.

Die untere Donau Walhalla • Straubing • Deggendorf

Niederalteich war einst das reichste Kloster Niederbayerns. Seine Kirche wurde 1306–1326 errichtet.

Donaustadt Straubing: Theresienplatz mit Dreifaltigkeitskirche und Stadtturm

Auf ihrem Weg von Regensburg zur Grenze nach Österreich wird die Donau zum schiffbaren Strom, der sich träge zwischen dem fruchtbaren Gäuboden und den Ausläufern des Oberpfälzer und des Bayerischen Waldes dahinschlängelt. Naab, Regen und Ilz kommen aus den Wäldern des Nordens, Isar, Vils und Inn bringen die Verstärkung aus dem Tiroler Karwendel und dem schweizerischen Engadin.

1 Walhalla Flussabwärts von Regensburg thront oberhalb von Donaustauf die von König Ludwig I. von Bayern bis 1842 errichtete Walhalla. Gebaut nach dem Vorbild des Athener Parthenontempels, sollte sie ein »Ruhmestempel der Deutschen« sein.

2 Straubing Das römische Sorviodurum war das noch heute sichtbare Fundament der Straubinger Altstadt. Wahrzeichen der Gäubodenstadt ist ihr achtstöckiger, 68 m hoher Stadtturm aus dem 14. Jh. Er bietet den schönsten Blick auf die mittelalterliche Stadtanlage und ihr Umland. Der Stadtplatz repräsentiert mit seinen barocken und klassizistischen Fassaden das stolze Selbstbewusstsein der Bürger ebenso wie das gotische Rathaus von 1382. Schönste Kirche der Stadt ist St. Jakob auf der Nordseite des Theresienplatzes. Sie zählt zu den schönsten Kirchen der Backsteingotik in Altbayern und glänzt mit spätgotischen Glasgemälden. Schönste Stadtkirche aber ist die der Ursulinen, die den Übergang vom Barock zum Rokoko zeigt. Mit Fresken und Gemälden der Brüder Asam ist sie ein richtiges Schatzkästlein.

3 Bogen Wo Bogen und Mehnbach in die Donau münden, hausten einst die Grafen von Bogen, die die weißblauen Rauten in ihrem Wappen hatten. 1242 kam die Grafschaft durch Heirat an die Wittelsbacher und mit ihnen auch die bayerischen Rauten. Die Kirche auf dem Bogenberg ist bis heute Ziel der Kerzenwallfahrt. Im westlichen Vorort Oberalteich lohnt die ehemalige Benediktinerklosterkirche einen Besuch. Sie geht auf das 12. Jh. zurück, der rechte Seitenaltar ist ein Werk von Cosmas Damian Asam.

4 Metten Die barocke Kirche St. Michael des Benediktinerklosters ist eine imposante Wandpfeileranlage. Das Gemälde des Hochaltars ist ein Werk von Cosmas Damian Asam und zeigt den Sturz Luzifers. Ein Höhepunkt bayerischen Barocks ist die 1720 fertig gestellte Klosterbibliothek. Mächtige Gestalten tragen die Marmorgesimse und Gewölbe. Die farbenprächtigen Wandmalereien präsentieren Motive aus Büchern, die in der Bibliothek aufbewahrt werden.

5 Deggendorf Das Eingangstor zum Bayerischen Wald präsentiert sich mit einem typisch altbayerischen Stadtkern mit spätgotischem Rathaus, schönem Stadtplatz und der Heiliggrabkirche, einer dreischiffigen Basilika von 1360.

6 Niederalteich Das Benediktinerkloster St. Mauritius war im Mittelalter eines der bedeutendsten Klöster in Bayern. Nach einem Brand wurde die Klosterkirche ab 1718 unter der Leitung von Johann Michael Fischer neu errichtet. Zarter Stuck nach italienischem Vorbild und reiche Freskenzyklen in den Deckenfeldern zeichnen diese urbayerische Kirche aus.

7 Osterhofen Wer den prunkvollsten Kirchenbau des bayerischen Barock erleben möchte, muss die ehemalige Prämonstratenserklosterkirche St. Margaretha besuchen. Mit Johann Michael Fischer als Baumeister und den Brüdern Asam als Maler, Bildhauer und Stuckateure wirkten hier drei der bedeutendsten Künstler ihrer Zeit zusammen und schufen bis 1740 ein Gesamtkunstwerk von höchstem Rang.

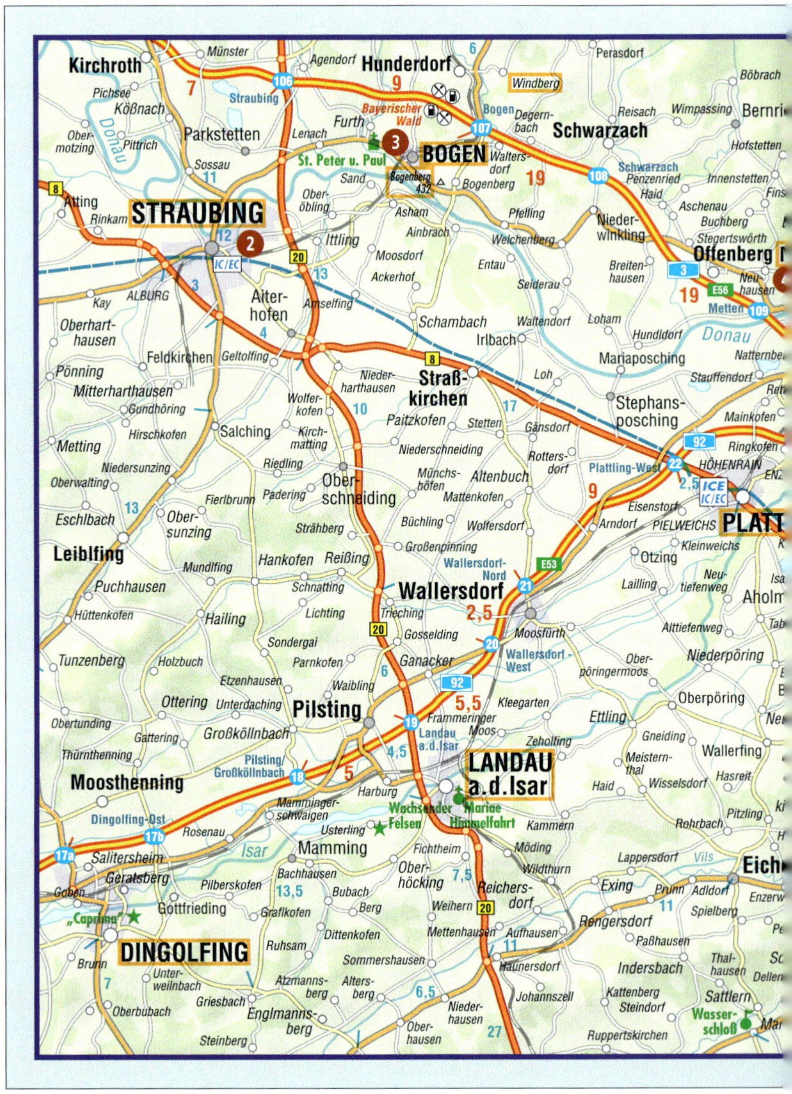

8 Passau Die Bischofsstadt an der Mündung von Inn und Ilz in die Donau war schon von den Kelten besiedelt, die Römer hatten hier ihr Batava, und Bonifatius machte die Stadt 739 zum Bischofssitz. Besonders eindrucksvoll ist der Dom St. Stephan, der die Spätgotik in seinem Ostchor und dem Querhaus mit schwerem italienischem Barockstil im Westteil vereint. Die Empore birgt mit 17 774 Pfeifen und 223 Registern die größte Orgel Europas. Zwölf Jahrhunderte Bischofsherrschaft haben ihre Spuren in der Alten und Neuen Residenz hinterlassen, auch die Veste Oberhaus ist ein Werk der Bischöfe, die hier ihre Zwingburg auf dem Felsrücken zwischen Donau und Ilz bauten. Benutzt wurde sie immer dann, wenn der Bischof mit den Bürgern Streit hatte, wobei beide Seiten auch mit Kanonen aufeinander schossen. Hoch über dem rechten Ufer des Inn erhebt sich mit einer Turmbekrönung die 1627 erbaute Wallfahrtskirche Mariahilf. Sie wurde errichtet, um eine Kopie eines Innsbrucker Gnadenbildes von Lukas Cranach aufzunehmen. Vom Kirchenvorplatz öffnet sich ein weiter Blick über die Stadt, die Mündung von Inn und Ilz sowie auf die Veste Oberhaus.

Kloster Metten bei Deggendorf mit seiner Bibliothek ist eines der ältesten Klöster Bayerns.

Traditionelle Gasthäuser & Restaurants

Das Gasthaus **Alte Post** in Straubing *(Seminargasse 4, Tel. 09421/24 68)* ganz in der Nähe des Alten Rathauses vermittelt ländlich bayerische Gemütlichkeit.
Das Hotel-Restaurant **Römerhof** in Straubing *(Ittlinger Str. 136, Tel. 09421/9 98 20)* serviert überwiegend bayerisch-deftige Fleisch- und Fischgerichte.
Gegründet wurde das Heilig-Geist-Stift in Passau 1364 von einem Passauer Stadtrat für alte und arme Mitbürger: Von der Weinkarte des Restaurants **Heilig-Geist-Stift-Schänke** in Passau *(Heilig-Geist-Gasse 4, Tel. 0851/26 07)* sollte man den stiftseigenen Wein aus der Wachau versuchen.
Im Drei-Flüsse-Eck stand einst das Schloss Ort. Heute befindet sich hier das Restaurant im Hotel **Schloss Ort** *(Ort 11, Tel. 0851/3 33 31)*, von dem aus sich ein schöner Blick auf die Innpromenade und auf das Kloster Mariahilf am rechten Innufer bietet.

Freizeit & Sport

Donauschifffahrt Die Drei-Flüsse-Stadt ist der ideale Ausgangspunkt für einen Schiffsausflug, z. B. in das österreichische Weingebiet Wachau. Informationen erhält man bei der Donauschifffahrt Wurm & Köck in Passau (*Höllgasse 26, Tel. 0851/92 92 92 oder www. donau-schiffahrt.de*).
Kanufahrten und Bootsverleih Über geführte Kanutouren auf der Donau und auf der Isar ab Deggendorf informiert stadt.land.fluss Deggendorf (*Schiffmeisterweg 7, Tel. 0991/34 34 05 oder www.stadt-land-fluss-deggendorf.de*).
Wanderungen Auf den Spuren der Römer kann man im Römermuseum Kastell Boiotro wandern. Im Freigelände sind die Grundmauern des spätantiken Kastells freigelegt, im Museum werden archäologische Funde aus ganz Ostbayern präsentiert. Informationen über das Römermuseum Kastell Boiotro in Passau (*Lederergasse 43, Tel. 0851/3 47 69; www.archaeologie-in-ostbayern.de/boiotro*).
Salzhandel und Stadtgeschichte Passau Das Städtische Museum in der Veste Oberhaus macht die Kunst und Religion im Mittelalter lebendig, präsentiert die Stadtgeschichte und den Salzhandel. Dazu gibt es noch ein Böhmerwald-Museum (April–Okt. Mo–Fr 9–17 Uhr, Sa, So 9–18 Uhr). Informationen über Oberhausmuseum in Passau (*Oberhaus 125, Tel. 0851/4 93 35 12; www. oberhausmuseum.de*).
Zum Straubinger Römerschatz Das Gäubodenmuseum (Di–So 10–16 Uhr) präsentiert nicht nur alles Interessante aus der bayerischen Kornkammer, sondern auch den Römerschatz, der in der Nähe von Straubing bei Bauarbeiten gefunden wurde: Paraderüstungen aus purem Gold.
Ausführliche Informationen erhält man über das Amt für Touristik in Straubing (*Theresienplatz 20, Tel. 09421/94 43 07; www.straubing.de*).

Beim Schiffsausflug kann man bequem die faszinierende Landschaft des Donautals genießen.

Das Inntal Rosenheim • Wasserburg • Mühldorf am Inn

Ein mittelalterliches Gesamtkunstwerk in einzigartiger Lage: Die Altstadt von Wasserburg am Inn erstreckt sich auf einer Halbinsel in einer extremen Flussschleife.

Fischerstüberl & Restaurants

Alle Liebhaber bayerischer Küche sind im Traditionsgasthof **Stockhammer** in Rosenheim (*Max-Josefs-Platz 13, Tel. 08031/ 1 29 69*) in der Fußgängerzone bestens aufgehoben. Wo schließlich gibt es sonst noch Hirnsuppe oder gar Böfflamott? Restaurant **Weißes Rössl** in Wasserburg (*Herrengasse 1, Tel. 08071/5 02 91*): In dem aus dem 17. Jh. stammenden Bürgerhaus sind alle Teigwaren hausgemacht, auch Vollwertkost wird angeboten.

Stattliche Bürgerhäuser in der alten Salzstadt Rosenheim, links der Gasthof Stockhammer

Allen Fischliebhabern bietet die Karte des Gasthauses **Fischerstüberl** in Wasserburg (*Attel Elend 1, Tel. 08071/5 11 35*) Fisch in vielen Variationen.

Der schöne Traditionsgasthof **Post** in Burghausen am Stadtplatz mit Biergarten (*Tel. 08677/30 43*) bietet eine gemütliche Atmosphäre und ein gutbürgerliches Speisenangebot.

Wenn der Inn bei Kiefersfelden zu einem deutschen Fluss wird, hat er bereits weit über die Hälfte seines Weges zurückgelegt. Ab Rosenheim war er einst eine wichtige Wasserstraße, auf der vor allem Holz und Salz nach Passau und damit zur Donau gebracht wurden. Mit der Innschifffahrt wuchsen die stattlichen Siedlungen mit ihren behäbigen Häuserzeilen um die großzügigen Marktplätze.

1 Rosenheim Wo die Römer an der Kreuzung zweier strategisch wichtiger Straßen ihre Militärstation Pons Aeni und eine Brücke über den Inn errichteten, wuchs im Mittelalter eine Burg der Wasserburger Hallgrafen, die 1247 an die bayerischen Herzöge überging. Ihren Aufschwung verdankte die Siedlung im Mittelalter den Salztransporten und der Innschifffahrt. Zum Zeugnis dieses Reichtums ist bis heute der von zahlreichen historischen Bürgerhäusern im Stil der Inn-Salzach-Bauweise gesäumte Max-Josef-Platz. Seine malerischen Laubengänge werden im Osten von dem aus dem 14. Jh. stammenden Mittertor abgeschlossen. Sehenswert sind die spätgotischen Fresken, die die 1449 erbaute und 1641 barockisierte Heilig-Geist-Kirche schmücken.

2 Rott am Inn Das Rokokojuwel der ehemaligen Benediktinerabtei über dem Inn geht auf eine Stiftung des Pfalzgrafen von Rott (1081) zurück. Damals schon entstand eine dreischiffige Basilika mit zwei Türmen, die ab 1759 erneuert wurde. Für die Ausstattung wurden die besten Künstler der Zeit herangezogen. Matthäus Günther zauberte in die Mittelkuppe eine Verherrlichung der Heiligen des Benediktinerordens, und Ignaz Günther schuf Altäre, die zu den besten Barockschöpfungen überhaupt zählen.

Blick auf die Innschleife und die fast vollständig erhaltene Altstadt von Wasserburg

3 Wasserburg Das mittelalterliche Wasserburg breitete sich auf einer lang gezogenen, vom Inn umschlungenen Halbinsel aus. Mit Brücke, Burgtor und dem erhöht liegenden Schloss vermittelt die Stadt von außen immer noch einen wehrhaften, mittelalterlichen Charakter. Reichtum brachten der Salzhandel und die Innschifffahrt, Wichtig war vor allem die Schifffahrt, denn Wasserburg war damals der Hafen der Residenzstadt München. Aus dieser Blütezeit stammt auch das malerische, gut erhaltene Stadtbild. Typisch für die Inn-Salzach-Bauweise sind die Bürgerhäuser mit dem waagerechten Giebel und dem dahinter liegenden Grabendach. Schönste Beispiele sind das Ganserhaus, die beiden Gebäude des Rathauses und das Haus Kern. Es wurde von Johann Baptist Zimmermann aufwändig stuckiert. Neben dem Marktplatz locken die Laubengänge der Schmiedzeile, der Ledergasse und der Nagelschmiedgasse. Die Frauenkirche mit ihrem hohen, spitz behelmten Turm stammt aus dem 14. Jh., ihre barocke Innenausstattung erhielt sie 1753. Schönstes Stück der Pfarrkirche ist ihre überaus prachtvolle Renaissancekanzel.

4 Mühldorf am Inn Der uralte Innübergang hatte sein Stadtrecht bereits 955 erhalten. Erst 1803 jedoch kam der Besitz des Bistums Salzburg an Bayern. Zentrum der spätmittelalterlichen Innstadt ist sein langgezogener Stadtplatz, der jeweils von einem Stadttor an den Enden begrenzt wird. Geradlinig abgeschlossene Häuserfronten mit Blendgiebeln und Grabendächern säumen den Platz, Erdgeschoss und Hinterhof öffnen sich jeweils zu tiefen Arkaden. Die Pfarrkirche hat einen romanischen Turm

mit barocker Haube, einen gotischen Chor und ein barockes Langhaus.

5 Altötting Bis zu einer Million Pilger kommen noch heute jedes Jahr zur Schwarzen Madonna in die Gnadenkapelle auf dem Altöttinger Kapellplatz. Die Kapelle geht in ihrem Kern auf eine 877 erstmals erwähnte Rundkirche zurück und gehört damit zu den ältesten Kirchen Deutschlands. Lediglich Langhaus und Umgang sind Anbauten von 1494. Die Innen- und Außenwände der Gnadenkapelle sind bedeckt von unzähligen Votivbildern dankbarer Pilger.

6 Braunau Ab der Mündung der Salzach ist der Inn bis zu seiner Mündung in die Donau Grenzfluss zwischen Bayern und Österreich. Das war jedoch keineswegs immer so, denn bis 1779 gehörte der gesamte österreichische Innviertel zu Bayern. All dies ist gut abzulesen an dem auf der Südseite des Inn gelegenen und 1260 gegründeten Braunau. Seine alten Befestigungsanlagen ließ Napoleon schleifen, lediglich am Südende des Stadtplatzes blieb noch das Salzburger Tor stehen. Vom früheren Reichtum kündet noch heute der lang gezogene Stadtplatz. Besonders schön sind hier das Lebzelterhaus und das Haus »Gnädiger Hof«. Die Pfarrkirche entstand in ihrer heutigen Form bis 1466, der 95 m hohe Turm erhielt sein barockes Kleid bis 1759. Ein Stückchen flussaufwärts lohnt sich ein Abstecher nach Burghausen mit seiner gut 1 km langen Befestigungsanlage.

7 Schärding Die heute oberösterreichische Grenzstadt am rechten Ufer des Inn war bis 1779 bayerisch. Wohl erhaltene Stadtmauern, Türme und Tore geben ihr noch immer ein mittelalterliches Gepräge. Gegen den Inn hin liegt das um 1427 fertig gestellte Wassertor mit dem alten Pranger.

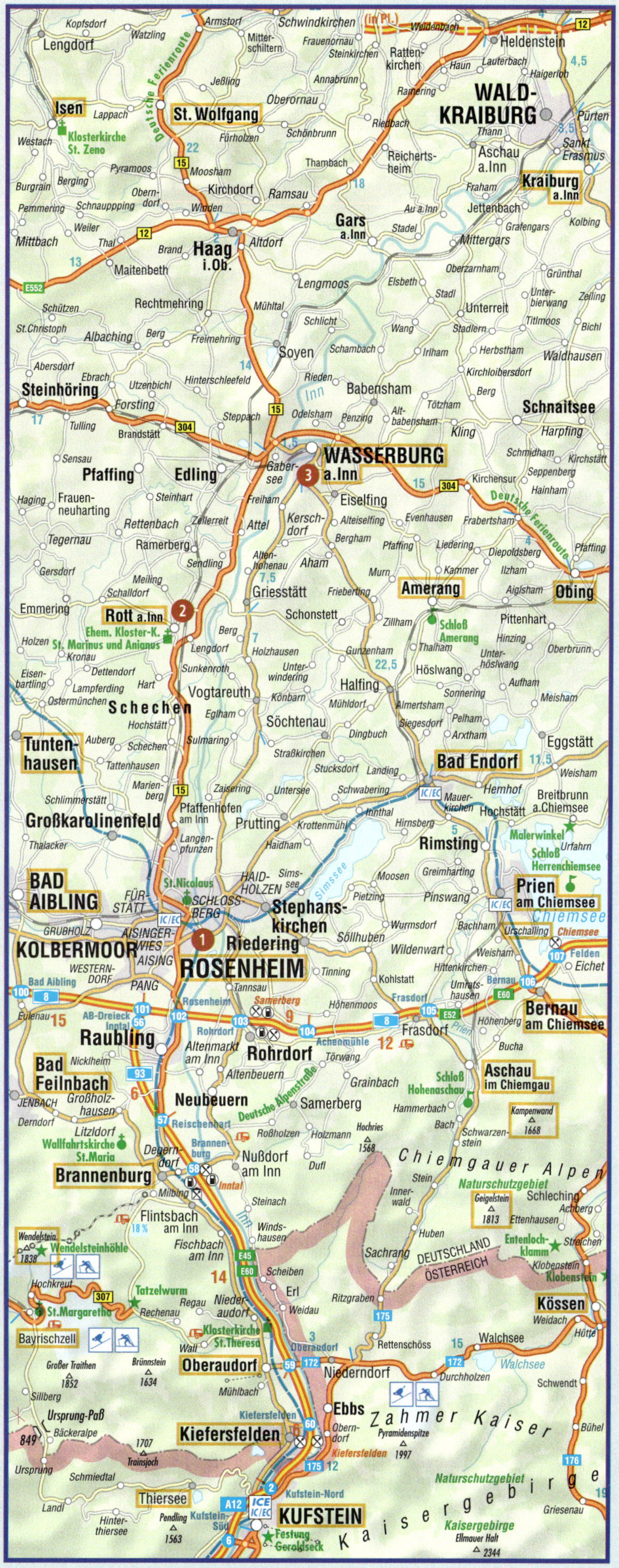

Freizeit & Sport

Flusswandern Leise durch die unberührte Aulandschaft von Rott und Inn paddeln: Das bietet Sport Eder in Neuhaus an der Donau an (*Sulzbacher Str. 1, www.sport-eder.de*).

Wasserski Am Hödenauer See bei Kiefersfelden lädt ein Wasserskilift zum nassen Spass. Der Fünfeckkurs mit 757 m Länge ist von Mai bis September täglich 11 bis 18 Uhr geöffnet. Infos beim Verkehrsamt Kiefersfelden (*Dorfstr. 23, www.kiefersfelden.de*).

Bayerisch-oberösterreichisches Europareservat Unterer Inn Das Schutzgebiet erstreckt sich grenzüberschreitend 55 Flusskilometer von der Salzachmündung bei Haiming flussabwärts bis nach Neuhaus/ Schärding. Es besteht aus Wasserflächen, Schlickbänken und Inseln in einer Größe von etwa 5500 ha. Das Natur- und Vogelschutzgebiet bietet mit seinen Auenwäldern zahlreichen Wasser- und anderen Vögeln einen Lebensraum. Infos über Bayerisch-Oberösterreichisches Infozentrum Europareservat Unterer Inn in Ering

Hoch über dem Inntal: Wendelsteinkapelle auf dem 1838 m hohen Wendelstein

(*Innwerkstr.15, Tel. 08573/13 60 oder über www.europareservat.de*) und Stadtverwaltung Simbach (*Innstr. 14, Tel. 08571/60 60, www.simbach. de*).

Inntal-Radweg Der Radweg von Innsbruck nach Passau ist 231 km lang und führt auch an den vier Innstauseen vorbei. Informationen über Stadtverwaltung Simbach (*www.simbach.de*).

Wendelstein Vom Brannenburger Ortsteil Waching führt die älteste deutsche Hochgebirgsbahn, eine 7,7 km lange Zahnradbahn, bis 100 m unter den Gipfel des 1838 m hohen Wendelsteins. Informationen erhält man über das Verkehrsamt Brannenburg (*Rosenheimerstr. 5, Tel. 08034/45 15 oder www.wendelsteinringlinie.de*).

Passau

Die alte Bischofsstadt (seit 735) blickt auf eine 2000-jährige Geschichte zurück. Als Residenzstadt eines Fürstbischofs wurde Passau ab 1217 ein einflussreicher Handelsort. Im 17. Jh. gerufene italienische Baumeister gaben der Stadt ihr heutiges, vom Barock geprägtes Gesicht. Westlich vom Domchor liegt der stimmungsvolle Residenzplatz mit dem Wittelsbacher Brunnen, alten Patrizierhäusern und der Bischöflichen Residenz. Am rechten Donauufer öffnet sich der Rathausplatz. Das Rathaus selbst ist eine Gebäudegruppe aus Patrizierhäusern aus dem 14. Jh. mit schönster Fassadenmalerei. Überragt wird das Ganze von dem 68 m hohen Rathausturm aus dem 18. Jh. Die Lage an der Einmündung von Inn und Ilz in die Donau trug zur Bedeutung Passaus bei und gibt ihr viele romantische Winkel, doch sie führt auch alljährlich zu schweren Überschwemmungen.

Passaus Altstadt liegt einzigartig schön auf einer Halbinsel. Blick auf das Donauufer mit der Kirche St. Paul rechts und dem Dom St. Stephan in der Bildmitte, in dem sich die größte Orgel der Welt befindet.

Die Veste Oberhaus am linken Donauufer wurde 1219 errichtet und diente den Passauer Fürstbischöfen als Flucht- und Trutzburg. Oftmals mussten sie dort sogar vor der eigenen Passauer Bevölkerung Zuflucht suchen.

Die Wallfahrtskirche St. Koloman bei Schwangau unterhalb von Schloss Neuschwanstein

Der Lech

Der 264 km lange Nebenfluss der Donau zählt zu den eindrucksvollsten Gebirgsflüssen der Alpen, ist in seinem Oberlauf jedoch stark vom Menschen in seine Schranken verwiesen worden.

Der Name Lech ist keltischen Ursprungs, die Römer nannten ihn Licus, »den Schnellfließenden«. Der zu den schönsten Gebirgsbächen der Alpen zählende Lech entspringt südlich der Roten Wand in Vorarlberg, wechselt nach etwa 12 km nach Tirol, um dort zwischen Allgäuer und Lechtaler Alpen durch das naturnahe Lechtal zur österreichisch-deutschen Grenze bei Füssen zu fließen.

Hinter Füssen wird der Lech zum 11,5 km langen Forggensee aufgestaut, dann durchquert er das sanfthügelige, vom einstigen Lechgletscher modellierte Alpenvorland, um bei Augsburg in einem breiteren Tal gemächlich weiter zu fließen. An der nördlichen Stadtgrenze Augsburgs nimmt er die Wertach auf und mündet östlich von Donauwörth in die Donau.

Der junge Fluss im österreichischen Lechtal

Zumindest auf österreichischem Gebiet ist der Lech ein noch weitgehend naturbelassener Fluss und gilt darin als einmalig in Mitteleuropa. Der deutsche Lech hat indes viel von seiner Ursprünglichkeit verloren. Um Überschwemmungen zu vermeiden und um nunmehr rund 30 Kraftwerke anzutreiben, wird er seit 1940 reguliert – mit kleineren Maßnahmen wie Aufschüttungen, Vertiefungen und Verengungen, aber auch mit mächtigen Wehranlagen und mittlerweile 26 Staustufen. Auch der gewaltige Forggensee entstand auf künstliche Weise. Doch zur Freude vieler Wassersportler und Erholungssuchenden existieren noch zahlreiche schneller fließende Flussabschnitte und unbefestigte Ufer, Auenbereiche und Altwässer.

Ein Charakteristikum des Lechs sind die sich häufig verlagernden Kiesbetten. Sie geben aber nur einen schwachen Eindruck von der Wasserdynamik, die der Lech vor den Regulierungsmaßnahmen – geschweige denn der Urlech beim Abtauen der eiszeitlichen Alpengletscher – besaß. Am Lechfeld nahe Augsburg, einer kilometerweiten, öden Kiesebene, wie man sie sonst nur aus Südeuropa kennt, lässt sich die Kraft des jungen Lechs immerhin erahnen. Die botanische Artenfülle längs des Lechs ist einmalig in Deutschland. Häufig finden sich vom Wind und durch das fließende Wasser herangebrachte Pflanzen – sogar Alpengewächse – in weitaus tiefer gelegenen Regionen. Die Mager- oder Trockenflora der Lechschotterebenen wird zu den bedeutendsten Pflanzenvorkommen in

Großes Bild oben: In herrlicher Lage hoch über dem Lech liegt Füssens Altstadt mit St. Mang und dem Hohen Schloss, das einst die Sommerresidenz der Augsburger Fürstbischöfe war.

Der künstlich erschaffene Forggensee und der mächtige, 2048 m hohe Säuling

Das Lechwehr aus dem 18. Jh. in der an Geschichte reichen Stadt Landsberg

Europa gezählt. Beeindruckend sind auch die Auenwälder am Lech und sein bis zu 80 m aufragendes Steilufer, die so genannte Lechleite, die häufig von Quellaustritten gesäumt wird.

Sein Ufer wird auf deutscher Seite von der Romantischen Straße – der wohl bekanntesten touristischen Route Deutschlands – gesäumt, die auf insgesamt 340 km Länge sehenswerte Reichs-, Residenz- und Fachwerkstädte zwischen dem Main und der österreichischen Grenze verbindet. Ganz neu ist der Routenverlauf der Romantischen Straße durch das Lechtal allerdings nicht. Häufig folgt sie dem Verlauf der einstigen Via Claudia Augusta, einer 2000 Jahre alten Heeresstraße, die das Römische Weltreich und Mitteleuropa bis zur Donau miteinander verband.Die Via Claudia Augusta sollte in erster Linie die rasche Verlegung von oft einigen tausend Mann starken Legionen ermöglichen, besaß aber auch als Handelsstraße einige Bedeutung. Wie hervorragend diese wichtige Römerstraße aus dem 1. Jh. n. Chr. befestigt war, beweisen ihre auch heute zum Teil kilometerweit erkennbaren Dämme oder Einschnitte längs des Lechs, die oft von Baugruben, Meilensteinen, Fundamenten von Wegstationen, Lagern, Siedlungen und Villen gesäumt werden. Während der Völkerwanderungszeit und im frühen Mittelalter bildete der Lech die Grenze des alemannisch-baierischen Sprachraums: Grob vereinfacht spricht man »links des Lechs« schwäbisch, während man am Flussufer gegenüber baierisch spricht.

Von der Bedeutung Augsburgs in der Zeit der Renaissance zeugen Perlachturm und Rathaus.

Das obere Lechtal Lechfall • Füssen • Wieskirche

Gasthäuser & Landgasthöfe

Weithin bekannt für seine schmackhafte bayerisch-schwäbische Küche und mit einem Biergarten ausgestattet ist der traditionsreiche Gasthof **Zum Mohren** *(Hauptplatz 148, Tel 08191 / 4 22 10)* mitten in Landsberg am Lech.
Eine prima Einkehrmöglichkeit mit warmen und kalten Speisen bietet die **Teufelsküche** *(Wildparkweg 2, Tel. 0 81 91/5 05 40)* am rechten Lechauenufer im Süden der Stadt Landsberg am Lech (bei Pitzling).
Das Gartenrestaurant **Lechblick** *(Lechblick 1, Tel. 08243 / 22 82)* in Denklingen an der Romantischen Straße bietet eine große Auswahl hausgemachter Kuchen und Torten und besten Flussblick auf der Sonnenterrasse obendrein. Ein Vergnügen für Kinder ist die Zwergesel-Streichelwiese.
In der Gemeinde Fuchstal lockt der Landgasthof **Hohenwart** *(Hohenwart 1, Tel. 08243 / 22 31)* mit erlesener (auch vegetarischer) Kost.
Schmackhafte regionale Gerichte zu erfreulichen Preisen bietet das Gasthaus **Zum Schwanen** *(Brotmarkt 4, Tel. 08362 / 61 74)* in Füssen. Die Wildspezialitäten sind hier besonders zu empfehlen.
Hübsch gelegen und mit einem netten Biergarten ausgestattet ist das Restaurant **Alatsee** bei Füssen *(Am Alatsee 1, Tel. 0 83 62 / 62 05)*.

Füssen: Bummeln und Kaffeetrinken in der Reichenstraße vor der Kulisse des Hohen Schlosses

Schloss Neuschwanstein bei Füssen ist eine der meist besuchten Sehenswürdigkeiten in Deutschland. Im Hintergrund: Schloss Hohenschwangau

Das Obere Lechtal ist reich an abwechslungsreichen Landschaften, Orten und weltberühmten, kulturellen Sehenswürdigkeiten wie Neuschwanstein. Andere – die Basilika von Altenstadt beispielsweise – erschließen sich erst auf den zweiten Blick. Ob wild tobend, ruhig fließend, zum See aufgestaut: Der Lech zeigt immer wieder ein anderes Gesicht.

1 Lechfall Der Lechfall ist ein einmaliges Naturdenkmal: Eindrucksvoll stürzen sich die Wassermassen über fünf Stufen insgesamt zwölf Meter in die Tiefe. Unterhalb des Falls beginnt die Lechschlucht zu Füßen des Ammergebirges.

2 Füssen Der Name Füssen leitet sich vom »fauces« (Schlund) ab und bezieht sich auf die Lechschlucht unweit der malerischen Bergstadt. Sehenswert sind vor allem die Reichsstraße und das Hohe Schloss, das den Augsburger Bischöfen als Festung diente, sowie das 1000-jährige Kloster samt Pfarrkirche St. Mang. Einer der wenigen historischen Totentänze Deutschlands (17. Jh.) befindet sich in der St.-Anna-Kapelle.

3 Schloss Neuschwanstein Das Schloss ist in aller Welt der Inbegriff deutscher Romantik. Wie eine Ritterburg thront es über der Pöllatschlucht und dem Alpsee und ist eines der drei Schlösser König Ludwigs II. Der trotz 17-jähriger Bauzeit unvollendete Bau zeigt sich innen wie außen in einem prunkvollen Stilmix. Bemerkenswert ist auch Schloss Hohenschwangau im neogotischen Stil, in dem der König einen Teil seiner Kindheit verbrachte.

4 Forggensee 1954 wurde der im Sommer so natürlich wirkende Stausee des Lechs angelegt. Er ist 11,5 km lang und bei Wassersportlern sehr beliebt. Im Winter, wenn sein Wasser abgelassen wird, verwandelt sich Bayerns fünftgrößtes Gewässer in eine pittoreske Stein- und Kieslandschaft von fast 16 km² Fläche.

5 Lechbruck Am Südende des Lechsees liegt Lechbruck, wo vermutlich schon zu römischen Zeiten Lechflößer lebten. In Lechbruck entwickelte sich im Mittelalter die Flößerei zur bedeutendsten Erwerbsquelle, die Flößer lieferten Holz, später auch Baumaterial nach Augsburg. Mit dem Bau der Eisenbahn Anfang des 20. Jh. ging jedoch der einträgliche Erwerb schnell zu Ende. Heute ist der Ort ein beliebter Urlaubsort vor den Allgäuer Alpen, der Lechsee ein viel besuchter Badesee und ein attraktives Segelrevier.

6 Wieskirche Rund 10 km südöstlich von Lechbruck findet man das von außen eher schlicht wirkende Weltkulturerbe. 1738 soll sich hier ein Wunder zugetragen haben, ab 1745 wurde dann die aufs Üppigste ausgestattete Kirche von Johann Baptist und Dominikus Zimmermann errichtet. Wegen ihrer bombastischen Deckengestaltung ist die »Wies« zum Sinnbild des bayerischen Rokoko geworden und gilt als das Hauptwerk des genialen Brüderpaars.

7 Steingaden Von Lechbruck sind es nur wenige Kilometer nach Steingaden im Herzen des Pfaffenwinkels, wo ein bedeutendes Welfenmünster einen Abstecher

Rund 12 m tief stürzt der Fluss im Lechfall.

Romanik pur: St. Michael in Altenstadt

Landsberg: Rathaus und Marienbrunnen

Der Forggensee. Vor 50 Jahren wurde der Lechstausee angelegt.

Kunst und Landschaft in einmaliger Harmonie: die Wieskirche

lohnt. Viele bezeichnen die ehemalige Klosterkirche, die heute Pfarrkirche ist, als ein »Bilderbuch der Kunstgeschichte«, da hier von der Romanik (Kreuzgang, 12. Jh.) über Gotik bis hin zu Renaissance, Barock (Chor) und Rokoko (Langhaus) alle Stilrichtungen vertreten sind.

❽ **Schongau** Die Stadt im Herzen des Pfaffenwinkels liegt auf einem früher vom Lech umflossenen Berg nahe der Via Claudia Augusta. Die bedeutende mittelalterliche Handelsstadt gründete sich am Kreuzungspunkt wichtiger Handelswege von Verona nach Nürnberg und der Salzstraße vom Berchtesgadener Land ins Allgäu. Zu den Sehenswürdigkeiten des Ortes zählen das gotische Ballenhaus (Altes Rathaus von 1515), das Münzgebäude (1771), das Maxtor und die gut erhaltene Stadtmauer mit fünf Türmen und Wehrgängen.

❾ **Altenstadt** Die um 1200 erbaute St. Michaelskirche ist eine kulturelle Besonderheit. Während die meisten Kirchen Oberbayerns oder Schwabens barockisiert wurden, ist das streng wirkende Altenstädter Gotteshaus von den Barockbaumeistern »übersehen worden« – und ist schlicht und schnörkellos geblieben. Teile seiner Ausstattung – darunter der gekreuzigte »Große Gott von Altenstadt« und der Taufstein – sind noch original romanisch.

❿ **Lech-Staustufen** Ende des Zweiten Weltkriegs wurde mit dem Bau erster Staustufen und Staubecken begonnen, die vor allem der Energiegewinnung, aber auch der Hochwasser- bzw. Niedrigwasserregulierung dienen. Südlich von Landsberg sind inzwischen 14 Staustufen entstanden. Weitere sechs Staustufen kamen zwischen Landsberg und Augsburg hinzu.

⓫ **Landsberg am Lech** ist eine Perle unter den bayerischen Städten. Reich an Geschichte, herrlichen Plätzen, Häusern und Kirchen »duckt« es sich malerisch ans Lechsteilufer. Entsprechend steil sind viele seiner kopfsteingepflasterten Straßen, die meist an eines der zahlreichen unterschiedlich gestalteten Stadttore führen. Beeindruckend ist auch die Lechwehranlage, das Wahrzeichen der schönen Stadt. Nördlich von Landsberg wechselt der Fluss bis zur Einmündung in die Donau häufig sein Gesicht.

Freizeit & Sport

Bootsfahrten Auf dem Forggensee verkehren im Sommer regelmäßig Motorboote. Infos über Städtische Forggenseeschifffahrt in Füssen (*www.stadt-fuessen.de*).
Eiskanal Augsburg Das erste Kanuslalomstadion der Welt wurde zu den Olympischen Sommerspielen 1972 (München) in Augsburg erbaut. Die Wettkampfstrecke besitzt eine Länge von 600 Metern. In den Kanal, der vom Lech gespeist wird, sind künstliche Betonhindernisse eingebaut (*www.kanuzentrum-augsburg.de oder auch www.eiskanal.de).*
Segeln Der Forggensee ist ein beliebtes Segelrevier. Informationen über den Segelclub Schwangau e.V. (*www.segelclub-schwangau.de*). Tretboote, Ruderboote und Segelboote verleiht auch der Bootsverleih am Lechsee in Schongau (*Lechuferstraße, Tel. 08861/2 01 20*). Der obere Lechsee hat zwei Segelhäfen. Hier können nach Vorlage eines Segelscheines auch Segelboote geliehen werden oder Segelkurse gebucht werden. Infos unter Surf- und Segelschule Kössel (*Tel. 08862/84 97*) und Bootsverleih Renate Dibbern im Segelboothafen Lechbruck (*Tel. 08862/82 25*).
Wandern Der 84 km lange Lech-Höhenweg verbindet Landsberg am Lech und Füssen. Zumeist verläuft der erlebnisreiche Wanderweg am Steilufer des Lechs entlang und bietet hervorragende Ausblicke auf den mitunter tief eingeschnittenen Fluss. In weiten Teilen entspricht die Route dem Verlauf der einstigen Via Claudia Augusta.

Kanuslalom auf dem Eiskanal in Augsburg

Augsburg

Über 2000 Jahre Augsburg an der Einmündung der Wertach in den Lech: einstmals Römer-, Bischofs-, Reichs-, Kaufmanns- und Reformationsstadt, Stadt der Künste, ab dem 19. Jh. Industriemetropole und heute eine lebendige Kultur- und Universitätsstadt. Von schwäbischem Bürgerstolz erzählen die Gebäude in der Stadt der Renaissance an der Romantischen Straße. Augsburg erreichte durch seine Lage am Lech als Umschlagplatz für den Handel zwischen dem Orient, Italien und Süddeutschland im 15. und 16. Jh. die größte Blüte. Die Fugger stiegen zu Beginn des 16. Jh. zu einer der reichsten Kaufmannsdynastien der Welt auf. 1594 wurde der Augustusbrunnen zu Ehren des römischen Stadtgründers vor dem Rathaus errichtet. Die vier Brunnenfiguren stellen die Flüsse Lech, Wertach, Singold und Brunnenbach dar. Ihm folgte 1602 der Herkulesbrunnen.

In der Mitte der Maximiliansstraße steht der Herkulesbrunnen, erbaut von Adriaen de Vries. Die Prachtmeile war Teil der römischen Kaiserstraße nach Italien; im Hintergrund St. Ulrich und Afra.

Die Wohnhäuser der Fuggerei, der ältesten Sozialsiedlung der Welt, wurden 1516 gestiftet.

Den Augustusbrunnen zieren Sinnbilder der Flüsse Lech, Wertach, Singold und Brunnenbach.

Der aufwändig rekonstruierte »Goldene Saal« im Inneren des Augsburger Rathauses

Der im oberen Isartal im Karwendelgebirge gelegene Geroldsee ist im Sommer ein beliebter Badesee.

Die Isar

Isara, die »Reißende«, wird ihrem Namen im Tiroler Quellgebiet wohl am ehesten gerecht. Auf ihrem 295 km langen Weg vom Karwendel bis zur Einmündung in die Donau durchfließt die Isar ein Gebiet von großer landschaftlicher Schönheit und immensem Freizeitwert.

Die Isarquelle liegt jenseits der deutschen Grenze im Hinterautal, einem Hochtal des Karwendelgebirges rund 15 km östlich von Scharnitz in Tirol, bei Deggendorf mündet sie in die Donau.

Zunächst ist die Isar ein stürmischer Gebirgsfluss mit herrlich klarem Wasser. Doch schon bald wird ihr schwungvoller Lauf gebremst, denn im Sylvenstein-Stausee wird sie aufgestaut. So können einerseits in ihrem weiteren Lauf Hochwasser zur Zeit der Schneeschmelze oder während heftiger Regenfälle eingedämmt werden, andererseits wird der Wasserverlust, den das Walchenseekraftwerk verursacht, ausgeglichen. Den Schwung, den die Isar aus dem Gebirge mitbringt, nutzten in früheren Zeiten die Flößer, um das frisch geschlagene Holz zu Tal zu bringen. Die Kraft des Wassers wird auch deutlich, wenn man sich das Isartal betrachtet, das bis an den Stadtrand von München tief in den Untergrund eingefräst ist – so liegt beispielsweise der Münchner Nobelvorort Grünwald noch am Hochufer der Isar.

Die im Karwendelgebirge entspringende Isar durchfließt das Tiroler Hinterautal.

Doch bevor die Isar die bayerische Landeshauptstadt erreicht, durchzieht sie noch ein besonders schönes Stück ursprüngliche Landschaft, die Pupplinger Au bei Wolfratshausen.

Im Stadtgebiet Münchens wird die Isar gezähmt. Ihr Lauf, der schon vorher in der Ebene ruhiger geworden ist, ist durch ein raffiniertes System von Ableitungen in unterirdische Kammern und Kanäle so zu steuern, dass die bayerische Metropole von Überschwemmungen fast vollständig verschont bleibt.

Der weitere Verlauf der Isar führt sie bei Moosburg aus Oberbayern nach Niederbayern, wo sie fruchtbares Ackerland durchzieht. Auch hier säumen alte Städtchen ihre Ufer, darunter drei Gründungen der Wittelsbacher: Dingolfing mit der Herzogsburg, Landau, eine der ältesten Städte an der Isar, und Plattling, das jahrhundertelang von verheerenden Hochwassern bedroht war. In ihrem ganzen Unterlauf beherrschen Staustufen ihren Weg. Erst bei Plattling bekommt die Isar ihr ganzes Wasser zurück und breitet sich mit zahlreichen Seitenarmen und Altwässern weit ins Land hinein aus. Hier liegt das Naturschutzgebiet Samener Heide mit einer faszinierenden Flora und Fauna. Das an der

Der Kurort Bad Tölz wird auch als »Hauptstadt des Isarwinkels« bezeichnet.

Auf einer Isarinsel in München liegt das Deutsche Museum, das Wissenschaft und Technik dokumentiert.

Einmündung in die Donau liegende Deggendorf wird auch als Hauptstadt des Bayerischen Waldes bezeichnet.

Auf ihrem Weg durch Bayern nimmt die Isar Nebenflüsse auf: Die Loisach ist wie jene eine gebürtige Österreicherin. Ihr Lauf ist nur 120 km lang, gleich zu Beginn umrundet sie den höchsten Berg Deutschlands, die Zugspitze. Dem Fluss ist auch ein traumhaftes Biotop zu verdanken, das unter Naturschutz gestellte Murnauer Moos. Bei Wolfratshausen mündet die Loisach in die Isar.

Die Ammer beginnt ihren Lauf unter diesem Namen und nimmt, nachdem sie den Ammersee durchflossen hat, den Namen Amper an. Von ihrer Quelle im Ammergebirge bis zur Mündung in die Isar bei Moosburg legt sie eine Strecke von 170 km zurück. Dank Nebenflüssen wie der Würm oder der Glonn kann sie der Isar noch mehr Wasser zuführen.

Die Würm ist ein Abfluss des Starnberger Sees, der ihr seinen zweiten, wenn auch weniger gebräuchlichen Namen Würmsee verdankt.

Sie legt nur eine Strecke von 38 km zurück, bis sie bei Dachau in die Amper mündet. Ein großer Teil dieser Strecke durchzieht die westlichen Vororte von München. In Pasing entstand auf einer Würminsel bereits im Mittelalter ein Schloss, von dem heute nur noch Reste zu sehen sind.

Die Glonn, ein kleiner Nebenfluss, der bei Allershausen in die Isar mündet, machte in den letzten Jahren von sich reden, weil man sie renaturierte, d. h. die Begradigungen und Eindämmungen der Flurbereinigung wieder beseitigte und die Uferbereiche neu gestaltete.

Großes Bild oben: Feuchtfröhliche Gaudi mit Bier und Blasmusik – eine Floßfahrt auf der Isar

Der Sylvenstein-Stausee reguliert den Abfluss der Isar und ist nebenbei Freizeitrevier für Wassersportler.

Die Isar bei Mittenwald: In ihrem oberen Lauf ist die Isar noch ein intakter Alpenfluss, der zahlreichen Pflanzen und Tieren einen Lebensraum bietet.

Der Wintersport- und Luftkurort Lenggries im Isarta

Bad Tölz: Hoch über der Isar thront die Kalvarienber

Häuser mit Lüftlmalerei in den Städtchen, Bauernhöfe mit überreichem Blumenschmuck, barocke Kirchen mit Zwiebeltürmen, eingebettet in eine Landschaft mit majestätischen Bergen und anheimelnden Tälern – hier scheint die Vorstellung der Nichtbayern vom bayerischen Oberland Wirklichkeit zu werden. Und so ist der Tourismus die wirtschaftliche Hauptstütze der Region, in der Urlauber Entspannung und Erholung suchen.

Traditionsreiche Klostergaststätten

Im historischen Rahmen in Räumen mit Kreuzgewölbe offeriert das **Klosterbräustüberl** in Benediktbeuern (*Zeiler Weg 2, Tel. 08857/94 07, www.klosterwirt.de*) seine Spezialitäten. Bei schönem Wetter erwartet die Gäste ein Biergarten.
Gleich gegenüber dem Kloster Schäftlarn wird für das leibliche Wohl des frommen Pilgers ebenso wie des Freizeitsportlers oder Kunstinteressierten gesorgt. Bayerische Spezialitäten serviert man im **Klosterbräustüberl** (*Haus Nr. 16, Tel. 08178/36 94*).
Nur eine kleine Strecke muss man sich von der Isar entfernen, um eine weitere Klostergaststätte zu finden. In unmittelbarer Nachbarschaft des einstigen Augustiner-Chorherrenstiftes liegt die **Klosterschänke** in Dietramszell (*Klosterplatz 2, Tel. 08027/ 90 45 00, www.klosterschaenke-dietramszell.de*), laut eigener Aussage ein »Wirtshaus für Leib und Seele«.
Klostergaststätte ist es heute keine mehr, doch die Brauerei, zu der das **Bräustüberl Weihenstephan** (*Weihenstephaner Berg 10, 85354 Freising, Tel. 0 81 61/ 1 30 04, www.brauerei-weihenstephan.de*) gehört, war ursprünglich einem Kloster angeschlossen. Und Liebhaber des edlen Gerstensaftes sollten es sich keinesfalls entgehen lassen, ihr Bier einmal in der ältesten Brauerei der Welt zu trinken.

1 Mittenwald Der Markt am Fuß der Westlichen Karwendelspitze war schon seit Römerzeiten ein wichtiger Warenumschlagplatz. Noch heute zeugen zahlreiche in ausgezeichneter Lüftlmalerei verzierte Häuser vom Reichtum des Ortes. Sehenswert ist auch die barocke Pfarrkirche St. Peter und Paul und das Geigenbaumuseum.

2 Wallgau Die Gemeinde am Eingang zur Vorderriß scheint ein bayerisches Dorf aus dem Bilderbuch zu sein: Den Kirchturm ziert eine Zwiebelhaube und die Balkone der Bauernhöfe scheinen den Blumenschmuck kaum tragen zu können.

3 Isarwinkel Von Wallgau führt eine mautpflichtige Straße durch den größtenteils menschenleeren Isarwinkel: Flankiert von eindrucksvollen Bergen mäandriert hier die Isar weitgehend naturnah Richtung Sylvenstein. In Vorderiß, der einzigen Ortschaft im Isartal, bietet sich die Möglichkeit eines Abstechers in den Ahornboden, der besonders im Herbst zur Laubfärbung viel besucht wird.

4 Sylvenstein-Stausee Zwischen 1954 und 1959 wurde hier die Isar aus zwei Gründen aufgestaut: Zum einen wollte man in Zeiten der Schneeschmelze die Hochwassergefahr zwischen Bad Tölz und München bannen, zum anderen mit dem Sylvenstein-Kraftwerk Strom erzeugen. Der See, in dessen Fluten das Dorf Fall versank, schmiegt sich herrlich in die Berglandschaft, sein grünblaues Wasser und seine kurvenreichen Ufer erinnern fast an eine norwegische Fjordlandschaft.

5 Lenggries Der Luftkurort liegt an einer Talweitung der Isar. Wie in vielen bayerischen Gemeinden ist die Pfarrkirche barock; inmitten des Friedhofs steht die gotische Mariahilf-Kapelle. Der Kalvarienberg (1674) ist sogar älter als jener von Bad Tölz. Der Lenggrieser Hausberg, das 1555 m hohe Brauneck, ist im Winter ein Dorado für alle Brettlfans.

6 Bad Tölz Die Lage an der Salzstraße, der Handel und die Flößerei haben den Ort im Mittelalter reich werden lassen. 1845 entdeckte man am Sauersberg Jodquellen, Ende des 19. Jh. wurde Tölz ein anerkanntes Kurbad. Die Markstraße ist ein harmonisches Ensemble von Bürgerhäusern mit wunderschönen Ziergiebeln, die ebenso wie die spätgotische Pfarrkirche Mariae Himmelfahrt vom einstigen Reichtum der Stadt zeugen. Alljährlich am 6. November findet die Leonhardifahrt zur Leonhardikapelle (1718–1722) auf dem Kalvarienberg statt. Neben der Kapelle befindet sich die Doppelkirche, zu der Kreuzkirche und Kapelle der Heiligen Stiege (Scala Santa) zusammengefasst sind.

7 Kloster Schäftlarn Unterhalb von Hohenschäftlarn im engen Isartal gelegen, erhebt sich das Kloster vor bewaldeten Anhöhen. Die Klostergründung an dieser Stelle erfolgte bereits 760. In ihrer heutigen Form wurde die Kirche Anfang des 18. Jh. von Giovanni Antonio Viscardi entworfen.

8 München Die Isar durchfließt die Landeshauptstadt von Südwesten nach Nordosten. Zunächst liegt am rechten Ufer der Nobelvorort Grünwald. Dann geht es weiter am Zoologischen Garten vorbei, dem bald die Isarauen folgen. Auf einer Insel in der Isar liegt das Deutsche Museum, das bedeutendste Technikmuseum Europas. Auch der Bayerische Landtag, das Maximilianeum, erhebt sich hoch über der Isar. Auf seinem Weg aus der Stadt passiert der Fluss den Tucherpark, ehe er die nördlichen Vororte erreicht.

9 Weihenstephan Unweit von Freising wurde 1040 eine Klosterbrauerei gegründet, bis heute wird hier die Tradition des Bierbrauens gepflegt. Die Forschungsan-

konnte seinen ursprünglichen Charakter bewahren.

kirche, alljährlich Ziel des Tölzer Leonhardiritts.

stalt für Gartenbau der Fachhochschule lädt Interessierte zu einer Besichtigung ihrer Schaugärten ein.

⑩ **Freising** Hoch über dem an der Isar gelegenen Ort erhebt sich der Domberg mit dem Dom St. Maria und St. Corbinian. Beachtung verdienen auch die gotische Johanniskirche, die Pfarrkirche St. Georg und die Mariensäule am Marienplatz. Wer noch mehr in Barock schwelgen möchte, sollte sich die Kirche St. Peter und Paul ansehen, deren Deckenfresken Johann Baptist Zimmermann schuf.

⑪ **Landshut** Die Stadt an der Isar ist vor allem für ihr Historienspektakel, die Landshuter Fürstenhochzeit, bekannt, die alle vier Jahre aufgeführt wird und an die Hochzeit Herzog Georgs des Reichen mit der polnischen Königstochter Hedwig erinnert, die hier im Jahr 1475 gefeiert wurde.

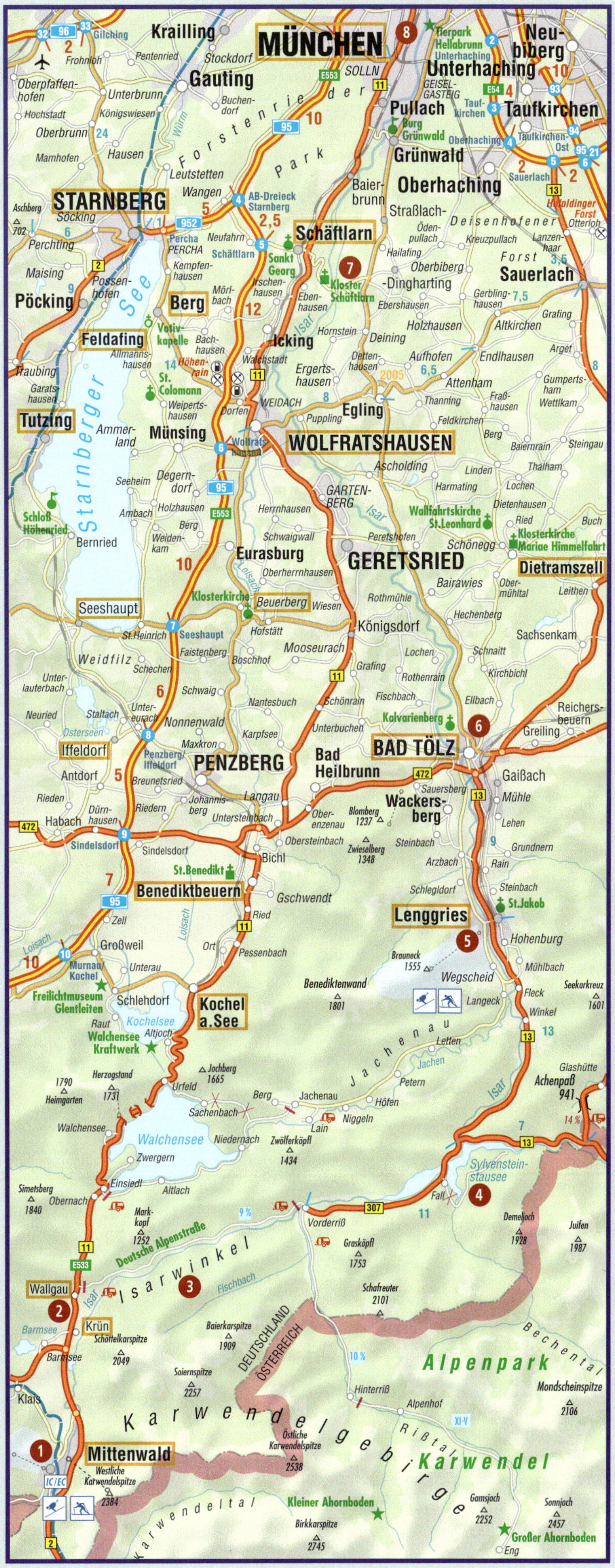

Freizeit & Sport

Floßfahrten Ein großer Spaß für Jung und Alt sind Fahrten auf den eigens zusammengebauten Flößen auf der Isar, die in Wolfratshausen starten und bis nach München-Thalkirchen führen. Floßfahrten bieten unter anderem an Angermaier in Arzbach (*Kalkofenstr. 1, Tel. 08042/12 20, E-Mail: info@Flossfahrt.de*) und Seltner in Wolfratshausen (*Lindenweg 1, Tel. 08171/ 7 85 18, www.flossfahrt.de*).

Angeln Angler finden sowohl am Sylvenstein-Stausee als auch an der Isar bei Lenggries (hier nur Fliegenfischen) ein Revier. Tages- oder Wochenkarten vergibt das Verkehrsamt Lenggries (*Rathausplatz 2, Tel. 08042/5 01 80, www.lenggries.de*). Informationen zum Fliegenfischen erhält man über *www.alpineang ler.de*.

Baden Wer beim Badespaß nicht vom Wetter abhängig sein möchte, sollte das Erleb-

Flussabenteuer mit dem Schlauchboot

nisbad Alpamare in Bad Tölz aufsuchen. Zu den Attraktionen zählen das Brandungswellenbad und die 110 m lange Wasserrutschbahn. Informationen unter Alpamare Bad Tölz (*Ludwigstraße 14, Tel. 08041/50 99 99, www.alpamare.de*).

Isarradweg Der Radweg führt über eine Strecke von 255 km vom Sylvenstein-Stausee über Bad Tölz, Wolfratshausen, München, Freising, Moosburg, Landshut und weiter über Dingolfing, Deggendorf bis in die Nähe der Isarmündung in die Donau bei Niederalteich entlang der Isar. Dort trifft er auf den Donauradweg. Informationen zu beiden Strecken gibt es unter: www.bayerninfo.de/rad lerh_radler.htm.

Märchenwald Wolfratshausen Wer Kindern ein besonderes Vergnügen gönnen möchte, sollte den Freizeitpark Märchenwald im Isartal bei Wolfratshausen besuchen. 20 Märchen sowohl der Brüder Grimm als auch aus Tausendundeiner Nacht werden dort von beweglichen Figuren dargestellt. Informationen sind erhältlich über den Märchenwald im Isartal (*Kräuterstraße 39, 08171/1 87 60, www.maerchenwald-isartal.de*).

Die Loisach

Die Loisach entspringt westlich von Biberwier in Tirol auf knapp 1000 m Höhe. Nachdem der eiskalte Gebirgsfluss das Becken von Ehrwald durchquert hat, zwängt er sich zu Füßen des Zugspitzmassivs durch ein enges Tal, durchquert anschließend das Werdenfelser Land, um dann einen Abstecher durch den Kochelsee zu machen. Erst ab dem Kochelsee spricht man vom eigentlichen Loisachtal, das sich durch eine an Mooren reiche Landschaft bis zum Beurer Moos zieht. Einige Klöster säumen den Weg der Loisach: Am Kochelsee liegt das einstige Augustiner-Chorherrenstift Schlehdorf, unweit davon war Kloster Benediktbeuern im Mittelalter geistliches und geistiges Zentrum des bayerischen Oberlandes. Die Loisach fließt schließlich durch das Mondscheinfilz Richtung Norden, um bei Wolfratshausen in die Isar zu münden.

Die Loisach im Werdenfelser Land: Blick von Norden auf das Wettersteinmassiv mit der markanten Alpspitze und der Zugspitze

Feuchtes Sportvergnügen: Der Oberlauf der Loisach ist ein bekanntes Wildwasserrevier für Kajakfahrer.

Rafting durch schwieriges Wildwasser auf der Loisach ist nur mit erfahrenen Bootsführern zu empfehlen.

München

Die kunstsinnigen bayerischen Regenten haben das Gesicht der Landeshauptstadt Bayerns, auch »Isar-Athen« genannt, auf eindrucksvolle Weise geprägt. Ausdruck davon sind zahlreiche Museen von Weltgeltung, wie etwa Alte und Neue Pinakothek, Lenbachhaus, Deutsches Museum oder die in neuerer Zeit hinzugekommene Pinakothek der Moderne. Heinrich der Löwe gilt als Gründer Münchens, denn er verlegte eine alte Salzstraße hierher und führte sie über eine einträgliche Zollbrücke. Diese befand sich nahe einer klösterlichen Siedlung – »bei den Mönchen«. Die Isar, die nach jahrelanger Eindämmung vor allem im südlichen Stadtbereich wieder renaturiert werden soll, ist neben dem Englischen Garten, dem West- und dem Ostpark ein beliebter Erholungsraum und eine wichtige Frischluftschneise für die Münchner Stadtbewohner.

Der Blick über die nächtliche Isarmetropole reicht von den Zwillingstürmen der Frauenkirche und dem Turm des Neuen Rathauses bis zum Fernsehturm im Olympiapark.

Grünes Idyll mitten in der Großstadt: blühende Kastanienbäume am Isarufer vor der Turmkulisse der Lukaskirche

Beliebter Treffpunkt der Münchner und ein Muss für Besucher: der Biergarten am Chinesischen Turm im Englischen Garten

Petra

Die schönsten Seen

Zur Zeit der Rapsblüte im Mai gleicht die Holsteinisch

Die Schleswig-Holsteinische Seenplatte

Bewaldete Moränen und durch Hecken unterteiltes Agrarland, malerische Orte, Kirchen und alte Herrensitze, aber vor allem die Seen kennzeichnen die zauberhafte Landschaft im Osten Schleswig-Holsteins.

Das Seengebiet im östlichen Hügelland Schleswig-Holsteins besteht aus den Seen der Holsteinischen Schweiz und den Lauenburgischen Seen. Beide Gebiete sind als Naturparke ausgewiesen.

Die wellige Landschaft mit den flachen Moränenkuppen und Seen verdankt ihre Entstehung der letzten Eiszeit. Damals schoben mächtige Eiszungen Hügel – Moränen – auf und schürften Rinnen und Senken, die beträchtliche Tiefen erreichten und vom Schmelzwasser der abtauenden Gletscher gefüllt wurden.

Die frühesten Siedlungsspuren stammen aus der mittleren Steinzeit, und seit der Jungsteinzeit wird die Landschaft zunehmend von Menschen geprägt. Die wechselvolle Geschichte und die unterschiedlichen »Herren«, darunter Germanen, Slawen, Dänen und Deutsche, haben vielfältige Spuren hinterlassen. Abseits vom Massentourismus besticht die Region mit den Schönheiten ihrer Natur, dem leuchtenden Gelb während der Rapsblüte, den Zeugnissen ihrer Geschichte, den Köstlichkeiten ihrer Küche und dem vielseitigen Kultur- und Freizeitangebot.

Das Naturschutzgebiet Lanker See bei Preetz

Naturpark Holsteinische Schweiz

Der Naturpark Holsteinische Schweiz erstreckt sich zwischen der Kieler Bucht im Norden, Lübeck im Süden, der Ostsee im Osten und Bad Segeberg im Südwesten. Im 730 km^2 großen Naturpark, liegen eingebettet in die anmutige Hügellandschaft, die von lichten Laubwäldern und mehr als 200 Seen und Teichen, Brut- und Rastgebieten zahlreicher Wasservögel, geprägt ist, bezaubernde Urlaubsorte und prächtige Herrensitze, die oftmals unter gewaltigen Baumkronen verborgen sind. Das landwirtschaftlich genutzte Land ist durch sogenannte Knicks gegliedert: Wallhecken, von denen eine einzige bis zu 1800 Tierarten beherbergen kann. Im Frühjahr dominiert das leuchtende Gelb der Rapsfelder das Bild.

Als die Lebensader des Naturparks gilt das Flüsschen Schwentine, dessen Name auf die wendischen Slawen zurückgeht (= heiliger Fluss). Es entspringt auf dem Bungsberg (166,4 m) und durchfließt fast alle großen Seen, bevor es in Kiel in die Kieler Förde mündet. Die größten Seen sind Plöner See, Selenter See und Großer Eutiner See, zu den bekannteren kleineren Seen zählt der sagenumwobene Ukleisee, der vollständig von Wald umgeben ist. Im Mittelpunkt des Naturparks liegt der 29 km^2 große Plöner See, Rückzugsgebiet der seltenen Maräne. Er gilt als Anglerparadies,

Schweiz einem gelben Teppich. Die typischen Windmühlen wirken wie aus dem Märchenbuch.

Schloss Salzau am Selenter See ist ein Veranstaltungsort des Schleswig-Holstein Musik Festivals.

und auf ihm darf gesegelt, gesurft und gepaddelt werden.

Naturpark Lauenburgische Seen
Östlich vom Elbe-Lübeck-Kanal erstrecken sich die Lauenburgischen Seen, eine abwechslungsreiche, intakte Natur- und Kulturlandschaft mit harmonisch gewachsenen Dörfern und Städten und stattlichen Gutshäusern.
Der Naturpark ist mit rund 447 km² Fläche der drittgrößte in Schleswig-Holstein. Auch hier werden Wiesen und Felder durch artenreiche Knicks getrennt, und viele der Wege und Straßen sind von mächtigen Bäumen gesäumt.
In der verträumten Hügellandschaft, die zu fast 30 Prozent mit artenreichen Mischwäldern bedeckt ist, verbergen sich Niederungen, Moore, Feuchtwiesen und mehr als 40 Seen.

Manche der Seen sind groß und leicht zugänglich und werden von Badenden und Wassersportlern genutzt, andere liegen dagegen weitgehend ungestört inmitten größerer Waldgebiete. Die beiden größten sind der lang gestreckte, etwa 1585 ha große Ratzeburger See und der buchtenreiche, 2400 ha große sowie bis zu 71,5 m tiefe Schaalsee, der tiefste See Norddeutschlands. Sein südlicher und östlicher Teil gehören zum Biosphärenreservat Schaalsee, das sich unmittelbar an den Naturpark anschließt. Als Naturschutzgebiete geschützt sind das Salemer Moor, der Oldenburger See, das Hellbachtal, einige Uferzonen des Ratzeburger Sees und das verzweigte System des Schaalsees.

Großes Bild oben: Das Wahrzeichen von Plön schlechthin ist das im 17. Jh. errichtete Schloss am Großen Plöner See.

Mittelpunkt der Rosenstadt Eutin in der Holsteinischen Schweiz ist der Alte Markt.

Die besuchenswerte Landschaft mit dem 8,2 km² großen Westensee eignet sich besonders gut für einen Erholungsurlaub.

Deftige Kost & feine Küche

Eine exzellente Küche und eine bemerkenswerte Weinkarte zeichnet das Gourmet-Restaurant **L'Étoile** in Eutin aus (*Lübecker Landstr. 36, 04521/70 28 60, www.letoile.de*).

Holsteiner Katenrauchschinken nach alter Tradition geräuchert gibt es in Petersens Schinkenkate in Bad Malente.

Das neu eröffnete Hotel-Restaurant **Stolz** in Plön (*Am Markt 24, Tel. 0422/5 03 20, www.restaurant-stolz.de*) serviert regionale und internationale Spezialitäten.
Das alte Gasthaus **Niedersächisches Bauernhaus** in Plön (*Prinzeninsel 98, Plön, Tel. 04522/36 70*) liegt am südlichen Ende der Prinzeninsel. Die Fische stammen aus dem Plöner See.
Ein schönes Ambiente bietet das gehobene Restaurant im traditionsreichen Hotel-Restaurant-Café **Fegetasche** in Plön (*Fegetasche 1, Tel. 04502/92 51, www.fegetasche.de*).
Internationale Küche mit holsteinischen Spezialitäten gibt es im **Landgasthof Kasch** in Bad Malente-Gremsmühlen/Timmdorf (*Dorfstr. 60, Tel. 04523/33 83*).

Sanfte Hügel, herrliche Wälder, von denen einige wenige auch heute noch einen wilden und urwüchsigen Eindruck machen, Felder, Wiesen und Wallhecken, alte Schlösser und Herrenhäuser, liebevoll restaurierte Katen, historische Städte, romantische Dörfer und rund 200 malerische Seen und Teiche bestimmen das Bild eines der lieblichsten Landstriche Deutschlands.

1 Eutin Die zwischen Großem und Kleinem Eutiner See gelegene Rosenstadt Eutin, die 1257 das Stadtrecht erhielt, gilt als der kulturelle Mittelpunkt der Holsteinischen Schweiz. Um 1300 wurde das Städtchen fürstbischöfliche Residenz. Das von Wassergräben umgebene, prächtig ausgestattete Eutiner Schloss, ein vierflügeliger Backsteinbau, erstand 1716–1727 in barockem Stil weitgehend neu. Der ehemalige Marstall beherbergt das Ostholstein-Museum. Im Schlosspark, einem englischen Landschaftsgarten, finden im Sommer die Eutiner Festspiele statt – zu Ehren des in Eutin geborenen Komponisten C. M. von Weber. Zu den Hauptsehenswürdigkeiten der Altstadt rund um den repräsentativen Marktplatz zählen das ehemalige Herzögliche Witwenpalais (18. Jh.), das klassizistische Rathaus (18. Jh.) und die einstige Bischofskirche St. Michaelis (14./15. Jh.), die im 13. Jh. gegründet wurde und u. a. einen herrlichen Bronzeleuchter aus dem 15. Jh. birgt.

2 Bad Malente-Gremsmühlen Das angesehene Kneipp-Heilbad liegt auf einer bewaldeten Landenge zwischen Dieksee und Kellersee. Schon 1280 wurde die Gremsmühle erstmals erwähnt, eine ehemalige bischöfliche Wassermühle. Im Heimatmuseum in der reetgedeckten Tews-Kate von 1634 erfährt man, wie die Menschen hier vor 300 Jahren lebten.

3 Bosau Als das Schmuckstück des idyllischen Örtchens am Südostufer des Großen Plöner Sees gilt die romanische Feldsteinkirche St. Petri (12. Jh.). Sie war die erste Diözese der Region und Sitz des Slawenapostels Vicelin. Die sorgsam restaurierte Dunkersche Kate umgibt ein schöner Bauerngarten.

4 Plön Der Luftkurort liegt im Herzen des Naturparks Holsteinische Schweiz. Die zahlreichen umliegenden Seen machen ihn zu einem beliebten Wassersportzentrum. Das Wahrzeichen der Stadt ist neben der Nikolaikirche das 1633–1636 im Stil der italienischen Spätrenaissance erbaute Schloss auf dem Bischofshügel. Zum Schlossgebiet gehört auch das mitten im Schlossgarten gelegene Prinzenhaus, ein Rokokobau. In der romantischen Altstadt lohnt das im klassizistischen Herzöglichen Witwenpalais untergebrachte Kreismuseum einen Besuch. Gegenüber erhebt sich am Rande des alten Friedhofs der Schlossbediensteten die Johanneskirche aus dem 17. Jh. mit einem hölzernen Glockenturm.

5 Preetz Der Name der 750 Jahre alten Stadt geht auf das wendische »po rece« (»am Fluss«) zurück, das eine Siedlung bezeichnet, die im 11. Jh. an einer Furt der Schwentine entstand. Aus dem Jahre 1260 stammt das ehemalige Benediktinerinnenkloster, um das sich die Stadt entwickelte. Im Zentrum der Anlage steht die dreischiffige Klosterkirche (1325–1340) mit kunstvoll bemaltem gotischen Chorgestühl. An das einstmals florierende Schuhmacherhandwerk erinnert der bronzene Schusterjunge am Feldmannsplatz.

6 Lütjenburg Die kleine Landstadt unweit der Ostsee blickt auf eine 800-jährige Geschichte zurück. Besonders sehenswert sind die im spätromanischen Stil erbaute St. Michaeliskirche (1220/30), deren Inneres bedeutende Kunstwerke birgt, und der nahe gelegene Marktplatz mit dem Färberhaus von 1576. Vom Bismarckturm auf dem Vogelberg hat man einen fantastischen Ausblick.

Das von breiten Wassergräben umgebene Eutiner Schloss (17./18. Jh.)

Der Plöner See ist der größte See im Gebiet der Holsteinischen Schweiz.

Startplatz für die klassische Fünf-Seen-Fahrt: der Kurort Bad Malente-Gremsmühlen

Freizeit & Sport

Schiffsrundfahrten Eine idyllische 5-Seen-Fahrt veranstaltet die 5-Seen-Fahrt und Kellersee-Fahrt GmbH in Bad Malente (*Tel. 04523/22 01, www.5-seen-fahrt.de*).
Wasserwandern Das Faltblatt »Wasserwandern auf der Schwentine« und die Wassersportkarte Holsteinische Schweiz mit allen notwendigen Informationen erhält man bei den Tourist-Informationen vor Ort oder beim Holsteinische Schweiz Tourismus e.V. (*Tel. 04523/20 01 00, www.holsteinische-schweiz.de*). Die Broschüre »Kajaks, Kanus,

Der Plöner See bietet ideale Bedingungen für Segler und Surfer.

Kilometer – Wasserwege in Schleswig-Holstein« ist unter *Tel. 01805/60 06 04* zu bestellen.
Bootsverleihstationen: Kanucenter Plön (*Tel. 04522/41 43*), Wassersportzentrum Segelschule Plön (*Tel. 04522/41 11*), Kanu-Mietstation Malente (*Tel. 04523/73 89*) und Kanuverleih Eutin, Boote Keusen (*Tel. 04521/42 01*) sowie Kanu Corner in Schwissel (*Tel. 04551/96 79 96*).
Wandern und Radwandern Die Holsteinische Schweiz eignet sich gut zum Wandern und Radwandern. Karten und Infos beim Holsteinische Schweiz Tourismus e.V. (s.o.).

Das Weltkulturerbe Lübeck ist »Königin der Hanse« und »Marzipanstadt« zugleich.

Der romanische Backsteinbau des Ratzeburger Doms liegt auf einer Insel im See.

Restaurants in historischem Ambiente

Rundherum empfehlenswert ist **Das kleine Restaurant** in Lübeck (*An der Untertrave 39, Tel. 0451/70 59 59*). Hohe Kochkunst und ein Zehngängemenü zum absolut günstigen Preis.
Große Gourmetküche genießt man im Restaurant **Wullenwever** in Lübeck (*Beckergrube 71, Tel. 0451/70 43 33, www.wullenwever.de*).

Im Wullenwever in Lübeck

Die Küche des schön am See gelegenen Restaurants im **Hansa Hotel** in Ratzeburg (*Schrangenstr. 25, Tel. 04541/20 94*) bietet regionale und internationale Gerichte.
Regionale, manchmal mediterran beeinflusste Gerichte werden im **Historischen Ratskeller** im Möllner Rathaus von 1373 serviert (*Am Markt 12, Tel. 04542/83 55 75*).
In Großzecher am Schaalsee (*Dorfstr. 12, Tel. 0454/13 71*) befindet sich das beliebte Fischrestaurant **Maräne**. Als Spezialität des Hauses gilt die Schaalseemaräne, die während der Saison zubereitet wird.
Die **Lauenburger Mühle** (*Hotel & Restaurant und Mühlenmuseum, Lauenburg, Bergstr. 17, Tel. 04153/25 21*) ist die einzig erhaltene Mühle der Stadt. Im Restaurant gibt es Spezialitäten aus dem Holsteiner Backofen.

1 Lübeck Die quirlige Hansestadt erstreckt sich nördlich des Naturparks Lauenburgische Seen. Heinrich der Löwe gründete die Stadt 1159, 1160 wurde sie Bischofssitz und 1226 reichsfreie Stadt. Um 1500 war Lübeck zur Königin der Hanse aufgestiegen und eine der einflussreichsten Städte Europas. Seit dem 16. Jh. wird in der Stadt an der Trave das berühmte Lübecker Marzipan hergestellt.
Die wunderschöne, von Wasser umgebene und von gotischer Backsteinarchitektur geprägte Altstadt gehört seit 1987 zum Weltkulturerbe, ihr Wahrzeichen ist das mächtige Holstentor (15. Jh.). Die Backsteingiebelhäuser (16.–18. Jh.) neben dem alten Stadttor dienten früher als Salzspeicher. Bei einem Bummel durch die Altstadt sieht man überall eindrucksvolle Baudenkmäler, das einzigartige Rathaus von 1226, die Marienkirche (13./14. Jh.), der von Heinrich dem Löwen 1173 gegründete Dom, das Heilig-Geist-Hospital von 1280, das Buddenbrook-Haus (16. Jh.), das prächtige Haus der Schiffergesellschaft, der bezaubernde Füchtingshof (1636) und die Museumskirche St. Katharinen (14. Jh., u. a. Plastiken von Barlach und Marcks, Tintorettos Gemälde *Auferstehung des Lazarus*) sind nur einige davon. Auf dem Gelände der ehemaligen Klosterkirche St. Annen (1502–1515) beherbergt die neue Kunsthalle St. Annen die Sammlungen des Museums für Kunst und Kulturgeschichte.

2 Ratzeburg Der historische Stadtkern liegt auf einer Insel zwischen dem Ratzeburger See, dem Großen und Kleinen Küchensee und dem Domsee und ist durch drei Dämme mit dem Festland verbunden. Der Name der 1062 als Racesburg erstmals urkundlich erwähnten Stadt geht vermutlich auf den slawischen Fürsten Ratibor zurück, der Rat'se genannt wurde.
Das Wahrzeichen der Stadt ist der Ratzeburger Dom (1160–1220), ein romanischer Backsteinbau. Im Klosterhof des Domklosters (13. Jh.) kann man eine Figur von Ernst Barlach bewundern und im Kreuzgang farbenprächtige Fresken aus dem 14. Jh. Vor dem Dom erinnert ein bronzener Löwe an Heinrich den Löwen. Gleich am Domhof befindet sich im ehemaligen Herrenhaus der Lauenburger Herzöge (18. Jh.) das Kreismuseum. Das in einem Gebäude aus dem 17. Jh. untergebrachte A.-Paul-Weber-Museum zeigt Arbeiten des 1893 in Ratzeburg geborenen zeitkritisch-satirischen Grafikers.
Den lebhaften Mittelpunkt der Altstadt bildet der Marktplatz, an dem besonders ein klassizistisches Ensemble aus dem 19. Jh. auffällt: Altes Rathaus, Alte Wache und Altes Kreishaus. Von hier sind es nur wenige Meter bis zum Ernst-Barlach-Museum und zur St. Petrikirche (18. Jh.).

3 Berkenthin Berkenthin lag im Mittelalter am Stecknitz-Delvenau-Kanal (1398), auf dem vor allem das Salz von Lüneburg nach Lübeck transportiert wurde. Heute fließt der Elbe-Lübeck-Kanal an dem kleinen Ort vorbei, der um 1900 im Bett des alten Kanals entstand, des ältesten Wasserscheidenkanals Nordeuropas. Vom alten Kanal ist nur noch der südliche Teil zwischen Büchen-Dorf und der Elbe erhalten. Die Blütezeit der Stecknitzschiffahrt lag im 16. und 17. Jh. Damals mussten die Kähne von den Stecknitzfahrern flussaufwärts getreidelt werden, während sie flussabwärts auf einer Flutwelle fuhren. Die Berkenthiner Kirche aus dem 13. Jh. birgt in ihrem Innern u. a. mittelalterliche Wandmalereien und ein Kruzifix aus dem 14. Jh.

4 Behlendorf Im Behlendorfer Forst, einem großen Mischwaldgebiet mit mächtigen, zum Teil sehr alten Bäumen, liegt am Behlendorfer See das 800 Jahre alte Örtchen, das 1991 zum schönsten Dorf Schleswig-Holsteins gewählt wurde. Seine vielfach reetgedeckten Bauernhäuser wurden

Von der Natur verwöhnt: Die Altstadt Ratzeburgs ist von vier Seen der Lauenburgischen Seenplatte umschlossen.

Am Ostrand des Lauenburger Seengebietes – bereits in Mecklenburg-Vorpommern – liegt das UNESCO-Biosphärenreservat Schaalsee.

liebevoll restauriert, und den Dorfplatz ziert ein Bronzehahn. Behlendorfs Feldsteinkirche stammt aus dem 13. Jh., viele ihrer Fenster weisen interessante Wappenglasmalereien (1603) auf.

5 Mölln Der beschauliche Kneippkurort, der durch den Salzhandel zu Wohlstand gelangte, ist von Wäldern, acht kleineren Seen und dem Elbe-Lübeck-Kanal umgeben. Till Eulenspiegel soll 1350 hier gestorben sein, brachte Mölln den Beinamen »Eulenspiegelstadt« ein. Ein Gedenkstein an der spätromanischen Nicolai-Kirche auf dem Eichberg, der Eulenspiegel-Brunnen auf dem Marktplatz und das in einem Bürgerhaus von 1582 eingerichtete Eulenspiegel-Museum erinnern an den berühmten Gast. Zu den Schmuckstücken der verwinkelten historischen Altstadt zählen neben der kostbar ausgestatteten St.-Nicolai-Kirche (frühes 13. Jh.) das Historische Rathaus (1373) sowie das Ensemble des Stadthauptmannshofes. Direkt am ehemaligen Wassergraben der Stadtbefestigung liegt der Kurpark.

6 Gudow Im Dorf steht eine der ältesten Feldsteinkirchen Norddeutschlands. Die romanische Marienkirche mit rundbogigen Fenstern und Portalen wurde um 1160 errichtet, ihr Holzturm im 17. Jh. Im Innenraum der Kirche beeindrucken der Schnitzaltar von 1410, die Marmormadonna und der herunterziehbare Taufengel von 1635. Für die Bewohner des klassizistischen Gudower Herrenhauses (1826) ist in der Kirche die Gutsloge aus dem 17. Jh. reserviert. Die restaurierte Pfarrscheune ist ein Fachwerkbau von 1825.

7 Zarrentin Die Stadtbild von Zarrentin, das in herrlicher Lage am Südende des lang gezogenen Schaalsees liegt, prägen historische Fachwerkgebäude aus dem 18. und 19. Jh. rund um den Kirchplatz. Besonders sehenswert ist die Kirche mit gut erhaltenen Wandmalereien aus der ersten Hälfte des 14. Jh. und einer Renaissance-Kanzel, ein Meisterstück norddeutscher Holzschnitzkunst.

8 Lassahn Der slawische Name der im 13. Jh. erstmals urkundlich erwähnten Siedlung bedeutet »Waldort«, vom einstigen Waldbestand wurde jedoch viel für den Betrieb von Eisen-, Glas- und Pottaschehütten in der nahe gelegenen Stintenburger Hütte geschlagen. Die größte Sehenswürdigkeit der Siedlung in hübscher Lage am Ostufer des Schaalsees ist die über 800 Jahre alte Dorfkirche (1190–1250), die dem Märtyrer Abundius geweiht ist. Vom Friedhof aus öffnet sich ein schöner Blick über den Schaalsee und zur Insel Kampenwerder, beste Zeit für einen Besuch ist die Zeit um den Sonnenuntergang.

Der bis zu 72 m tiefe Schaalsee ist überaus fischreich.

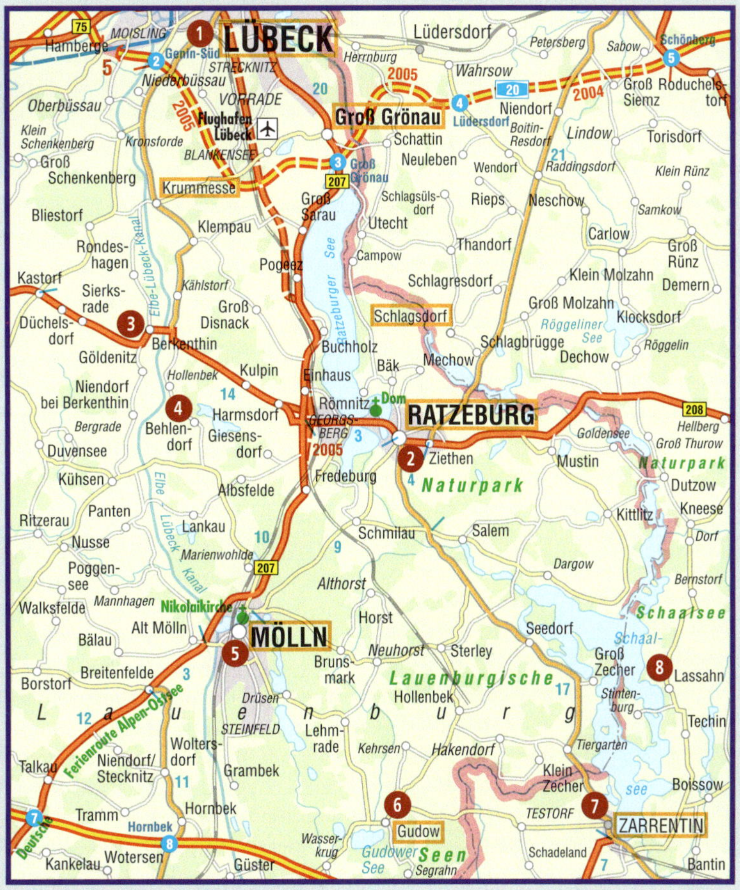

Freizeit & Sport

Rad- und Kanutour Zwei Tage dauert diese etwas andere Tour, die in Ratzeburg startet und am Schaalsee endet. Infos über die Herzogtum Lauenburg Marketing & Service GmbH (*Tel. 04541/80 21 10, www.hlms.de*). Verleihstationen in Ratzeburg und Bad Oldesloe: Kanu-Center Lothar Krebs in Siebenbäumen (*Grinauer Weg 23 b, Tel. 04501/ 4 12, www.kanu-center.de*).

Personenschifffahrt Informationen über Ausflugsfahrten auf dem Ratzeburger See über Schifffahrt Ratzeburger See (*Tel: 04541/79 00; www.schiffahrt-ratzeburg.de*). Romantische Schiffsfahrten von Lübeck bis zum Ratzeburger See auf der Wakenitz bietet die Personenschifffahrt Reinhold Maiworm in Lübeck (*Tel. 0451/3 54 55, www.maiworm-schiffahrt.de*) an.

Radwanderungen In der Seen- und Hügellandschaft der Lauenburgischen Seen lässt es sich wunderbar radwandern, z. B. auf der Alten Salzstraße zwischen Lübeck und Lüneburg. Reizvoll ist auch die Seen-Radtour (Rundweg von ca. 115 km durch den Naturpark Lauenburgische Seen und das Biosphärenreservat Schaalsee). Informationen über die Herzogtum Lauenburg Marketing & Service GmbH in Ratzeburg (s.o.)

Die niedersächsischen Seen

Sanfte Hügel, Flüsse, Bächlein und Auen, stille Moore und Heiden, Wälder, Felder und Wiesen sowie alte Dörfer und Städte prägen das Land um die niedersächsischen Seen.

Ein Hauptwerk des Oldenburgischen Klassizismus: das Schloss in Rastede (Ammerland)

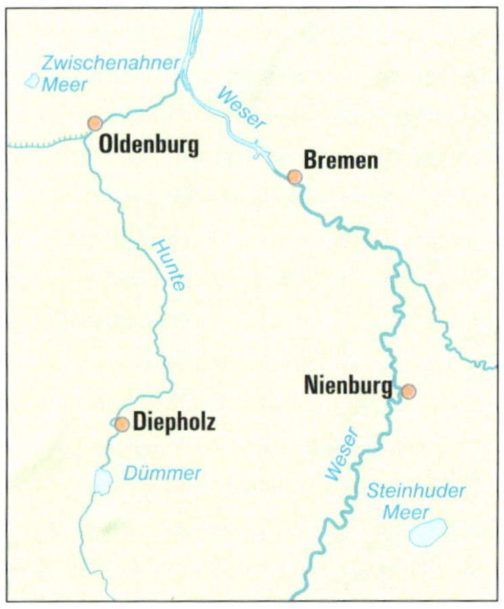

Die Norddeutsche Tiefebene ist seit Jahrhunderten ein Land der Bauern. Acker- und Weidefluren bestimmen das Landschaftsbild, hinzu kommen Wälder und Moore, Heide-, Gras und Flusslandschaften, die noch weitgehend eine intakte und vielfältige Natur aufweisen.

Zu dieser landschaftlichen Vielfalt tragen auch die großen Binnenseen bei. Charakteristisch für sie sind weite Wasserflächen und ausgedehnte Röhrichtbereiche. Als Flachseen sind sie einem andauernden Prozess der Verlandung unterworfen, sie sind von Schilfgürteln umgeben und damit Refugium für viele Pflanzenarten sowie Brutraum für Sumpf- und Wasservögel, wie Rohr- und Zwergdommel, Drosselrohrsänger und Trauerseeschwalbe.

Rohrdommel am Dümmer, einem nur 1,5 m tiefen, streng geschützten See südlich von Diepholz

Steinhuder Meer

Das größte Binnengewässer Nordwestdeutschlands (30 km²) ist nur 1,5 m tief und wird von einem Zufluss und ungezählten Quellen gespeist.

Im See liegen zwei künstliche Inseln: die zwischen 1761 und 1765 angelegte Inselfestung Wilhelmstein und die beliebte Badeinsel am Südufer. Am Nordufer lockt der Strand an der Weißen Düne zahlreiche Badegäste und Sonnenhungrige an. Der See ist Teil eines Feuchtgebietes von internationaler Bedeutung und mit dem Umland als Naturschutzgebiet und Naturpark ausgewiesen.

Das Bild des Naturparks Steinhuder Meer bestimmen neben dem Meer ausgedehnte Moore, weite Geestrücken, die nördlichsten Ausläufer der Mittelgebirge, angrenzende Flusstäler, Grünland und Wälder.

Dümmersee

Der Dümmersee (16 km², max. 1, 5 m tief) liegt inmitten des Naturparks Dümmer nördlich des Wiehengebirges. Sein Name geht in die altsächsische Zeit zurück und bedeutet »dunkles Meer« (dum mer). Südlich des Dümmer-Deiches befindet sich das wieder vernässte Ochsenmoor, ein Vogelschutzgebiet. Die von der Hunte durchflossene und von Mooren geprägte Dümmerniederung wird vom lang gestreckten Stemweder Berg im Südosten und dem Höhenzug der Dammer Berge im Westen begrenzt.

Funde von Steinzeitsiedlungen und die uralten Pfahl- und Bohlenwege im Campemoor und im Diepholzer Moor belegen die alte Siedlungsgeschichte.

Der 70 ha große Rhododendron-Waldpark in Petersfeld bei Westerstede im Ammerland

Reiher am Steinhuder Meer, dem größten Binnengewässer Nordwestdeutschlands

Zwischenahner Meer

5,25 km^2 groß ist das Zwischenahner Meer, das in Vorzeiten durch den Einsturz eines aus dem Untergrund aufragenden Salzstockes entstanden ist, der durch Ablaugung instabil geworden war. Den drittgrößten See Niedersachsens säumt ein Schilfgürtel; Moore, Heide, Wald und Wiesen, Parkanlagen und alte Bauernhäuser kennzeichnen das umliegende Geest- und Hochmoorgebiet des Ammerlands, das sich nordwestlich von Oldenburg erstreckt und an dessen Südrand das Zwischenahner Meer liegt. Der See hat eine Tiefe von bis zu 5,5 m, unter dem Seeboden befindet sich jedoch in der Regel noch eine meterdicke Faulschlammschicht.

Alfsee, Großes Meer und Ewiges Meer

Der 2,2 km^2 große Wassersport- und Freizeitparadies Alfsee liegt – eingebettet in einer idyllische Parklandschaft – geschützt von der Ankumer Höhe an den Ausläufern des Wiehengebirges. Naturfreunde finden gute Gelegenheit zur Vogelbeobachtung. In ihrer Art sehr eindrucksvoll sind auch die »Meere« Ostfrieslands: das in einem Niederungsmoor gelegene Große Meer, ein 4,2 km^2 großer und bis 1,5 m tiefer Flachsee, und das Ewige Meer, ein flacher Hochmoorsee, der zum Nenndorfer Hochmoor auf dem Oldenburgisch-Ostfriesischen Geestrücken gehört. Der von Mooren, Heiden und extensivem Grünland umgebene See ist die Heimat seltener Sumpf- und Wasservögel und Pflanzen. An seiner Nordseite wurde ein 1,86 km langer Bohlenrundweg eingerichtet, die Südseite ist für Touristen unzugänglich.

Großes Bild oben: Dreibergen am Zwischenahner Meer im Ammerland

Ideale Bedingungen für Wassersportler bietet Steinhude am Steinhuder Meer.

Verträumter Winkel am Hafen in Steinhude, das einst ein Fischerdorf war und sich zum Zentrum der Ferien- und Wassersportregion am Steinhuder Meer entwickelte.

Die von idyllischen Bauerndörfern und lebhaften Städten und Städtchen umgebenen großen und kleinen niedersächsischen Seen sind in abwechslungsreiche Landschaften eingebettet, die durch flachwellige Hügel, Berge und weite Auen, eiszeitliche Wanderdünen und uralte Gesteinsformationen, Moore, Wälder, Felder, Wiesen und Heideflächen geprägt sind und zum Teil unter Naturschutz stehen.

Steinhuder Meer

❶ **Wunstorf** Im mittelalterlich geprägten Kern des Städtchens beeindrucken die malerischen Fachwerkhäuser und Brunnen, die Stadtkirche (12. Jh.), der Röbbingsturm und die alte Abtei. Im Ortsteil Idensen steht eine romanische Grabeskirche mit Fresken aus der Zeit um 1130.

❷ **Steinhude** Das ehemalige Fischer- und Weberdorf konnte seinen von alten Fachwerkfassaden geprägten dörflichen Charakter weitgehend erhalten. Besonders sehenswert ist neben der Schmetterlingsfarm mit Insektenmuseum das Scheunenviertel mit dem Informationszentrum des Naturparks Steinhuder Meer. Zur Inselfestung Wilhelmstein fahren historische Segelboote.

❸ **Rehburg-Loccum** Bad Rehburg besitzt mit den ehemals Königlichen Kuranlagen ein in Deutschland einzigartiges Kulturdenkmal aus der Zeit der Romantik. Die »Reheburgk« in Rehburg (12. Jh.) war einst eine Wasserburg. In Loccum steht ein 1163 gegründetes Zisterzienserkloster.

❹ **Neustadt am Rübenberge** Die beschauliche Kleinstadt gehört zusammen mit 33 Dörfern zum Neustädter Land im Norden des Naturparks Steinhuder Meer. Einen Besuch lohnen der Hof des Neustädter Schlosses, eines bedeutenden Bauwerks der Weser-Renaissance, sowie das Zisterzienserkloster in Mariensee.

Dümmer See

❺ **Altes Amt Lemförde** Zwischen Dümmer und Stemweder Berg erstreckt sich die Samtgemeinde Altes Amt Lemförde. Typisch für die ganze Region sind die bezaubernden reet- oder ziegelgedeckten Fachwerkbauten. Besonders sehenswert sind neben den bäuerlichen Hofanlagen und ehemaligen Fischerkaten die Kirchen, das Doktorhaus, das ehemalige Gefängnis und der Amtshof in Lemförde sowie die Kirche in Burlage. Das Dümmer-Museum in Lembruch vermittelt alles Wissenswerte über die Dümmer-Region.

❻ **Diepholz** Die Anfänge der Kreisstadt reichen bis ins 12. Jh. zurück. Zu ihren Hauptsehenswürdigkeiten gehört neben der St.-Nikolai-Kirche (1801), der Alten Münze (17. Jh.), dem Rathaus und dem Bahnhof vor allem das Schloss (1120–1160, seit 1852 Amtsgericht) mit seinem markanten Turm, von dessen oberstem Stockwerk man einen herrlichen Ausblick genießt.

❼ **Naturpark TERRA.vita** Der landschaftlich vielfältige Naturpark im Osnabrücker Land (zwischen Porta Westfalica, Bielefeld und Hörstel) präsentiert 300 Mio. Jahre Erdgeschichte und alles, was es an geologischen Formationen geben kann. Zu den bekanntesten der 170 Naturdenkmale gehören die 120 Mio. Jahre alten versteinerten Trittsiegel von Dinosauriern bei Bad Essen.

Steinhudes Gastronomie ist vielfältig. Die bekannteste Spezialität der Region ist der Steinhuder Räucheraal.

Restaurants & Weinstuben

Feine und regionale Speisen gibt es im idyllisch gelegenen Landhaus **Götker** in Lembruch am Dümmersee (*Tiemannshof 1, Tel. 05447/12 57, www.landhaus-goetker.de*).
In einem Bürgerhaus aus dem 18. Jh. serviert das Restaurant **La Vie** in Osnabrück klassische französische Gerichte mit mediterranem Akzent (*Krahnstr. 1–2, Tel. 0541/ 33 11 50, www.restaurant-lavie.de*).
Das Restaurant **Apicius** im Hotel Jagdhaus Eiden am See ist für seine hervorragende Küche bekannt (*Aschhauserfeld/Bad Zwischenahn, Tel. 04403/69 80 00*).

Das Restaurant Apicius in Aschhauserfeld

Ein schönes Ambiente und eine ausgezeichnete Küche bietet das Restaurant im **Haus Surendorff** in Hesepe bei Bramsche (*Dinklingsweg 1, Tel. 05461/9 30 20, www.surendorff.de*).
In der Weinscheune des Steinhuder Scheunenviertels verkauft das Weinhaus **A. C. Kapelle** (*Meerstr. 13, Tel. 05033/93 95 53*) u. a. alle selbst hergestellten Produkte der Sektkellerei Duprès. In der urigen Weinstube werden kleine und große Leckereien serviert.

Das Freilichtmuseum »Ammerländer Bauernhaus« zeigt 18 Häuser und eine Mühle der Region.

Das Zwischenahner Meer liegt im Moor- und Geestgebiet Ammerland.

8 Osnabrück Die aus einem Bischofssitz hervorgegangene Stadt südlich des Alfsees liegt inmitten des Naturparks. Die Dauerausstellung im Felix-Nussbaum-Haus widmet sich Leben und Werk des hier geborenen jüdischen Malers. Sehenswürdigkeiten der Altstadt sind vor allem der spätromanische Dom (13. Jh.), das spätgotische Rathaus (um 1500) und die Reste der alten Stadtbefestigung.

9 Bramsche Die Ursprünge der Stadt reichen in die Zeit Karls d. G. zurück. Mehr als 400 Jahre lang war sie die Stadt der Tuchmacher, ein Museum zeigt »live« die Verarbeitung der Wolle zum fertigen Tuch. Seit 1989 laufen archäologische Ausgrabungen am Ort der legendären Varusschlacht (9. n. Chr.) im Ortsteil Kalkriese – einen Überblick erhalten Besucher im Museum und Park Kalkriese. Nur von außen zu besichtigen ist die Wasserburg Alt Barenaue (1689) und auch das Schloss Neu Barenaue (1857–1862).

10 Malgarten Das ehemalige Benediktinerinnenkloster nahe Bramsche wurde 1194 gegründet und bis 1803 von Nonnen bewohnt. Aus der Entstehungszeit stammen der Kreuzgang des Westflügels und die barock ausgestattete Kirche St. Johannes.

Zwischenahner Meer

11 Bad Zwischenahn Eingebettet in die Parklandschaft des Ammerlandes erstreckt sich das Moorheilbad am Ufer des Zwischenahner Meeres. Das älteste Wahrzeichen der Stadt ist die Pfarrkirche St. Johannes der Täufer (1124 erstmals erwähnt) am alten Marktplatz. Beachtung verdienen auch das Alte Kurhaus (1874/1908) und das Kasino. 1897 gab es in der Gemeinde neun tätige Mühlen. Die Kappenwindmühle (1811) ist heute das Schmuckstück des Freilichtmuseums »Ammerländer Bauernhaus«.

12 Dreibergen Am Nordufer des Meeres fallen »drei Berge« auf, Reste einer der größten Hügelburgen Nordwestdeutschlands. Burg Elmendorf hatte ihre Blütezeit im 12 Jh. und verfiel seit dem 14. Jh.

Freizeit & Sport

Wassersport Das Steinhuder Meer, der Dümmersee, das Zwischenahner Meer, der Alfsee und das Große Meer gelten als Dorado für Wassersportler. Segler, Surfer, Kanuten, Paddler und Tretbootfahrer finden Boots- und Surfbrettverleihe, Segel- und Surfschulen. Am Steinhuder Meer ist außerdem Kite-Boarden möglich, das Große Meer eignet sich sehr gut für Surfanfänger, und der Alfsee verfügt über eine spektakuläre Wasserskianlage. Auf dem Steinhuder Meer und dem Dümmersee werden Segelregatten veranstaltet.

Bootsausflug auf dem Steinhuder Meer

Steinhuder Meer Tourist-Information Steinhude (*www.steinhuder-meer.de*).
Dümmersee Tourist-Information Dümmerland (*www.duemmer.de*).
Zwischenahner Meer Kurverwaltung Bad Zwischenahn (*www.bad-zwischenahn.de*).
Großes Meer Tourist-Info Südbrookmerland (*www.grossesmeer.de*).
Alfsee Alfsee-Gesellschaft (*www.alfsee.de*).
Angeln Als Anglerparadiese gelten das Große Meer und das benachbarte Kleine Meer (Hieve).
Auskünfte und Gewässerkarte über: Tourist-Info Südbrookmerland (*Tel. 04942 / 56 66*).

Im Herzen der Mecklenburger Seenplatte am Nord-

Die Mecklenburgische Seenplatte

Sanft geschwungene Hügelketten, ausgedehnte Wälder, Wiesen und Auen und dazwischen Hunderte von glitzernden Seen. Hier, wo Mecklenburg am schönsten ist, sind Mensch und Geschichte noch im Einklang mit der Natur.

Die Mecklenburgische Seenplatte im Mecklenburgischen Binnenland erstreckt sich zwischen Schwerin im Westen und der Uckermark im Osten. Die vielen kleinen, oft versteckt gelegenen und von Schilfgürteln umgebenen Seen liegen eingebettet in eine herrliche Naturlandschaft. Die Seenplatte ist ein Relikt der letzten Eiszeit, als durch das Vordringen der skandinavischen Gletscher breite, beckenartige Vertiefungen ausgehoben wurden, die sich nach dem Abschmelzen der Eismassen mit Wasser füllten. Schmelzwasser wuschen enge und tiefe Rinnen aus, die heute als schmale Rinnenseen in Erscheinung treten. Auch Moore, Feldsölle (trichterartige Hohlformen) und Feuchtgebiete zeugen von der eiszeitlichen Vergangenheit dieser Gegend.

Storchennest im Schlossgut Basedow

Die größten Gewässer der Seenplatte sind die Müritz (115 km²) und der Schweriner See (65 km²). Besonders stark häufen sich die Seen im Bereich des Schweriner Sees sowie im Gebiet zwischen Sternberg und Krakow. Nach Osten schließen sich daran zwischen Plau und Waren die »Großen Seen« an: der Plauer See (39 km²), der Fleesensee (11 km²), der Kölpinsee (20 km²) und schließlich die Müritz.

Nach Südosten setzt sich das Gewässerband in den Kleinseen rund um Neustrelitz und in den Feldberg-Lychener Seen fort. Auch der Tollensesee (17 km²) bei Neubrandenburg und die Ückerseen in der Uckermark werden noch zur Mecklenburgischen Seenplatte gezählt. Im Norden der Seenplatte liegt die an Burgen und Schlössern reiche Mecklenburgische Schweiz mit dem Malchiner See (14 km²), dem Kummerower See (33 km²) und dem Teterower See. Diese liebliche Landschaft erinnert mit ihrem malerischen Auf und Ab von Hügeln und Senken tatsächlich an Gebirgsgegenden.

Die häufig an Seen gelegenen Städte verströmen mit ihrer Fachwerkarchitektur Gemütlichkeit und Ruhe. Die ehemaligen Residenzen der Herzöge von Mecklenburg-Schwerin in Schwerin und Ludwigslust sowie die der Herzöge von Mecklenburg-Strelitz in Neustrelitz und Mirow sind die städtischen Mittelpunkte der ländlichen Region. Sie beherbergen bis heute viele wertvolle Baudenkmäler wie das Mirower Schloss und das Schloss Hohenzieritz. Die größte Stadt der Region, Neubrandenburg, ist durch ihre gut erhaltene Wallanlage mit den prächtigen vier Toren weithin bekannt. Als einzige Höhenburg Norddeutschlands ist Burg Stargard besonders sehenswert.

Die Städte der Mecklenburgischen Seenplatte haben alle ihren eigenen Reiz: die

ufer der Müritz liegt Waren, das Tor zum Müritz-Nationalpark und das Wassersportzentrum der Region.

Der größte See der Seenplatte, die Müritz, ist seit 1990 Nationalpark.

Kleinstadt Plau am See ist ein Luftkurort mit einer alten Burganlage, die Inselstadt Malchow Sitz eines alten Zisterzienserklosters, Röbel/Müritz mit Fachwerkhäusern und gotischen Kirchen liegt an der Binnenmüritz und ist das Mekka der Segelfreunde, Waren/Müritz ist Kreisstadt, Luftkurort und Tor zum Müritz-Nationalpark. Die Mecklenburgische Seenplatte gehört mit ihren über 1000 Gewässern zu den schönsten zusammenhängenden Seengebieten Europas. Die Müritz sowie die umliegenden Seenlandschaften bieten ideale Bedingungen für Segler, Surfer und Wasserwanderer, sind doch die Seen oft durch natürliche und künstliche Kanäle miteinander verbunden. Aber auch weniger sportliche Naturliebhaber kommen auf ihre Kosten. In den zahlreichen Schutzgebieten finden sie eine artenreiche Tier- und Pflanzenwelt vor.

In den alten Residenzstädten und kleinen Ortschaften können dagegen die Kulturinteressierten viele große und kleine Schätze entdecken.Die Seenplatte ist eine Landschaft, die zu jeder Jahreszeit ihre ganz eigenen Reize entfaltet: im Herbst, wenn Nebelschleier über die Seen ziehen und das bunte Laub der jahrhundertealten Eichen die letzten kräftigen Sonnenstrahlen zu herrlichem Farbspiel ermuntert; im Winter, wenn entlang der Deutschen Alleenstraße die Bäume raureifbedeckt glitzern; im Frühjahr, wenn die Luft vom Duft der blühenden Rapsfelder erfüllt ist und natürlich im Sommer, wenn unter dem hohen Himmel die bunt in der Sonne glitzernden glasklaren Seen erfrischende Abkühlung verheißen.

Großes Bild oben: Röbel ist einer der beliebtesten Erholungsorte an der Müritz.

Inmitten der Seenplatte, auf einer Fleesensee-Insel gelegen: Malchow mit neogotischer Klosterkirche

Das Güstrower Schloss ist das größte Renaissancebauwerk in Mecklenburg-Vorpommern.

Inselreich, malerisch und Sperrgebiet für Motorboote: der Krakower See östlich von Goldberg

Restaurants mit Seeblick

Eine Schweriner, wenn nicht sogar eine Mecklenburger Institution ist das in der Innenstadt gelegene Restaurant **Pück** (*Puschkinstraße 37, Tel. 0385/56 32 53*). Wer nach dem Essen noch immer nicht genug hat, sollte sich im Delikatessenverkauf in der »Buscherie« umschauen: Allerlei Leckeres steht zur Auswahl. Direkt am Sternberger See gelegen und mit einer beeindruckenden Aussicht auf das am anderen Seeufer befindliche malerische Städtchen Sternberg bietet das Restaurant **Seehotel** (*Johannes-Dörwaldt-Allee 4, Tel. 03847/3 50*) regionale Gerichte. Der Fisch wird fangfrisch aus den umliegenden Seen zubereitet.

Das **Kurhaus** am Inselsee (*Heidberg 1, Tel. 03843/85 00, www.hotel-kurhaus-guestrow.m-vp.de*) in Güstrow serviert inmitten des Landschaftsschutzgebietes Güstrower Inselsee eine leichte internationale Küche und regionale Fischspezialitäten.

Schwerins Altstadt: Cafés am Pfaffenteich in der Nähe des Doms

Weite Felder, sanfte Hügel und glitzernde Seen – so präsentiert sich der Westteil der Mecklenburgischen Seenplatte. Die kleinen beschaulichen Fachwerkstädtchen und die alten Gutsdörfer laden zum Verweilen und Träumen ein. Die wenigen größeren Städte wie Schwerin und Güstrow verzaubern dagegen mit ihren prachtvollen Schlössern und Parkanlagen.

1 Schwerin Die alte Residenz der mecklenburgischen Herzöge ist heute Landeshauptstadt Mecklenburg-Vorpommerns und durch ihre hübsch restaurierte historische Altstadt mit dem Schloss, aber auch wegen ihrer herrlichen Lage inmitten einer idyllischen Seenlandschaft ein touristischer Anziehungspunkt. Zugleich gilt die Stadt als idealer Ausgangspunkt für Fahrten durch die Mecklenburgische Seenplatte. Rund 70 Seen breiten sich direkt vor den Toren der Stadt und innerhalb des Stadtgebiets aus. Selbst das Zentrum von Schwerin ist von Gewässern umgeben.

Ab 1850 erhielt Schwerin zahlreiche Repräsentationsbauten, die auch heute noch das Bild der Stadt prägen. Das Wahrzeichen Schwerins ist das ehemalige herzogliche Residenzschloss. Der um einen Innenhof angelegte Schlossbau erhielt sein heutiges Aussehen Mitte des 19. Jh. nach dem Vorbild des französischen Schlosses Chambord. Die malerische Lage auf der kleinen Insel sowie die vielen Türme und Giebel verleihen dem Schlossbau ein geradezu märchenhaftes Aussehen.

2 Schweriner See Der 21 km lange und 3 bis 5 km breite Schweriner See ist mit seiner Größe von rund 65 km² nach der Müritz das zweitgrößte Gewässer in Mecklenburg-Vorpommern. Für die Bewohner von Schwerin ist er ein beliebtes Naherholungsgebiet mit vielfältigen Freizeitmöglichkeiten. Baden, Segeln und Surfen sind hier ebenso gut möglich und beliebt wie Wanderungen entlang der bewaldeten Ufer des Sees.

Der See hat über die Stör einen natürlichen Abfluss nach Süden und damit zur Elbe und einen künstlichen Abfluss nach Norden zur Ostsee durch den Wallensteingraben. In der Mitte zieht eine Moränenstaffel durch den Schweriner See, auf der 1842 der Paulsdamm mit der Chaussee nach Güstrow und Neubrandenburg aufgeschüttet wurde. Dieser Damm trennt den Schweriner Binnensee vom Außensee.

3 Sternberg Die Kleinstadt östlich von Schwerin liegt am Südwestufer des gleichnamigen Sees und diente den mecklenburgischen Fürsten zeitweilig als Residenz. Vor allem um den Marktplatz besitzt die Stadt noch viele Fachwerkhäuser aus dem 18. und 19. Jh.

4 Durchbruchstal der Warnow Bei Groß Görnow nördlich von Sternberg lockt ein kleines Naturwunder die Wanderfreunde. Die Flüsse Mildenitz und Warnow fließen hier zusammen und durchbrechen in einem wildromantischen, bis zu 30 m tief eingeschnittenen Tal die umliegenden Höhenzüge. Das Gebiet gilt als Zufluchtsstätte vieler Vögel.

5 Bützow Mit seiner frühgotischen Backsteinkirche und den kleinen malerischen Fachwerkhäusern ist Bützow typisch für das mecklenburgische Binnenland. In vielen kleinen verträumten Ortschaften in der Umgebung von Bützow stehen noch gut erhaltene Dorfkirchen und typische alte Bauernhäuser.

6 Güstrow Der im Tal der Nebel gelegene Ort ist mit dem Dom, dem Schloss und der Ernst-Barlach-Gedenkstätte sowie zahlrei-

Einer von etwa eintausend Seen in Mecklenburg-Vorpommern: Angeln auf dem Kleinpritzer See bei Sternberg

Weithin sichtbar erhebt sich der Güstrower Dom über das flach gewellte Land.

chen Baudenkmalen eine Stadt mit Sehenswürdigkeiten von hohem Rang. Die planvoll angelegte Stadt kam im 14. und 15. Jh. durch Tuchproduktion, Wollhandel und Brauereien zu einigem Wohlstand. Ab 1556 war Güstrow Sitz der Herzöge von Mecklenburg-Güstrow. 1910 machte der Bildhauer, Grafiker und Dichter Ernst Barlach Güstrow zu seiner Wahlheimat.

Das Schloss von Güstrow ist das größte Renaissancebauwerk in Mecklenburg-Vorpommern. Der mit Türmen, Giebeln und Erkern abwechslungsreich gestaltete Dreiflügelbau wurde Mitte des 16. Jh. errichtet und enthält prächtige Innenräume, deren Eleganz die Besucher staunen lässt. In der Stadtmitte erhebt sich der gotische Dom. Zu seinen bedeutenden Ausstattungsstücken zählen das monumentale Marmorgrab für Herzog Ulrich III. und Ernst Barlachs weltbekannte Bronzeskulptur *Der Schwebende*.

Renaissanceschloss Basedow am Malchiner See östlich von Güstrow

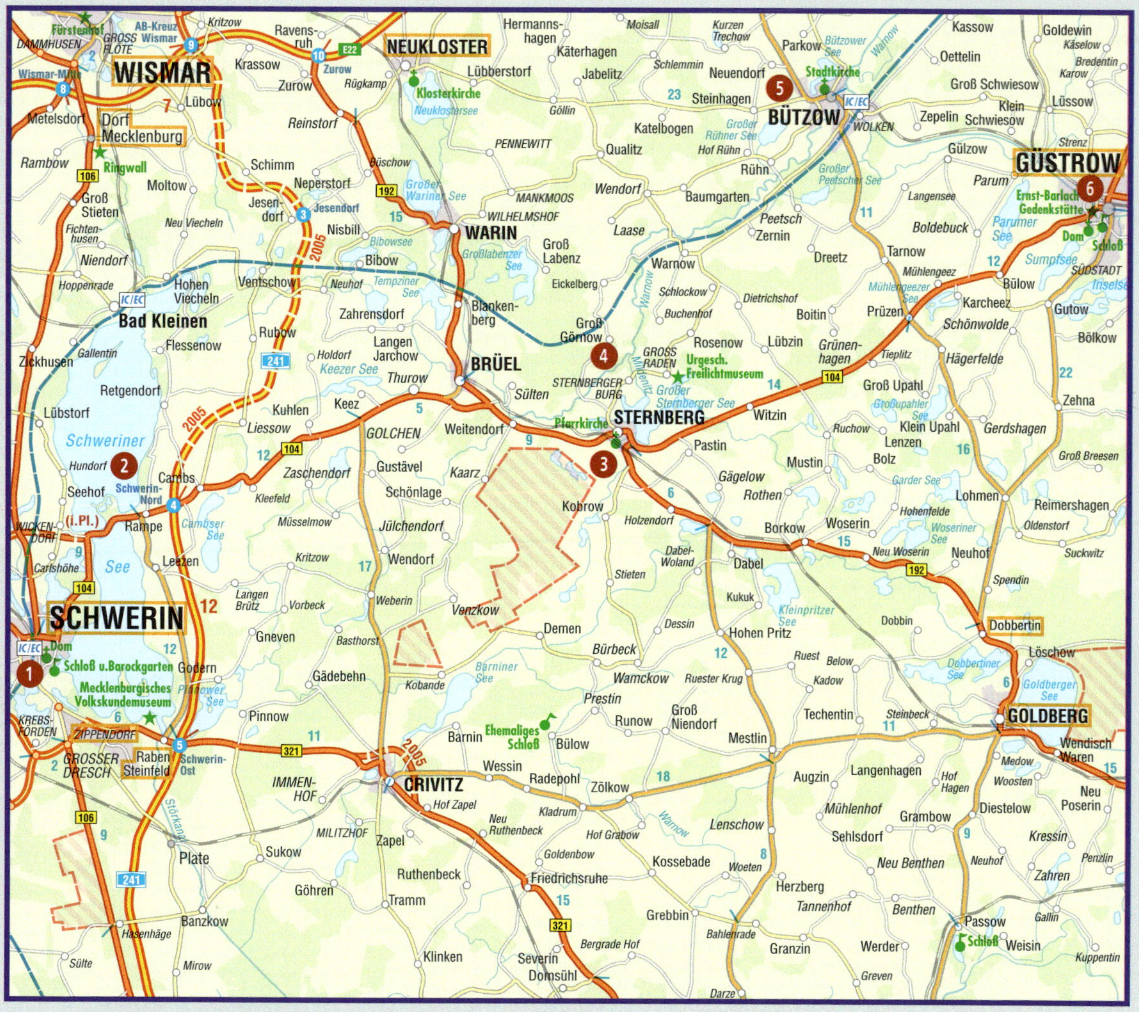

Freizeit & Sport

Wasserwandern ab Schwerin Eine interessante Kanutour führt von Hohen Viecheln am Nordende des Schweriner Sees nach Wismar zur Ostsee, eine zweite, ein- bis mehrtägige Tour über den Schweriner See. Infos unter *www.schweriner-see.de.* Dort findet man auch ganz allgemein die umfassendsten Informationen zum Freizeitangebot am Schweriner See.

Wasserwandern auf der Warnow Eine mehrtägige Kanuwanderung führt vom Sternberger See zur Ostsee. Informationen über die geführten Touren und Kanuverleih erteilt die Kanuvermietung Sternberg (*Maikamp 11, Tel. 03847/25 34, www.camping-sternberg.de*).

Freilichtmuseum Eine Attraktion für die ganze Familie ist das 4 km nordöstlich von Sternberg gelegene Archäologische Freilichtmuseum Groß-Raden (*Kastanienallee, Tel. 03847/22 52, www.gross-raden.de*). Nachgebaut wurden Wohnhäuser, Tempel, Werkstätten und Wehranlagen einer slawischen Siedlung aus dem 9. Jh.

Volkskundemuseum Im Mecklenburgischen Volkskundemuseum in Schwerin-Mueß werden am Südufer des Schweriner Sees die ländliche Architektur des 17. und 18. Jh. und die Arbeits- und Lebensweise der mecklenburgischen Bevölkerung anschaulich vermittelt (*Alte Crivitzer Landstraße, Telefon 0385/20 84 10*).

Leinen los für eine Tour auf dem Plauer See und der Elde-Müritz-Wasserstraße: Anlegestelle in der alten Fischer- und Flößerstadt Plau

Plau: historische Hubbrücke über die Elde

Mit saubserster Luft und glasklarem Wasser ist die so reich mit Wasser gesegnete Landschaft westlich und östlich der Müritz ein Paradies für Freizeitkapitäne, aber auch für Radfahrer, Wanderer und Reiter. Umgeben von saftigen Wiesen und ausgedehnten Wäldern liegen hübsche Ortschaften malerisch in wogende Felder eingebettet.

Restaurants mit Seeblick

Idyllisch – mitten im Teterower See auf der geschichtsträchtigen Burgwallinsel – empfängt das Restaurant **Wendenkrug** (*Burgwallinsel, Tel. 03996/1 28 40*) in Teterow seine Besucher. Die ehemalige slawische Siedlungsstätte ist über eine Fähre oder mit der Barkasse *Regulus* zu erreichen. Das geschmackvoll eingerichtete Restaurant mit großer Seeterrasse bietet als Höhepunkt eine Slawenschänke, die von der Möblierung bis hin zum Geschirr im urigen »typisch slawischen« Ambiente gehalten ist.

Im Restaurant **Fischerhaus** in Plau am See (*An der Metow 12-14, Tel. 038735/83 90*) kann man die traditionelle Handwerkskunst beim Schaubacken und Fischräuchern hautnah miterleben. Das Restaurant hat sich auf frische Fischprodukte aus umliegenden Gewässern spezialisiert. Feine Speisen genießen bei schöner Aussicht kann man im **Hotel-Restaurant Eldebrücke** in Plau am See *(Dammstraße 26, Tel. 038735/ 85 30)*. Das traditionsreiche Haus, um 1900 erbaut, liegt direkt an der Elde und der historischen Hubbrücke im Zentrum von Plau und besizt ein wunderschönes Wintergartenrestaurant sowie eine große Freiterrasse mit Ausblick auf die Stadt Plau und die Elde.

1 Mecklenburgische Schweiz Die hügelige Seenlandschaft östlich von Güstrow, die sich zwischen Teterow und Malchin erstreckt, verdankt ihren Namen ihrem gebirgigen Charakter. Den Reiz dieser Landschaft machen vor allem die vergleichsweise starken Höhenunterschiede und der Wechsel von Äckern, Wiesen, Wäldern und Seen aus. Vom 96 m hohen Röthelberg bei Teterow bietet sich ein beeindruckender Blick über diese vielfältige Landschaft.

2 Teterow Bis in das 19. Jh. hinein war das kleine Städtchen eine Ackerbürger- und Handwerkerstadt. Auf der Insel im Teterower See stehen noch die Reste einer slawischen Fliehburg. Die Teterower Heidberge, die bis zu 100 m in die Höhe ragen, eröffnen ein breites Panorama über die Mecklenburgische Schweiz.

3 Plauer See Der lang gezogene, im Durchschnitt nur 8 m tiefe Plauer See ist das drittgrößte Gewässer Mecklenburg-Vorpommerns. Er wird von der Elde durchflossen und ist somit Teil der Elde-Müritz-Wasserstraße, die von der Müritz bis zum Schweriner See reicht.

4 Plau Am Westufer des Plauer Sees liegt am Austritt der Elde aus dem See das romantische Ackerbürgerstädtchen, dessen mittelalterlicher Stadtkern und die Nähe zum Wasser wesentlich zum Flair der alten Fischer- und Flößerstadt beitragen. Die Stadt wurde 1225 planmäßig erbaut und durch eine Festung gesichert. Bis heute hat sich Plau mit seinen Fachwerkhäusern den Charme einer typisch mecklenburgischen Ackerbürgerstadt bewahrt.

5 Naturpark Nossentiner-Schwinzer Heide Zwei Flüsse, die Nebel und die Mildenitz, 60 Seen und große Waldgebiete bestim-

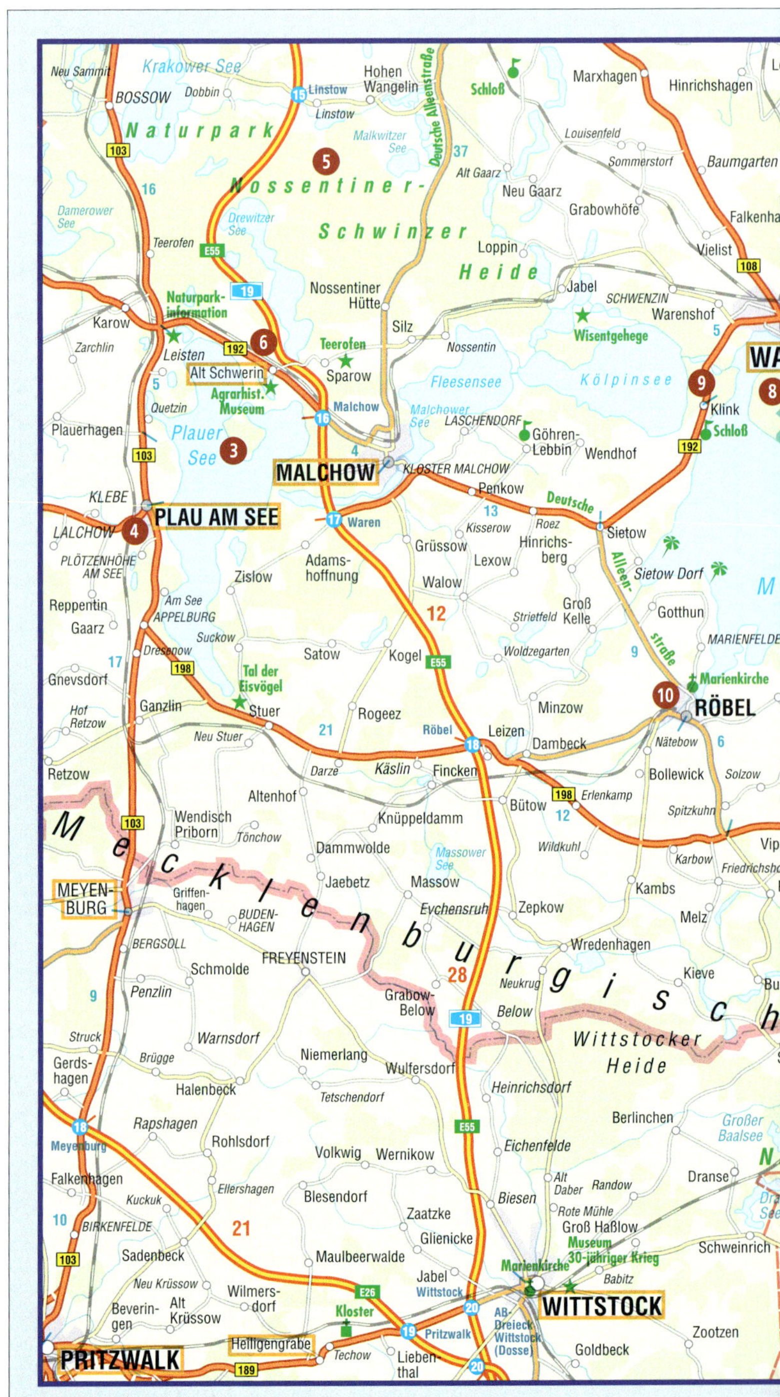

Röbel und seine gotische Backsteinkirche St. Marien – die Kleinstadt am Müritzwestufer mit ihrer charmanten Altstadt wird von Seglern und Wasserwanderern als Ausgangspunkt und Rastplatz geschätzt.

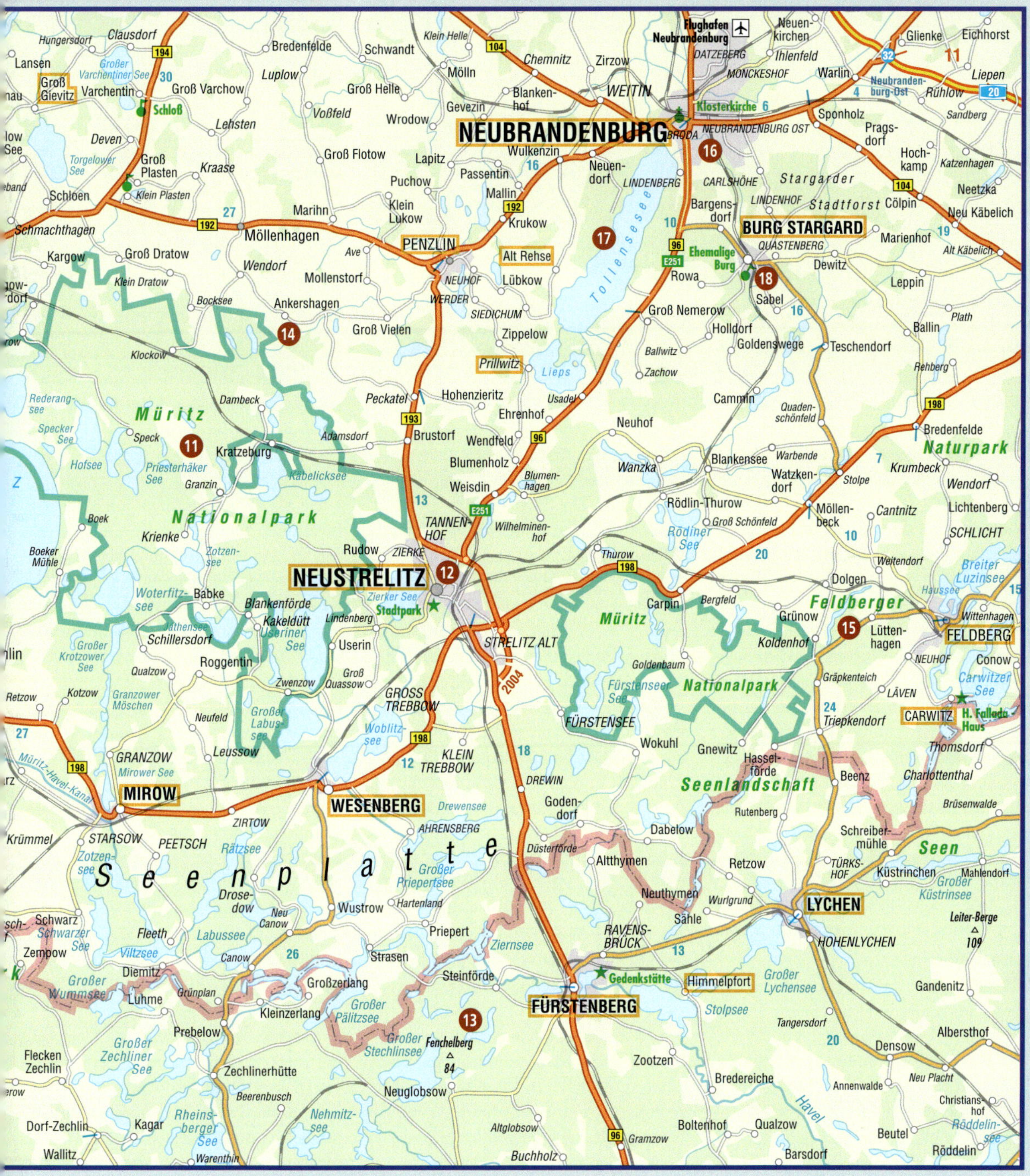

Freizeit & Sport

Alles Wissenswerte über die Müritz und die Mecklenburgische Seenplatte unter *www.mueritz.de*.

Rad- und Bootsverleih Die landschaftlichen Reize dieser von Seen, Kanälen und Wald geprägten Region können mit dem eigenen oder gemieteten Boot, zu Fuß oder mit dem Fahrrad, hoch zu Ross oder mit der Kutsche entdeckt werden. Fahrräderverleihstationen und Reiterhöfe sind in fast jedem Ort der Mecklenburgischen Seenplatte zu finden.

Über Fahrrad- und Bootsverleiher informiert detailliert der Tourismusverband Mecklenburgische Seenplatte in Röbel an der Müritz *(Turnplatz 2, Tel. 039931/53 80, www.mecklen burgische-seenplatte.de/de/)*.

Urlaub auf dem Hausboot – an der Mecklenburger Seenplatte werden Kindheitsträume wahr.

Müritz-Nationalpark Naturkundliche Führungen werden vom Nationalparkamt Müritz in Hohenzieritz *(Schlossplatz 3, Tel. 039824/25 20, www.nationalpark-mueritz.de)* organisiert.

Freilichtmuseum Alt-Schwerin Das Museum in Malchow *(Dorfstraße 21, Tel. 039932/8 19 88)* vermittelt dem Besucher Einblicke in die Entwicklung der Landwirtschaft und des Landlebens in Mecklenburg. Ein dampflokbetriebener Pflug sowie weitere Gegenstände zeigen die technische Entwicklung in dieser Region.

Die Müritz ist mit 117 km² Fläche Deutschlands zweitgößter Binnensee und bekannt für ihr glasklares Wasser. Ein Teil des Ostufers gehört zum Müritz-Nationalpark, der 100 weitere Seen umfasst.

In den geschützten Schilfbereichen der Müritz ist der Graureiher zu finden.

Neubrandenburg: Stadtmauer mit Fachwerkhaus

Edelrestaurants am Wasser

Das Warener Restaurant **Kleines Meer** (*Alter Markt 7, Tel. 03991/64 80; www.kleinesmeer.de*), ausgezeichnet mit 14 Gault Millau-Punkten, gehört zu den besten Adressen Mecklenburg-Vorpommerns. Küchenchef Andreas Mahr kocht

Romantik an der Müritz: Schlosshotel Klink

neben internationalen Gerichten insbesonders feine regionale Speisen. Im Weinladen des Hotels, am alten Markt gelegen, kann man den vollmundigen Rotwein, den man im Restaurant trinken kann, und das Gebäck, das es zum Espresso gibt, auch kaufen. Von der Sommerterrasse des Restaurants lässt sich der weite Ausblick über die Müritz vortrefflich genießen.

Die in bedeutenden Gourmet-Führern empfohlene Küche des **Schlosshotels Klink** (*Tel. 03991/74 70, www.schlosshotel-klink.de*) kann man in zwei Restaurants, dem Garten Eden und dem Ritter-Artus-Keller, und in einem Hafenpavillon genießen. So kommen Feinschmecker und Liebhaber der rustikalen Küche gleichermaßen auf ihre Kosten.

men das Bild des nördlich vom Plauer See, Fleesen- und Kölpinsee gelegenen Naturparks. Weites flaches Land, ausgedehnte Kiefernforste und große Wasserflächen sind die dominierenden Landschaftsformen im Naturpark. Eingestreut sind versteckte Seen, geheimnisvolle Moore, artenreiche Trockenrasen, Bäche und kleine Flüsse. Zahlreiche Wasservögel leben in diesem Gebiet. Am Plauer See befinden sich alte Torfstiche, die allmählich verlanden. Die einzelnen Phasen der Verlandung von der offenen Wasserfläche über Schwingrasen bis hin zum Moorwald mit den darin vorkommenden typischen Pflanzen und Tieren können hier eindrucksvoll beobachtet werden. Ein außergewöhnliches Naturerlebnis bietet das Naturschutzgebiet Damerower Werder, in dem auf einer Halbinsel mit altem Baumbestand ein Wisentfreigehege eingerichtet wurde.

6 Alt-Schwerin Die kleine Ortschaft am Nordende des Plauer Sees ist beispielhaft für viele Gutsdörfer in Mecklenburg. Ein Freilichtmuseum dokumentiert die Entwicklung der Landwirtschaft und des Landlebens in Mecklenburg. Eine typische mecklenburgische Gutsanlage mit dazugehörigen Tagelöhner- und Landarbeiterhäusern sowie eine Dorfschule aus der Zeit um 1910 können besichtigt werden. Die Holländerwindmühle und weitere zahlreiche Gegenstände geben einen Einblick in die technische Entwicklung landwirtschaftlicher Produktion.

7 Müritz Die Müritz (slawisch »kleines Meer«) ist das größte Gewässer der Mecklenburgischen Seenplatte und eine Ferienregion par excellence. Die Müritz ist im Durchschnitt 6,50 m tief und durch den Müritz-Havel-Kanal mit der oberen Havel und vielen Seen dieses Gebietes verbunden.

8 Waren Die am Nordufer der Müritz, der so genannten Binnenmüritz, gelegene Kreisstadt ist das touristische Zentrum der Region. Auf dem höchsten Punkt von Waren thront die Pfarrkirche St. Georg, das älteste Bauwerk der Stadt. Waren erhielt wie andere Städte der Umgebung in der Mitte des 13. Jh. die Stadtrechte. Der Altstadt um die Georgenkirche und den alten Marktplatz schloss sich nur wenig später die so genannte Neustadt an. Zentrum dieses Stadtteils war die fürstliche Burg östlich der späteren Marienkirche.

Ein wirtschaftlicher Aufschwung vollzog sich erst im 19. Jh., als sich Waren zu einem regionalen Zentrum für das Müritzgebiet entwickelte. Neben der Eldekanalisierung und der damit verbundenen Verbesserung der Schifffahrt zur Havel und über die Elde zur Elbe in der ersten Hälfte des 19. Jh. war es der Chausseebau in der Mitte und vor allem die Anlage wichtiger Eisenbahnverbindungen zum Ende des 19. Jh., die Waren zu einem bedeutenden Verkehrsknoten in Mecklenburg machten.

9 Klink Dort, wo sich Müritz und Kölpinsee am nächsten kommen, liegt die Ortschaft Klink. Durch die Nähe der Eldeverbindung zwischen beiden Seen und der Eldebrücke hatte das Dorf im Mittelalter auch eine strategische Bedeutung. Bei Schloss Klink, heute ein Hotel, meint man vor dem Schloss Dornröschens zu stehen. Von der großzügigen Terrasse bietet sich ein atemberaubender Blick über den See. Den Traum erfüllten sich vor über 100 Jahren Hedwig und Arthur von Schnitzler, die den Architekten Griesebach mit dem Bau eines Schlosses in Anlehnung an die Loireschlösser beauftragten.

10 Röbel In einer Bucht am Südwestufer der Müritz liegt der viel besuchte Erholungsort Röbel. Die malerische Kleinstadt mit ihren vielen bunten restaurierten Fachwerkhäusern und den beiden markanten Backsteinkirchen zählt zu den typischen kleinen Städten dieser Region.

11 Müritz-Nationalpark Der größte Teil des 318 km² umfassenden Müritz-Nationalparks,

Andenken an eine Königin: Luisentempel im Schlosspark von Neustrelitz am Zierker See

Abendstimmung am Großen See bei Fürstenwerder nordwestlich von Feldberg

Durch Fontane und Tucholsky literarisch bekannt: Schloss Rheinsberg im Süden der Seenplatte

einer von eiszeitlichen Schmelzwässern geprägte Sanderlandschaft, liegt am Ostufer der Müritz und wird in etwa durch die Städte Waren, Neustrelitz und Mirow begrenzt. Der zweite, wesentlich kleinere Teil, umfasst die im Osten von Neustrelitz gelegenen Endmoränenzüge um Serrahn und reicht bis zum Hirschberg (143,5 m), der höchsten Erhebung des Nationalparks.
Rund 65 Prozent des Parks sind von Wald bedeckt, das Gebiet ist sehr dünn besiedelt und weist daher noch viel ursprüngliche Natur auf. Eine große Zahl und viele vom Aussterben bedrohte Pflanzen und Tiere finden hier ideale Lebensbedingungen.
Große Buchenwälder, die seit 40 Jahren nicht mehr bewirtschaftet wurden, befinden sich im Serrahner Teil des Nationalparks.
⓬ **Neustrelitz** Die barocke Kleinstadt liegt am Zierker See und ist das Tor zur Neustrelitzer Kleinseenplatte. Nach dem Brand des Schlosses in Altstrelitz 1712 verlegten die Herzöge von Mecklenburg-Strelitz ihre Residenz hierher, ließen das Schloss bauen und gründeten 1733 das dazugehörige Städtchen, das bis 1918 Herzogsresidenz blieb.
Mittelpunkt der Innenstadt ist der Markt, von dem strahlenförmig acht breite Straßen wegführen. Die Bebauung stammt überwiegend aus der zweiten Hälfte des 19. Jh. Das Schloss wurde 1945 zerstört. Erhalten blieb aber der ebenfalls im 18. Jh. angelegte Barockgarten, der im 19. Jh. zu einem Landschaftspark umgestaltet wurde. Innerhalb der Parkanlage finden sich kleinere Bauten wie ein Tempel zu Ehren von Königin Luise von Preußen, die der herzoglichen Familie entstammte. Am Südostrand des Parks steht die neogotische Schlosskirche.
⓭ **Neustrelitzer Seengebiet** Als nahezu unberührte Seenlandschaft erstreckt sich das Neustrelitzer Seengebiet mit seinen über 300 Gewässern zwischen der Müritz im Nordwesten und der Lychen-Templiner Seenplatte im Südosten. In dem größtenteils waldbedeckten Hügelland liegen Talrinnen mit kleinen Seen, Heidelandschaften und kiefernbestandene Talsandflächen. Dünen wechseln mit Laubwäldern. Nur kleine Flächen werden landwirtschaftlich genutzt. Oft sind in den einzelnen Rinnen mehrere Seen hintereinander angeordnet, die nur von trockenen Senken und feuchten Wiesenniederungen unterbrochen werden. Auch die Havel, die im Neustrelitzer Seengebiet entspringt, ist hier mal See, mal Fluss.
⓮ **Ankershagen** Im 20 km nordwestlich von Neustrelitz gelegenen Städtchen verbrachte Altertumsforscher Heinrich Schliemann seine Kindheit. Vor dem ehemaligen Pfarrhaus, das heute ein Schliemann-Museum beherbergt, steht eine begehbare Kopie des Trojanischen Pferdes. Südlich des Ortes erstreckt sich in Nachbarschaft zum Müritz-Nationalpark das Landschaftsschutzgebiet Havelquellseen.
⓯ **Feldberg-Lychener Seenlandschaft** Den östlichen Abschluss der Mecklenburgischen Seenplatte bildet die Feldberg-Lychener Seenlandschaft, die zu den schönsten Erholungsregionen des Landes zählt. Paradebeispiel für einen Rinnensee, der durch die eiszeitlichen Gletscher seine Form erhielt, ist der 6 km lange und maximal nur 300 m breite und von Buchenwäldern umrahmte Schmale Luzin, der eine Tiefe von bis zu 50 m erreicht. Ein herrlicher Blick über diese reizvolle Seenlandschaft eröffnet sich vom 142 m hohen Reiherberg. Im Naturschutzgebiet Heilige Hallen stehen westlich von Feldberg bis 350 Jahre alte und mehr als 40 m hohe Rotbuchen.
⓰ **Neubrandenburg** Im Nordosten der Seenplatte liegt am Ufer des Tollensesees die Stadt Neubrandenburg. Die nach Kriegszerstörungen überwiegend modern gestaltete Innenstadt wird von einem vollständig intakten mittelalterlichen Befestigungsring mit ungewöhnlich reich geschmückten Stadttoren umschlossen. Die »Vier-Tore-Stadt« war bis zum Dreißigjährigen Krieg eine prosperierende Handwerker- und Handelsstadt.
⓱ **Tollensesee** Der beinahe 11 km lange und durchschnittlich nur 1 km breite Tollensesee ist ein beliebtes Ausflugsziel. Das frühere Sumpfgelände am Nordufer wurde in den 1970er-Jahren in einen Kultur- und Erholungspark umgewandelt. Am westlichen Steilufer steht das Belvedere (1823), das früher dem herzoglichen Hof als Ausflugsstätte diente.
⓲ **Burg Stargard** Das rund 10 km südöstlich von Neubrandenburg gelegene Städtchen weist schon in seinem Namen auf die aus dem 13. Jh. stammende Burg hin. Von der Burg ist u. a. ein imposanter Bergfried erhalten geblieben.

Restaurants mit Atmosphäre

Die im klassizistischen Stil errichtete **Orangerie** in Neustrelitz (*An der Promenade 22, Telefon 03982/20 61 22*) wirkt auch im Inneren nachhaltig. Wunderschön ist das Ambiente der Gasträume mit Malereien an Decken und Wänden. Die Speisekarte bietet neben regionalen Gerichten auch internationale Küche.

Genießen in traumhaftem Ambiente: »Orangerie« in Neustrelitz

Das Restaurant **Werderbruch** in Neubrandenburg (*Lessingstraße 14, Tel. 0395/5 44 30 13*) erinnert an eine finnische Hütte. Ob man nun im gemütlichen Fischerstübchen oder im stilvollen Restaurant Platz nimmt, die Fischspezialitäten munden immer. Besonders schön sind der Sommergarten und die Lage am Tollensesee.

Segeln auf der Listertalsperre, einem aufgetauten Seitenarm des Biggetalsperre

Die Stauseen der Mittelgebirge

Zu den landschaftlichen Höhepunkten der Mittelgebirge gehören heute die Talsperren, die inmitten der bergigen Umgebung durch das Aufstauen von Flüssen geschaffen wurden. Besonders reich an diesen Seen von Menschenhand ist die Ferienregion Sauerland.

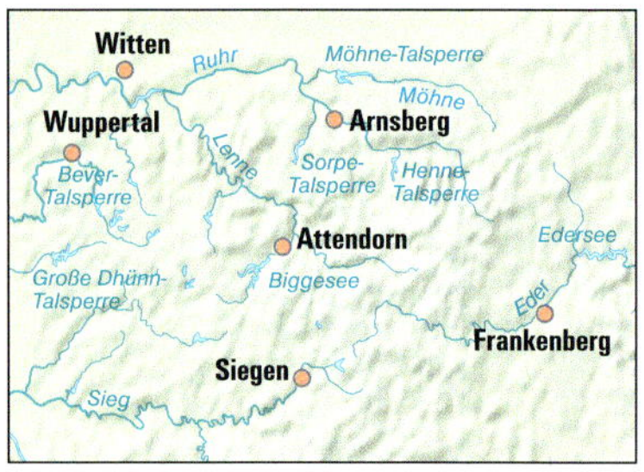

Einige Gebiete in Deutschland sind aufgrund der eiszeitlichen Vergletscherung geradezu üppig mit natürlichen Seen ausgestattet. Nach dem Abschmelzen hinterließen die Gletscher Becken, die sich rasch mit dem reichlich vorhandenen Schmelzwasser füllten.

Im Unterschied zu diesen Regionen im Norden und Süden Deutschlands fehlt im mittleren Teil dieser Formenschatz. Hier half der Mensch nach und errichtete stehende Gewässer. Auf diese Weise entstand im Sauerland eine Seenregion, die sich an Attraktivität durchaus mit anderen Gebieten messen kann.

Die von bewaldeten Berg- und Hügelländern geprägte Region im Südosten Nordrhein-Westfalens ist Teil des Rheinischen Schiefergebirges. Das Sauerland umfasst mehrere Höhenzüge, darunter auch Rothaargebirge, Ebbegebirge, Lennegebirge und Arnsberger Wald. Diese Naturräume sind viel besuchte Wandergebiete, auch wenn die Berghöhen nur in wenigen Gebieten 800 m übersteigen. Der Reiz der Region wurde durch die Anlage von Stauseen jedoch gesteigert, zu deren größten der Biggesee, die Versetalsperre, der Sorpesee, der Möhnesee und der Hennesee zählen. Sie entstanden durch das Aufstauen von Flüssen zum Zweck der Energiegewinnung, der Wasserversorgung des Ruhrgebietes und der Regulierung des Wasserstandes der Flüsse.

Die Möhnetalsperre wurde 1913 zur Sicherung der Wasserversorgung des Ruhrgebietes errichtet.

Auch die Freizeit- und Erholungsfunktion der Seen und ihrer Umgebung sind nicht zu unterschätzen: Wassersportler finden hier vielfältige Betätigungsfelder – sie können hier nach Belieben schwimmen, surfen, segeln, tauchen, angeln.

Die Personenschifffahrt spielt ebenfalls eine wichtige Rolle, und im Uferbereich der Seen wurde das Netz an Rad- und Wanderwegen ausgebaut.

Der Möhnesee im Norden des Sauerlandes ist der größte See Westfalens. Der Ort Delecke an seinem Nordufer bietet alles, was ein Strandbad zum Strandbad macht. Der südwestlich des Möhnesees errichtete Sorpesee liegt in schöner Mittelgebirgslandschaft und zieht vor allem diejenigen an, die die Kombination aus Wasser und Bergen lieben.

Komplettiert wird das Seendreieck im nördlichen Sauerland durch den Hennesee. Die am Fuß des Kahlen Asten, der höchsten Erhebung Nordrhein-Westfalens, angelegte Talsperre bietet sehr gute Wassersportmöglichkeiten.

Ein breites Freizeitangebot findet sich auch an der Versetalsperre und am Biggesee im südwestlichen Sauerland. Der durch das Aufstauen der Bigge – eines Neben-

Schloss Herdringen im Arnsberger Wald ist seit 1618 im Besitz der Familie von Fürstenberg.

Mit mehr als 2 km² Fläche bietet der Hennesee bei Meschede vielen Wassersportlern Raum.

flusses der in die Ruhr mündenden Lenne – entstandene Stausee ist nach dem Möhnesee die zweitgrößte Talsperre der Region. Auch für ihn mussten eine Reihe von Dörfern und die gesamte Verkehrsinfrastruktur verlegt werden. Den See zeichnet eine Reihe schöner Buchten und Halbinseln aus, bei den Seglern ist er aufgrund seiner Größe ein beliebtes Revier. Die im Biggesee gelegene Insel Gilberg – eine »versunkene Bergkuppe« – wurde zum Naturschutzgebiet erklärt.

Im Sauerland wurden mehrere Orte wegen ihrer guten Luftqualität zu Kurorten ausgebaut – auch dies trug zur Entwicklung der Region zu einem wahren Touristenmagneten bei. Und dies nicht nur im Sommer – schließlich sind die höher gelegenen Bereiche der Region beliebte Wintersportgebiete. Highlights für Besucher sind zudem die Höhlen. Da neben Schiefer vor allem Kalkstein verbreitet ist, sind Teile des Sauerlandes verkarstet. Im Zuge der Verkarstung entstanden viele Höhlen, die sich besonders im Gebiet um Attendorn am Nordufer des Biggetalsperre konzentrieren. Einige wie etwa die Atta-Höhle, eine faszinierende Tropfsteinhöhle, können besichtigt werden.

Der vielleicht wenig romantisch klingende Name Sauerland wurde übrigens nicht vom Wort »sauer« abgeleitet, sondern von »sur« aus dem mittelalterlichen Niederdeutsch, was etwa soviel wie »schwierig« bedeutet. Er geht auf eine Zeit zurück, in der es vor dem gezielten Ausbau der Verkehrswege schwierig war, durch das Sauerland zu reisen. Doch jene Zeiten gehören längst der Vergangenheit an.

Großes Bild oben: Westfalens größter künstlicher See, der Biggesee, ist bis zu 52 m tief.

1935 entstand mit dem Sorpesee im Sauerland die damals größte Talsperre Europas.

Der mitten in einer waldreichen Gegend gelegene Sorpeseee, mit 3,3 km² einer der großen Stauseen im Sauerland, ist unter Landschaftsschutz gestellt.

Eingebettet in eine waldreiche Landschaft liegen die fünf lang gestreckten Talsperren Möhne-, Henne- und Sorpesee im Norden sowie Versetalsperre und Biggesee im Südwesten. Neben Wassersport und Wandermöglichkeiten bieten die Seengebiete auch kulturelle Sehenswürdigkeiten: mittelalterlich geprägte Stadtkerne, Schlossruinen, Höhlen und Kunstfestivals. Die gesamte Region ist verkehrstechnisch hervorragend erschlossen.

1 Möhnesee Mit einer Wasserfläche von 10,4 km² ist der bis zu 40 m tiefe Möhnesee der größte See in Westfalen. Die von 1908 bis 1913 im Westen bei Günne errichtete 40 m hohe Mauer staut die Möhne, einen Nebenfluss der Ruhr, und trägt erheblich zur Regulierung des Wasserstandes beider Flüsse und damit zur Wasserversorgung des Ruhrgebietes bei.
Die 10 km lange Talsperre ist ein bedeutendes Naherholungsgebiet für die Bewohner dieses Ballungsraumes. Eine 700 m lange Brücke überquert den See bei Delecke am Nordufer im westlichen Teilbereich, zwei weitere finden sich bei Körbecke und Stockum. Bei einem Bombenangriff im Mai 1943 wurde die Staumauer schwer beschädigt, eine Flutwelle ergoss sich bis ins Ruhrtal. Sechs Monate später war sie jedoch wieder vollständig aufgebaut.

2 Strandbad Delecke Für Wassersportler gehört im Sauerland Delecke zu den ersten Adressen. Hier steht das entsprechende Equipment für Surfer, Angler, Ruderer und Taucher zur Verfügung. Die Wasserqualität des Möhnesees gilt nicht nur im ufernahen Bereich von Delecke als sehr gut. Am Ufer finden sich verschiedene gastronomische Einrichtungen eines Strandbads.

3 Naturpark Arnsberger Wald Der im Süden vom Ruhrtal und im Norden vom Haar begrenzte Naturpark wurde 1961 eingerichtet. Rund 80 % des 482 km² großen Gebietes sind bewaldet. Berge und Täler, Seen und Bäche bilden eine faszinierende und vielfältige Landschaft. Teile des Naturparks genießen besonderen Schutz. In eigens eingerichteten Gehegen leben Hirsche und Wildschweine sowie einige Exemplare des hier ursprünglich nicht heimischen Waschbären, dazu einige Luchse. Wanderfreunden steht im Naturpark ein über 650 km langes, abwechslungsreiches Wegenetz zur Verfügung.

4 Arnsberg Auf einem von der Ruhr umflossenen Bergrücken befindet sich Arnsberg, das kulturelle Zentrum der Region und Ausgangspunkt für Ausflüge in die Umgebung. Die von verwinkelten Gassen und Fachwerkhäusern geprägte mittelalterliche Altstadt strahlt einen besonderen Charme aus. Darüber thront die Ruine eines Schlosses (um 1100), das im Jahr 1762 während des Siebenjährigen Krieges zerstört wurde. Im Sauerlandmuseum sind Modelle des einst imposanten Baus zu sehen. Altes Rathaus, Glockenturm und Maximilianbrunnen prägen das Antlitz Alt-Arnsbergs. Ab 1816 wurde Arnsberg unter preußischer Herrschaft umfassend ausgebaut. Unter König Friedrich Wilhelm III. entstand das »Preußenviertel« mit vielen klassizistischen Bauwerken. Pompöse Jagdszenen zeigt das Hirschberger Tor. Einen wehrhaften Eindruck vermittelt Schloss Herdrin-

Die bewaldete Umgebung des Hennesees gilt als Wanderparadies.

Restaurants mit schöner Aussicht

Der **Seehof Möhnesee** in Möhnesee/Günne (*Möhnestraße 10, Tel. 02924/3 76*) bietet Fischspezialitäten bei herrlichem Blick auf den See. Im Seehof wird der ganze Reichtum des Meeres ausgebreitet.
In Delecke lockt das Hotel-Restaurant **Haus Delecke** (*Linkstr. 10–14, Tel. 02924/80 90, www.haus-delecke.de*) mit kulinarischen Genüssen und einer Sonnenterrasse mit Blick auf den See.
In den historischen Gemäuern der **Arnsberger Schlossruine** lässt sich zu mittelalterlichem Rahmenprogramm feudal tafeln. Ein Rittermahl im Knappensaal lässt sich beim Verkehrsverein Arnsberg e.V. (*Neumarkt 6, Tel. 02931/40 55*) buchen. Die herzhaften Gerichte werden auf handgetöpfertem Geschirr serviert.
Das Restaurant **Windrose** in Meschede (*Berghausen 14, Tel. 0291/2 00 00*) liegt direkt am Hennesee. Seeteufel mit Olivenpesto und Zuckerschoten ist nur eines von vielen Gerichten, die Feinschmecker überzeugen und immer wieder in die Windrose kommen lassen.

gen, dessen heutiges Erscheinungsbild aus dem 19. Jh. stammt.

5 Hennesee 1901–1905 wurde an der Henne bei Meschede eine 38 m hohe Staumauer errichtet. Im Lauf der Jahrzehnte wurde der Untergrund der Mauer so durchlässig, dass die Talsperre 1949 schließlich stillgelegt wurde. Nach langwierigen Untersuchungen entstand 1952–1955 etwa 200 m oberhalb eine neue Mauer. Der 60 m hohe Damm staut die Henne zu einer 2,1 km^2 großen Talsperre, dem Hennesee – ein Dorado für Taucher, Ruderer und Angler. Nahe der Staumauer zweigt vom Uferradweg ein 1,5 km langer Walderlebnispfad ab. Einzelne Stationen ermöglichen ein intensives Naturerlebnis.

6 Meschede An der Mündung der Henne in die Ruhr liegt Meschede mit seinem bedeutenden Benediktinerkloster auf dem Mescheder Dünnefeld. Es wurde 1934 bezogen, die imposante Abteikirche 1964 eingeweiht. Seither folgten mehrere Erweiterungen.

Lebhaft wird es in Meschede bei den KIS-Wochen – unter dem Motto »Kunst in der Stadt« präsentieren Künstler aus der Region regelmäßig ihre Werke in der Innenstadt. Gleichzeitig finden Aufsehen erregende Illuminationsspektakel statt, bei

Bis auf das Naturschutzgebiet Hevearm ist überall auf dem Möhnesee Wassersport möglich.

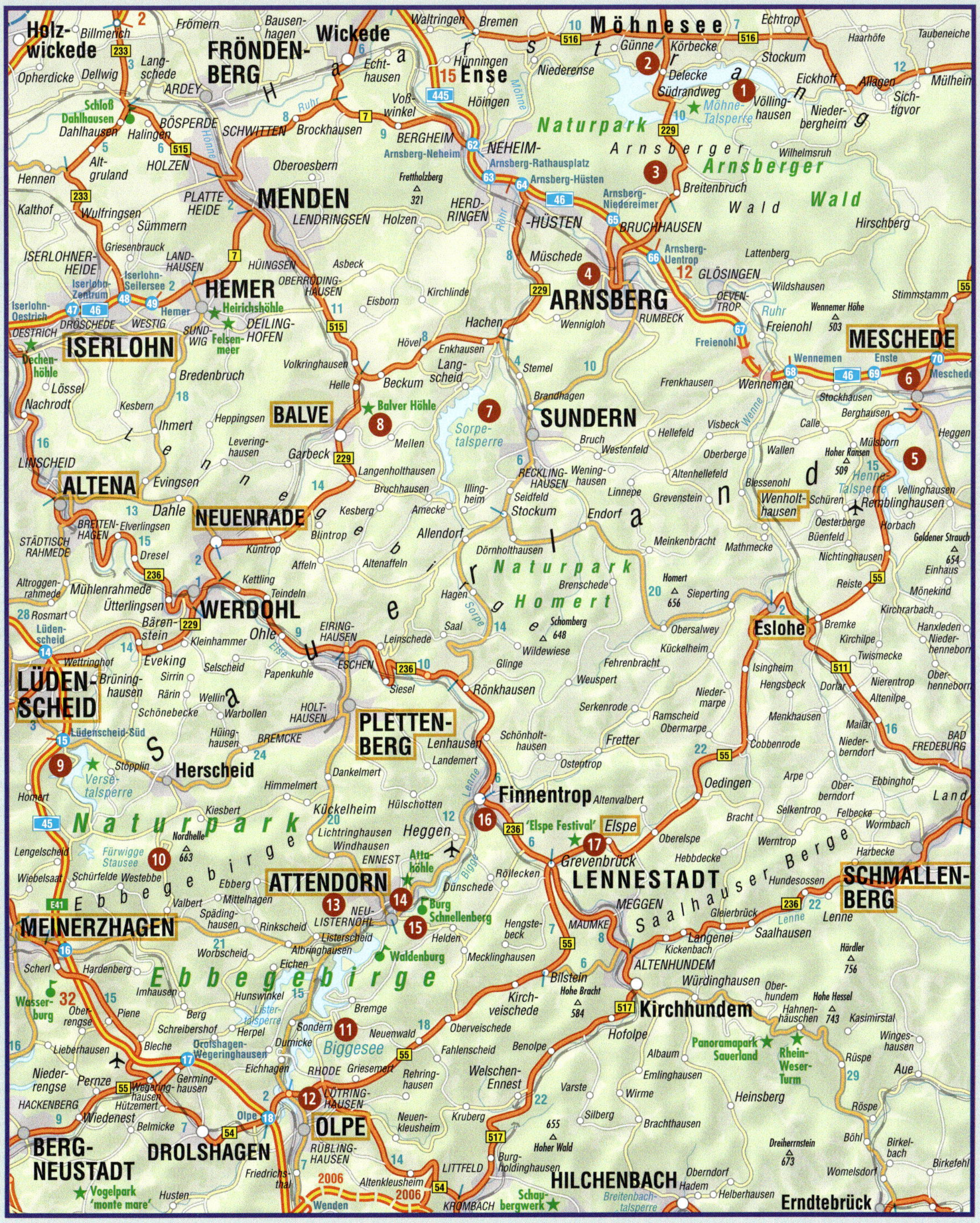

Freizeit & Sport

Segeln Der Möhnesee ist ein Erlebnis für Segler. In Möhnesee-Körbecke steht ein umfangreicher Bootspark zur Verfügung. Segelscheine können erworben werden. Buchung über Wassersportschule Herbst am Möhnesee (*Börnigeweg 19, Tel. 02924/15 80; www.wassersportschuleleherbst.de*).

Personenschifffahrt Bei einer Rundfahrt auf dem Hennesee mit dem 1969 erbauten Fahrgastschiff MS Hennesee lässt sich die malerische Umgebung entspannt genießen. Information über Personenschifffahrt Hennesee in Sundern (*Enkhauserstr. 14, Tel. 029 35/15 96, www.hennesee.de*).

Wandern Im Naturpark Arnsberger Wald finden regelmäßig Themenwanderungen statt, darunter Wald- oder Kräuterwanderungen oder der Besuch einer Fischzucht oder einer Imkerei. Auskunft: Geschäftsstelle Naturpark Arnsberger Wald in Soest (*Hoher Weg 1–3, Tel. 02921/30 22 32; www.naturparke.de*).

Auch Segelanfänger haben ihren Spaß.

Arnsberger Woche Jedes Jahr im Mai bietet die Arnsberger Woche einen facettenreichen Veranstaltungsreigen. Höhepunkt des Kulturprogramms ist das traditionsreiche Ruinenfest im einstigen Schloss der Arnsberger Kurfürsten. Information: Verkehrsverein Arnsberg e.V. in Arnsberg (*Neumarkt 6, Tel.: 029 31/40 55*).

Biggesee und Versetalsperre Olpe • Attendorn

Personenschiffe mit Ausflüglern und Freizeitkapitäne auf ihren Segelbooten kreuzen auf dem riesigen, von dichten Wäldern umgebenen Biggesee.

Deftige Kost & leichte Küche

Das Burgrestaurant **Schnellenberg** in Attendorn (*Schnellenberg 1, Tel. 02722/ 69 40*) ist die erste Adresse für anspruchsvolle Gäste, die das Besondere suchen. In dieser Stätte stilvoller Gastlichkeit werden viergängige Schlossmenüs vom Feinsten kredenzt. Geradezu Kultstatus hat das Burgherrenfrühstück.

Im **Stillen Winkel** in Finnentrop-Rönkhausen (*Kapellenstraße 11, 57413, Tel. 023 95/91 69 00*) verwöhnen der Küchenchef und sein Team die Gäste mit moderner leichter Küche und einigen deftigen, bodenständigen Gerichten des Sauerlandes. Ein Klassiker am nördlichen Ufer des Biggesees ist das Restaurant **Breidebach** in Attendorn/Neu-Listernohl (*Tel.: 027 22/703 77*). Neben regionalen Spezialitäten werden in diesem traditionsreichen Betrieb auch internationale Gerichte angeboten.

Regionale Gerichte und gehobene leichte Küche stehen im Restaurant **Altes Olpe** in Koch's Hotel in Olpe auf dem Programm *(Bruchstraße 16, Tel. 02761/8 25 20)*. Und dazu ist man von einem traumhaft schönen Ambiente umgeben.

denen Lichtdesigner ihren Ideen freien Lauf lassen.

7 Sorpesee Auch diese Talsperre zählt mit 3,3 km² zu den großen Stauseen im Sauerland. Selbst aus dem Ruhrgebiet reisen die Besucher an, um sich hier zu erholen und Sport zu treiben. Die Sorpe ist ein kleiner Nebenfluss der Ruhr. Die Talsperre wurde 1925–1935 zur Energiegewinnung und Wasserstandsregulierung für die Trinkwassergewinnung aus der Ruhr erbaut. Größter Anziehungspunk ist der Luftkurort Langscheid am Nordufer mit Kurpark, Strandbad und Schiffsanlegestelle.

8 Balver Höhle Dieses Kulturzentrum von überregionaler Bedeutung vermittelt eine außergewöhnliche Atmosphäre. In der Balver Höhle gibt es keine Stalagmiten und Stalaktiten, dafür wird jedoch anspruchsvoller Kulturgenuss geboten. In der 54 m langen Haupthalle geben sich Opernsänger, Jazzgrößen und Bluesbarden ein Stelldichein.

9 Versetalsperre Der von den Sauerländern kurz Verse genannte See ist mit einer Wasserfläche von 1,7 km² nach dem Biggesee der größte Stausee im südlichen Sauerland und der fünftgrößte in der gesamten Region. Der Bau der Talsperre begann 1938, kam wegen des Zweiten Weltkriegs zeitweilig zum Erliegen und endete 1951 mit der Fertigstellung des Staudamms.

10 Naturpark Ebbegebirge 1964 wurde im Ebbegebirge ein 777 km² großes Gebiet zum Naturpark erklärt. Etwa zwei Drittel des Geländes, dessen größte Höhen 600 m überragen, sind bewaldet. Vorherrschende Baumarten sind Fichten, Buchen und Eichen. Hier findet eine artenreiche Vogelwelt ebenso einen Lebensraum wie zahlreiche Schmetterlinge. Naturschutz wird im Naturpark Ebbegebirge groß geschrieben. Besucher erhalten viele Informationen über die ökologischen Zusammenhänge im Wald und im gesamten Mittelgebirge. Das Netz an markierten Wanderwegen umfasst mehr als 1200 km.

11 Biggesee Zwischen Olpe und Attendorn erstreckt sich der Biggesee. Zu dieser 1957–1968 angelegten Talsperre gehört auch die bereits 1912 errichtete Listertalsperre, die nun eine Art Vorbecken des neu entstandenen Stausees ist. Die Gesamtfläche der Talsperre beträgt 8,8 km². Die größte Tiefe des ca. 20 km langen Sees liegt bei 52 m.

Der Biggesee dient der Regulierung der Wasserführung der Bigge, eines Nebenflusses der Lenne, die schließlich zur Ruhr entwässert. Auch als Energielieferant und als Trinkwasserreservoir spielt der Stausee eine große Rolle. Dazu ist er mit seiner Umgebung ein beliebtes Naherholungsgebiet. Segler, Surfer und Taucher tummeln sich bei entsprechendem Wetter im Biggesee, die Sportarten können auch in Schulen vor Ort erlernt werden. Wanderer und Radfahrer schätzen die abwechslungsreiche Umgebung des Sees. Viele Besucher reisen auch von außerhalb Westfalens an.

12 Olpe Die Kreisstadt am Südufer des Biggesees entstand an der Stelle, wo sich vor mehr als 1000 Jahren zwei wichtige Handelsstraßen kreuzten – der Römerweg und die Eisenstraße. An die lange Tradition der Eisenverarbeitung erinnert noch der »Pannenklöpper«. Diesem Pferdeschmied widmeten die Bewohner von Olpe auf ihrem Marktplatz ein Monument.

Reste der mittelalterlichen Stadtbefestigung sind noch vorhanden, darunter auch der früher als Gefängnis dienende Hexenturm. Weitere architektonische Schmuckstücke sind die im Stil der Neogotik errichtete Pfarrkirche St. Martinus (1907–1909), die Kreuzkapelle (1737) mit eindrucksvoller Rokokoausstattung und der Geschichtsbrunnen auf dem Kurkölner Platz. Die Reliefs auf diesem Brunnen dokumentieren die spannende Geschichte von Olpe, das 1311 die Stadtrechte erhielt. Lebhaft geht es in Olpe vor allem beim Stadtfest im Mai und beim Schützenfest im Juli zu.

13 Attendorn Olpes Pendant am Nordufer des nach dem Möhnesee zweitgrößten Stausees im Sauerland bietet einen interessanten Altstadtkern mit attraktiven Einkaufsstraßen. Doch die alte Hansestadt Attendorn erlebte in ihrer Geschichte auch Schicksalsschläge. Ein Teil der Stadt wurde 1783 bei einem Großbrand zerstört. Prächtige Bürgerhäuser fielen den Flammen zum Opfer und wurden durch hübsche Fachwerkhäuser ersetzt, die etwa in der »Vergessenen Straße« noch in sehr gutem Zustand sind. Wahrzeichen von Attendorn ist die Pfarrkirche St.Johannes Baptist, der Sauerländer Dom. Der Turm wurde um

Dorado für Wassersportler: Auf dem Biggesee können sich Segler ausleben.

Faszinierender Blick aus der Luft auf die Listertalsperre und den Biggesee

Treffpunkt und Ort für Open-air-Konzerte ist der Marktplatz in Olpe.

1200 begonnen, das Langhaus im 14. Jh. über älteren Bauten errichtet. Der Turm bekam später eine barocke Haube. Attendorns Geschichte wird lebendig bei historischen Stadtführungen unter Leitung eines Nachtwächters. Als »Klein-Köln« wird die Stadt wegen der Bedeutung des Karnevals bezeichnet. Eng geht es auf den Straßen vor allem beim Umzug am Veilchendienstag zu. Auch das Gauklerfest im Sommer und der Martinimarkt im November sind Besuchermagneten.

14 Atta-Höhle Der »Zauberberg« des Sauerlandes wurde im Sommer 1907 im Rahmen von Sprengarbeiten zufällig entdeckt. Die Atta-Höhle zählt unbestritten zu den schönsten Tropfsteinhöhlen in Deutschland und zu den attraktivsten Stätten in Westfalen. Umfangreiche Untersuchungen ergaben, dass das Kalksteinparadies sogar das größte zusammenhängende Höhlensystem in der Bundesrepublik ist. Die Vielfalt an bizarren Gesteinsformen fasziniert jeden Besucher und beschert ihm unvergessliche Erlebnisse. Zahllose Stalagmiten und Stalaktiten mit Längen von bis zu 4 m gestalten eine unterirdische Wunderwelt, die ihresgleichen sucht. Und die gigantische Höhle steckt immer noch voller Geheimnisse: Erst 1985 wurden in dem Höhlenlabyrinth, das im Lauf von Jahrmillionen entstanden war, weitere bis dahin unbekannte Wege freigelegt.

15 Burg Schnellenberg Die mächtigste Burganlage in Südwestfalen thront hoch oben auf einem Bergsporn. Erstmals urkundlich erwähnt wurde sie 1222. Heute beherbergt sie ein Hotel und ein Restaurant der Spitzenklasse. Auf zahlreiche Zeugnisse der Vergangenheit trifft der Besucher bei einem Rundgang durch die Gemäuer.

16 Finnentrop Die Gemeinde an der Mündung der Bigge in die Lenne erstreckt sich über vier landschaftlich reizvolle Täler, die von Rad- und Wanderwegen durchzogen werden. Einige Ortsteile zeigen die für die Region typischen schwarz-weißen Fachwerkhäuser. Barockliebhaber finden in der Pfarrkirche St. Mariä-Himmelfahrt einen sehenswerten Altar. Die große Bedeutung des Wassers im Raum Finnentrop belegen die zahlreichen Mühlen und Wasserkraftwerke.

17 Elspe Jedes Jahr werden beim seit 1958 stattfindenden Elspe Festival in Europas größter Freilichtbühne Klassiker von Karl May inszeniert. Diese Karl-May-Festspiele machten den ansonsten beschaulichen, von der Jakobuskirche (11./12. Jh.) und alten Fachwerkhäusern geprägten Ort weit über die Grenzen der Region hinaus bekannt.

Freizeit & Sport

Personenschifffahrt Seit 1967 kreuzt die Weiße Flotte mit ihren Schiffen über den Biggesee. Flaggschiff ist die *MS Westfalen*, daneben verkehrt auch die *MS Bigge*. Buchung über Personenschifffahrt Biggesee in Olpe-Sondern/Biggesee (*Am Hafen 1, Tel. 02761/9 65 90*).

Kutsch- und Planwagenfahrt Eine genussvolle Fahrt mit Pferdewagen führt in die ufernahen Bereiche des Biggesees. Die reizvolle Umgebung präsentiert sich hier im Galopptempo. Informationen erteilt das Touristikbüro der Stadt Olpe (*Franziskanerstraße 6, Tel. 02761/83 12 29*).

Reiten Wer die Zügel lieber selbst in die Hand nimmt, kann dies in einem wahren Reiterparadies tun. Neben Geländereiten wird auch Reiten in der Halle angeboten. Zur Auswahl stehen Haflinger und Islandpferde, Hannoveraner und Shetlandponys. Auskunft erteilt das Gestüt Birkenhof in Drolshagen (*Bergstraße 11, Tel. 02761/38 79, www.birkenhof-isi.de*).

Höhlenbesichtigung Das ganze Jahr über kann die faszinierende Atta-Höhle besichtigt werden. Egal wie das Wetter ist – die Höhlentemperatur beträgt konstant um die 9 °C. Die Führung durch die leicht begehbare Höhle dauert ca. 40 min. Informationen bei der Attendorner Tropfsteinhöhle in Attendorn (*Tel. 02722/9 37 50; www.attahoehle.de*).

Publikumsmagnet: Karl-May-Festspiele in Elspe

Karl-May-Festspiele Show und Entertainment pur – wenn sich Winnetou und Old Shatterhand beim Elspe-Festival begegnen, sind jedes Jahr rund 300 000 Zuschauer begeistert. Reservierung in Lennestadt/Elspe (*Zur Naturbühne 1, Tel. 02721/9 44 40*).

Phantastische Welt aus Stalagmiten und Stalagtiten: die Atta-Höhle im Sauerland

Seen der Voralpen und Alpen

Sanfte Moränenhügel und leuchtende Seen, in denen sich bei Föhn die Berggipfel spiegeln, garantieren die unverwechselbare Schönheit und Attraktivität des bayerischen Voralpenlandes.

König Ludwigs II. Prachtschloss auf der Insel Herrenchiemsee

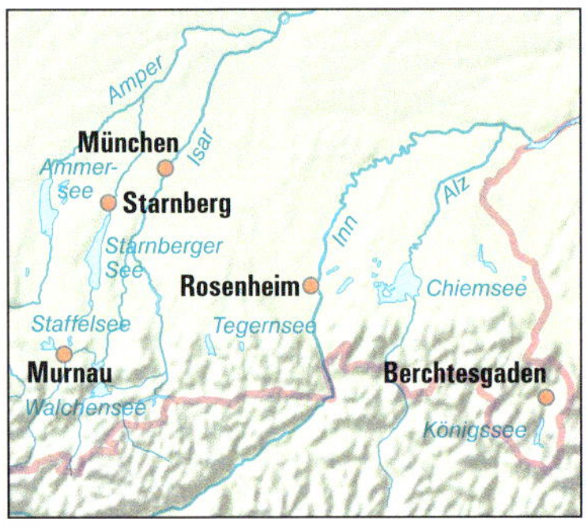

Sämtliche alpennahen Seen Bayerns entstanden nach der letzten Eiszeit. Auch wenn alle diese Seen nahezu gleich alt sind, ist doch jeder eine Welt für sich, mit eigenen floristischen und botanischen Verhältnissen, eigener Landschaft, eigenem Klima.

Kein Ufer gleicht dem anderen, jedes hat seine eigene Atmosphäre. Vieles hängt von der Tiefe der Gewässer ab, die unterschiedlicher nicht sein könnte: Die tiefsten bayerischen Seen sind der Walchensee mit 192 m und der Königssee mit 186 m. Die größte Tiefe des Starnberger Sees liegt bei 127 m, der Ammersee bringt es auf 82 m, der Chiemsee auf 73 m. Manche haben große Verlandungszonen wie etwa der Chiemsee, andere beeindrucken mit riesigen Wassermassen wie etwa der Starnberger See (3,5 Mio. m^2). Die Natur alleine würde aber noch keineswegs die heute so

Bronzelöwen aus dem Jahr 1870 halten Wacht: Tutzing am Westufer des Starnberger Sees

geschätzte Atmosphäre eines Sees ausmachen, vielmehr waren es erst die Menschen, die die eiszeitlich modellierte Landschaft über Jahrhunderte hinweg zu einer einzigartigen Kulturlandschaft gestaltet haben. An den Siedlungen und Höfen des Bauernlandes rund um die Seen lässt sich bis heute erkennen, mit wie viel Verstand und sicherem Instinkt für das richtige Maß hier gehandelt wurde.

Der Neuzeit blieb es vorbehalten, die Seen zum Vergnügen zu nutzen. Als erstes »Vergnügungsgewässer« wurde der Starnberger See entdeckt, auf dem Kurfürst Ferdinand Maria 1663 das Prunkschiff *Bucentaur* bauen ließ, eine Prunkgondel im venezianischen Stil, die 500 Personen fasste und von mehr als 100 Ruderern bewegt wurde. Anfang des 19. Jh. verkehrten bereits die ersten Dampfschiffe auf dem See, und hofnahe Münchner fanden es schick, prächtige Villen an den See zu setzen, die ihm seinen heutigen »vornehmen« Charakter geben.

Eher bäuerlich, naturnaher und vielleicht auch etwas gemütlicher geht es am großflächigen Ammersee zu. Mit seinen 47,6 km^2 ist er Bayerns drittgrößter See, auch wenn er heute nur noch etwa die Hälfte seiner ursprünglichen Größe hat. Den eindrücklichsten Gegensatz auf engstem Raum findet man beim Kochel- und Walchensee. Während der Kochelsee eine riesige Verlandungszone hat und damit dem Charakter nach ein Voralpensee ist, hat der nur 2 km Luftlinie entfernte, aber 200 m höher gelegene Walchensee einen rein alpinen Charakter. Mit seinen 16,2 km^2 Fläche und 192 m Tiefe ist er der größte und tiefste deutsche Alpensee, seine Schönheit ist schon beinahe sprichwörtlich.

Tegernsee und Schliersee sind die Herzstücke der oberbayerischen Bilderbuch-

Im Südosten des Tegernsees: Rottach-Egern mit der gotischen Kirche St. Laurentius

Naturschauspiel Königssee: Blick vom Malerwinkel nach St. Bartholomä und zum Steinernen Meer

landschaft. Obwohl beide schon vor gut 150 Jahren vom Fremdenverkehr entdeckt wurden, ist dennoch das urwüchsige Altbayern noch höchst lebendig. Vor allem am Tegernsee traf sich von Anfang an die »bessere Gesellschaft«, zumeist aus München anreisend. Als die Wittelsbacher aus dem alten Benediktinerkloster ihre Sommerresidenz machten, kam das einem Signal für die Münchner Hofgesellschaft gleich, die Ufer des Sees in Besitz zu nehmen. Der kleine Bruder Schliersee dagegen ist weit weniger verbaut, so dass der See immer noch wie ein Juwel in seiner Fassung aus natürlichen Waldhängen glänzen kann.

Einen völlig anderen Charakter findet man noch einmal am Chiemsee, dem mit 80 km² Fläche konkurrenzlos größten bayerischen See. Er ist das Paradebeispiel uralten Siedlungsgebietes: Kelten, Römer und Bajuwaren folgten einander nahtlos, sie alle nutzten die gestaffelten Moränenwälle rund um den See und gestalteten daraus eine bis heute unverwechselbare Kulturlandschaft.

Die Krönung aller bayerischen Seen ist schließlich der Königssee. Der knapp 8 km lange, an einen norwegischen Fjord erinnernde See entstand als einziger nicht während der Eiszeit, sondern ist vielmehr die Folge eines tektonisches Bruches, der lange vor der Eiszeit für den riesigen Graben zu Füßen des Watzmanns sorgte.

Die steilen Felsen münden übergangslos teilweise senkrecht in den See, so dass es bis heute keinen Uferweg gibt und der See nur per Boot erobert werden kann.

Großes Bild oben: Panoramasicht von der Ilkahöhe bei Tutzing über den Starnberger See, das Voralpenland und die Berge

Am schönsten lässt sich der Starnberger See – hier bei Seeshaupt – vom Schiff aus erkunden.

Das Fünfseenland Starnberg • Bernried • Ammersee

Bei Iffeldorf am Südende des Starnberger Sees schließen die kleinen, zum Teil moorigen Osterseen an. Seit 1981 stehen sie unter Naturschutz.

Landgasthöfe mit Seeblick

Wer die Osterseen von einer gemütlichen Terrasse aus betrachten möchte, ist im Landgasthof **Osterseen** in Iffeldorf (*Hofmarkt 9, Tel. 08856/10 11*) am besten aufgehoben.
Das Hotel-Restaurant **Pius-Hof** in Herrsching (*Schönbichlstr. 18, Tel. 08152/10 07*) liegt in schönster Lage oberhalb vom Ammersee inmitten eines großen Parks.
Das **Andechser Bräustüberl** (*Kloster Andechs, Tel. 08152/37 60*) auf Bayerns »heiligem Berg« ist eine Institution. Bestes Produkt: der hausgemachte, berühmte Andechser Käse.
Der Landgasthof **Zum Sepperl** in Meiling (*Dorfstr. 35, Tel. 08153/34 06*) liegt zwischen dem Weßlinger und dem Wörthsee und serviert bei gutem Wetter im schönen Garten unter alten Kastanien.
Der Hotel-Gasthof **Seehof** in Weßling (*Seeweg 4, Tel. 08153/93 50*) liegt direkt am Weßlinger See und bietet im Sommer Terrassenservice direkt am See.

Biergarten im Kloster Andechs

Von den vor den Toren Münchens gelegenen fünf Seen kennt wohl jeder den Starnberger und den Ammersee. Doch auch die kleineren Seen, Wörthsee, Pilsensee und Weßlinger See, bieten manche hübsche Überraschung. Nicht übersehen sollte man auch die nicht zu den fünf Seen zählenden Osterseen im gleichnamigen Naturschutzgebiet.

1 Starnberger See Der 21 km lange und knapp 5,5 km breite See ist einer der saubersten Seen ganz Bayerns, dafür aber auch nicht gerade einer der wärmsten. Gespeist wird der See nicht von einem Schutt bringenden Alpenfluss, sondern von kalten, unterirdischen Quellen in bis zu 123 m Tiefe. An seinem Südende schließen sich die Naturschutzgebiete um die Osterseen an, im Norden wird er von der nach Norden durch das Stadtgebiet von München fließenden Würm entwässert.

2 Starnberg Die »Metropole« am See ist mit Strandpromenade, Cafés und Segelclubs vor allem für die Münchner der Hauptanziehungspunkt, kann man doch mit der S-Bahn direkt zum Schiffsanleger und zur Strandpromenade fahren. Von dort lassen sich sowohl das Ost- als auch das Westufer sehr gut mit dem Fahrrad erobern. Ein weiterer hübscher Ort am Westufer und auch mit der S-Bahn erreichbar ist Tutzing.

3 Berg Hier hatten die Wittelsbacher einen Landsitz, auf dem Ludwig II., der spätere Märchenkönig, in seiner Jugend so manchen Sommer verbrachte. Von Berg aus knüpften sich zarte Bande über den See nach Possenhofen, wo Herzog Max Schlossherr und Vater mehrerer Töchter war. Eine davon war Sisi, die spätere Kaiserin von Österreich, zu der Ludwig II. öfters über den See geschwommen sein soll.
In Berg vollendete sich auch das tragische Schicksal des Königs: Von seiner Umgebung für geisteskrank erklärt, wurde er 1886 entmündigt und nach Berg gebracht. Am 13. Juni 1886 fand man den König und seinen Betreuer tot im seichten Wasser vor dem Schlosspark. Eine Gedächtniskapelle erinnert an den bis heute unaufgeklärten Tod des in der Bevölkerung noch immer unvergessenen Königs. Ein weiterer berühmter Sohn des Ortes ist der Schriftsteller Oskar Maria Graf.

4 Bernried In schönstem Parkgelände errichtete der durch das Münchner Olympiastadion bekannt gewordene Architekt Günter Behnisch bis 2001 sein kongeniales Museumsgebäude für die weltberühmte Expressionistensammlung von Lothar-Günter Buchheim. Das Museum der Phantasie umfasst Gemälde und Graphiken der Brücke-Maler.

5 Osterseen Südlich von Seeshaupt bilden den 21 am Südende des Starnberger Sees gelegene kleine Seen und Weiher eine einzigartige sumpfige, von Mooren durchsetzte Naturlandschaft, in der seltenste Tiere und Pflanzen zu finden sind. Gebildet wurde das heutige Naturschutzgebiet einst von einem riesigen Toteisblock, der von Geröll bedeckt war und deshalb langsamer abtaute als der Hauptgletscher. In seinen Vertiefungen bildeten sich dann die einzelnen kleinen Seen.

6 Ammersee Der vom bäuerlichen Umland geprägte See ist zwar inzwischen auch per S-Bahn von München aus erreichbar, doch ist er bei weitem nicht so überlaufen wie der Starnberger See. Die aus dem Ammergebirge kommende Ammer mündet bei Pähl-Fischen in den See, bei Stegen verlässt die Amper den See und quert zunächst das Ampermoos. Von Stegen am Nordende aus lassen sich beide Ufer zu Fuß auf Wanderwegen erobern. Lediglich das Südufer steht als Verlandungszone unter Naturschutz und darf nicht betreten werden. Vor allem unter

Ein Kreuz Im Starnberger See erinnert an den Ort, an dem König Ludwig II. ums Leben kam.

Südliches Flair – auch das ist der Starnberger See, hier bei Tutzing.

Frommer Ort und »Bierhimmel« zugleich: der »heilige Berg« Andechs mit dem Benediktinerkloster

den Seglern ist der Ammersee beliebter als der Starnberger See, seien hier doch weniger »Sonntagssegler« unterwegs.

7 Andechs Auf Bayerns »heiligem Berg« stand einst eine Burg der Grafen von Andechs-Meran. Als das Geschlecht ausstarb, stiftete der letzte Andechser die Burg als Chorherrenstift, aus dem schließlich ein Benediktinerkloster wurde. Eine wertvolle Reliquiensammlung sorgte früh für eine umfangreiche Wallfahrt und machte die alte Burganlage schnell zum in ganz Bayern bekannten »Heiligen Berg«. Der große Andrang führte im 18. Jh. zum Neubau der Klosterkirche. Bis 1758 errichtete Johann Baptist Zimmermann die heutige Rokokokirche, deren achteckiger Turm den Besucher schon von weitem grüßt.

Böse Zungen allerdings behaupten, der Hauptanziehungspunkt seien weniger die Reliquien in der Heiligen Kapelle als vielmehr das von den Mönchen seit Jahrhunderten gebraute Bier. Aber schließlich haben sich Bierseligkeit und Frömmigkeit in Bayern noch immer gut verstanden.

8 Dießen Der Hauptort am Westufer des Ammersees ist aus drei Ortsteilen zusammengewachsen. Am Seeufer wohnten ursprünglich die Fischer, auf halber Höhe um den Marktplatz herum gruppierte sich das bürgerliche Leben, und oben am Hang residierte die Geistlichkeit im einst bedeutenden, bereits 1132 gegründeten Augustinerchorherrenstift. In der ersten Hälfte des 18. Jh. erneuerten die frommen Chorherren ihre Klosterkirche. Bei dieser Gelegenheit errichtete Johann Michael Fischer bis 1739 eine der bedeutendsten Barockkirchen Bayerns. An ihrer Ausstattung wirkten die besten Künstler ihrer Zeit mit. Den Stuck schufen die Gebrüder Feuchtmayr, die Skulpturen entstanden nach Entwürfen von François Cuvilliés.

9 Pilsensee Der knapp 2 km² große und bis zu 16 m tiefe See war ursprünglich eine große Bucht des Ammersees und wurde durch Verlandung von seinem großen Bruder getrennt. Der breite Schilfgürtel der Verlandungszone im Süden ist heute ein Naturschutzgebiet.

10 Wörthsee Der 435 ha große und bis zu 33 m tiefe See entstand aus einem Toteisblock und hatte niemals eine Verbindung zum Ammersee. Seine Ufer sind lediglich am Nordufer stärker verbaut, sein Wasser gehört deshalb zu den saubersten aller bayerischen Seen.

11 Weßlinger See Der kleinste der fünf Seen ist gleichzeitig der idyllischste. Als reiner Moorsee ohne Zu- und Abfluss ist er der wärmste weit und breit, seine Ufer sind völlig autofrei, so dass man in Ruhe um ihn herum spazieren kann. Im Winter präsentiert er sich oft wochenlang zur Freude vor allem der Eisstockschützen als prächtige Natureisbahn.

Freizeit & Sport

Schifffahrt auf dem Starnberger See Bei einer Fahrt über den See kann man die Ufer gemächlich an sich vorbeiziehen lassen. Informationen unter *www.5seenlandinfo.de oder www.bayerische-seenschifffahrt.de.*

Museum der Phantasie Informationen erteilt das Museum in Bernried (*Am Hirschgarten 1, Tel. 08158/99 70 60; www.buchheim-museum.de*). Ein Kombi-Ticket ermöglicht die Anfahrt mit der S-Bahn bis Starnberg und die Weiterfahrt mit dem Museumsschiff »MS Phantasie« zum Museum, der Eintritt ist dann inklusive.

Die Roseninsel im Starnberger See, ein Lieblingsplatz von Ludwig II., ist mit einer Fähre erreichbar.

Schifffahrt auf dem Ammersee An klaren Tagen bilden die Alpen im Süden des Sees einen eindrucksvollen Rahmen für eine Fahrt mit einem der vier Schaufelraddampfer. Informationen über die Schifffahrt auf dem Ammersee erhält man in Inning (*www.bayerische-seenschifffahrt.de*).

Staffel-, Walchen- und Kochelsee Riegsee • Murnau • Schlehdorf

Blick vom Herzogstand auf Walchensee und Karwendelgebirge

Spektakulär gelegen und weitgehend unverbaut: der Kochelsee

Jeder der vier Seen um Murnau und Schlehdorf hat seinen unverwechselbaren, von seiner Umgebung geprägte Charakter, eine selbstständige Geschichte und eine eigenständige Gegenwart. Allen gemeinsam ist ihre Nutzung als Badeseen, die sich bei Urlaubern wie Einheimischen gleicher Beliebtheit erfreuen. Wer alle vier erlebt hat, versteht, warum viele die Region als eine der schönsten Oberbayerns bezeichnen.

❶ **Staffelsee** Der westlich von Murnau gelegene See hat ein reich gegliedertes Ufer, verträumte Inselchen und mit den Alpen eine dekorative Kulisse. Der 765 ha große See ist bis zu 35 m tief, aber an den Ufern relativ flach. Aufgrund seiner raschen sommerlichen Erwärmung zählt er zu den wärmsten und beliebtesten Badeseen Bayerns, ein 20 km langer Rundwanderweg führt einmal um den See. Ein hoher Riegel trennt den See vom südlich anschließenden Murnauer und Eschenloher Moos. Das Naturschutzgebiet Murnauer Moos ist mit 36 km² das größte lebende Moor im Voralpenraum.

❷ **Riegsee** Der kleine See im Nordosten von Murnau ist an seiner tiefsten Stelle gerade einmal 15 m tief und eigentlich mehr ein großer Wiesenweiher. Eine Bademöglichkeit gibt es bei Neuegling.

❸ **Murnau** Das Städtchen thront idyllisch auf einem Höhenrücken zwischen dem Murnauer Moos und dem Staffelsee. Von 1909 bis 1914 arbeiteten hier Wassily Kandinsky und Gabriele Münter in der Gruppe »Blauer Reiter«. Sie erarbeiteten u. a. aus der oberbayerischen Hinterglasmalerei die neuen Formen abstrakter Malerei – hatten also durchaus bodenständige Wurzeln. Das Münterhaus in der Kottmüllerallee 6 ist als Museum zugänglich.
Die Pfarrkirche St. Nikolaus wurde 1727 fertig gestellt und zählt – obwohl man nicht einmal den Baumeister kennt – zu den bedeutendsten Barockkirchen Bayerns. Ihr Innenraum wird von einem in dieser Form äußerst seltenen Oktogon beherrscht. Das mächtige Gewölbefresko stammt entgegen dem ersten Eindruck nicht aus der Bauzeit. Es ist vielmehr ein Werk des 19. Jh. Der Hochaltar mit seinen Plastiken von 1730 stand ursprünglich in Ettal und wurde erst 1771 an seinen heutigen Platz gebracht.

❹ **Glentleiten** Oberhalb von Großweil bietet das Freilichtmuseum Glentleiten mit originalgetreu aufgebauten Bauernhäusern einen Einblick in die ländliche Wohnkultur aus fünf Jahrhunderten.

❺ **Schlehdorf** Das wichtigste Bauwerk am Kochelsee steht am nordwestlichen Ufer. Hier entstand bereits vor 740 ein Benediktinerkloster. Es wurde im 12. Jh. durch den Freisinger Bischof Otto I. als Augustinerchorherrenstift erneuert. Die Stiftskirche entstand in gut 50-jähriger Bauzeit bereits im klassizistischen Stil.

❻ **Kochelsee** Der knapp 5 km² große See zwischen Schlehdorf und Kochel ist nur der kleine Rest eines früher viel größeren Sees, der ursprünglich bis nach Benediktbeuern reichte. Für die Verkleinerung sorgten auch die Mönche des dortigen Klosters: Sie senkten den Seepegel ab und machten das trocken gefallene Land urbar.

❼ **Benediktbeuern** Das ehemalige Benediktinerkloster vor der Kulisse der nach seinem Namenspatron benannten Benediktenwand gilt als ältestes benediktinisches Kloster Oberbayerns. Der hl. Bonifatius selbst weihte Mitte des 8. Jh. die erste Kirche. Das mit irdischen Gütern reich gesegnete Kloster blühte zu einem Zentrum für Kunst und Wissenschaft auf. Im 13. Jh.

Ruhig erstreckt sich der tiefgrüne Walchensee vor dem Herzogstand (1731 m), einem beliebten Wander- und Wintersportgipfel.

Gasthöfe & Restaurants

Bayerischer wie **Karg's Bräustüberl** (*Untermarkt 27, 82418 Murnau, Tel. 08841/82 72*) in der Hauptstrasse von Murnau kann ein Gasthaus kaum sein. Das Weißbier kommt hier aus der eigenen Hausbrauerei, die deftigen bayerischen Gerichte sind ebenso wie die Größe der Portionen in weitem Umfeld berühmt. Wer gerne böhmisch isst, sollte zwischen Benediktbeuern und Kochel im alten Gasthof **Rabenkopf** in Ried (*Kocheler Str. 23, Tel. 08857/2 08*) einkehren. Die Speisekarte liest sich hier wie in guten alten k.u.k.-Zeiten: Geboten werden Prager und Wiener Küche, dazu gibt es sogar Budweiser Bier.

Vom Restaurant Grauer Bär in Kochel hat man einen herrlichen Blick über den See.

Den Reiz des Hotel-Restaurants **Grauer Bär** in Kochel (*Mittenwalder Str. 82–86, Tel. 08851/8 61*) macht vor allem die Lage unmittelbar am Kochelsee aus. Ein schattiger Wirtsgarten und eine schöne Seeterrasse bieten ungehinderten Blick über den See und auf den Herzogstand.
Eine solide Einkehr in teilweise historischen Räumen bietet das Wallgauer Hotel-Restaurant **Zur Post** (*Dorfplatz 6, Tel. 08825/10 11*), das es seit 1621 gibt.

Fronleichnamsprozession auf dem Staffelsee bei Murnau

Hübsche Häuser säumen den Obermarkt in Murnau.

wurde hier die so gar nicht klösterliche Sammlung mittelalterlicher Trink- und Liebeslieder, die Carmina Burana, aufgezeichnet. Carl Orff vertonte sie 1936.

Die heutige Klosterkirche ist ein noch sehr italienisch beeinflusster, früher Barockbau von Caspar Feuchtmayr aus den Jahren 1680 bis 1685. Die gedrungene Wandpfeilerhalle wird von einem flachen Tonnengewölbe überragt. Die Gewölbemalereien führte Hans Georg Asam, der Vater der berühmten Asam-Brüder, aus. Das Bild des Antonius-Altars stammt dagegen bereits von seinem Sohn Cosmas Damian. Ein barockes Kleinod für sich ist die nördlich des Altarraumes angebaute, ovale Anastasiakapelle von Johann Michael Fischer.

8 Kochel Im gemütlichen Feriendorf prägt das Denkmal für den Schmied von Kochel den Dorfplatz. Der Volksheld hielt 1705 in der Sendlinger Mordweihnacht die Fahnen der Schützen aus dem Oberland bis zum bitteren Ende aufrecht. Die Kocheler Pfarrkirche ist ein Bau von Caspar Feuchtmayr aus dem Ende des 17. Jh. Bestes Stück der Ausstattung ist der schöne Rokokoaltar. In einer alten Villa über dem See ist das Franz-Marc-Museum dem Begründer des »Blauen Reiter« gewidmet.

9 Walchensee-Kraftwerk Am Nordende des Sees ist der Einlauf zu dem bereits 1924 fertig gestellten Walchensee-Kraftwerk, das das Gefälle zwischen dem Walchensee und dem 203 m tiefer gelegenen Kochelsee ausnutzt. Durch sechs Rohre stürzt das Wasser in die Tiefe, treibt dort die Turbinen des ersten deutschen Hochdruckspeicherwerkes an und liefert bis zu 120 Megawatt Strom. Der schönste Spazierweg am See beginnt beim Kraftwerkseinlauf in Urfeld und führt dem Nordufer entlang hinüber nach Sachenbach. Als Kulisse über dem See hat man auf dem gesamten Weg die hohen Gipfel des Karwendels.

10 Kesselbergstrasse Die Passstraße zwischen Kochel und dem Walchensee ließ Herzog Albrecht IV.1492 bauen – im selben Jahr, in dem Kolumbus Amerika entdeckte. Anlass war die Verlegung des Marktes der Venezianer von Bozen nach Mittenwald. Die neue Straße sollte die direkte Verbindung zwischen dem neuen Markt und München schaffen.

11 Walchensee Der gut 16 km² große, mitten in den Bergen am Fuße des Herzogstands gelegene Walchensee entwickelt unter bestimmten Bedingungen ähnliche Windverhältnisse wie der Gardasee. Entsprechend beliebt ist der See bei den Surfern, die den See an solchen Windtagen fest im Griff haben. Mit seinen 192 m Tiefe ist er aber auch ein wahres Eldorado für die Taucher. Wer im Walchensee allerdings baden möchte, der muss schon etwas abgehärtet sein.

Moorlandschaft am Staffelsee: Das Murnauer Moos ist das größte Moorgebiet Bayerns.

Freizeit & Sport

Spaziergang ins Moos Ein Rundwanderweg beginnt beim Ortsteil Ramsach südlich von Murnau. Infos bei der Tourist Information in Murnau (*Kohlgruber Str. 1, Tel. 0 88 41/6 14 10 11; www.murnau.de*).

Staffelsee-Rundfahrt Die Staffelsee Motorschiffahrt OHG in Seehausen (*Im Hinterfeld 8, Tel./Fax 0 88 41/50 75; Infos: www.staffelseeschiffahrt.de*) fährt den Sommer über regelmäßig die Uferorte an.

Badespaß im Trimini Der Luftkurort Kochel besitzt direkt am Kochelsee eine prächtige Freizeit- und Badeanlage. Infos über *www.trimini.de*.

Walchensee-Kraftwerk Eindrucksvoll ist die Besichtigung des 1924 fertig gestellten Hochdruckspeicherkraftwerks. Auskünfte erteilt die Tourist Information unter *www.kochel.de*.

Herzogstand Der 1731 m hohe Herzogstand im Nordwesten des Walchensees ist der schönste Aussichtspunkt weit und breit. Per Seilbahn geht es hinauf zum Fahrenbergkopf. Infos über die Herzogstandbahn GmbH in Walchensee (*Am Tanneck 6, Tel. 0 88 58/ 2 36; www.herzogstandbahn.de*).

Tegernsee und Schliersee Gmund • Rottach-Egern • Wallberg

Die Tegernseeregion ist eines der beliebtesten Ausflugsgebiete in Oberbayern. Eines der bekanntesten Fotomotive der Gegend ist der Blick auf Rottach-Egern.

Der Tegernsee ist wohl Oberbayerns weiß-blaues Seenparadies schlechthin. Eine lieblich-heitere, idyllische Landschaft schmeichelt den Lebensgeistern und in Tegernsee selbst findet sich unter einem Dach vereint, was altbayerische Herzen lieben: ein Königsschloss, eine Kirche und ein Brauhaus. Der Schliersee zeigt einen ganz anderen Charakter, ist weniger mondän und ursprünglicher.

1 Tegernsee Der 6 km lange und 2 km breite Tegernsee ist an seinen Ufern stark verbaut und nur an ganz wenigen Stellen frei zugänglich. Die Hügel um den See erreichen gerade mal etwa 1000 m Höhe, nur im Süden zeigt der 1722 m hohe Wallberg die Nähe des Hochgebirges.

2 Gmund Am Nordende des Tegernsees verlässt die Mangfall den See, ihr Abfluss heißt bei den Einheimischen das »Gemünd«. Seine Pfarrkirche wurde bis 1690 von einem Graubündner Baumeister errichtet, der damit damit eines der ersten Beispiele für die italienischen Formen des Barocks nach Oberbayern brachte. Der Hochaltar stand ursprünglich in der Tegernseer Klosterkirche, kam dann aber 1692 nach Gmund.

3 St. Quirin Die Kapelle auf halbem Weg zwischen Gmund und Tegernsee stammt von 1450 und ist um einen marmornen Ziehbrunnen herum gebaut. Er soll früher das heilsame Quirinusöl geliefert haben, das Gichtkranken und Gelähmten Heilung gebracht haben soll.

4 Kloster Tegernsee Seit dem Mittelalter war Tegernsee ein Zentrum oberbayerischer Kultur. Bereits im Jahr 745 wurde hier ein Kloster gegründet, das für seine Goldschmiedekunst sowie für seine Glas- und Buchmalerei berühmt wurde. So kamen die ältesten deutschen Glasgemälde, fünf Fenster im Augsburger Dom, vom Tegernsee. Nach der Säkularisation wurde der Rest des Klosters zum Sommerschloss der bayerischen Könige umgebaut.
Eine Sehenswürdigkeit für sich ist die ehemalige Benediktinerabteikirche. Sie geht auf eine Basilika aus dem 11. Jh. zurück, die bis 1688 ihre heutige Barockform erhielt. Die Fresken dazu schuf Johann Georg Asam. Im nördlichen Seitenschiff findet sich die 1748 errichtete Quirinus-Kapelle, ein Rokokokunstwerk von seltener Stimmigkeit.

5 Rottach-Egern Das Doppeldorf am Südende des Tegernsees hatte es Ludwig Thoma so angetan, dass er sich ganz in das Haus auf der Tuften zurückzog. Außer seinem Grab finden sich auf dem idyllischen Friedhof auch noch die Gräber von Ludwig Ganghofer, Olaf Gulbransson und Leo Slezak. Die spätgotische Pfarrkirche mit ihrem malerischen, spitzen Turm erhielt ihren frühbarocken Stuck bis 1672, das Bild für den Hochaltar malte Johann Georg Asam im Jahr 1689.

Der von Bergen umrahmte Schliersee ist sommers

6 Wallberg Der Tegernseer Aussichtsberg schlechthin ist der 1722 m hohe Wallberg über dem Südende des Sees, Rottach-Egern liegt unmittelbar zu seinen Füßen. Per Seilbahn geht es hinauf zum 1620 m hoch gelegenen Wallberghaus, von dort

Freizeit & Sport

Schifffahrt auf dem Tegernsee Auf dem Tegernsee fährt man weniger von A nach B, sondern begibt sich auf Erlebnisfahrt. Informationen erteilt die Schifffahrt Tegernsee in Tegernsee (*Seeestr. 70, Tel. 08022/9 33 11; www.bayerische-seenschifffahrt.de*).

Fischerstechen beim Seefest in Bad Wiessee

Bootsverleih Boote verleiht das Strandbad Grieblinger in Bad Wiessee (*Am Strandbad 14; www.tegernsee.de*).

Wanderung auf die Neureuth Der Tegernseer Hausberg liegt im Osten, ist 1261 m hoch und bietet den schönsten Blick auf den See. Infos über Tourist Information Tegernsee (*Hauptstr. 2, Tel. 08022/180140; www.tegernsee.de*).

Schliersee-Rundfahrten Im Sommerhalbjahr (Mai bis September) finden am Nachmittag stündlich Rundfahrten auf dem See statt. Infos unter *www.schliersee.de*.

Bootsverleih Wer sich lieber mit eigener Kraft über den Schliersee bewegen möchte, kann in Schliersee bei Bootsverleih Sachs (*Tel. 08026/46 40*) oder Bootsverleih Stöger in Fischhausen (*Tel. 08026/66 13*) Boote ausleihen.

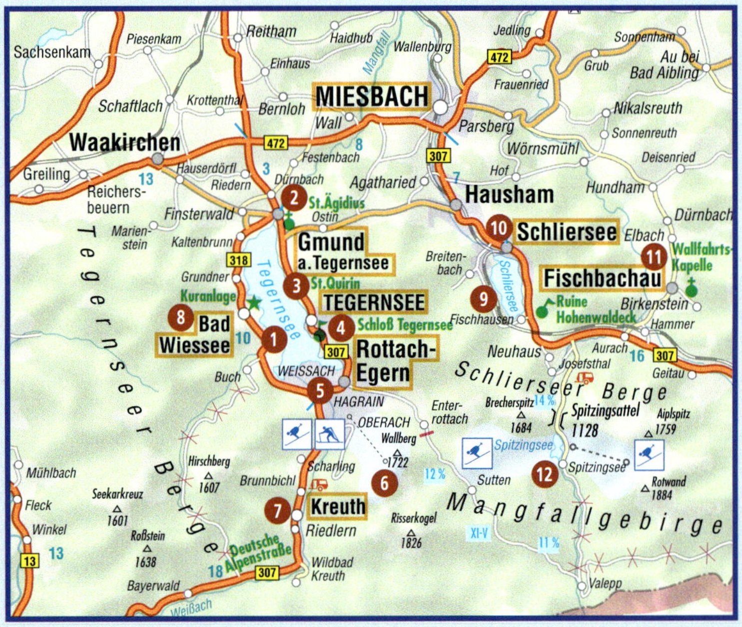

Vom Gipfel des Wallbergs bieten sich weite Ausblicke.

Wäldchen und Almenmatten prägen die Gegend um Altwiessee am Tegernsee.

wie winters beliebt und lässt sich herrlich umwandern.

Rottacher Wasserfall bei Enterrottach

sind es 20 Minuten zu Fuß bis zur Panoramasicht über See und Hochgebirge.

7 Kreuth Der Wallberg steht zwischen den Hauptzuflüssen des Tegernsees, der Rottach und der Weißach. Im Tal der Weißach liegen das alte Dorf Kreuth und das »Wildbad« gleichen Namens. Hier suchten schon vor Jahrhunderten die Mönche vom Tegernsee Heilung an den dort sprudelnden Schwefelquellen. Im 19. Jh. wurde ein stattliches Kurbad gebaut, das zu einem beliebten Treffpunkt der europäischen Hocharistokratie wurde.

8 Bad Wiessee Erst zu Beginn des 20. Jh. wurden am Westufer des Tegernsees heilkräftige Jodschwefelquellen entdeckt. Seither hat der gepflegte Kurort einen mächtigen Aufschwung genommen und darf sich heute mit Fug und Recht als Weltbad bezeichnen. Dass es einst auch das Bauerndorf Wiessee gegeben hat, beweist der Dorfplatz im Ortsteil Altwiessee: Dort stehen noch prächtige alte Bauernhöfe, der älteste trägt stolz die Jahreszahl 1594.

9 Schliersee Der 777 m hoch gelegene See ist bis zu 39 m tief. Nur im Süden schauen größere Gipfel mit der beherrschenden 1684 m hohen Brecherspitze ins Tal hinab. Ziemlich genau in der Seemitte liegt wie ein Sahnehäubchen das bewaldete Inselchen Wörth. Während das Ostufer durch die Landstraße »erschlossen« ist, präsentiert sich das waldreiche Westufer noch weitgehend unberührt.

10 Schliersee (Ort) Schliersee am Nordufer des gleichnamigen Sees, von den Einheimischen »Schliers« genannt, wurde 1141 als Augustinerchorherrenstift gegründet. Schon von weitem grüßt der spitz aufragende, spätgotische Turm der Pfarrkirche. Ihr heutiger Bau entstand bis 1714. Geschaffen wurde sie von Johann Baptist Zimmermann. Schönstes Haus am Platz ist das alte Rathaus von 1477, einst der Sitz des Hofmarktrichters. Einen Besuch wert ist das 1892 gegründete Bauerntheater des Volksschauspielers Xaver Terofal.

11 Fischbachau Wenig östlich vom Schliersee liegt im sanften Wiesental eine alte Gründung der Benediktiner. Ihnen hatte die Gräfin Haziga 1085 eine Kirche errichtet, die um 1110 geweiht wurde. Diese frühere Kloster- und heutige Pfarrkirche ist die älteste fast vollständig erhaltene romanische Basilika Oberbayerns und der erste Bau, der nach Hirsauer Vorbild in Altbayern errichtet wurde. Der alte Bau erhielt im Jahr 1738 seine heutige Ausstattung mit schönem Stuck und ca. 70 Fresken. Das wertvollste Ausstattungsstück der Kirche ist eine Madonna aus dem Jahr 1740. Die heutige Friedhofskirche wurde bereits 1087 geweiht, und aus dieser Zeit stammen auch noch ihre Langhausmauern. 1494 wurde die Ostapsis abgetragen, 1695 kam eine Verlängerung nach Westen und der Turm dazu. Der Hochaltar von 1634 birgt noch eine Schutzmantelmadonna aus dem frühen 16. Jh., die Nordwand zeigt Fresken aus dem 15. Jh.

12 Spitzingsee Der 1085 m hoch gelegene, knapp 1 km lange See war seit eh und je das Mekka der Münchner Skifahrer. Seit dem Ausbau der Straße nahm auch der Sommerverkehr zu, doch konnte der See seinen Charakter als Bergwiesensee weitgehend erhalten. Die umgebenden Gras- und Waldkuppen vermitteln trotz der Höhenlage das Bild einer harmlosen Voralpenlandschaft. Den See kann man in etwa einer Stunde umrunden. Wer höher hinauf möchte, für den gibt es die Bergbahn zum 1600 m hohen Taubensteinsattel und damit den Anschluss an vielfältige Wandermöglichkeiten in den höheren Bergen. Sehenswert ist das St.-Nikolaus-Münster aus dem 15. Jh. Ein großes Spektakel, das alljährlich zahlreiche Besucher anzieht, ist am Faschingssonntag der Skifasching auf der Firstalm über dem Spitzingsee.

Gasthöfe & Restaurants

Die über dem Nordende des Tegernsees gelegene Gutsgaststätte **Kaltenbrunn** in Gmund-Kaltenbrunn (*Tel. 08022/79 69*) ist schon seit 1226 Gutsbesitz des Klosters Tegernsee. Von der Terrasse schweift der Blick über den gesamten Tegernsee und ins Mangfallgebirge.

Der hoch über Tegernsee gelegene Gasthof **Der Leeberghof** in Tegernsee (*Ellinger Str. 10, Tel. 08022/39 66*) bietet den wohl schönsten Blick auf den See. In gepflegter Atmosphäre kann man hier schlemmen und sich verwöhnen lassen.

In der Atmosphäre eines gemütlichen bayerischen Bergbauernhofes gibt es im Restaurant **Freihaus Brenner** in Bad Wiessee (*Freihaus 4, Tel. 08022/8 20 04*) regionale Küche.

Im Ort Tegernsee: Klosterkirche und Biergarten des Herzoglich Bayerischen Brauhauses

Der im Rathaus integrierte **Ratskeller** in Schliersee (*Rathausstr. 1, Tel. 08026/47 86*) bietet gehobene bürgerliche Küche.

Eine deftige Brotzeit kann man im **Herzoglichen Bräustüberl** (*Schlossplatz 1, Tel. 08022/41 41*) einnehmen.

Chiemsee und Königssee Simssee • Prien

Blick über den Chiemsee mit der Insel Frauenchiemsee in Richtung Hochgern (1744 m)

Die Klosterkirche auf Frauenchiemsee birgt kostbare Fresken.

Der Chiemsee hat sich trotz der Nähe zu München und trotz der vielen Gäste eine gemütlich-bayerische Atmosphäre bewahrt. Der Naturfreund kann eine fein gegliederte Landschaft aus weiten Wiesenrücken, malerischen Buchten und verträumten Schilfdickichten entdecken. Wie aus dem Märchenbuch dagegen wirkt die urgewaltige Naturkulisse mit der sich der Königssee vor dem mächtigen Massiv des Watzmanns präsentiert.

Traditionelle Gasthäuser und Landgasthöfe

Der Gasthof **Zur Linde** auf der Fraueninsel (*Tel. 08054/3 16*) bestand bereits im 14. Jh. Seit der Mitte des 19. Jh. wurde von der Künstlerkolonie, die hier ihren Stammtisch hatte, eine eigene Chronik geführt. Der Landgasthof **Wastlhuber** in Breitbrunn (*Gstadter Str. 3, Tel. 08054/4 82*) ist in einem ehemaligen Kuhstall eines 400 Jahre alten Bauernhauses untergebracht.

Berühmt für seine Fischgerichte: der Hotelgasthof Zur Linde auf Frauenchiemsee

Unter den böhmischen Gewölben finden die Gäste ein anspruchsvolles Angebot. Vor gut einem Jahrhundert ging Ludwig Thoma im Gasthof **Post** in Seebruck (*Ludwig-Thoma-Str., Tel. 08667/2 16*) ein und aus, denn das Haus gehörte seiner Mutter und königlichen Försterswitwe Katharina Thoma. Seither ist die unverändert gebliebene Ludwig-Thoma-Stube die Stammtischstube der Einheimischen. Im Sommer lockt ein schattiger Biergarten.

1 Simssee Der im Westen gelegene kleinere Bruder des Chiemsees ist immerhin der drittgrößte See zwischen Inn und Salzach und der größte Privatsee der Republik. Er ist 8 km lang, knapp 2 km breit und liegt innerhalb der längsten zwei Beckenfurchen des ehemaligen Inngletschers. Natürlich ist der See der liebste Badeplatz der Rosenheimer, entsprechend stark bebaut ist sein Westufer. Sein Ostufer dagegen ist weitgehend in seinem Naturzustand belassen und bietet dem Naturfreund so manch Reizvolles.

2 Eggstätter Seenplatte Das überaus reizvolle Naturschutzgebiet in der Moränenlandschaft nordwestlich des Chiemsees besteht aus rund 20 größeren, kleinen und kleinsten Seen, umgeben von Mooren und Schilfzonen, von Wiesen und Wald. Relativ groß sind der Hartsee mit 1,8 km Länge, der Pelhamer See und der Schlosssee. Am wichtigsten und interessantesten aber ist der 2 km lange Langbürgner See mit seinen Buchten und der Insel. Viele Wanderwege durchziehen das Gebiet und bieten gute Beobachtungsmöglichkeiten für die zahlreichen Wasservögel.

3 Chiemsee Der 518 m hoch gelegene See ist 14 km lang, 74 m tief und hat eine Fläche von 80 km^2. Gleich drei Inseln lockern die riesige Wasserfläche auf: Herreninsel, Krautinsel und Fraueninsel.

Der größte oberbayerische See liegt dekorativ vor der Kulisse der Kampenwand. Der Westteil des Sees ist mit seinen Inseln, den Buchten, wie etwa dem Schafwaschener Winkel, und den Landzungen wie der Halbinsel Sassau, vielfach gegliedert und hat einen intimen Charakter, während im großen Ostteil, der Weitsee genannt wird, die riesige Wasserfläche das Bild dominiert. An diesigen Tagen kann man hier ob der Weite kaum das andere Ufer erkennen.

Die Ufer sind meist von einer sanften Hügellandschaft geprägt, in die sich die sauberen, hübschen Dörfer schmiegen. Freunde aller Wassersportarten finden am Chiemsee ihr entsprechendes Revier.

4 Prien Der größte Ort am Chiemsee ist der Ausgangspunkt für Ausflüge zu den berühmten Inseln im See und der Standort der einst zum Kloster Herrenchiemsee gehörenden Pfarrkirche. Ihre Innenausstattung besorgten Johann Baptist Zimmermann und Johann Schwarzenberger. Zimmermann malte das beeindruckende Deckenfresko von der Seeschlacht von Lepanto und die Oberbilder der Seitenaltäre. Noch aus dem vorigen Jahrhundert stammt die kleine Dampfstraßenbahn, die zwischen Bahnhof und Seehafen fährt.

5 Frauenchiemsee Um 766 gründete Bayernherzog Tassilo III. auf der kleinen Insel ein Kanonissenstift, das im 9. Jh. von der berühmten Äbtissin Irmingard, der Tochter König Ludwigs des Deutschen, in eine Benediktinerabtei umgewandelt wurde. Im 11. Jh. wurde mit dem Bau der hochromanischen Klosterkirche begonnen, ihr achteckiger Zwiebelturm beherrscht bis heute weithin den See. Besonders eindrucksvoll ist das romanische Portal, dessen Tympanon noch von den Grundmauern der karolingischen Vorgängerkirche aus dem 9. Jh. stammt. Die Torkapelle stammt aus karolingischer Zeit. Frauenchiemsee ist wesentlich kleiner als Herrenchiemsee und war trotzdem immer schon dichter besiedelt: Hier wohnten die Klosterangestellten, aber auch die Fischer,

Der Chiemsee, Bayerns größtes Gewässer, ist ein Paradies für Wassersportler und Segler.

Malerisch auf einer Insel im Klostersee erhebt sich Kloster Seeon.

Freizeit & Sport

Schifffahrt Die Schiffe der Chiemseeflotte verkehren ganzjährig, von Oktober bis Anfang Mai jedoch mit ausgedünntem Winterfahrplan. Die Schiffe fahren meist im Rundverkehr, Zusteigen und Fahrtunterbrechungen sind überall möglich. Informationen erteilt die Chiemseeschifffahrt in Prien am Chiemsee (*Seestr. 108, Tel. 08051/60 90; www.chiemsee-schifffahrt.de*).

Segeln und Surfen Wo sonst, wenn nicht am Chiemsee, ist das Mekka der bayerischen Segler zu finden. Surf- und Segelschulen finden sich reichlich am See, darunter auch die Chiemsee-Yachtschule in Prien (*www.cys-ka.de*), der Chiemsee-Yacht-Club in Prien (*www.chiemseeyacht club.de*) und die Segelschule Prien (*www. www.segelschule-prien.de*).

Die Chiemseebahn in Prien verbindet seit 1887 Bahnhof und Hafen.

Bootsverleih Ruderboote, Elektroboote, Segelboote und Kanadier verleiht Bavaria Boote in Prien (*Harrasser Str. 39, Tel. 08051/45 75, www.bavariaboote.de*) und das Gästehaus **Schwarz** in Prien (*Am Roseneck 30, Tel. 08051/44 24, bootsverleih-schwarz.de*).

Einen umfassenden Überblick über die **Ausflugs- und Freizeitmöglichkeiten** rund um den Chiemsee bietet *www.chiemgau-online.de*.

Vom alten Fischerort Gstadt aus bietet sich ein herrlich weiter Blick über den Chiemsee.

Traditionelle Gasthäuser und Landgasthöfe

Das traditionsreiche Restaurant **Beim Hansl** in Traunstein (*Schaumburger Str. 5, Tel. 0861/47 98*) bietet bayerische Kost in schöner Atmosphäre.
Der Gutsgasthof zum **Goldenen Pflug** in Gut Ising (*Tel. 08667/7 90*) bietet bayerische Edelkost in feinem Rahmen.
Beim **Alten Wirt** *(Kirchplatz 9, Tel. 08051/8 90 11)* in Bernau am Chiemsee kehrte bereits 1503 Kaiser Maximilian I. ein. Heute wird gutbürgerliche Küche mit Fleisch aus der eigenen Metzgerei serviert.

Alter Wirt in Bernau am Chiemsee

Von Mitte April bis Ende Oktober gibt es in St. Bartholomä frisch geräucherte Forellen, Renken und Saiblinge direkt aus dem Räucherofen, besonders gut schmeckt es im **Fischer vom Königssee** (*St. Bartholomä 3, Tel. 08652/ 31 19*).
Das Hotel-Restaurant **Geiger** in Berchtesgaden *(Stangaß, Tel. 08652/50 55)* liegt mitten im Grünen, umrahmt von der eindrucksvollen Berchtesgadener Bergkulisse. Geboten wird von der regionalen Spezialität wie etwa Wild oder Bachforellen bis zur Diätkost eine weite Palette zu angemessenen Preisen.

die Kloster und Seeanrainer mit frischem Fisch aus dem See versorgten.

6 Krautinsel Die kleinste der drei Inseln liegt zwischen Herren- und Fraueninsel und ist lediglich 3,5 ha groß. Die unbewohnte Insel dient ausschließlich landwirtschaftlichen Zwecken. Ihren Namen verdankt sie den historischen Gemüse- und Krautgärten des Klosters Frauenwörth. Ein touristisches Spektakel ist im Herbst der Rücktransport der Tiere mit Schiffen zu den Ufergemeinden des Chiemsees.

7 Gstadt Das Bilderbuchdorf am Nordwestufer des Chiemsees ist ein liebenswerter, ehemaliger Fischerort. Von seinem Schiffsanleger bietet sich eine der faszinierendsten Aussichten über den See. Über die Fraueninsel und das blaue Wasser schweift der Blick bis hinüber zu den Gipfeln der Chiemgauer Alpen, die bei Föhn zum Greifen nah erscheinen.

8 Herrenchiemsee Die größte unter den Chiemseeinseln (2,4 km^2) ist zu einem großen Teil mit Wald bedeckt, außerhalb der Schlossanlage ist die Insel als Naturpark geschützt, den Wanderwege durchziehen und von denen sich immer wieder schöne Ausblicke auf das Bayerische Meer und die Alpen eröffnen. Wer die Insel einmal komplett umwandern will, muss dafür 2,5 Stunden kalkulieren. Vom Schiffsanleger ist es nicht weit zum Komplex des »Alten Schlosses«, dem ehemaligen Augustiner-Chorherrenstift Herrenchiemsee.
Bayerns Märchenkönig Ludwig II. benötigte als absoluter Fürst ein repräsentatives Staatsschloss, das nach einem Besuch in Versailles 1867 dem dortigen ähneln sollte: So wurde auf Herrenchiemsee eine dreigeschossige, hufeisenförmige Anlage im Achsensystem des großzügig anzulegenden Parks geplant. Vollendet wurde nur der Kern des Schlosses samt seiner von Julius Hofmann gestalteten Ausstattung.

9 Seebruck Am nördlichsten Ort des Chiemsees verlässt die Alz, den See. Hier öffnet sich der weiteste Blick über das »Bayerische Meer«, von hier aus erlebt man je nach Wetter und Jahreszeit den See in den ganz unterschiedlichsten Farbtönungen. Unter Experten gilt Seebruck als einer der am besten erforschten bayerischen Römerorte, die Funde präsentiert das Römermuseum. Die römische Siedlung Bedaium entstand etwa 50 n. Chr. an der Stelle des heutigen Seebruck, seine Gründung verdankt es der strategischen Lage zwischen Inn und Salzach.

10 Seeon Die ehemalige Benediktinerklosterkirche liegt auf einer Insel im Klostersee knapp 8 km nördlich von Seebruck. Über rund ein Jahrtausend hinweg sind hier verschiedene Stilrichtungen harmonisch ineinander geflossen. Romanische Strenge beherrscht den Bau, gotische Gewölbe zeigen Schmuckelemente der Renaissance, Barock und Rokoko haben die Innenausstattung vollendet. Entsprechend sieht die Baugeschichte aus: Eine erste Kirche gab es 994, bis 1200 entstand eine romanische Säulenbasilika, die 1433 ihr gotisches Gewölbe und einen neuen Chor erhielt. Das berühmteste Kunstwerk der Kirche ist die Seeoner Muttergottes (1433).

11 Delta der Tiroler Ache Zwischen Grabenstätt und Feldwies mündet die Tiroler Ache in den See. Sie bringt dem See das Wasser aus den Kitzbüheler Bergen und trägt mit ihren Ablagerungen von Sand und Kies zur allmählichen Verlandung des Sees bei. Das gesamte Flussdelta steht unter Naturschutz. Unweit der Hirschauer Bucht befindet sich die bekannteste Vogelfreistätte Oberbayerns.

12 Traunstein Schon zur Römerzeit führte die Straße zwischen Salzburg und Augsburg bei Traunstein über die Traun. Im Mittelalter wurde daraus die berühmte güldene Salzstraße. 1619 erhielt Traunstein seine eigene Saline, die von der Bad Reichenhaller Soleleitung gespeist wurde. Die 1694 fertig gestellte Pfarrkirche enthält eine Barockausstattung, die erst nach 1851, dem letzten großen Stadtbrand, gearbeitet wurde. In der Saliner Kapelle in der Au wurden Fresken aus der Zeit um 1630 freigelegt. Um den weiten und lang gestreckten Marktplatz gruppieren sich heute schöne Bürgerhäuser. Mitten auf dem Platz steht das Wahrzeichen der Stadt, der 1526 erbaute Liendl-Brunnen.

13 Waginger See Mit 7 km Länge und rund 2 km Breite ist der Waginger See der fünftgrößte See Oberbayerns. Im Norden ist er zudem nur durch einen schmalen Brückendamm vom Tachinger See getrennt.

14 Waging Die bajuwarische Gründung aus dem 6. Jh. war ab 740 im Besitz des Salzbur-

Blick von der Kampenwand (1668 m) auf den Chiemsee. Eine Seilbahn führt hinauf.

Nur übers Wasser erreichbar: die grandios gelegene Wallfahrtskapelle St. Bartholomä am Königssee

Im Tal der Ramsauer Ache liegt vor imposanter Bergkulisse die Kirche von Ramsau.

ger Klosters Nonnberg. Ab dem 13. Jh. gehörte die Gegend um den See zum Fürsterzbistum Salzburg. Erst 1816 kam man endgültig zum Königreich Bayern.

15 Königssee Wie ein norwegischer Fjord ist der 8 km lange Königssee von steilen Bergwänden eingerahmt. Beherrscht wird er vor allem vom Watzmann mit seiner 1800 m hoch aufragenden Ostwand. Den schönsten Blick über den See hat man vom Malerwinkel aus. Die romantisch auf einer vom Eisbach aufgeschütteten Halbinsel gelegene Wallfahrtskirche St. Bartholomä erreicht man vom Dorf Königssee aus mit dem Elektroboot. In St. Bartholomä gab es bereits 1134 eine erste Wallfahrtskirche, die heutige barocke Kirche wurde 1697 fertig gestellt. Aus dem einstigen fürstpröpstlichen Jagdschloss neben der Kirche wurde inzwischen ein Gasthof. Der 1874 m hohe Jenner auf der Ostseite des Königssees ist per Seilbahn erreichbar und bietet eine hervorragende Aussicht über das gesamte Berchtesgadener Land.

16 Obersee Der immerhin noch 1,3 km lange See hinter dem Königssee ist durch einen 500 m breiten Streifen von diesem getrennt und von besonders gewaltigen Felswänden auf drei Seiten eingeschlossen. Zu Fuß erreicht man den See in einer halben Stunde von der Anlegestelle Salletalm am Südende des Königssees.

17 Berchtesgaden Die Stadt im Norden des Königssees geht auf ein 1120 gegründetes Augustinerchorherrenstift zurück. Dank des Salzreichtums stiegen seine Pröpste 1559 in den Reichsfürstenstand auf. Bayerns Könige ließen danach das Kloster in ein Schloss umbauen. Hauptsehenswürdigkeit ist die ehemalige Stiftskirche mit ihrem Chor aus der Zeit um 1300. In dem zum Schloss umgebauten Stift ist der romanische Kreuzgang aus dem 13. Jh. fast vollständig erhalten. Sehenswert ist das Schlossmuseum, dessen Kunst- und Waffensammlungen nicht weniger als 30 Räume füllen. Die barock ausgestattete Wallfahrtskirche Maria Gern, die 1724 vollendet wurde und zahlreiche Votivbilder birgt, liegt traumhaft in einem Tal.

18 Ramsau und Hintersee Das Tal der Ramsauer Ache ist vom Watzmann, dem Hochkalter mit dem Blaueisgletscher und der Reiter Alpe so malerisch eingerahmt wie kaum ein anderes in Bayern. Berühmt ist der Blick von der 1512 fertig gestellten gotischen Pfarrkirche auf die Reiter Alpe. Ein kunsthistorisches Kleinod ist mit ihrer Rokokoausstattung die Wallfahrtskirche Maria Himmelfahrt in Kunterweg.

Blick vom Jenner (1874 m) auf die Ostwand des Watzmanns (2713 m) und den Königssee

Berchtesgadener Land: Zu Füßen der Reiter Alpe liegt der Hintersee.

Freizeit & Sport

Chiemseefischerei Im Priener Heimatmuseum erfährt man u. a. alles über die Chiemseefischerei (April–Okt. Mi–Sa 10–12, 14–17 Uhr). Weitere Informationen über das Tourismusbüro in Prien (*Alte Rathausstr. 11, Tel. 08051/6 90 50 ; www.prien.de*).

Bergfahrt auf die Kampenwand Wer den richtigen Überblick über den gesamten Chiemsee und seine Umgebung erleben möchte, muss von Aschau aus mit der Seilbahn auf die 1668 m hohe Kampenwand hinauffahren.

Von dort bietet sich ein überwältigender Panoramablick über den gesamten Chiemgau und die Chiemgauer Alpen. Informationen unter *www.kampenwandbahn.de*.

Besuch beim Märchenkönig Das bayerische Versailles, das von König Ludwig II. auf der Insel Herrenchiemsee erbaut wurde, ist nur per Schiff erreichbar. Informationen bei: Schloss- & Gartenverwaltung (*Tel. 08051/6 88 70*).

Schifffahrt auf dem Königssee Da es am Königssee keinen Uferweg gibt, kann der See nur per Ruder- oder Elektroboot befahren werden (April bis Oktober). Informationen sind bei der Schifffahrt Königssee erhältlich (*Seestr. 55, Tel. 08652/96 36 18*).

Besuch in St. Bartholomä Von der idyllischen Halbinsel aus sollte man den Weg zur Eiskapelle nicht versäumen. Das Firnfeld gilt als das niedrigste Vorkommen (840 m) von »ewigem Schnee« in den Alpen.

Nationalpark Berchtesgaden Alles Wissenswerte über den Nationalpark erfährt man in der Nationalpark-Infostelle St. Bartholomä auf der Halbinsel St. Bartholomä in Schönau (im Sommer täglich von 9–17 Uhr).

Ein Spaziergang durch das Schloss Die einstige Sommerresidenz der Wittelsbacher mit einem sehenswertem Museum und dem spätromanischen Kreuzgang lässt Jahrhunderte Kulturgeschichte von Berchtesgaden lebendig werden. Informationen erhält man beim örtlichen Verkehrsverein in Berchtesgaden (*Maximilianstr., Tel. 08652/9 44 54 40*).

Schloss Herrenchiemsee

Aus dem glänzenden Chiemsee erhebt sich die früher »Herrenwörth« benannte Insel. Im 8. Jh. ließ der Bayernherzog Tassilo II. das Kloster Herrenchiemsee bauen. Das zwischen 900 und 908 von den Hunnen zerstörte Benediktinerkloster wurde im 12. Jh. für den Augustinerorden wieder aufgebaut. 1873 kaufte König Ludwig II. die Insel. Eine lange Allee führt über Kieswege durch den Barockgarten zu den sprudelnden Brunnen mit himmelhohen Fontänen. Fünf Jahre lang wurde über die Grundrissideen diskutiert; fünf Jahre lang plante man die Innenräume, fügte die Vorstellungen des Königs ein, der aller Entwicklung mit einem Raum weit voraus war: dem Paradeschlafzimmer, Kernstück des Schlosses. Im Jahr 1878 wurde der Grundstein gelegt, sieben Jahre ließ der König an seinem Schloss bauen, bevor er den Bau 1885 wegen Geldmangels einstellen musste.

Die Herreninsel wurde 1873 von König Ludwig II. gekauft, um darauf sein »Neues Versailles« entstehen zu lassen. Die Gartenanlage vor der Westseite des Schlosses mit dem prächtigen Brunnen gleicht ganz dem Park von Versailles.

Der beeindruckendste Raum des Schlosses ist der unendlich erscheinende Spiegelsaal mit seinen zahlreichen Lüstern.

Das Schlafzimmer des Königs. Nur einmal, im September 1885, bewohnte Ludwig II. das Schloss Herrenchiemsee.

Überlingen: Uferpromenade mit Schiffsanleger am so genannten Überlinger See

Der Bodensee

Europas drittgrößter See wird von einer reich gestalteten Kulturlandschaft umrahmt. Obstplantagen, Weinberge, Wiesen und Felder bilden eine offene Landschaft, die Ufer selbst sind dicht besiedelt

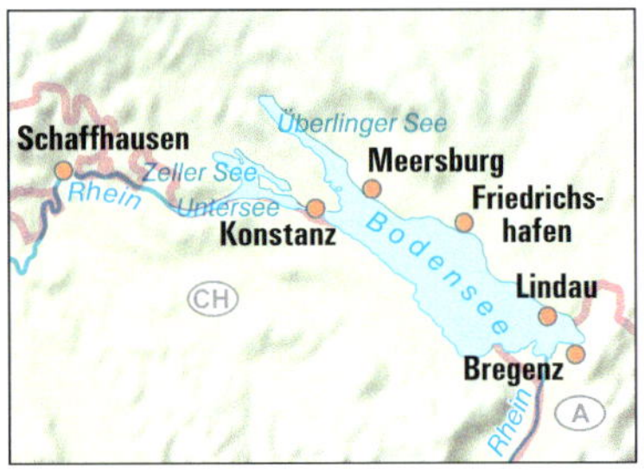

Die Legende erzählt, dass der liebe Gott einst eine bittere Träne weinte, als er Adam und Eva aus dem Paradies vertreiben musste. Sie fiel auf die Erde, und es wurde der Bodensee daraus. Tatsächlich ist das uns heute vertraute Bild des Bodensees, den sich als einzigen Binnensee der Erde drei Anrainerstaaten teilen, das Ergebnis einer über 600 000 Jahre langen Entwicklung. Während der verschiedenen Eiszeiten hobelten die Gletscher, die zumeist unter dem Sammelnamen Rheingletscher zusammengefasst werden, eine fjordartige Mulde aus, die in den dazwischen liegenden Warmzeiten durch Flusserosion weiter vertieft wurde. Als die Gletscher schließlich nach der letzten Eiszeit endgültig abschmolzen, reichte der See weit bis hinauf ins graubündnerische Chur, Walen- und Zürichsee waren natürliche Seitenarme. Stetige Verlandung durch die vom Rhein transportierten Geröllmassen sorgten und sorgen auch heute noch für die Verkleinerung des Sees.

Konstanz: Peter Lenks »Imperia« mit Kaiser und Papst begrüßt die Gäste im Hafen

Als typischer Moränensee teilt der Bodensee sich in den großen und tiefen Obersee, der von der Bregenzer Bucht bis zur Konstanzer Rheinbrücke reicht, sowie in den zwischen Bodanrück und Linzgau eingebetteten Überlinger See und den reich gegliederten, flachen Untersee, der von der Konstanzer Rheinbrücke bis Stein am Rhein reicht. In jedem seiner drei Becken besitzt der See eine größere Insel. Am Ostende des Obersees ist es die Inselstadt Lindau, beim Südende des Überlinger Sees die Blumeninsel Mainau, und mitten im Untersee liegt die Gemüse- und Klosterinsel Reichenau.

Wichtigste Lebensader des Sees ist der Rhein, der ihn füllt und der seinen Pegel steuert. Als Alpenrhein, der das Wasser von halb Graubünden mit sich führt, mündet er in einem weit vorgeschobenen Delta in die Fussacher Bucht, durchfließt den Obersee, quert als Seerhein das Stadtgebiet von Konstanz, mündet bei der Konstanzer Rheinbrücke in den Untersee und wird bei Stein am Rhein zum Hochrhein.

Das »Schwäbische Meer«, gerahmt vom Panorama der Allgäuer und Schweizer Alpen, ist der zweitgrößte See Westeuropas. Die Wassermassen des Sees lassen sich in imposante Zahlen fassen. Der Obersee ist an seiner tiefsten Stelle 252 m tief, der Überlinger See bringt es noch auf 147 m, und der Untersee erreicht 46 m Tiefe. Bei mittlerem Wasserstand ruhen im See knapp 50 Milliarden m^3 Wasser mit einer Oberfläche von 539 km^2. Gravierende Auswirkung hat der riesige Wassertopf auf das Klima. Im Winter wirkt er als riesige Zentralheizung, im Sommer ist es an seinen Ufern kühler als im Hinterland. Das

Konstanz: Hafen mit dem alten Konzilgebäude und der modernen »Imperia«

Wahrzeichen der Stadt Lindau: der bayerische Löwe und der Neue Leuchtturm am Seehafen

für die Kultivierung von Obst und Wein also bestens geeignete Klima half von Anfang an bei der Ausbildung einer riesigen Gartenlandschaft. Das fast mediterrane Klima lässt an den Ufern subtropische Pflanzen, Wein und viele Obstsorten gedeihen. Begonnen hatten damit schon in der jüngeren Steinzeit die Kelten. Die Römer lieferten dazu »zivilisierte« Sitten und Gebräuche und nicht zuletzt die Rebe und damit den Wein an den See.

Eine neue Epoche begann, als im 7. Jh. irische Wandermönche den inzwischen am See heimischen Alemannen das Christentum brachten. 612 gründete der hl. Gallus das Kloster St. Gallen, und 724 folgte die Gründung des Klosters auf der Reichenau. 839 entstand am Überlinger See die karolingische Kaiserpfalz Bodema, die dem gesamten See ihren Namen gab. Im Mittelalter war das Konstanzer Bistum das größte im Reich und durfte deshalb das Konzil von Konstanz (1414-1418) ausrichten. Bis zum Ende des 15. Jh. gehörte die gesamte Region um den See zum Deutschen Reich. Als Kaiser Maximilian 1495 eine allgemeine Reichssteuer einführte, zogen die sparsamen Schwaben 1499 dagegen in den Krieg. Die Eidgenossen auf der Südseite des Sees gewannen und lösten sich vom Deutschen Reich. Der »heilen Welt« um den See blieben die politischen Wirren des vergangenen Jahrhunderts weitgehend erspart. Und neben schönster Landschaft gibt es deshalb auf Schritt und Tritt in Klöstern, Dörfern und historischen Städten Kulturgeschichte pur zu entdecken.

Großes Bild oben: Blick über Meersburgs Altes Schloss, die älteste bewohnte Burganlage in Deutschland, auf den See und das Schweizer Ufer mit den Appenzeller Bergen im Hintergrund.

Eine Vegetation wie am Mittelmeer: Schlossterrasse und Schlosskirche auf der Blumeninsel Mainau

Der Bodensee Konstanz • Reichenau

Die Ufer des Bodensees sind altes Siedlungsland, wie die Pfahlbauten in Uhldingen eindrucksvoll belegen. Prähistorischen Siedlern folgten römische Eroberer, gallische Missionare, karolingische Mönche, Stauferkaiser und natürlich Bischöfe und Äbte – sie alle schufen in drei Jahrtausenden einen Garten Eden, der in seinem Zusammenspiel aus üppiger Vegetation, glitzerndem Wasser und schneebedeckter Bergkulisse auch den heutigen Besucher unweigerlich in seinen Bann zieht.

1 Konstanz Die Universitätsstadt liegt zwischen dem Ober- und dem Untersee, erhielt ihren Namen von Kaiser Constantius Chlorus und war von 1414 bis 1418 Schauplatz des einzigen Konzils auf deutschem Boden. Zentrum der malerischen Altstadt ist das Liebfrauenmünster, in dem auch das Konzil getagt hat. Die Kirche steht auf den Resten der ersten Bischofskirche aus dem 8. Jh., die Säulenarkadenreihe ihres Mittelschiffes stammt noch von 1089. Glanzstücke der Innenausstattung sind die vier vergoldeten Kupferplatten aus dem 11. bis 13. Jh., die so genannten Konstanzer Goldscheiben, die Kanzel, das Chorgestühl, der steinerne Treppenturm »Schnegg« von 1438 sowie die frühromanische Krypta aus dem 10. Jh. Im Haus »Zur Kunkel« am Münsterplatz sind die weltbekannten, bereits um 1306 entstandenen Weberfresken zu bewundern. Sie sind die ersten profanen Wandmalereien nördlich der Alpen. Zwischen Münster und Rhein erstreckt sich mit der Niederburg der älteste Stadtteil. Ein Bummel durch das ursprünglich von Fischern und Handwerkern bewohnte Gassengewirr ist ein Ausflug in die Vergangenheit. Gegen den Hafen hin steht das so genannte Konzilsgebäude. Der wuchtige Baukörper von 1388 diente einst dem Leinwandhandel. 1417 fand hier die einzige Papstwahl auf deutschem Boden statt.

2 Insel Reichenau Bischof Pirmin gründete 724 auf der Insel im Untersee das Kloster Mittelzell, dessen Abt Heito III. als Erzkanzler von Kaiser Arnulf an der Wende vom 9. zum 10. Jh. immerhin die Ge-

Meersburgs pittoresker Marktplatz mit dem Obertor (Anfang 14. Jh.) bei Nacht

Weinstuben & Restaurants

Die **Spitalkellerei** (*Brückengasse 16, Tel. 07531/12 87 60*) in Konstanz ist Deutschlands älteste Stiftungskellerei. Beste Lagen: Meersburger Haltnau und Konstanzer Sonnenhalde.

Feine Speisen in elegantem Ambiente genießen und dazu noch mit Blick auf den See kann man im **Seehotel Siber** in Konstanz (*Seestraße 25, Tel. 0 75 31/996 69 90, www.seehotel-siber.de*)

Köstlich zubereitete Fische aus dem Bodensees kommen in Radolfzell im Gasthof Hotel garni **Seerose** (*Mooser Str. 36, Tel. 07732/35 79*) mit angenehmen Gartenrestaurant auf den Tisch.

Im Reichenauer **Küferstüble** (*Spiegelberg 17, Tel. 07543/5 55*) kann man in der ehemaligen Wohnstube des Küfers sein Viertele genießen.

Viele Möglichkeiten, um sich zu stärken, findet der Besucher auf der Insel Mainau: vom Restaurant **Schwedenschenke** über das Selbstbedienungsrestaurant **Rothaus-Seeterrassen** und das **Schlosscafé** bis zum **Bistro** im **Schmetterlingshaus**.

Insel Reichenau: Die Stiftskirche St. Georg in Oberzell birgt kostbare Fresken.

Die viel besuchte »Tropeninsel« Mainau

Die Pfahlbausiedlung Unteruhldingen

schicke des Reiches lenkte. Die ehemalige Klosterkirche beeindruckt durch ihre romanischen Formen. Besonders sehenswert ist der spätkarolingische Bau der Stiftskirche St. Georg in Oberzell mit ihrem monumentalen Freskenzyklus. Die Insel selbst ist heute der Gemüse- und Obstgarten der Region.

3 Radolfzell Ratold, der Bischof von Verona, ließ sich 826 hier eine Zelle zum Meditieren bauen. Aus Ratolds Zelle wurde zum einen der Ortsname, zum anderen das heutige Münster Maria Himmelfahrt, eine dreischiffige Basilika aus der Spätgotik mit barocker Innenausstattung. Radolfzell vorgelagert ist die Halbinsel Mettnau, ein wichtiges Naturschutzgebiet am See.

4 Bodanrück Ausgedehnte Mischwälder, verträumte Weiher, steile Schluchten und stille Dörfer mit alten Fachwerkhäusern sind die »Markenzeichen« des lang gezogenen Bodanrücks zwischen den beiden Bodenseearmen, dem Überlinger See im Norden und dem Untersee im Süden.

5 Insel Mainau Die kleine Insel im Überlinger See gehörte ursprünglich zur Abtei Reichenau und kam im 18. Jh. an den Deutschritterorden, der auf der Insel ein Barockschloss errichten ließ. Heute residiert hier der schwedische Prinz Lennart Bernadotte, der aus der Insel ein einzigartiges Blumenparadies schuf. Über 30 000 Rosenstöcke und mehr als 200 verschiedene Dahlienarten sowie zahllose andere Pflanzen erfreuen den Blumenfreund.

6 Bodman Hier fischten schon die Kelten von ihren Pfahlbauten aus, die karolingische Königspfalz Bodema gab später dem Bodensee den Namen. Hierher brachte Karl der Dicke 887 die Spätburgunder Rebe, die seither rund um den See heimisch ist. Auf dem Platz der ehemaligen Pfalz steht heute die Pfarrkirche aus dem 13. Jh. Ihre mit Ornamenten verzierte Holzdecke stammt von 1624. Von alter Herrlichkeit in Bodman kündet auch die Ruine Altbodman, die im 14. Jh. zu einer mächtigen Anlage ausgebaut worden war. Sie allerdings zerstörten die Franzosen 1643.

7 Überlingen Die ehemalige Freie Reichsstadt strahlt mit ihrem mittelalterlichen Stadtbild eine geradezu mediterrane At-

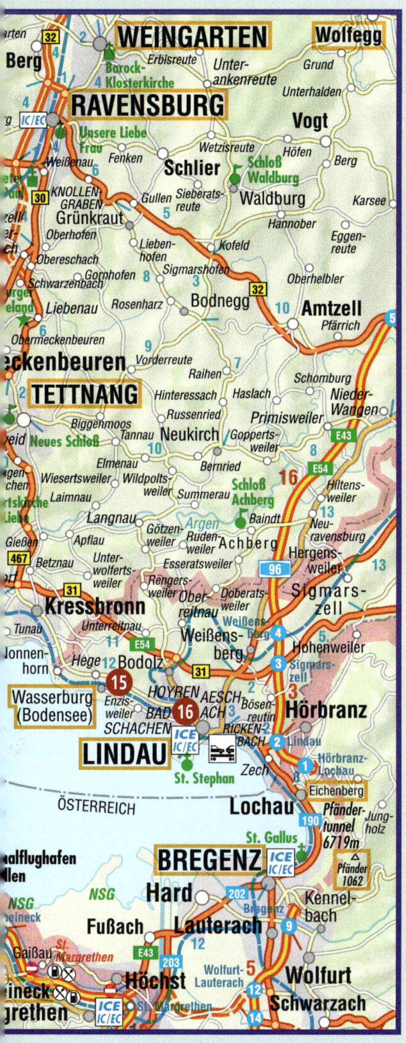

Freizeit & Sport

Weiße Bodenseeflotte Die Schifffahrt auf dem Bodensee ist Teil des öffentlichen Verkehrs. Die Häfen und Landestellen befinden sich in unmittelbarer Nähe von Bahnhöfen und Busstationen, die Abfahrtszeiten sind aufeinander abgestimmt. Daneben bietet die Weiße Bodensee-Flotte auch Sonderfahrten, Bodenseerundfahrten und Exkursionen an. Informationen erteilen die Bodensee-Schifffahrtsbetriebe GmbH in Konstanz (*Hafenstr. 6, Tel. 07531/28 13 89*)

Segeln Freizeitkapitäne finden rund um den Bodensee eine große Zahl von Segelschulen. Eine Liste ist erhältlich beim Schifffahrtsamt Friedrichshafen (*Tel. 07541/2 04 03 51; www.bodensee-top-sites.de/wassersport*).

Strandbäder und Erlebnisbäder Das Strandbad Eichwald in Lindau (*Eichwaldstraße 16*) hat eine riesige Liegewiese, außerdem einen Sandstrand, Rutschbahn und Surfschule.

Das Naturstrandbad Kressbronn (*Bodanstraße*) wirbt mit einem schönen neu gestalteten Wasserspielbereich für Kinder und großem Parkplatz.

Das Strandbad Nonnenhorn (*Seestraße*) liegt in idyllisch-ländlicher Lage und hat ein Solarium und eine Wärmehalle.

Das Strandbad Eriskirch (*Strandbad 1*), eine schöne Anlage mitten im Naturschutzgebiet, hat ein vielfältiges Sportangebot.

Im Strandbad Langenargen (*Untere Seestraße 107*) mit beheiztem Schwimmbecken lieben Kinder die Spaßbecken mit Wasserpilz und Rutsche.

Die Bodensee-Therme Konstanz (*Wilhelm-von Scholzweg 2*) wirbt mit Sport-, Nichtschwimmer- und Thermalbewegungsbecken und dem Zugang zum Bodensees.

Hauptattraktion des Erlebnisbades Engen (*Schwimmbadstraße*) ist die 89 m lange Riesenrutsche.

Surfen Empfehlenswerte Surfschulen mit Verleih: Surfschule Wasserburg in Nonnenhorn (*Wasserburgerstr. 31, Tel. 08382/99 80 97; www.windsurfschule*) mit Schnupper-, Grund- und Wochenendkursen. Tom's Aqua Club in Konstanz (*Fohrenbühlweg 54, Tel./Fax 07531/3 52 87; www.toms-aqua-club.de*) ist eine Surf- und Segelschule und liegt inmitten des idyllischen Freizeitgeländes Seehalde in Konstanz-Staad. Kurse und Verleih von Surfboards und Katamaranen.

Tauchen Tauchkurse und Schnuppertauchen veranstaltet Tinas Tauchschule auf der Reichenau (*Im Estlikofer 18, Tel. 07534/15 30*).

Wasserwandern mit dem Kanu Informationen über Touren und Verleihstationen bietet La Canoa KanuZentrum Konstanz (*Robert-Bosch-Str. 4, Tel. 07531/95 95 97*).

Im Friedrichshafener **Zeppelinmuseum** ist alles Wissenswerte rund um die Entstehungsgeschichte des Zeppelins zusammengetragen (Di–So 10–18 Uhr). Info über Zeppelinmuseum (*Seestr. 22*). Man kann einen Flug mit dem Zeppelin neuer Technologie buchen. Gestartet wird am Friedrichshafener Flugplatz. Vom 30-minütigen **Stadtrundflug** bis zum 3-stündigen Flug zum Schloss Neuschwanstein gibt es unterschiedlichste Möglichkeiten. Infos bei Touristinformation Friedrichshafen (*Bahnhofplatz 2, Tel. 07541/7 25 88; www.friedrichshafen.de*).

Oben: Bootsregatta auf dem Bodensee
Unten: Traditionsreiche Bodenseeflotte

Blick über Schloss Spetzgart bei Überlingen auf den Obersee, die Insel Mainau und den schmalen Überlinger See, den der waldreiche Bodanrück vom Untersee trennt.

Weingüter & Restaurants

Drei sehr empfehlenswerte Einkehrmöglichkeiten bietet Meersburg:
Das etwas versteckt in der Oberstadt gelegene Traditionsgasthaus Winzerstube **Zum Becher** (*Höllgasse 4, Tel. 07532/90 09*) mit seiner prächtigen holzgetäfelten Gaststube ist eine Meersburger Institution. Geboten wird beste badische Traditionsküche.

Meersburg: Hotel Weinstube Löwen

Ein 300 Jahre alter Weinkeller ist zur stilvollen Weinstube hergerichtet worden. Der **Alemannentorkel** (*Steigstr. 18, 887Tel. 07532/10 67*) bietet gut 200 verschiedene badische Weine.
An der malerischsten Ecke Meersburgs liegt das Hotel Weinstube **Löwen** (*Marktplatz 2, Tel. 07532/4 30 40; www.hotel-loewen-meersburg.de*). Die historische Weinstube am Meersburger Marktplatz präsentiert ein ausgezeichnetes Angebot einheimischer Weine sowie hervorragende Gerichte der Bodenseeküche.

mosphäre aus. In der Altstadt reihen sich prächtige Bürgerhäuser aus dem 16. und 17. Jh. aneinander. Besonders sehenswert ist das Münster St. Nikolaus aus dem 15. Jh. Es birgt in einem Kapellenkranz eine ganze Reihe von Überlinger Bürgerfamilien gestiftete und überreich ausgestattete Renaissance- und Barockaltäre. Glanzstück ist der viergeschossige, holzgeschnitzte Hochaltar der Brüder Zürn. Er entstand bis 1616 und enthält neben prachtvoller Ornamentik 23 lebensgroße Schnitzfiguren.

8 Wallfahrtskirche Birnau Die schönste Rokokokirche des gesamten Bodenseeraums thront mit ihrer Schaufassade hoch über dem See. Bis 1750 schufen Peter Thumb als Baumeister, Joseph Anton Feuchtmayr als Stuckateur und Gottfried Bernhard Goetz als Maler einen »himmlischen Festsaal«, der selbst den sprödesten Besucher nicht gleichgültig lässt. Wer den berühmten »Honigschlecker« sucht, findet ihn am Altar des Bernhard von Clairvaux.

9 Unteruhldingen Bereits vor 5500 Jahren siedelten Steinzeitmenschen in Pfahlbauten direkt am See. In Unteruhldingen wurde rekonstruiert, wie solch eine Siedlung ausgesehen haben könnte. Das Pfahlbaumuseum befindet sich an der Strandpromenade und ist von April bis Oktober täglich geöffnet.

10 Meersburg Die ehemalige Residenz der Konstanzer Fürstbischöfe hat eine Unterstadt direkt am See und eine 50 m höher auf einem Felsrücken gelegene Oberstadt. Die Verbindung bildet die mittelalterliche Steigstraße mit ihren malerischen Fachwerkhäusern. Der romantische Marktplatz ist von jahrhundertealten Gasthöfen und dem behäbigen Obertor eingerahmt. Das Residenzschloss der Fürstbischöfe ist ein nach Plänen von Balthasar Neumann errichteter Barockbau mit einer von Joseph Anton Feuchtmayr ausgestatteten Schlosskapelle. Westlich des Residenzschlosses

Das Barockschloss im Hopfenstädtchen Tettnang nördlich von Wasserburg birgt einen herrlichen Festsaal.

thront trutzig die Meersburg, deren Bergfried bereits im 7. Jh. stand. Der Bau ist damit die älteste merowingische Königsburg Deutschlands. Im Mittelalter diente die mit vier Rundtürmen versehene Wehrburg Konstanzer Bischöfen stets dann als Fluchtburg, wenn sich die hohen Herren vor ihren eigenen Untertanen nicht mehr sicher fühlten. Heute ist die Burg die älteste bewohnte Burg Deutschlands, große Teile können besichtigt werden. In einer Schlucht unterhalb der Anlage dreht sich bis heute das beinahe 9 m hohe Mühlrad der Schlossmühle. Im Fürstenhäusle in einem Weinberg oberhalb der Burg wird im Droste-Museum mit Privatgegenständen an die Dichterin Annette von Droste-Hülshoff erinnert.

11 Immenstaad Seine spätgotische Pfarrkirche ist noch mit Schießscharten und einem wuchtigen Wehrturm versehen. Interessante Details der Ausstattung sind ein Chorgestühl aus dem 16. Jh. sowie zwölf Apostelfiguren aus derselben Zeit. Das schönste Fachwerkhaus ist das 1578 fertig gestellte Schwörerhaus.

12 Friedrichshafen Die Stadt verdankt ihren Namen zwar der Sommerresidenz des ersten württembergischen Königs, ihre Bedeutung erhielt sie jedoch durch die Technik:
Vom Hafen legte 1824 der erste Raddampfer Wilhelm ab, hier baute Ferdinand Graf Zeppelin im Sommer 1900 das erste Luftschiff, und Claudius Dornier schuf so berühmte Flugboote wie den Dornier Wal (1922) oder die zwölfmotorige Do-X (1929). Architektionisch interessantester Bau der Stadt ist die Schlosskirche mit ihren zwei malerischen Zwiebeltürmen.
Errichtet wurde sie bis 1701 von Christian Thumb. Wessobrunner Stuckateure schufen den opulenten Stuck. Wertvolle Ausstattungsstücke sind der Hochaltar und das prachtvolle Chorgestühl. Einen Abstecher lohnt das mächtige Neue Schloss in Tettnang, einem Städtchen mit Bürgerhäusern des 17. und 18. Jh.

Hofstatt mit Rathaus und Münster in der ehemaligen Freien Reichstadt Überlingen

Inmitten von Weinbergen das schönster Gotteshaus am See: Wallfahrtskirche Birnau

Ein beliebtes Fotomotiv ist der auf einer Halbinsel gelegene Luftkurort Wasserburg mit seiner mächtigen Barockkirche aus dem 17. Jh.

13 Eriskirch Im Eriskircher Ried wurden Reste einer vorgeschichtlichen Pfahlsiedlung sowie Teile einer römischen Brücke über die Schussen gefunden. Das Ried ist Heimat wichtiger botanischer Raritäten und vieler Wasservögel. Die gotische Pfarrkirche besticht mit strahlenden Glasfenstern und Freskenzyklen im Chor und an den Wänden des Langhauses, beide stammen aus dem frühen 15. Jh.

14 Langenargen Das im maurisch-italienischen Stil errichtete Schloss Montfort ließ sich Württembergs König Wilhelm I. errichten. Sein Turm bietet eine gute Aussicht über das Städtchen und den See. Die barocke Pfarrkirche birgt in ihrer Marienkapelle 15 wunderschön geschnitzte Medaillons aus dem 17. Jh.

15 Wasserburg Bis zum 18. Jh. war Wasserburg tatsächlich eine Insel, auf der die Grafen von Montfort 1358 eine Burg gebaut hatten. Daraus wurde dann im 17. und 18. Jh. das Schloss der Augsburger Familie Fugger. Daneben stehen die gotische Fischerkirche St. Georg mit ihrem schönen Barockzwiebelturm und eine Handvoll behäbiger Bürgerbauten, das Ganze umgeben mit einer stattlichen Wehrmauer. Ein günstiger Fotopunkt für diese Idylle ist der »Malerwinkel« in der Bucht in Richtung Nonnenhorn.

16 Lindau Die Inselstadt im Bodensee stand noch vor 150 Jahren auf drei Einzelinseln. Das »bayerische Venedig« mit seinem von Löwen und Leuchtturm bewachten Hafen besticht mit seinen malerischen Altstadtgassen, dem bemalten Rathaus und den bodenständigen Gasthöfen. In der Altstadt prägen Bauwerke aus Gotik, Renaissance und Barock das Straßenbild. An der Maximilianstraße stehen alte Patrizierhäuser mit Erkern, Fachwerk und Laubengängen Parade. Das alte Rathaus von 1422 besticht mit einer reich bemalten Hauptfassade und einem volutenverzierten Staffelgiebel. Den Marktplatz dominiert das 1729 errichtete Haus »Zum Cavazzen«. Der dreistöckige Barockbau beeindruckt mit einer reichen Bemalung und gilt als das schönste Bürgerhaus am Bodensee.

Außer den prächtigen Bürgerhäusern sind auch noch große Teile der spätmittelalterlichen Stadtbefestigung erhalten. Zur ältesten Wehranlage gehört die Heidenmauer am Ostzipfel der Insel. Der Petersturm war einst der Wachtturm der Fischersiedlung, der Mangturm am Hafenplatz diente bis 1856 als Leuchtturm, und der Diebsturm entstand 1375 als Beobachtungsturm am höchsten Punkt der Insel. Kunstfreunde dürfen keinesfalls die ehemalige Peterskirche übersehen, sie ist die älteste Kirche der Stadt, entstanden bereits um die Jahrtausendwende. Ihr Inneres birgt die einzigen erhaltenen Fresken von Hans Holbein d. Ä. Entstanden sind die Fresken zwischen 1485 und 1490. Im Ortsteil Bad Schachen, dessen Schwefelquelle vom bayerischen Königshaus geschätzt wurde, finden sich zahlreiche elegante Villen der Gründerzeit.

Weingüter & Restaurants

Der gepflegte Gasthof **Buchhorner Hof** in Friedrichshafen (*Friedrichstr. 33, Tel. 07541/2 50 41*) ist bekannt für seine vorzüglichen Wildspezialitäten. Wie wäre es mit einem Wildgeschnetzelten mit Pilzen und Cognac?

In der altdeutschen Weinstube **Frey** in Lindau (*Maximilianstr. 15, Tel. 08382/52 78*) im ersten Stock eines Hauses aus dem 16. Jh. gibt es badische Spezialitäten und badischen Wein. Besonders zu empfehlen: Bodenseefelchen und trockener Weißherbst.

Langenargen: Schloss Montfort

Gourmets werden den Abstecher ins österreichische Bregenz nicht scheuen, um sich dort im **Deuring Schlössle** (*Ehre-Guta-Platz 4, Tel. 0043/5574/4 78 00, www.tiscover.at/deuringschloessle*) vom Spitzenkoch Heino Huber kulinarisch verwöhnen zu lassen.

Im eleganten Rahmen Gerichte aus marktfrischen Produkten kann man im Restaurant von **Schloss Montfort** in Langenargen (*Schlosspark, Tel. 07543/91 27 12, www.montfort-schloss.de*) genießen.

Lindau

So klein die Stadt auf der Insel, so weltoffen und freundlich empfängt sie doch die Besucher an ihren Promenaden und in stimmungsvollen Gassen. Abermals waren es die Römer, die mit strategischem Gespür das Bodenseeinselchen als Militärstützpunkt wählten und damit den Grundstein zu einer Handelsniederlassung legten. Berühmt wurden im Mittelalter die Lindauer Kuriere als Boten zwischen Italien und den Ländern nördlich der Alpen. Eine Freie Reichsstadt, der Fischerei, Schifffahrt, Marktrechte und Zölle sichtlichen Wohlstand eintrugen, blieb Lindau bis 1805. Dann fiel es an Bayern. Das Stadtbild ist von Spätgotik und Barock bestimmt. Deutlich spürbar wird beim Rundgang, wie sehr die betuchten Handelsherren und Stadtoberen mit Bauten ihren Status zur Schau stellten. Seit 1976 steht das Stadtensemble unter Denkmalschutz.

Sechs Meter hoch, den Blick zum See gerichtet, thront seit 1856 der mächtige bayerische Löwe auf der Mole am Hafen der Inselstadt.

Brotlauben nennt man in Lindau die Arkaden entlang der Maximilianstraße.

Reichen Patriziern verdankt Lindau seine Häuser in der heute denkmalgeschützten Altstadt.

Lindaus Altes Rathaus (1578 umgebaut) und der Lindavia Brunnen am Reichsplatz

REGISTER

IMPRESSUM

Genehmigte Sonderausgabe

Innere Wiener Straße 13
81667 München
Telefon +49.89.45 80 20-0
Fax +49.89.45 80 20-21
www.geographicmedia.de

Texte: Gerhard Bruschke, Christiane Gsänger, Rudolf Ites, Dr. Sebastian Kinder, Angelika Kunth-Jakobs, Carlo Lauer, Dr. Dieter Maier, Raphaela Moczynski, Dr. Thomas Pago, Dr. Heinz Vestner

Redaktionsleitung: Michael Kaiser
Redaktion und Satz: CLP • Carlo Lauer & Partner
Schlusskorrektur: Christiane Gsänger, Dr. Horst Leisering
Umschlag: Umbruch, München
Layout und Reinzeichnung: Dorothea Happ
Litho: Fotolito Varesco, Auer (Italien)

Printed in Spain

Alle Fakten wurden nach bestem Wissen und Gewissen mit der größtmöglichen Sorgfalt recherchiert. Redaktion und Verlag können jedoch für die absolute Richtigkeit und Vollständigkeit der Angaben keine Gewähr leisten. Der Verlag ist für alle Hinweise und Verbesserungsvorschläge jederzeit dankbar.

BILDNACHWEIS

Alle Aufnahmen dieses Buches sind copyrightgeschützt. Die Rechte liegen bei den jeweiligen Fotografen/Fotografinnen und Bildagenturen. Sie können sie unter www.geographicmedia.de/kunth/produkte/ill-buecher/fluessebild.htm einsehen.